코리아 체스판

남북한과 열강의 지정학적 게임…그 30년의 기록

목 차

세부목차

머리말

브레진스키가 필생의 역작인 《거대한 체스판》을 펴낸 것은 그의 나이 70이 넘어서라고 한다. 미국 역대 정권의 백악관 안보 보좌관을 역임하며 세계를 경영해온 경륜을 그의 뒤를 이어 세계를 경영할 미국의 대학생들에게 전하기 위해서였다.

브레진스키의 책은 국제 및 한반도 담당 기자로 30여년을 활동해온 필자에게도 많은 영감을 주었다. 적어도 한반도를 둘러싸고 벌어지는 주변열강들의 그때그때의 움직임을 지정학적 게임의 관점에서 보는 훈련을 하게 했다.

물론 그 방향은 다르다. 그의 책은 유라시아라는 체스판을 내려다보며 포석을 구상하는 초강대국 미국의 행위자의 시선에 서있다. 필자의 작업은 주변 열강이 남북한을 체스판 삼아 두고자 하는 포석을 파헤치고 기록하는 일이다.

그 일을 하는 데 필자가 굳이 브레진스키 같은 석학이어야 할 이유는 없었다. 또한 국가의 외교안보 정책을 쥐고 흔드는 위치에 꼭 있어야 할 필요도 없었다. 단지 끈질기고 집요하게 조사하고 정직하게 기록하면 되는 일이었다.

필자가 일간지나 방송이 아니라 주간지에서 근무했다는 점이 유리한 측면도 있었다. 필자는 1989년 10월 창간한 종합시사주간지 <시사저널>에 국제부 경력기자로 창간 두달 전 입사했다. <시사저널>은 동아일보 해직기자 출신인 박권상 주필을 비롯해 1975년 4월30일 패망한 사이공의 마지막 한국 특파원으로 유명했던 안병찬 주간 등 쟁쟁한 언론계 선배들과 혈기 왕성한 현장 기자들이 뭉쳐 정통 시사주간지의 기치를 높이 들었던 매체였다.

필자는 그곳에서 주간지 기사 쓰기의 문법을 익혔다. 우리는 일간지나 방송이 훑고 지나간 뉴스의 이면에 담겨있는 진실을 추적했다. 새로운 시각으로 뉴스를 해석했고 독자에게 뉴스의 표면이 아닌 심층을 제시했다. 이런 방식은 국제 및 한반도 담당 기자였던 필자의 작업에도 그대로 적용됐다.

<시사저널>에 몸담았던 기자 및 직원들이 <시사IN>이라는 새로운 시사주간지를

창간하며 독립했지만 글 쓰기의 전통은 그대로 계승됐다. <시사IN> 창간 이후 잠시 편집국을 책임지는 위치에 있기도 했지만 필자의 본령은 한반도 담당 전문기자였다. 그리고 2021년 12월31일 <시사IN>을 정년퇴임함으로써 매체 소속 기자로서의 필자의 여정도 끝이 났다.

노태우 정부 시절인 1989년부터 문재인 정부 마지막 해인 2021년까지 32년간 필자가 써온 한반도 관련 기사들은 2006년까지는 <시사저널> 홈페이지에, 그리고 2007년부터 2021년까지는 <시사IN> 홈페이지에 마치 '유산'처럼 남게 되었다.

그동안 쓴 기사들을 묶어 책으로 볼 수 있도록 하면 좋겠다는 주변의 권유나 요청이 간헐적으로 있었으나 현직에 있을 때는 솔직히 엄두가 나지 않았다. 무엇보다 그 많은 기사를 추려 한 두 권의 책으로 낸다는 게 머리만 아플 뿐 가능할 것 같지 않았다. 따라서 지난 30여 년 간의 작업을 시대별로 빠짐없이 책으로 묶어내는, 얼핏 보기에 무모하고 경제적으로도 타산이 별로 맞지 않아 보이는 이 작업은 도서출판 푸블리우스의 전민형 대표와 김현정 기자가 아니었으면 불가능했을 것이다. 김 기자가 앞에서 끌고 전 대표가 뒤에서 받쳐줬기에 필자도 주저하는 마음을 접고 용기를 낼 수 있었다. 또한 <시사저널>과 <시사IN>에 게재했던 필자의 기사들을 단행본으로 묶어내는 것을 쾌히 승낙해준 <시사저널>과 <시사IN> 사측에도 감사의 인사를 전한다.

70 넘은 석학 브레진스키가 미국 대학생들에게 유라시아 경영 기법을 전수하려 한 것을 흉내 낸다는 것은 언감생심이다. 그러나 이 분야를 새롭게 시작하는 누군가에게, 정책당국자나 연구자, 언론지망생, 한반도의 지정학적 운명에 관심이 있는 모든 이들에게 지난 30여 년 간 한반도라는 체스판 위에서 남북한과 주변 열강이 벌인 지정학적 게임의 전체상을 그릴 수 있는 데이터를 제시할 수 있다면, 그래도 한 생을 이 분야에 바친 사람으로서 더 없는 영광이겠다.

추천사

한반도 국제전문기자도 특종 하더라

남문희 기자가 한반도 국제전문기자로 일한 1989년부터 2021년까지의 시대가 시대인만큼 책이 나온다고 해서 기대가 컸다.

서울 올림픽, 한민족공동체통일방안, 남북기본합의서, 남북비핵화공동선언으로 남북관계에 큰 변화가 일어났다. 유럽에서는 독일통일, 동유럽국가들의 체제전환과 소련방의 해체가 진행되면서 본격적인 탈냉전시대가 열렸다. 동아시아에서도 중국에서 천안문 사태가 일어나 충격파를 던졌다. 남북한도 유엔에 동시가입하여 평화공존의 기초를 쌓았다.

그러나 중국과 러시아는 남한을 인정하고 수교했지만 미국과 일본은 북한과의 수교를 거부했다. 당시 김영삼정부는 미국과 일본에게 북한과 수교하도록 왜 교섭하지 않았는지, 한반도에 평화 정착이 우선해야 한다는 것을 미·일에게 왜 설득하지 않았을까.

미국과 일본은 물론 한국의 집권 세력까지도 동유럽에서처럼 북한과 중국에서도 체제 전환이 일어날 수 있다는 기대감을 가지고 있었을 것이다. 이 문제는 앞으로 한반도에 평화정착의 기회가 찾아왔을 때 집권세력이 남북관계에 어떤 준비를 갖추고 있었는지를 비춰보는 가늠자가 될 것이다. 이 문제에는 평화적으로 북핵문제를 해결할 기회를 놓쳐버렸다는 지적도 따를 것이다.

남문희 기자는 탈냉전시대를 맞아 언론이 자기검열의 족쇄를 털어버리고 중국, 러시아와 중앙아시아, 유라시아, 미국, 일본 심지어 북한 내부까지 취재 안테나를 뻗쳤다. 자료의 꼬투리가 잡히면 러시아 외무성이건 어디건 묻고 찾고 파고들었다. 그래서 국제문제 특종기사를 터뜨렸다.

통일부, 외무부, 안기부 등의 담당 부서까지 남기자에게 묻고 취재 도움이 될 자료를 제공했다. 탈냉전시대를 맞아 분단된 한국의 귀퉁이에서 켜켜이 쌓인 빙하 속에 갇혀있던 기자가 제 소임을 다하게 되었다. 탈냉전시대 시작과 더불어 노태우, 김영삼, 김대중, 노무현 정권들로 이어지면서 한반도 국제문제 기자들도 처음으로 물 만난 고기들이 된 셈이었다.

동유럽 사회주의 국가들과 러시아의 체제전환이 중국과 북한에서도 일어나야 한다는 미국과 일본의 주류세력의 정책방향은 확고하다. 그런 조건 속에서 자본주의 국가로 굴기하는 중국에 대해 미국은 다시 신냉전을 선포했다. 유라시아 대륙 반대편에서는 나토(미국과 서유럽)가 東進하여 우크라이나 전쟁을 통해 러시아의 주류세력 교체를 시도하고 있다. 미국과 일본은 한국에게 한·미·일 군사동맹으로 합류하도록 안보·경제 양 측면에서 압박하고 있다. 전세계적 수준에서 미·일·서유럽의 해양세력과 유라시아 대륙세력의 가파른 지정학적 대결이 전개되고 있다.

지난 30여 년 동안 동아시아·한반도의 탈냉전시대를 충실히 취재 기록한 남문희 기자가 대기자로 자리 잡았다. 그의 농축된 시각과 경험을 바탕으로 평화와 협력의 지평을 여는데 기여해주기를 기대한다. 정말 지난 30여 년 동안 수고 많이 했다는 치하를 드린다.

이 부 영 자유언론실천재단 이사장

《코리아 체스판》은 격동기 역사의 '생음(生音)'

저자는 지난 세기 마지막 10년에서 금세기 첫 20년에 이르는 30년 동안 한반도 및 국제 문제 전문 기자로서 활동을 했다. 《코리아 체스판》은 그가 쓴 기사를 한데 모아 엮은 것으로 냉전이 끝난 후 일어난 한반도와 관련된 주요 사건들의 실체를 밝힌 과거 기록이다. 초점은 분단 극복에 맞춰져 있고, 핵심은 평화와 통일이다.

과거란 현재 이전의 어느 시점에서 일어난 일을 말한다. 과거는 곧 사건을 의미하는 것이다. 역사서가 주로 그것을 쓴 역사가의 목소리를 들려주는 것과 달리, 과거 기록은 주인공들의 육성을 그대로 전달해 준다. 역사의 생음(生音)을 들을 수 있다는 점이 이 책의 가장 큰 매력이라고 할 수 있다.

저자가 전문 기자로서 활약한 시기는 그가 말한대로 세계사적으로 격동기였고, 또한 전환기이기도 하였다. 공교롭게도 격동의 바람은 서울에서 불어왔다. 1988년 서울 올림픽이 그 발원지였다.

《코리아 체스판》은 바로 이 지점에서 출발하고 있다. 서울 올림픽은 미소 갈등으로 두 차례나 반쪽 올림픽을 치루고 난 뒤 세계가 한자리에 모인 자리이다. 분단 국가에서 동서 화합의 장이 펼쳐진 것인데, 당시에는 그것이 어떤 여파를 가져올지 아무도 예상하지 못했다. 그러나 1년 뒤 중국에서 천안문 사태가 일어났다. 그리고 같은 해 11월에는 베를린 장벽이 무너지고, 그 후 1년 뒤 독일 통일이 실현되었다.

역사의 행보는 여기서 끝나지 않았다. 독일 통일 1년 후 소련 연방이 해체되고, 마침내 냉전의 막도 내렸다. 모든 역사적 사건은 그 시작과 끝을 알리는 표식이 있게 마련이다. 그런 의미에서 서울 올림픽은 냉전의 종식을 알리는 신호였고, 독일 통일은 냉전의 종착지였던 셈이다. 저자는 이런 일련의 과정에서 주요 사건들을 추적하면서 그 주역들은 무슨 생각을 하고, 어떤 행동을 했는지, 또 그것이 한반도에 어떤 영향을 미쳤는지를 생생하게 기록하고 있다.

저자의 눈에 비친 1990년대 한반도는 희망과 기대에 차 있었다. 북방외교가 성공을 거두고 남북한은 분단국으로서 동시에 유엔에 가입하였다. 이로써 '두 개의 코리아'가 국제사회에 공인된 것이다. 한편, 외부 환경의 변화에 따라 남북 관계도 빠르게 변화하였다. 남북기본합의서가 채택되고, 서로 상대의 국호를 공식 사용하였다. 국호 사용은 사실상 상대를 인정한다는 의미이다. 남북한 모두 변화된 환경에 맞춰 내부의 생존조건을 혁신한 것이다.

그러나 한반도에는 여전히 '하나의 코리아'만 존재하고 있다. 남북 어느 쪽도 상대를 국가로 인정하지 않기 때문이다. 이런 점에서 남북은 분단이라기보다 하나의 국가를 나누어 통치하는 분치(分治) 관계라고 해야 할 것이다. 그렇다면 왜 남북 당국은 현실을 인정하지 않는가? 분단과 분치의 모순 속에서 과연 통일은 가능한 것인가? 본서는 그에 대한 해답을 구하려고 불을 밝히고 있다.

남북문제 못지않게 저자의 시선은 주변 강국들의 행보에 집중하고 있다. 분단을 지렛대로 삼아 한반도 운명에 개입하려는 이들의 압력이 갈수록 거세졌기 때문이다. 냉전 기간 이념에 묶여 있던 역사가 정치 무대로 되돌아오고, 단절되었던 역사적 경로가 서서히 복원된 것이다. 여기서 말하는 역사적 경로란 19세기 마지막 20년과 20세기 첫 10년 사이 조선이 비극적 종말을 맞게 되는 과정을 말한다.

정말 역사는 반복하는 걸까 하는 의문이 자주 드는 이유도 여기에 있다. 저자는 이를 서양 장기판에 비유했다. 저자가 우려하고 있듯이 시간이 가면서 미래는 점점 멀어지고, 대신 과거가 빠르게 다가오고 있는 게 현실이다. 과연 한국은 어디로 가는 걸까, 한국인이라면 당연히 가질 수 있는 의문이다.

이것 말고도 한국인들에게는 해답 보다 의문이 더 많이 늘어났다. 예를 들면, 냉전의 시발지였던 독일이 어떻게 통일을 성취하고, 더 나아가 냉전을 종식시킨 주역이 되었는가? 그 지혜와 힘은 어디서 온 것인가? 한반도에서는 그와 같은 기적이 일어날 가능성은 없는가? 왜 한국만 분단국으로 남아 있는가, 한국 분단은 냉전의 산물인가, 아니면 역사적 결과인가? 하는 것들이다.

어느 것 하나 손쉽게 해답을 얻을 수 있는 물음이 아니다. 하지만, 이 같은 수수께끼를 풀려고 하는 사람은 이 책을 꼭 읽어보도록 권하고 싶다.

이 인 석 전 청와대 건설교통비서관(김대중 정부)·인천발전연구원 원장

서문

실패한 역사에서 무엇을 배울 것인가.

　30여 년간 주 단위로 기사를 썼다. 사안이 급박할 때는 매주 쓰기도 했고 그렇지 않으면 2~3주에 걸쳐 기획 기사를 쓰기도 했다. 기자 생활을 시작한 80년대 말은 우리에게 모든 것이 새롭게 다가올 때였다. 당시 농담처럼 했던 말이 있다. 냉전시대 한국 외교는 영어만 잘하면 됐다. 전 세계가 미국과 소련 양 진영으로 나뉘어 대립하던 시절이다. 한반도의 남쪽은 미국의 동맹국으로 서방 진영에 속했고 북쪽은 중국과 소련 등 사회주의권에 속했다. 서로 상대방을 접할 기회가 많지 않으니 상대에 대한 경험이나 노하우를 축적할 겨를이 없었다. 진영에 속하다 보니 독자적인 외교도 불가능했다. 그러니 영어만 잘하면 된다는 얘기가 나온 것이다.

　냉전이 해체됐다. 한국 외교에 엄청난 충격이 왔다. 소련을 비롯한 사회주의권 국가와 접촉이 시작된 것이다. 88올림픽은 그 시대를 통과한 이들에게 각별한 기억으로 남아 있다. 소련과 동유럽권 선수들을 그렇게 많이 가까이서 접한 것은 처음이었다. 당시 소련은 냉전 해체의 주역이자 인류에게 평화를 가져온 나라로 각광받았다. 한국 관중이 오랜 맹방인 미국 선수들 보다 소련 선수들을 더 응원하는 희한한 일이 벌어졌다.

　그 2년 후 분단 이후 처음으로 북한 총리가 남한을 방문했다. 1990년 9월 4일 북한의 연형묵 총리가 제1차 남북총리회담 참석 차 서울을 찾은 것이다. 텔레비전 보도 화면에 비친 그 모습이 너무나 강렬해 지금도 생생하다.

　냉전의 해체는 이처럼 한국을 미지의 세계로 이끌었다. 늘 익숙한 상대, 익숙한 가치체계만 접하다가 익숙지 않은 상대와 어울리는 법을 배워야 했다. 소련을 비롯한 사회주의권 국가뿐 아니라 무엇 보다 북한이 한국 대외정책의 주요 변수로 등장했다. 영어만 잘하면 되던 한국 외교가 러시아어 중국어 그리고 북한식 표현에도 익숙해져야 했다. 스스로 생각하고 결정하고 책임도 져야했다.

　북한이 대외정책 변수로 등장한 것은 우리만이 아니었다는 게 문제다. 미국이나 일본도 마찬가지였다. 남북관계라는 단어와 마찬가지로 북미관계 북일관계라는 말도 생겨났다. 북한이라는 변수가 등장한 이후 한미관계 한일관계에는 과거에 볼 수 없었던 또 다른 묘한 긴장감이 흐르기 시작했다. 중국이나 소련도 마찬가지다. 중국인들이 북미관계에서 연상하는 최악의 상황은 미군이 압록 강변에 주둔하는 것이다. 따라서 겉으로는 한반도 평화를 위해 북미관계 진전을 환영한다고 말 하지만 속으로는 북미관계의 급진전을 경계했다.

냉전시대의 언어가 단선적이었다면 탈냉전 시대의 언어는 이중적이고 복선적이다. 겉말과 속말이 다르다. 말과 생각, 행동이 모두 따로 논다. 한국 외교의 시련이 시작된 것이다. 북한과 새로운 관계를 모색하면서 미국 일본 중국 러시아의 대 북한 접근에도 신경을 써야 한다. 차원이 달라진 우리와 열강 관계도 시야에 넣어야 한다.

단선에 익숙하던 한국 외교가 복선의 시대에 접어든 것이다. 지식인들 사이에 복안(複眼)이니 양안(兩眼)이니 하는 말이 암암리에 퍼졌다. 여태까지처럼 한 눈으로만 세상을 봐서는 안 된다. 여러 가닥의 선들을 균형 있게 바라보려면 두 눈을 떠야 한다. 우리 역사를 보면 우리는 단선에는 익숙하고 폭발적인 힘을 발휘하지만 관계가 조금만 복잡해져도 쉽게 길을 잃고 헤맨 경우가 많다. 복안과 양안으로 세상을 보고 대처하는 것에 익숙하지 않은 것이다. 우리 보다 힘 센 국가들에 둘러싸여 살아왔음에도 늘 그게 잘 안 된다.

그러니 탈냉전이 가져온 긴장 완화와 평화를 향유하기에는 뭔가 불안했다. 19세기 구한말의 처절한 실패가 오버랩 될 수밖에 없었기 때문이다. 북한이 외교무대에 등장했다는 것은 냉전시대에 닫혀 있던 북한이라는 지정학적 공간이 열렸다는 것을 뜻한다. 구한말 선조들이 개항을 앞두고 느꼈던 불안감이 북한의 등장이라는 '제2의 개항'을 앞두고 비슷하게 몰려왔다. 교과서에서 배울 때는 막연하게만 느껴졌던 '한반도의 지정학적 운명과 열강의 진출'이라는 말이 제2의 개항을 앞두고 눈앞에 펼쳐지기 시작한 것이다.

누군가는 '역사가 돌아왔다'고 하기도 했다. 냉전이라는 국제정치 질서에 가로막혀 숨을 죽이고 있던 '역사의 귀환'이다. '제2의 개항'에 비견될 북한이라는 지정학적 공간과의 만남, 구한말의 기억을 따라 한반도 주변으로 다가오는 열강의 동향, 그리고 그 모든 과정을 관통하는 북한의 체제 전환 시도와 핵문제 등 난제들이 우리 앞에 펼쳐졌다. 그렇게 30년이 지난 그 결과를 지금 우리가 맞닥뜨리고 있는 것이다.

20대 후반의 나이에 이 분야에 뛰어든 나는 우리 앞에 벌어질 이 모든 일들을 기록으로 남겨야 한다는 사명감에 짓눌렸다. 기록으로 남기기. 사관이 사초를 쓰고 그것을 정선해 실록을 써 내려 가듯 당대의 현장을 기록하는 모든 기사는 사초로서의 자격을 갖는다. 나에게는 그것이 한반도 분야였고 사안을 좀 더 심층적으로 바라보고 기록할 수 있는 매체에 있었다는 점에서 운이 좋았다고 할 수 있다. 특정의 출입처에 얽매이지 않고 필요하다면 북한을 비롯해 미국 일본 중국 러시아의 동향까지 체크해가며 사안의 전체상을 그릴 수 있었다는 점도 행운이었다. 요소요소에 취재에 도움을 줄만한 분들을 확보하기 위해 많은 노력을 기울였다. 가급적 현장에 밀착해 사실과 정보에 입각한 얘기를 해줄 수 있는 인물이어야 했다. 내가 쓰는 글이 책상 위에서 만들어진 의견이나 견해를 기술하는 것이 아니라 구체적인 정보와 사실에 입각한 기록이 되기를 바랐다. 사안을 기술할 때에는 큰 그림을 보여주고 주요 대목은 세부적이고 디테일하게 묘사하기 위해 노력했다. 큰 그림과 디테일한 세부 묘사가 나의 글쓰기의 원칙이었다. 독자에게 사안을 전체 맥락 속에서 상세하게 파악할 수 있도록 정보를 제공하는 것이 기록하는 자의 의무라 여겼기 때문이다.

세부적으로 접근하려면 집요하게 파고들 수밖에 없다. 그렇게 수집된 정보를 바탕으로 건강을 해쳐가며 밤 새워 기사를 써서 넘기고는 지긋지긋해서 다시는 쳐다보지 않고, 앞만 보며 나아가는 삶의 연속이었다. 우리 현대사에 미증유의 시기를 내 나름의 취재와 관점으로 기록해 훗날 좀 더 다채롭고 심층적으로 이 시기를 바라볼 수 있게 하고 싶다는 욕망이 없었다면 할 수 없는 일이었다.

주 단위로 기사를 쓸 때는 그때그때 현안에 치여 방향 감각을 상실할 때도 있었다. 책으로 묶어내는 과정에서 예전에 쓴 기사들을 꺼내어 다시 꼼꼼히 살펴봤다. 각각의 조각들이 전후좌우로 맞춰져 전에는 미처 보지 못했던 큰 그림을 보게 되는 경험을 하기도 했다. 각각의 기사들은 독립돼 있지만 내용적으로는 서로 밀접하게 연결될 수밖에 없다. 그 기사의 대상이 되는 사안의 연속성 때문이기도 하고 그것을 기록하는 자의 의식의 연속성에서 기인하기도 한다. 따라서 각각을 풀어 하나의 글로 다시 쓰지 않더라도 대하 장편 시리즈물을 읽듯이 읽어나갈 수 있으리라 생각한다. 그 하나하나의 글들은 지난 30여년 간 이 땅을 거쳤던 남북한과 주변국의 정권들과 브레인들이 직조한 역사의 날줄과 씨줄들이다. 그 속에서 남북관계와 열강의 대북 접근이 어떠한 함수관계를 갖고 작동했는지 패턴을 찾아낼 수 있을 것이다. 이 시리즈물의 제목을 브레진스키의 《거대한 체스판》을 본따 《코리아 체스판》이라 한 이유다. 제2의 개항, 구한말 역사의 귀환이라 할 탈냉전의 한반도에서 남과 북, 그리고 열강은 과연 어떻게 만나고 부딪혔는가. 그 패턴을 그릴 수 있다면 그 무한궤도의 반복에서 벗어나는 길도 알 수 있을 것이다. 지난 30여년이 시행착오와 실패의 역사였다면 어디서부터 잘못됐는지 원인을 진단하고, 당장 가능하든 아니든 처방을 찾아낼 필요가 있다.

아래의 글은 이 시리즈물의 기록들에 근거해 필자 나름으로 그려본 패턴과 처방에 대한 것이다. 30여년의 역사를 되짚는 여행길에 최소한의 가이드나 안내판이 필요할 수도 있겠다는 판단에서다. 독자는 이 기록들에서 독자 나름의 패턴과 처방을 찾아낼 수도 있을 것이다. 적어 놓고 보니 조금만 생각해보면 이해할 수 있는 상식적인 얘기들이다. 그러나 그것이 패턴으로 정립되기까지는 많은 시행착오와 사건들과 책략의 축적이 있었음을 간과해서는 안 될 것이다.

1. 지난 30여 년간 남북관계의 성격과 방향을 결정한 것은 북한이 아니라 남한이다.
   남한의 새 정권이나 정치세력이 북한과 대화를 원하는가 대결을 원하는가에 따라 북한은 대응했을 뿐이다. 남한이 주동적이었다면 북한은 피동적이었다. 남한에 새로운 정권이 등장하면 북한은 많은 시간을 들여 그 정권의 성격과 정책을 분석하고 그에 맞춰 대응했다. 대결정책이 예상되는 보수정권이 등장했을 때도 그 정권의 대북 정책 방향이 뚜렷해질 때까지 기다렸다.
   북한이 주동적으로 끌어간 적이 없다는 대목에 대해 박근혜 대통령의 임기 시작 전 사례로 반박을 할 수 있겠다. 박근혜 정부가 출범하기 전인 2013년 2월12일 북한이 핵실험을 감행함으로서 남북관계가 경색되는 빌미를 제공했기 때문이다. 그러나 북측은 남북관계 경색을 의도한 것은 아니었다고 설명하고 있다. 북한은 박근혜 대통령이 2002년 방북해 김정일 위원장과 회담한 사실을 높게 평가해왔다. 전임 이명박 정권과는 충돌이 많았기 때문에 박근혜 정부에 기대한 바가 많았다고 한다. 2월12일이라는 날짜를 택한 것은 그 날자가 아직 이명박 정권 임기 중이라는 나름의 판단에 따른 것이라고 한다. 즉 박근혜 정부와 무관한 실험이었다는 것이다. 우리로서는 납득하기 어려운 면이 없지 않지만 북의 생각이 그랬다는 것이다.
   보수정권에 대해 대북 정책 윤곽이 드러날 때까지 기다렸다는 것은 이명박 정권의 경우를 들 수 있다. 이명박 대통령은 후보 시절에는 대북 관련 발언을 자제하다가 2007년 12월20일 대통령 당선 축하 기자회견부터 작심한 듯 대북 발언을 쏟아내기 시작했다. 이 당선인과 그 주변 인사들에 의한 대북 발언은 대통령 취임 전임에도 해를 넘겨 계속됐다. 그럼에도 북한은 몇 달간 침묵으로 일관하다 2008년 4월1일 노동신문을 통해 '이명박 역도'라는 표현을 쏟아내면서 맞대응을 시작했다.

2. 방향은 남쪽 정권이 정하지만 정책의 성패를 좌우한 것은 북한이다. 남한의 새 정부가 포용정책을 표방하고 북한과 대화를 추구하면 북한 내에서도 대화파가 서서히 주도권을 잡으며 전면에 등장한다. 반대로 북한과의 대결을 불사하는 보수정권이면 북한 내에서도 당과 군부의 체제수호파가 주도권을 장악하며 맞대응에 나선다.

북한 권력 내에서 대남관계 및 대외관계 협상은 내각의 외무성과 대외경제성, 당의 통일전선부 등 민간 출신의 관료나 전문그룹이 주도한다. 이들을 편의상 대화파라고 할 수 있다. 그 반대편에는 군부를 필두로 노동당 강경파 등의 체제수호파가 존재한다. 민간의 대화파는 북한이 처한 위기 상황을 돌파하려면 대외교섭에 적극 나서야 한다는 입장이지만 군부나 당의 강경파는 미국 등 서방 제국주의 세력과 남조선이 결탁해 자신들 체제를 함정에 빠뜨려 붕괴시키려 하고 있다는 소위 '피포위 의식'에 사로잡혀 있다.

북한이 늘 말해온 '눈에는 눈, 이에는 이'라는 말처럼 남쪽이 대화하자고 하면 북한도 대화파가 전면에 나서고 남쪽이 대결을 선택하면 북한도 체제 수호파가 대결 전선에 나서는 것이다. 그러면 남과 북이 뭔가 아귀가 맞아 돌아가는 것 같지만 실제로는 상당한 어긋남이 있다. 이런 어긋남 때문에 진보 정부든 보수 정부든 애초 기대했던 성과를 내기 어렵다.

3. 진보정권의 대북 포용정책이나 대화정책이 늘 용두사미로 끝나버리는 것은 북한 내부 메커니즘으로 인해 실질적인 대화가 늘 너무 늦게 시작되기 때문이다. 진보정권이 출범해 북한과 대화를 시도해도 실제 대화가 시작되는 것은 임기 중반쯤부터이다. 1988년 2월 집권한 노태우 정부는 임기 초부터 남북 정상회담과 남북 경협, 자유왕래 등에 적극적이었지만 본격적인 대화가 시작된 것은 임기 중반이 넘어간 90년 9월 남북 고위급 회담이 시작되면서부터다. 김대중 정부 역시 마찬가지다. 98,99년 임기 첫

두해는 주로 현대그룹의 대북사업이 진행됐을 뿐 남북 당국 간 접촉은 별 소득 없이 겉돌았다. 그러다 99년 말 북한이 현대그룹에 경의선 연결을 제안하고 현대가 이를 당국 간 회담으로 연결하면서 임기 중반인 2000년에야 남북정상회담을 할 수 있었다. 미국 역대 정권 중 북한에 대해 가장 포용적이었던 클린턴 정부 마지막 해에 가서야 북이 정상간 대화에 적극 나섰다는 것은 아무리 북한의 주특기가 '기회 놓치기' '실기하기'라지만 뼈아픈 대목이 아닐 수 없다. 노무현 정부 역시 제2차 북핵 위기라는 국제변수 외에도 대북 송금특검으로 남북 채널이 끊어지면서 3년간 대화 공백 상태가 있었다. 2005년 9.19 공동성명이 체결되면서 남북대화에 올인하려고 했지만 곧바로 방코델타아시아(BDA) 은행 사건이 터지면서 임기 말까지 실제로는 아무 것도 할 수 없었다.

북한이 남측과의 대화에 응하려면 먼저 북한 내부에서 대화파가 전진 배치돼 주도권을 쥐어야 한다. 강경파의 의심과 거부권을 뚫고 전면에 나서기까지 우여곡절과 진통을 겪어야 하기 때문에 임기 초반의 많은 시간이 사실상 헛되이 흘러간다.

서독은 1969년 브란트의 사민당 정부가 동방정책을 시작한 뒤 기민당으로 정권이 교체됐어도 일관성 있게 밀어붙여 결국 통일에 이르렀다. 1969년부터 1989년 베를린 장벽 붕괴까지 어림잡아 20년 가까이 '접근을 통한 변화'라는 동방정책의 기조를 흔들림 없이 밀어붙여 성과를 거뒀다. 반면 우리는 임기 중반부터 시작해 달랑 2년여의 남북대화 조차 퍼주기 논란 내지는 한미동맹 위기론 등의 온갖 공격에 시달리다가 정권이 교체되면 중단되는 일이 거듭됐다.

북한 입장에서는 이제 겨우 남쪽 파트너에 대한 신뢰감이 형성돼 뭔가 해보려 하면 정권이 반대세력으로 교체돼 버리니 남쪽을 믿고 뭔가를 할 수가 없다. 또한 남쪽과의 대화에서 성과를 거두지 못하면 거기에 임했던 북측 대화 일꾼들이 모두 책임을 지고 숙청을 당해야 하니 그 뒤에는 나서는 사람도 없게 된다. 돌고 돌아 또다시 남쪽에 진보정권이 등장해도 신뢰할 수가 없으니 대화에 응하는 시간은 길어지고 그러다 보면 또 허겁지겁 끝나는 악순환이 반복된다.

4. 남쪽에서 보수정부가 등장해 북한과 대결정책을 추진하면 북한도 '이에는 이' 식으로 대응에 나선다. 남쪽에서 보수정권이나 보수 정치세력이 주도권을 장악해 남북대화가 중단되면 북한은 제일 먼저 내부의 대화파를 숙청하는 일부터 착수한다. 노태우 정부 시절 잘 진행되는 듯 하던 남북관계가 92년 9월의 제8차 남북 고위급회담에

시 벌이진 훈령조작 사건을 필두로 10월의 대규모 간첩단 사건과 팀스피리트 훈련 재개 발표 등으로 역류하기 시작했다. 그러자 그해 12월 북한은 최고인민회의 개최 이틀 전 그동안 남북대화를 이끌었던 연형묵 총리를 해임해 버렸다. 그리고 김영삼 정부가 출범해서도 남북대화 전망이 불투명하자 93년 12월 최고인민회의에서 김용순, 김달현, 윤기복 등 소위 대남 대화파를 모두 물러나게 했다. 노무현 정부에서 이명박 정부로 정권이 교체된 후에도 과정이 좀 복잡하기는 하지만 남북대화를 담당한 통일전선부 물갈이가 진행됐다. 2019년 2월 트럼프 대통령과의 하노이 회담이 실패로 끝난 후에도 통일전선부가 모든 책임을 지고 물러나고 외교부로 잠시 주도권이 넘어갔다. 그러다 외교부도 미국과 대화를 이어나가야 한다는 입장을 보이다 2019년 11월의 내부 노선투쟁과 12월의 당 전원회의를 통해 체제수호파인 주체파에 의해 모두 현직에서 밀려났다. "휴전선 근처 있던 사람 중에 살아남은 사람이 없다"는 말이 나올 정도로 북한에서 대화파는 목숨을 걸어야 하는 '극한직업'인 것이다.

주도권이 체제 수호파로 넘어가면 바로 여기서 문제가 발생한다. 남쪽의 보수파 정권도 북한과 전쟁을 하겠다는 생각은 아닐 것이다. 이명박 정부 초기에 많이 언급되던 '갑을관계를 바로 잡아야 한다'는 얘기에서 이들의 생각이 잘 드러난다. 남쪽이 식량이든 비료든 주는 입장이고 북한은 받는 입장인데 왜 우리가 을처럼 행동하고 북한이 갑처럼 행동하냐는 것이다.

누군가는 버르장머리를 고쳐야 한다고 생각할 수도 있고 누군가는 굴종의 역사를 끝내야한다고도 주장한다. 북한을 무릎 꿇게 하기 위해 남북대화를 중단하고 주변국 협조를 얻어 북한을 봉쇄하려 시도한다. 90년대 초 대북정책 논쟁에서 '수도꼭지론'이라는 것이 있었다. 북한으로 공급되는 모든 수도꼭지를 잠가버리면 못 견디고 나올 것이라는 주장이다. 보수정부의 기저에는 90년대의 수도꼭지론과 같은 발상이 면면히 흐른다.

그러나 의도한 대로 되지 않는다. 북한 내에 대화파들이 여전이 온존하고 이들이 영향력을 발휘한다면 가능할 수도 있다. 남쪽의 지원을 받기 위해서는 자존심을 내려놓자고 최소한 내부를 설득할 수 있는 인사들이라도 존재하기 때문이다. 그러나 앞에서 보았다시피 북한에는 이미 그런 얘기를 할 세력의 씨가 말라버린 것이다. 대화파는 모두 제거되고 군부와 당 강경파의 체제수호 동맹이 주도권을 장악한 상태다. 그들의 본성 상 역시 '이에는 이, 눈에는 눈' 식의 대응 외에는 나올 게 없다. 남쪽이 희망하는 깁을 관계의 재정립이 아니라 강대강 대결의 무한루프가 시작된다.

5. 주변 열강은 남북관계와 함수관계 속에서 움직인다.

주변국들은 당연히 남북대화가 활발하게 진행되는 것을 경계한다. 한국 정부의 외교적 발언권이 세지는 것을 달가와 하지 않기 때문이다. 북한은 분단국인 한국이 확보할 수 있는 가장 중요한 외교적 자원이다. 그것을 가장 잘 보여준 게 바로 김대중 정부였다. 김대중 정부는 비록 짧은 기간이긴 했지만 남북 간 대화 채널을 확보하고 있다는 것이 한국 외교에 얼마나 큰 자산인지 생생히 보여줬다. 다행히 한국정부와 뜻이 맞는 정부라면 모를까 한국 정부의 입지가 커지는 만큼 자신들의 대북정책 주도권이 침식되는 것 또한 좋아 할 리 없다. 따라서 한미동맹이 위기에 처했다는 등의 얘기를 한국의 보수 세력에 흘리며 진보정권을 흔들어댄다.

주변 열강에게 가장 좋은 환경은 남북대화가 단절되고 북한이라는 공간이 무주공산이 되는 것이다. 박근혜 정부 시절 국제학술 대회에서 만난 러시아의 북한전문가가 최근 평양에 갔더니 한국 사람이 하나도 안 보이더라며 의미심장한 얘기를 했다. 공간은 비우면 채워지게 돼 있다는 것이다. 북한에서 남쪽이 빠져나가면 그 빈 공간은 다른 세력에 의해 채워지게 된다는 것이다.

김영삼 시대에는 남한이 빠져나간 빈 공간을 미국과 일본이 채우려는 많은 시도가 있었다. 미국의 경우 당시 국내에는 제네바 합의 체결과 연락사무소 평양 진출 등의 표면적인 내용이 주로 알려졌다. 그러나 북미관계의 본령은 어디까지나 군부 대 군부 관계에 있다. 미국에게 북한은 군사 문제이다. 미국은 북한과 휴전을 했을 뿐 여전히 전쟁이 끝난 것이 아니다. 따라서 북한 문제의 상당 부분이 미국 군부 관할이다. CIA(중앙정보국) 보다는 DIA(국방정보국)의 주 활동 영역인 것이다.

또 한 가지 감안해야 할 것이 있다. 미국의 대 아시아정책에서 대북정책은 그 자체가 최종목적지라기 보다는 중국으로 가기 위한 중간 기착지라는 점이다. 소련과 동유럽 사회주의 체제 붕괴 후 이를 담당했던 세력들이 94년경부터 아시아의 남은 사회주의국가인 북한과 중국을 담당하기 시작했다. 그때 그들이 한 얘기가 있다. 북한은 중국이라는 버스 종점(bus station)으로 가기위한 정거장(bus stop)이라는 것이다.

따라서 미군과 북한 군부의 접촉은 북한을 대중국 정책의 전진기지로 삼기 위한 과정이었다. 체제 전환을 모색하던 당시 후계자 신분의 김정일 입장에서도 북한 군부를 체제 전환의 찬성 세력으로 동참시키기 위해 북미 간의 군부 접촉은 절묘한 한 수이기도 했다. 김영삼 정부는 생각지도 못한 미국의 깊숙한 대북 접근에 당황할 수밖에 없었다.

일본 역시 만만치 않았다. 90년 4월 일본 가네마루 신 전 부총리를 단장으로 하는 자민당 사회당의 방북을 계기로 북일 정부 간 접촉이 공식화되고 1992년까지 빈번한 국교정상화교섭이 진행됐다. 이은혜 납치문제를 계기로 중단되었다가, 95년 쌀 지원을 계기로 다시 교섭이 재개되었다. 그러나 이는 94년 제네바 합의 직후부터 진행된 북한과 일본 종합상사의 물밑 접촉을 공식화하기 위한 과정에 지나지 않았다. 96년에 이들이 물밑에서 숙성시켜온 구상들이 한꺼번에 드러났다. 수교자금을 배경으로 도쿄 인근 가시마공단의 석유화학 시설을 나진·선봉 지역으로 옮겨 이 일대를 일본이 관할하는 중화학공단으로 육성한다는 것이었다. 북한 동해안 지역은 일제 강점기 일본의 식민지 산업시설이 밀집한 곳이다. 수교 자금을 빌미로 일본이 북한을 다른 경제식민지로 만들 구상을 진행하고 있었던 것이다.

북한으로 통하는 수도꼭지를 틀어막으면 북한이 항복하고 나올 것이라 기대했던 당시 김영삼 정부는 당황하지 않을 수 없었다. 김영삼 정부가 "핵을 가진 자와 손을 잡을 수 없다"며 핵경협 연계전략으로 북한과 대화를 차단하자 북한은 통미(일)봉남으로 맞섰고 그대로 적중한 것이다. 당시 "북한이 통미(일)봉남 정책으로 노태우 정부 시절의 외교적 패배에 대한 설욕전을 하고 있다"는 얘기가 나오기도 했다.

그 뒤로 이어지는 이명박 박근혜 정부에서도 남한의 부재는 중국의 대북 진출 강화로 이어졌다. 북한은 자신들의 주특기인 '지정학적 요충지 전략'에 입각해 중국에게 나진항과 청진항을 개방할 뜻을 내비쳤다. 중국이 두만강 출해권과 나진항 청진항 사용권을 확보하면 동해에 중국의 상선과 군함이 자유롭게 통행할 수 있게 된다. 19세기 러일전쟁 이래 동해가 또 다시 열전의 바다로 바뀌게 되는 것이다. 미국과 일본이 바짝 긴장했음은 물론이다. 북한이 남한의 대북 봉쇄에 맞서 무엇을 할 수 있는가를 보여 준 사례이다.

6. 열강은 남한의 보수정권을 좋아한다. 일단 챙길 게 많기 때문이다. 보수정권이 북한을 수도꼭지 막듯이 봉쇄하려면 미국 일본의 협조가 필요하다. 한미일 안보협력이 필수인 것이다. 그러기 위해서는 국가로서의 자존심 보다는 외교적 협력을 강조하게 되고 일부 굴욕적인 태도도 감수하게 된다.

그러나 열강과 보수정권의 공조는 두 가지 문제에 부닥친다. 우선 공조의 궁극적 목표가 서로 일치하지 않는다는 점이다. 보수정권은 오직 북한의 봉쇄에 관심이 있을 뿐이다. 아무리 가치외교니 자유주의 국가 간 연대를 얘기해도 그것은 열강의 지지를 얻기 위한 수사일 뿐 북한을 넘어 중국과의 관계까지 차단하겠다는 것은 아니다.

반면 미국의 목표는 북한이 아니라 중국이다. 앞에서 언급한 것처럼 북한은 중국이라는 버스 종점으로 가기 위한 정거장일 뿐이다. 따라서 미국 입장에서 제일 좋은 것은 대화를 통해 북한을 중국으로부터 떼어내는 것이다. 남북 간 자존심 싸움에는 관심이 없다. 미국은 또한 보수정권의 북한 봉쇄에 협조하는 대신 미국의 중국 봉쇄에 보수정권이 참여할 것을 요구한다. 경제의 상당 부분을 중국에 의존하는 우리로서는 부담이 아닐 수 없다.

남북 대결이 격해져 북한의 핵 상황이 더욱 위험해지거나 국지전 발발, 또는 전쟁 위기가 고조되면 보수정권의 상황관리 능력에 대한 의구심이 커진다. 미국은 동맹이 자기 할 일은 스스로 해주기를 원한다. 자기 할 일은 안하고 미국에 매달리기만 하거나 쓸데없이 분란을 일으키고는 미국 뒤에 숨는 아시아 동맹국들의 행태는 미국의 골칫거리이다. 오바마 정부 때는 대만과 필리핀이 골치 아픈 동맹 취급을 받았다. 보수정부에서 한반도 상황이 악화되면 겉으로는 굳건한 한미동맹을 외치지만 미국의 식자들은 한국을 골치 아픈 동맹으로 치부하기 시작한다. 이미 사우디와 한국이 거론된 바 있다. 이런 상황이 심화되면 한미 공조도 위기에 봉착한다.

7. 보수정권도 공과는 있다. 대북 압박 정책 결과 북의 체제 전환 노력이 좌절하고 결과적으로 체제가 약화되면 입장에 따라 그것을 성과로 평가하는 쪽도 있을 것이다. 반면 북의 핵 능력이 보수정권을 거칠 때마다 급격하게 고도화됐다는 점 역시 숨길 수 없는 사실이다.

8. 해법은 있는가.

지난 30년간 반복돼온 패턴이 계속되면 누가 집권하든 실패할 수밖에 없다. 정권의 실패뿐 아니라 남북관계 역시 악화되면 악화됐지 돌파구를 찾을 수 없다. 북한의 강경파들이 체제 수호라는 명분으로 남북 대화기에는 거부권을 행사해 방해하고 남북 대결기에는 대결의 선봉에 서서 강대강의 대결을 주도하는 상황이 개선되기 전에는 남쪽의 진보 보수의 해법 어느 것이든 먹혀들 수가 없는 것이다.

그렇다면 해법은 단순하다. 이들의 준동을 막는 것. 그들이 가지고 있는 '피포위 의식'이 사실은 극심한 피해의식과 망상에 불과하다고 누구나 느낄 정도로 남북을 둘러싼 환경을 개선하지 않으면 안 된다. 물론 미중 패권 경쟁의 격랑에 휩싸인 한반도에서 과연 그것이 가능하겠는가 의문을 던질 수 있지만 역으로 그렇게 하지 않는다면 우리의 미래는 과연 어떻게 될 건가를 묻지 않을 수 없다. 최근 임동원 전 특보가 자서전을 내면서 그 제목을 《다시 평화》라고 했듯이 평화야말로 남북이 지난 30년의 실패에서 벗어나기 위한 첫 발자국이다.

돌이켜 보면 북한이 체제 위기감을 상대적으로 덜 느낄 때 민간의 관료와 전문그룹이 주도권을 쥐며 대외적으로도 전향적으로 나왔다. 북한이 체제 수호에 힘을 낭비하기 보다는 90년대 이후 방치되다시피 한 경제 재건에 다시 힘을 쏟도록 유도해야 한다. 김정일 시대만 해도 북한의 최대 과제는 경제재건이었다. 2002년 7.1 조치는 북한이 소련 동유럽 붕괴의 충격에서 벗어나 정신을 차리고, 90년대 10년간 체제 전환과 대외 개방을 위해 암중 모색해온 노력의 정화였다. 만약 그때 주변국들이 7.1 조치의 성공을 도왔다면 오늘날과 같은 북핵 위기는 없었을 것이다. 그러나 돕기는커녕 방해만 했을 뿐이다.김정은 세대는 주변 국가들에 의해 부친이 하고자 했던 국제무대에의 평화로운 등장이 어떻게 좌절됐는지 보면서 성장했다. 그래서 믿을 것은 핵뿐이라며 앞만 보고 달려왔다. 그러다 보니 민생이 파탄났다. 김정은 세대는 핵무장과 함께 자력갱생을 기치로 내세우고 전통적 자립경제 정책을 추진하지만, 중국으로부터 에너지, 자재, 부품, 설비를 들여오지 않으면 경제가 돌아가지 않는 상황이다. 그동안 지켜봐왔다시피 중국은 절대로 남을 공짜로 돕는 나라가 아니다. 반드시 꼬리표가 달려 있고 대가를 지불해야 한다. 그러니 도움을 받는 과정 자체가 스트레스이며 북중관계에는 늘 갈등이 내재돼 있다. 그런 관계는 지속 가능하지 않다는 것을 북한이 누구보다 잘 알 것이다. 그러니 트럼프 정부 시절 북미대화에 응한 것이 아니겠는가.

북한을 코너로 몰면 북한 내부에서 대화파는 사라지고 체제 수호파가 날뛰며 북중관계는 밀착되고 동북아의 분란은 심화된다. 이 악순환의 고리를 끊는 유일한 길은 긴장을 낮추고 평화로운 환경을 조성하는 길 뿐이다. 남북 간 평화와 공존의 제도화가 없이는 이제 한 걸음도 더 나아갈 수 없는 데까지 도달한 것이다. 그러니 평화로부터 다시 시작해야 한다. 지난 30년의 실패의 역사가 우리에게 준 가장 큰 교훈이자 유일한 해법이다.

위 내용은 제1권 노태우·김영삼 시대부터 마지막 권에 이르기까지 《코리아 체스판》이라는 이 대하 장편 시리즈물을 관통하는 큰 줄기를 정리해 본 것이다. 독자 여러분이 시리즈를 다 떼고 나면 한반도 정세를 꿰뚫어 보는 안목이 형성될 것이다. 그런 안목을 갖춘 이들이 많으면 많을수록 우리 스스로 우리 문제를 풀고 지정학의 악몽에서 벗어날 수 있는 힘을 키울 수 있을 것이라 기대한다.

2023년 2월4일

남 문 희

일러두기

1. 2006년까지 기사는 <시사저널>에 게재됐던 것이고 2007년 이후는 <시사IN>에 게재 됐던 것이다.

2. 2006년 이전 기사 중 초창기에는 기사를 일일이 워드 프로세서로 쳐서 데이터를 구축 하는 과정에서 오탈자나 게재 호수 오류 등이 있었다. 문장을 꼼꼼히 살피고 원문 대 조 등을 통해 인명과 게재 호수 등을 바로 잡으려 노력했지만 미처 발견하지 못한 부 분이 있을 수 있다는 점을 미리 밝힌다.

3. 표기 방식은 몇몇 예외적인 경우를 제외하고는 가급적 게재 당시의 표기법을 그대로 살리고자 했다.

제1부 노태우 시대

노태우 대통령은 군 출신이다. 그러니 그가 펼친 북방정책은 매우 전향적이고 대담했다. '북방정책'이라는 아이디어는 그 이전부터 우리 외교 당국에 존재했다. 멀게는 1973년 6.23선언을 그 효시로 보기도 한다. 6.23선언은 서독의 빌리 브란트 총리가 1969년 할슈타인 원칙을 폐기하고 소련·동유럽에 문호를 개방한 동방정책에서 영향을 받았다. 그 시절에 '남북한 유엔 동시가입과 대 공산권 문호개방'을 선언했다.

북방정책이라는 말은 6.23선언 10주기에 나왔다. 1983년 당시 이범석 외무장관이 6.23 선언에서 주창한 대공산권 문호 개방 정책을 처음으로 '북방정책'이라 불렀다. 그러나 북방정책을 국가의 가장 중요한 외교정책으로 내세운 것은 노태우 정부다. 노태우 대통령은 집권 첫해인 1988년 7월7일 '민족자존과 통일 번영을 위한 대통령 특별선언(일명 7.7선언)'을 통해 자유진영 국가 중심의 외교에서 벗어나 공산권 국가들과의 관계개선 의지를 천명했다.

노태우 대통령이 북방정책을 대담하게 밀고 나갈 수 있었던 것은 고르바초프 소련 공산당 서기장이 주창한 페레스트로이카(개혁)와 글라스노스트(개방), 신사고 외교에 의한 탈냉전과 동서화합 분위기 덕분이다. 1985년 고르바초프가 소련 공산당 서기장이 되면서 시작한 페레스트로이카와 신사고 외교는 마침내 1989년 몰타회담을 통해 미소 냉전을 종식시켰다. 고르바초프는 신사고 외교의 아시아판 구상이라 할 블라디보스토크 선언(1986년 7월28일)과 크라스노야르스크 선언(1988년 9월16일)을 통해 아시아에도 탈냉전의 바람을 일으켰다. 소련의 과감한 대 아시아 정책에 힘입어 6공화국 북방정책의 목표를 동유럽 사회주의 국가들을 넘어 소련과의 수교에까지 격상했다는 얘기도 있다.

그런데 여기서 주목해야 할 점이 있다. 블라디보스토크 선언 당시만 해도 소련의 한국에 대한 입장은 매우 제한적이었다는 사실이다. 고르바초프가 블라디보스토크 선언을 통해 1차적으로 추구한 것은 중국과의 관계 개선이었다. 중소 관계는 1969년 3월2일 우수리강의 다만스키 섬(Даманский, 중국명 전바오 섬(珍寶島, 珍宝岛))에서 벌어진 군사 충돌로 최악의 상황까지 갔다.

브레즈네프 시절인 1980년대부터 관계 개선 움직임이 시작됐다. 중국은 관계 개선을 위해 소련이 3대 장애를 제거할 것을 요구했다. 소련군이 아프가니스탄과 몽골에서 철수하고 베트남에 영향력을 행사해 캄보디아로부터 베트남군을 철수시킬 것 등이다. 1979년 12월 아프간 침공 이래 소련은 서쪽에서는 미국, 동쪽에서는 중국 일본으로부터 압박을 받아왔다. 따라서 미국과의 냉전 해체와 더불어 중국과의 관계 개선을 통해 압박에서 벗어나는 것이 선결 과제였다.

블라디보스토크 선언은 바로 이런 배경에서 등장한 것이다. 그 내용 속에 이런 사정이 잘 드러나 있다. 먼저 86년 말까지 아프간 주둔 소련군 6개 연대를 철수시키겠다고 했다. 그 다음 몽골 주둔군 상당수의 철수를 검토하고, 중소 양국 간 우주개발 분야 협력 등 양국관계 개선을 위한 조치들을 협의할 용의가 있다고 했다. 아프간과 몽골 주둔군 철수는 중국이 소련에 제시한 3대 장애 제거에 해당한다.

이밖에 유럽안보협력회의(CSCE)와 유사한 전아시아안보회의를 제안했고 일본과도 관계 개선을 희망한다고 했다. 유럽안보협력회의(CSCE)는 1975년 헬싱키 조약 이래 유럽의 냉전 해체 과정에서 중요한 역할을 한 기구다. 당장의 실현 가능성 보다 장기적인 목표를 제시한 것이라 할 수 있다. 블라디보스토크 선언이 목표로 했던 중국과의 관계 개선은 천안문 사태가 일어나기 한 달 전인 89년 5월 고르바초프가 중국을 방문함으로서 결실을 맺었다.

한반도와 관련해서는 북한이 제안한 한반도 비핵지대 창설을 지지하고 남북대화를 촉구하는 선에서 그쳤다. 남북대화를 촉구하기는 했으나 당시까지는 북한의 주장을 지지하는 선에 그친 것이다. 북한은 북한대로 소련의 대 한국 정책을 의심했다. 블라디보스토크 선언 직후인 86년 10월 북소 고위급 회담에서 고르바초프는 "어떤 경우에도 한국에 대한 소련의 입장을 바꾸지 않겠다"라고 북한 측에 약속해야 했다. 셰바르드나제 외무장관 역시 86년 12월 평양 방문에서 "한국과 정치외교 관계를 맺을 의향이 없음은 확고하다"라고 약속했다. 북한의 의심을 덜기위해 "소련은 한국을 승인하거나 한국과 외교 관계를 맺지 않겠다"라는 문구를 공동성명에 넣기도 했다. 그만큼 북한은 소련의 한국 접근에 노심초사했다.

2년여의 시간이 흘렀다. 소련의 국내 경제 상황이 개선될 기미가 안보였다. 바로 그때 한국에 노태우 정부가 들어서서 북방정책을 천명했다. 7.7선언을 통해 소련을 비롯한 사회주의권과의 교류에 적극적인 자세를 보이기 시작했다. 경제 재건을 위해 시베리아 개발 및 아시아 국가와의 교류가 절실했던 소련이 호응했다. 서울올림픽 개막일 전날인 88년 9월16일 고르바초프는 시베리아의 크라스노야르스크에서 자신의 두번째 아시아 구상을 발표했다.

아시아 태평양 지역의 핵무기 동결과 해공군력 감축을 위한 다자협상을 제안하는 등 7개항의 평화 제안을 하는 중에 한소관계에 대한 진일보한 발언이 나왔다. "소련과 한국 간의 경제관계를 개선할 수 있는 국제적인 조건이 성숙되고 있다"며 "한반도 정세의 전반적 개선을 도모하는 방책의 일환으로 한국과의 경제관계가 개선될 수 있다"라고 한 것이다. 북한을 의식해 여전히 조심스럽지만 고르바초프가 노 대통령의 7.7선언에 호응했다는 것이 당시 외교당국의 평가였다.

그리고 나서도 다시 2년여의 시간이 흘렀다. 미국·유럽과의 냉전 해체에 그만큼 시간이 걸렸다. 89년 12월2일과 3일 부시 대통령과 고르바초프 서기장이 지중해의 몰타에서 만나 "동서가 냉전 체제에서 새로운 협력시대로 접어들고 있다"라고 선언했다. 그리고 1년 뒤인 90년 11월19일 나토와 바르샤바조약기구 22개국 지도자들이 파리 엘리제궁에서 유럽 재래식전력(CFE) 감축 협정에 서명했다. 드디어 유럽의 냉전도 해체됐다. 미국과 소련이 비로소 한반도 냉전 해체 과정에 본격 나설 수 있게 된 것이다.

제1장 출발점에 선 남북관계

1988년 2월 노태우 정부 출범과 함께 북방정책은 순풍에 돛을 단 것 같았다. 88년 3월24일 헝가리가 서울에 무역사무소를 개설한 데 이어 89년 2월1일 수교까지 직행했다. 89년 7월까지 유고, 소련, 폴란드, 불가리아 등에 무역사무소가 개설됐다.

노태우 정부는 88년 10월7일 대북 경제개방 7개항 조치를 통해 '남북 경제인의 상호방문 및 접촉'을 허용했다. 89년 1월23일부터 2월7일까지 정주영 현대그룹 명예회장 일행이 북한을 방문하기도 했다.

빠르게 진행되던 북방정책은 89년에 접어들어 의외의 복병을 만났다. 88년 8월18일 있었던 서경원 전의원 방북에 이어 89년 3월25일 문익환 목사, 6월30일 임수경 양의 방북 등으로 갑자기 공안정국이 조성된 것이다. 북방정책의 속도 조절을 원한 정부 내 세력들이 목소리를 높이면서 89년 말까지 침체기가 이어졌다. 바로 이 시점에 필자가 남북관계 기사를 쓰기 시작했다.

남북관계에 대한 첫 기사는 90년 1월28일 쓴 '경제 교류 활성화를 위해 필요한 것들'이었다. 그뒤 91년 6월까지 1년 6개월 동안 모두 22꼭지의 기사를 썼다. 91년 6월20일자 '북한 유엔 가입은 정책 중점의 변화' 기사를 마지막으로 타부서(기획특집부와 사회부)로 발령을 받아 한반도 기사에서 공백이 발생했다. 92년 2월20일자 '김정일 최고사령관 취임은 남북기본합의서 · 군축 시대 대비한 포석' 기사는 타 부서 근무 중 차출돼서 쓴 기사다.

이 책에서 다룬 1년 6개월 치 기사들은 나름의 가치를 가지고 있다고 믿는다. 남북관계가 89년~90년 초의 답보 상태에서 벗어나 91년 9월부터 시작된 고위급 대화 국면으로 어떻게 전환하게 됐는지 그 과정을 밝히고 있기 때문이다.

문익환 목사, 임수경 양 등의 방북 사건으로 공안정국이 조성됐던 89년의 침체기를 지나 90년 초부터 남북관계가 다시 활성화될 조짐을 보였다. 국제부에서 소련 동유럽 사태와 걸프전 등 국제관계 위주로 기사를 쓰다 이때부터 남북관계를 본격적으로 취재하기 시작했다. 당시 <시사저널>은 주간지에서는 처음으로 '한반도' 섹션을 새로 만들었다. 그 첫 기사다.

남북 경제 교류 활성화를 위해 필요한 것들

(1990.1.28)

지난해 공안정국의 한파로 인해 한동안 얼어붙었던 남북 경제교류가 다시 활발해질 조짐이다. 동서 화해의 국제적 기류가 고조되면서 올해 초 정부가 적극적인 대북 화해정책을 추진하기로 함에 따라 이런 움직임이 가시화되고 이다. 1월1일 북한의 金日成주석이 신년사를 통해 '자유내왕과 남북사회의 전면개방'을 주장하는 등 앞으로 북한이 남북관계에 대해 보다 신축적으로 대응해 나갈 것임을 시사한 것도 경제교류에 대한 기대감을 부풀게 하는 요인으로 작용하고 있다.

경색국면을 면치 못하던 남북관계의 개선을 위해 정부는 올해 초 남북고위급회담(총리회담) 실현을 목표로 지금까지 북한이 주장해왔던 정치군사회담 및 팀스피리트 훈련의 규모 축소 등을 부분적으로 수용할 의사가 있음을 이미 밝힌 바 있다. 이와 함께 통행·통신·통상협정 등 인적·물적 교류확대를 위한 회담도 병행한다는 방침이다.

그러나 정치·군사회담에서 어느 정도의 합의가 이루어지지 않을 경우 북한이 인적·물적교류 협정에 적극적으로 나오지 않을 것이므로 정부로서는 정치·군사회담에 보다 주력하지 않을 수 없는 입장이다. 따라서 인적·물적교류는 정부의 지원 아래 민간차원에서 오히려 활발하게 진행될 것으로 전망된다.

이에 따라 정부는 작년 공안정국 이후 각종 제한이 가해졌던 북한산 1차산품의 반입조건을 크게 완화하고, 남북간 인적교류의 활성화를 위해 경제인의 방북을 적극 추진하는 등 민간차원의 교류 움직임에 숨통을 터주기 위한 조치들을 강구 중인 것으로 알려지고 있다.

이와 같이 대북 경제교류의 활성화가 예상됨에 따라 북한사업부를 폐쇄했던 종합상사들이 이를 다시 부활시키고 있고, 제3국을 통한 간접교역에서 직접교역의 확대에 이르기까지 북한과의 교역확대를 위한 기업들의 시도가 예상된다.

이 중 가장 주목되는 것은 올 봄에 있을 것으로 보이는 현대그룹 정주영 명예회장의 2차 북한 방문이다. 이번 방문에서 鄭회장은 작년(89년) 1월 방북했을 때 북한 당국과 논의했었던(지난해 2월2일 정 회장은 방북 후 기자회견에서 금강산 공동개발과 시베리아개발 공동 참가, 남북합작투자회사 설립 등 북한과의 합의사항을 발표하기도 했다) 금강산 개발 및 경제교류 확대방안을 보다 구체화할 것으로 알려지고 있다. 그의 방북 성과가 앞으로 북한과의 합작사업 및 경제협력의 확대 가능성에 중요한 시금석이 될 것으로 관측된다.

현재 한반도 주변정세 등 객관적 여건은 장기적인 관점에서 볼 때 남북경제교류의 전망을 밝게 해준다고 할 수 있다. 특히 한반도 정세에 영향이 큰 미국과 소련이 지난해 몰타정상회담(1989년 12월 2일과 3일 이틀 동안 지중해 몰타에서 미국의 조지 H. W. 부시 대통령과 소련 공산당의 고르바초프 서기장이 정상회담을 갖고 냉전 종식을 선언했다. 두 정상은 공동기자회견에서 "동서가 냉전 체제에서 새로운 협력시대로 접어들고 있다"며 핵무기 감축 등 군축협정 체결과 지역분쟁 해결원칙 및 소련의 경제개혁정책에 광범위한 지원 조치 등에 대한 논의에서 진전을 보았다고 밝혔다. 이후 올해에도 군축협상을 가속화할 것으로 기대되고, 남한과 중·소, 북한과 미국이 상호 접촉의 폭을 확대해가면서 한반도의 군사적 대립구조를 완화해갈 것이라는 점이 이러한 전망을 뒷받침한다.

그러나 이러한 장기적인 추세와 전망에도 불구하고 중단기적인 측면에서 볼 때 경제교류가 활성화되기 위해서는 짚고 넘어가야 할 문제들이 산적해 있는 것도 사실이다. 우선 앞으로의 정치·군사회담에서 서로가 합의할 수 있는 결론을 도출하는 것이 커다란 과제로 남아 있다는 점이다. 경제교류에 앞서 정치·군사회담의 타결을 주장하는 북한의 입장에서 보나, 분단 40여 년 동안 상호 군비경쟁과 불신감만을 심화시켜왔던 남북관계의 측면에서 보아도 경제교류의 여건조성을 위해서는 꼭 필요하다.

민간차원에서 경제교류를 주도해 나갈 기업들의 입장에서는 대북정책에 있어서 정부정책의 일관성 여부가 관심의 초점이 아닐 수 없다. 지난해 공안정국에서 볼 수 있었듯이 정부의 대북정책이 민족적 차원의 일관성을 결여한 채, 국내정치적 맥락에 의해 좌우된다면 위험부담을 안고 있는 기업들은 몸을 사리지 않을 수 없다.

위의 문제들이 해소된다 해도 경제교류는 양측의 사회·경제구조의 이질성이라는 보다 근본적인 장벽과 마주치게 될 것이다. 분단체제가 40여년간 지속되면서 남한은 남한대로 수출주도형 경제구조를 정착시켜왔고, 북한은 자력갱생의 원칙에 입각한 자급자족적 경제구조를 정착시켜왔다.

그러나 세계사의 추세가 이념적·군사적 대립의 시대에서 경제적 이해관계를 따라 각국이 치열하게 경쟁하는 시대로 전환되고 있다는 점을 감안해 볼 때 우리 민족도 소모적인 군사대립에 더 이상 머물러 있을 시간적 여유가 없다는 것은 자명하다. 따라서 남북한이 민족통일의 전망위에서 상호 경제구조의 이질성을 극복하고 남북 경제교류를 한차원 높은 경지로 끌어올려 '민족단위의 경제공동체'를 구축하는 일은 격동하는 세계정세 속에서 우리 민족의 당위가 될 수밖에 없다

유럽의 냉전 해체와 아시아에서의 중소 분쟁 완화 등 정세 변화에 따라 주한 미군도 매우 민감하게 반응했음을 알게 해주는 기사다. 그 뒤로도 남북 정상회담 등 남북관계에서 화해의 분위기가 조성될 때 마다 미군의 한반도 주둔 정책은 재편 움직임을 보여왔다.

움직이기 시작한 駐韓美軍

(1990.2.11)

1월29일의 국방부 발표에 따르면 한·미 양국은 88년부터 주한 미공군의 기능통합 및 기지 재조정문제를 협의해온 끝에 주한 미공군의 평상시 작전 운영체제를 오산 및 군산기지 중심으로 재조정하고, 대구·광주·수원기지는 유사시 미 증원전력의 전개를 위한 한·미 공동작전 기지로 유지한다는 것이다.

이번 조치는 그동안 비상한 관심 속에 논의의 대상이 돼온 주한미군 철수문제가 현실적으로 실천단계에 들어서게 됐음을 의미한다. 특히 한반도 주변정세에 여러 가지 면에서 의미깊은 변화를 초래할 것으로 전망된다.

첫째 이 계획은 미국의 국방예산 감축을 위한 전반적 계획의 일환으로 우리나라의 방위부담이 증가한다는 것을 의미한다. 한·미 양국은 주한 미 공군기지 일부 철수에도 불구하고 F-16기 등의 추가도입으로 한반도의 군사력 균형에는 변화가 없다고 밝혔다. 이는 바꿔 말하면 과거 미국이 부담하던 공군력의 일부를 한국이 부담한다는 것을 뜻하는 것이다. 둘째 남북대화의 진전과 관련, 지금까지 북한 측에서 일관되게 주장해온 주한미군 철수가 공식적으로 개시된다는 점에서 남북대화가 새로운 계기를 맞을 것으로 기대할 수 있다. 셋째 이번 조치를 계기로 미·북한간의 접촉 역시 새로운 전기를 맞을 수 있을 것이다. 미·북한 접촉은 지난해 상반기중 북경을 무대로 일시 계속되다가 중단됐으며 금년 들어 북경을 통한 접촉을 확대시켜나가는 과정에 있다.

이와함께 미·소의 세계전략 차원에서 유럽지역에서의 동·서 화해 및 군축의 바람이 극동지역으로 옮아오는 첫 징후로 해석되기도 한다. 소련은 지난해 고르바초프 서기장의 북경방문을 계기로 중·소관계를 정상화했으며 이에 따라 중·소 국경지대에 배치된 소련군을 전면 철수한다고 밝힌 바 있다. 또한 베트남의 캄란만 주둔 소련 해군병력 등 아시아지역에서의 전반적인 군축을 제의해오고 있는 실정이다. 이같은 소련의 이니셔티브에 대한 미국의 최초의 반응이 주한 미공군기지를 포함한 아시아지역에서의 미공군기지 일부 철수로 구체화되는 것으로 볼 수 있다.

그러나 국방부의 한 관계자는 이 계획의 초점은 "주한미공군의 철수가 아닌 전력의 재배치로, 흩어져 있는 미공군 전력을 오산과 군산기지로 집중시킨다는 것"이라며 "미 공군은 신형 F16 전투기를 새로 도입하게 되어 실제전력은 증가되는 것"이라고 전략적 의미를 축소했다. 학계의 한 군사문제전문가도 "만약 오산이나 군산기지가 축소된다면 이는 주한미군 전력의 재편성과 관련되겠으나 대구, 수원, 광주기지 철수는 그런 차원으로 볼 수 없다"고 밝혔다. "이번 계획은 미 국방예산 절감의 일환으로 주한미군의 군살을 빼기 위한 조치"라는 것이다.

아래 기사는 1985년 고르바초프가 소련 공산당 서기장이 되면서 시작된 페레스트로이카와 신사고 외교가 89년 몰타회담을 통해 미소간의 냉전을 종식하고 유럽의 탈냉전 체제의 출범까지 견인한 후 한반도에 어떤 모습으로 상륙하기 시작했는가를 보여준다. 특히 1986년 7월28일 고르바초프의 블라디보스토크 선언과 서울올림픽 개막일 하루 전에 있었던 88년 9월16일의 크라스노야르스크 선언은 신사고 외교의 아시아판 구상이라 할 만한 것이었다. 6공화국 북방정책의 목표가 동유럽사회주의 국가들을 넘어 소련과의 수교까지 시야에 넣을 수 있었던 배경이 되었다고 할 수 있다. 소련과의 수교 다음 목표는 당연히 중국 북한과의 관계 정상화였다.

'신사고' 외교가 추동한 한·소관계 급진전

(1990.3.18)

　　한·소관계가 급진전하고 있다. 지난해 12월 상호 영사관계 수립에 합의함으로써 경제관계에서 정치관계로 한발짝 전진한 한·소관계가 최근 들어 국교수립이 운위되는 단계까지 이르고 있는 것이다. 한·소의 관계개선은 한반도의 냉전구조에 변화를 가져오고 이에 따른 연쇄변화를 초래할 가능성이 있기 때문에 국제적으로도 관심이 집중된다.

　　최근의 한·소관계 급진전 움직임은 2월 들어 소련 고위인사들의 강도 높은 한반도 관련 발언과 함께 시작되었다. 2월초 있었던 미·소 외무장관 회담 직후 셰바르드나제 소련 외무장관은 기자회견에서 문제의 '한반도장벽' 발언을 하여 소련 인사들의 발언 러시의 포문을 열었다. 셰바르드나제 장관은 2월10일 기자회견에서 "한 국민을 둘로 나누는 장벽이 한반도에 존재한다"고 지적하고 "국제사회는 이제 이 장벽을 허물고 국민들의 자유로운 이동이 보장되도록 노력해야 한다"고 촉구했다. 셰바르드나제 장관은 "그동안 베를린장벽에 관해서는 끊임없는 논의가 있었는데 이제 한반도의 장벽에 관해서도 의견을 제기하라고 요구하고 싶다"며 "만약 우리가 한반도의 장벽마저 제거한다면 이는 굉장한 사태진전이 될 것"이라고 덧붙였다. 셰바르드나제가 언급한 '한반도 장벽'은 새해 초 북한의 金日成주석이 신년사에서 말한

'콘크리트 장벽'을 가리키는 것으로 보여 시비가 일기는 했지만 소련측 고위인사로는 최초로 한반도 분단문제에 대해 공식적으로 언급했다는 점에서 역사적 의미를 갖는 것으로 평가됐다.

셰바르드나제 발언에 이어 고르바초프의 對한반도정책 입안자로 알려진 소련 과학아카데미 '세계경제 및 국제관계연구소'의 게오르기 쿠나제 한·일 정치연구부장도 일본 <마이니치신문>과의 회견에서 한·소간의 국교수립은 시간문제라고 언급, 관심을 끌었다. 그는 이 회견에서 △소련과 북한의 동맹관계는 변질되었다 △소련은 한국의 유엔 단독가입에 반대하지 않는다 △소련과 한국의 관계진전은 북한-미·일 관계에 연계되어 있지 않다고 언급해 한반도정책에 대한 소련의 新思考 정책을 처음으로 명확히 표명하였다.

蘇관리 對韓발언 러시에 정부 움직임 활기

소련 고위관리들의 한국관계 발언이 잇따르자 이를 한·소 국교정상화의 기회로 삼고자 하는 정부의 움직임도 활기를 띠기 시작했다. 2월15일 崔浩中 외무장관은 "한반도 긴장완화와 공식외교관계 수립을 위해" 중국과 소련에 외무장관 회담을 공식적으로 제의했는데, 여기에는 외무장관 회담이 국교정상화의 전초가 되었던 타국의 사례에 비추어 이를 한·소 국교정상화 과정에도 적용하겠다는 정부의 의지가 담겨 있는 것이다. 또한 정부는 鄭周永 현대그룹 명예회장(4월6일부터 17일)과 金泳三 민자당 최고위원의 소련방문(3월19일)을 한·소관계 정상화를 위한 중요한 계기로 삼는다는 계획인 것으로 알려지고 있다.

최장관의 외무회담 제의에 대해 겐나디 게라시모프 소련 외무부 대변인은 2월19일 한국기자들과의 회견에서 "유엔과 같은 중립적 장소에서 한·소 외무장관 회담이 수교전이라도 이루어질 수 있음"을 시사했는데, 이로써 소련측이 경우에 따라서는 외무장관 회담에 적극적으로 임할 가능성이 높다는 것이 확인되기도 하였다.

국제정치적인 맥락에서도 올해와 내년 상반기는 한·소관계의 진전에 중요한 의미를 갖는 시기가 될 것이다. 소련 고위인사들의 발언 러시가 2월초의 미·소 외무장관 회담에서 한반도 긴장완화에 대해 미·소가 일정하게 합의를 본 직후에 나온 것이라는 점을 감안하면, 한반도 관련 의제가 정식으로 채택될 것이 거의 확실해 보이는 올 6월의 미·소정상회담도 또하나의 중요한 계기가 될 것이라는 전망이 가능하기 때문이다.

내년 상반기에는 고르바초프 서기장의 일본 방문이 예정돼 있다. 현재 일·소관계에서는 북방영토 문제가 장애가 되고 있는데, 고르바초프의 방일을 계기로 양국관계가 새로운 전기를 맞게 되면 이후 한국과의 관계개선을 위한 소련측의 움직임이 일층 강화될 것으로 예상된다. 정부는 이에 따라 올해 안 아니면 내년 상반기까지 한·소 국교수립 문제를 매듭짓는다는 방침아래 정부·민간·정계 등 우리의 자체역량과 미국 등 주변국 외교채널을 총동원할 계획인 것으로 알려지고 있다 (90년 6월4일(현지시간) 노태우 대통령과 고르바초프 대통령이 미국 샌프란시스코에서 사상 첫 정상회담을 하고 9월30일 최호중 외무장관과 셰바르드나제 소련 외무장관유엔에서 양국수교 합의 의정서에 서명했다).

한·소관계 급진전의 토대는 이미 양국간에 상당기간 동안 축적된 내적인 동력에 의해 마련돼 있다고 할 수 있다. 가장 중요한 것은 80년대 중반부터 가속화된 한국정부의 북방외교와 고르바초프 서기장의 신사고외교에 따른 대한관의 변화를 들 수 있다.

정부의 북방외교는 사회주의권 개혁의 흐름 속에서 동유럽과의 정치관계 수립과 중국·소련에 대한 경제 진출을 축으로 진행돼왔다. 물론 가장 중요한 목표는 중·소와의 정치관계의 수립, 즉 국교정상화에 놓여 있었던 것이 사실이다. 그러나 중·소와의 정치관계 수립은 양국이 모두 북한과 동맹관계를 맺고 있다는 점을 고려하여 정경분리의 원칙을 고수함에 따라 현실적인 어려움을 겪어왔다.

소련정부의 정경분리 원칙이 무너지기 시작한 것은 지난해 이후 소련의 개혁정책이 더욱 가속화됨에 따라서다. 한편으로는 극동 및 시베리아의 개발문제와 생필품 부족의 해소를 위해 한국과의 경제교류 확대가 더욱 요구됐다. 소련과의 경제교류는 한국기업의 입장에서도 부족한 천연자원의 공급처로서, 그리고 소비재나 전자제품 등의 판매시장으로서의 소련의 잠재력이 매우 높기 때문에 가능성이 큰 것으로 평가된다.경제적 이유 외에 주목해야 할 것은 소련이 한반도정책에서 신사고적 관점을 도입하기 시작했다는 점이다. 이는 한·소 경제교류가 그렇듯이 86년 7월28일 고르바초프 서기장의 블라디보스토크 선언과 서울올림픽 개막식 전날인 88년 9월16일 크라스노야르스크 언설이 계기가 되었다. 블라디보스토크 선언에서 고르바초프는 소련을 '아시아·태평양 국가'로 규정하면서 체제의 차이를 넘어 이 지역 국가들과의 관계개선을 추구할 것을 명확히 하였다. 크라스노야르스크 연설에서는 한국과의 경제관계 수립 가능성에 대해 언급, 한·소관계가 새로운 단계에 들어갈 것임을 시사했다.

이때를 계기로 소련의 한반도 정책은 국익우선의 현실주의적 관점에 입각해 재검토되기 시작했다. 그 이전의 소련의 정책은 독자적인 입장이 없이 대체로 북한의 주장을 거의 그대로 수용하는 것이었는데, 이때부터 한국을 의식한 정책을 수립하게 되었다는 것이다.

가장 두드러진 변화는 무엇보다도 한국을 주권을 가진 독립국가로 인식하기 시작했다는 점이다. 이는 곧 한반도에 '두개의 국가'가 존재한다는 현실을 인정하는 것을 의미한다. 따라서 또하나의 주권국가인 한국과의 국교수립이 소련의 국익에 도움이 된다면 그것을 거부할 이유가 없다는 입장이 점차 분명해져간 셈이다. 또한 교차승인이 한반도의 분단을 영구화할 것이라는 북한의 입장에 대해서도 분단 영구화는 반대하지만 교차승인이 곧 분단 영구화로 이어진다는 것에 대해서는 이를 달리 해석하기 시작했다. 분단된 상태에서 남북한이 서로 외교관계를 수립한다 해도 남북한이 통일되면 통일국가와 새롭게 외교관계를 수립하면 되기 때문에 교차승인이 곧 분단 영구화로 이어질 것으로 볼 필요가 없다는 것이다.

蘇 한반도에 新思考외교 적용

한반도의 긴장상태 완화를 통해 군사비 부담을 줄이고 싶어하는 소련으로서는 교차승인이 한반도의 안정에 도움이 될 것으로 판단하고 있다. 그러나 북한이 이를 완강하게 거부하고 있기 때문에 우선 한국과 소련이 국교관계를 수립하고, 그것의 파급효과로서 미·북한간의 관계정상화를 촉진하는 전략으로 방침을 수정한 것으로 전문가들은 분석한다. 최근의 게오르기 쿠나제 한·일 정치연구부장의 도쿄 발언은 이러한 소련의 한반도정책에서의 신사고 관점을 공식화한 것으로 볼 수 있다.

그러나 소련이 한국과의 국교수립 문제에 대해 내부에서 어느 정도 합의가 이루어졌다고 해도 그것이 곧 가시화될 것으로 보기에는 어려운 측면이 있다. 시기와 조건의 문제가 남아 있기 때문이다. 한·소 국교정상화의 조건으로 소련은 한국의 대소경제진출 확대를 요구하고 있음이 확실하다. 이는 지난해 9월 한국을 방문한 미하일 카피차 소련 과학아카데미 동양학연구소장(전외무차관)이 "한·소 국교정상화는 한·소 경제교류가 한·중간의 수준(연 30억달러)으로 발전하면 가능할 것"이라고 발언한 것, 그리고 최근 게라시모프 소련 외무부 대변인이 국교수립을 한·소 경제관계의 확대와 연계하여 언급한 것에서도 확인된다.

시기의 문제에서 소련은 한·소관계의 급진전이 북한의 고립화로 귀결되지 않을 시점을 고려하고 있는 것으로 보인다. 특히 소련 외무부 등 관료층은 한·소 수교로 북한이 고립되는 것에 대해 강한 우려를 갖고 있는 것으로 알려지고 있다. 북한의 고립화는 결국 한반도 정세의 불안정화를 초래할 것이기 때문에 소련의 국익이라는 관점에서도 바람직한 것은 아니다. 따라서 소련은 북한에 대해 개방 압력을 가하는 한편 미국 및 한국에 대해서도 북한과의 관계개선을 촉구하는 정책을 병행할 것으로 관측되고 있다.

최근의 한·소관계의 급진전 양상은 분명히 한반도 냉전구조의 한 귀퉁이를 무너뜨려 긴장완화에 크게 기여할 것으로 평가된다. 그러나 그것이 결과적으로 북한의 고립화로 귀결된다면 역으로 한반도 정세의 불안정화라는 바람직스럽지 못한 결과를 초래할 수도 있을 것이다. 한·소 국교정상화에 지대한 관심을 갖고 있는 정부당국이 남북관계 개선에도 그 이상의 노력을 기울여야 할 이유가 바로 여기에 있다.

위 기사의 연장선에서 90년 6월4일 미국 샌프란시스코에서 전격적으로 개최된 한소 정상회담에 대해 하용출 서울대 외교학과 교수와 당시 서울을 방문 중이던 한 마르크스 모스크바 대학 교수 대담을 개최했다. 한 마르크스 교수의 설명 중 북한에 대해 외부에서 영향을 미치는 것이 얼마나 어려운 일인지 설명하는 대목이 인상적이다.

6·4 한·소 정상회담분석 "긴장완화의 출발점에 섰다"

(1990.6.17)

한·소 국제정치학자 대담/통일 위해선 남북이 신뢰 쌓아야

하용출교수(서울대 외교학과) : 盧泰遇 대통령과 고르바초프 대통령의 역사적인 정상회담에 대해 그것의 한국측 배경, 소련측 배경, 한반도 및 극동 아시아에 미치는 영향 등을 중심으로 얘기를 진행시켜보고자 합니다. 별도로 최근 소련의 국내 정치상황과 소련·북한관계 등에 대해서도 이야기를 나눴으면 합니다. 먼저 이번 한·소 정상회담의 소련측 배경에 대해 말씀해주시지요.

한 마르크스교수(모스크바 대학) : 지난 1년 동안 소련의 많은 저명한 학자·사회활동가들이 한·소 관계 정상화에 대해 소련 지도부에 여러 가지 건의를 해왔습니다. 한국과 소련간에 경제적·문화적 관계가 설정된 현 조건 아래서 양국관계가 나아갈 논리적 방향은 외교관계의 설정 및 노태우 대통령과 고르바초프 대통령간의 정상회담이라는 주장이 이미 1년 전에 나왔습니다. 또, 그 주장 중에는 내년에 고르바초프가 일본을 방문할 때 중립적 영토에서 한·소 정상회담을 갖자는 내용도 있었습니다. 이번에 정상회담이 실현된 것에 대해 학계에서는 소련 지도부가 학자들의 제의에 대해 긍정적 태도를 취한 결과로 봅니다. 따라서 이번 정상회담은 한·소관계가 논리적으로 진행되는 과정상의 한 결과라고 보고 있습니다.

하 : 소련이 한국을 보는 시각이 변하기 시작한 데에는 올림픽이라는 커다란 사건이 있었다고 생각합니다. 여기에 대해서는 어떻게 보십니까?

한 : 1988년의 서울 올림픽은 국제적인 면에서 커다란 의미가 있었다고 생각합

니다. 올림픽을 통해 1천명 이상의 소련 사람들이 한국에 와서 자기들 눈으로 이 나라의 실정을 봤고 이 나라가 경제적인 면에서 얼마나 발전했는가를 확인했습니다. 소련 사람 중에는 한국을 아주 크게 발전된 나라로 인정하고, 이 나라가 앞으로 극동에서 더 큰 역량을 발휘하게 될 것이라고 생각하는 사람들이 상당히 많습니다.

하 : 한·소관계의 발전 요인에 대한 한국측 상황을 말씀드리면, 한국은 올림픽 이후 북방정책을 강력하게 추진해왔습니다. 또한 88년을 전후해 나타난 한국 국내정치의 민주화가 북방정책의 큰 기반이 됐던 것도 사실입니다. 한·소관계에서 한국의 경제발전도 중요한 요인이겠지만 한국의 민주화로 인한 소련의 對韓 인식 변화도 커다란 요인이 아닌가 생각합니다.

한 : 선생님 말씀에 동의합니다. 소련에서 한국을 연구하는 학자들이 한국이 발전된 나라라는 것을 이미 70년대에 알고 있었습니다. 그들은 소련이 한국에 대한 태도를 바꿔야 한다는 건의를 소련 지도부에 하기도 했습니다. 그러나 당시 소련 지도부는 보수주의적 시각에서 있었기 때문에 이에 대한 정치적 결정을 내릴 능력도 마음도 없었습니다. 우리가 페레스트로이카를 추진하면서 그리고 한국에서 전개된 민주주의적 변혁이 우리 지도부에 큰 영향을 주었다고 나는 인정합니다. 오늘날 한국은 경제적으로 성장된 국가로서 많은 아시아 국가들에 영향을 미치고 있기 때문에 극동에서 우리의 대외정책을 펼치려면 한국과 관계를 가져야 한다는 생각이 소련 지도부에 널리 퍼져 있습니다.

하 : 한국 내에는 소련의 對韓 접근이 주로 경제적 목표를 겨냥한 것이고 한국은 對北정책을 중심으로 한 정치·안보적 목적을 가지고 있다는 인식이 많습니다. 어떻게 보십니까.

한 : 소련과 같은 大國이 대외정책을 근본적으로 변화시키는 데는 시간이 요구됩니다. 소련 지도부에는 북한과의 관계도 있고 해서 아직 그 시기가 오지 않았다고 믿는 사람들이 있는 것 같습니다. 그러나 한국과 경제관계만 갖자는 생각은 아닌 것 같습니다. 경제관계를 발전시키면 외교관계 정상화에 대한 요구가 계속 나올 것이므로 이에 따라 점차적으로 그 문제를 해결해가자는 의도를 갖고 있다고 생각합니다.

하 : 소련이 한국에 접근하게 된 동기를 경제적인 면 말고는 또 어떻게 보십니까.

한 : 오늘날 소련 국민들은 누구를 막론하고 전세계 어디에서나 평화와 안전보장을 공고히 해서 소련이 어떠한 전쟁 또는 복잡한 국제적 사건에 발을 들여놔서는 안된다고 생각합니다. 이를 실현하자면 한국과도 긴밀한 관계를 가져야 한다고 지도부에서 생각하게 된 것입니다.

하 : 지금 국내에서는 주로 서방의 견해에 따라 페레스트로이카(개혁)의 전망에 대해 의구심을 갖는 사람들이 많습니다. 이들은 한·소관계 정상화에 대해 긍정적으로 받아들이면서도 페레스트로이카의 미래에 대해 한·소관계가 상당히 영향을 받지 않을까 우려하기도 합니다. 페레스트로이카의 발전단계를 어떻게 보시는지, 또 경제적 난관을 국민들이 어떻게 받아들이고 있는지 말씀해주시기 바랍니다.

한 : 페레스트로이카와 글라스노스트(개방)에 대해서는 이를 객관적으로 평가하는 것이 중요합니다. 지난 5년 동안 개혁을 실시한 결과 소련 사회는 근본적으로 변했습니다. 한 예로 공산당의 지도적 역할을 규정한 헌법 제6조가 없어졌고, 또 많은 정당들이 나오고 있습니다. 그러나 전체 인민이 이를 결정적으로 지지하기 위해서는 사회·경제적으로 나아진 것이 있어야 합니다. 그러나 유감스럽게도 지난 5년 동안 많은 노력을 기울였지만 사회·경제적 형편은 나아진 것이 아니라 더욱 악화됐습니다. 특히 먹고 입고 하는 생필품의 부족이 제일 큰 문제입니다. 사정이 이렇게 된 것은 이전의 관료주의 제도가 붕괴된 대신에 이를 대체할 새로운 제도가 수립되지 못하고 있기 때문입니다. 이런 일종의 사회적 진공상태에서 국가 재산을 훔치는 도둑들과 인민을 기만해서 돈을 버는 협잡꾼들이 나와 경제 질서를 교란시키고 있습니다. 이런 현상들이 초래된 것은 페레스트로이카를 추진할 당시 우리 정부나 학자들 사이에 자유시장 경제원리에 대해 제대로 아는 사람이 별로 없었기 때문입니다. 앞으로 우리 학계나 전문가들이 자유시장경제의 이론과 시책에 대해 깊이 연구해야 하고 또 서방과 한국에서 배워와야 한다고 생각합니다.

하 : 앞으로 소련 개혁정책의 성패 여부는 소련 인민들이 얼마나 이 정책에 신뢰를 갖고 참아낼 수 있는가에 달려 있다고 생각합니다. 소련 인민들이 고르바초프의 개혁정책을 믿고 참아낼 수 있을까요, 아니면 옐친의 주장과 같은 급진적인 개

혁을 더 원하고 있는 것인지요?

한 : 요즘 소련에 새로운 법령들이 많이 제정되고 있는데 제 생각으로 경제개혁은 그런 법령들에 근거해서 점차적으로 실시돼야 합니다. 한 가지 문제는 현재 소련 인민들의 사상이나 의식이 자유시장 경제체제를 성립시키고 발전시킬 수 있을 만큼 고양되지 못했다는 점입니다. 그 이유는 지난 시기 소련의 인민적 소유제도 하에서 사람들이 자기 것에 대한 소유관념이 형성돼 있지 않은 탓에 열심히 일을 해야겠다는 생각이나 책임감이 결여돼 있기 때문입니다.

하 : 그렇다면 옐친과 같은 노선이 도움이 된다고 보십니까. 옐친 현상에 대해서는 국내에서도 이해가 잘 안되는 점이 있습니다. 옐친 현상과 관련해 소련의 정치계 내부 문제에 대해 말씀해 주시지요.

한 : 옐친은 아주 양심적이고 깨끗한 사람입니다. 그러나 제가 볼 때 그는 정치가로서는 약점이 많습니다. 첫째로 지나치게 급진적이라는 점입니다. 급진적으로 나가면 개혁정책이 파괴되고 부정적 결과 밖에 나올 수 없는데 그것을 그가 잘 모르고 있습니다. 둘째는 그에게는 아직 먼 미래를 내다보며 정책을 수립할 능력이 부족하다는 것입니다.

하 : 제가 보기에도 옐친의 인기는 고르바초프가 있기 때문에 가능한 것이 아닌가 하는 생각이 듭니다.

한 : 그렇지요. 고르바초프가 있었기 때문에 그는 살아남을 수 있었고 고르바초프의 정책이 실시된 결과 그가 인기를 끌 수도 있었지요. 사람들이 옐친을 지지하는 이유는 고르바초프에게 압력을 가해서 그로 하여금 우리 지도부내에서 보수주의 세력들을 하루 빨리 몰아내고 새 정책을 실시하도록 하기 위한 것으로도 볼 수 있습니다.

하 : 이야기를 다시 한·소 정상회담이 한반도에 미치는 영향 쪽으로 돌려보겠습니다. 가장 중요한 문제가 북한에 끼치는 영향이 될 것입니다. 한·소 정상회담으로 소련이 남한의 실체를 인정하게 됨에 따라, 남한의 실체를 인정하지 않는 북의 자세에 커다란 영향을 끼칠 것으로 생각됩니다. 그러나 저는 소련이 동맹관계에 있는 북한을 고립시켜 더욱더 어려운 상황에 빠지도록 방치할 것으로는 생각하지 않습니다. 뭔가 후속조치를 통해서 결과적으로 북한을 서서히 개방의 길로 유도

할 것으로 생각하는데 어떻게 보십니까?

한 : 소련이 북한에 영향을 끼쳐 어떤 변화를 유도할 수 있는 역량은 적어도 1956년까지는 있었습니다. 그러나 그 이후 그런 역량은 점차 약화돼왔고 현재는 거의 없다고 저는 봅니다. 어떤 사람들은 소련이 북한에 무기나 경제원조를 하지 않으면 북한이 소련의 말을 들을 것이라고 하기도 하는데 실제로 정책 결정에 있어서는 그렇게 되지 않습니다. 만약 소련이 그런 정책을 펼 경우 북한이 미국이나 일본과 손을 잡고 소련에 반대하는 입장으로 돌아서지 않는다고 누가 보장할 수 있습니까, 또 미국이나 일본이 소련에 반대하기 위해 북한의 내부 체제에 대해 눈을 감아주면서 손을 잡으려 할지도 모를 일입니다. 또 중국도 있습니다. 큰 변화가 있을 때 나라와 나라사이의 정책에서는 도저히 생각할 수 없는 변동들이 일어날 수 있습니다. 그래서 소련으로서는 북한에 대해 적대적 정책을 쓸 수 없습니다. 북한의 변화를 유도하는 제일 좋은 방법은 소련이나 동유럽의 변화를 북한 인민들에게 정확하게 알리는 일이지만 이것도 현재로서는 매우 어렵지요. 앞으로도 북한에 현재의 체제가 그냥 존재하게 되는 한 이것은 거의 불가능한 일일 것 같습니다.

하 : 한·소정상회담 이후 남·북한관계는 어떻게 보십니까? 북한은 어떤 자세로 나올 것이고, 또 남한은 어떤 자세로 북한을 대해야할 것인지 말씀해 주십시오.

한 : 서로 이해관계가 있는 분야부터 점차적으로 관계를 넓혀가는 것이 중요합니다. 또 북한에서 내놓는 방안이 비록 선전적인 성격이 강하다 해도 그것을 거부하지 말고 중요한 제안일 경우 받아들여 구체적인 실행방안을 마련할 수 있도록 하는 것이 중요하다고 봅니다. 이렇게 한 발자국씩 점차적으로 신뢰를 쌓아가다 보면 서로의 머리 속에서 어떤 변화가 일어날 수 있습니다.

하 : 현재 북한은 매우 어려운 상황에 처해 있는 것 같습니다. 이런 상황에서 북한이 소련의 입장을 크게 곤란하지 않게 하면서 소련의 지지를 받을 수 있는 군축문제와 미군철수 문제를 앞으로 계속 주장할 것으로 보이는데 어떻게 생각하십니까?

한 : 북한에서 그런 주장을 하면 남한에서도 그것을 무조건 거부할 것이 아니라 실현 가능한 안을 가지고 작은 결실이라도 맺는 것이 중요하다고 봅니다. 이런 문제에서는 미·소간의 군축 경험을 이용하는 것도 좋다고 생각됩니다. 객관적으로 보면 북한에도 군대를 축소해서 거기서 나오는 돈으로 인민생활을 향상시켜야

한다는 생각을 가지 사람들이 상당히 많습니다. 그런 사람들은 제가 알기에도 중앙당위원회 속에도 아주 많습니다. 따라서 북한이 군축 주장을 할 때 남한에서도 현실적인 안을 가지고 대해 서로 신뢰를 쌓아가는 것이 중요하다고 봅니다.

하 : 현재 국내에는 한·소정상회담을 계기로 북한과 중국, 북한과 미·일관계가 가까워지리라는 견해들이 많은데 어떻게 생각하시는지요.

한 : 지금 중국의 정치제도도 보수주의적인 것이기 때문에 양국간에 내부적으로 여러 가지 불안이나 갈등이 있어도 서로 외부에 표현을 하지 않습니다. 중국의 지배층은 현재 북한에 존재하고 있는 제도가 내부적으로 결정적으로 변한다 해도 거기에 간섭을 하거나 하지 않고 정당한 태도를 취할 것 같습니다. 일본이 북한과 관계를 개선하겠다고 하는 것은 남한을 건제하기 위한 것으로 보입니다. 남한이 경제적으로 성장하여 일본과 경쟁하는 것을 일본은 두려워하고 있는 것 같습니다.

하 : 한·소정상회담 이후 한·소관계에 대해 모두들 아주 낙관적으로 보는 것 같습니다. 앞으로 한·소관계가 정상화되는 과정에서 나타날 수 있는 중요한 장애요인은 무엇이라고 생각하십니까?

한 : 외교관계 문제가 있을 것 같습니다. 아직도 소련에는 남한에 미국 군대가 주둔하고 있기 때문에 군사적 역량 면에서 볼 때 한반도에서 남한과 미군이 우세한 입장에 있다고 우려하는 사람들이 많습니다. 그러나 제 생각으로는 새로운 정치적 사고의 입장에서 볼 때 남한에 미군이 존재하는 것이 그렇게까지 크게 국제정세를 긴장시키는 요인이 된다고는 보지 않습니다 남·북한이 신뢰를 꾸준하게 쌓아나가고 전쟁의 위험이 한반도에서 사라지면 미군은 자연히 이 땅에서 나갈 것이라고 생각합니다.

하 : 한·소관계에 대해 국내에는 이것이 긴장완화나 통일에 있어서 하나의 중요한 전기가 될 것이라는 기대감이 있습니다. 제 개인적으로는 이번 한·소정상회담은 하나의 출발에 불과하고 구체적인 긴장완화 방안, 나아가 통일문제는 성급하게 해서는 안되고 여유를 가지고 해야 된다고 생각합니다. 어떻게 보시는지요.

한 : 저도 동감입니다. 제 생각으로는 한반도가 민주주의적 그리고 평화적으로 통일되기 위해서는 적당한 조건이 필요합니다. 첫째는 한국이나 북한에서 민주화가 실현돼야 합니다. 최근 한국에는 많은 변화가 일어나고 있는데 북한에도 이런

변화가 일어나야 합니다. 두 번째는 쌍방이 동등한 입상에 서야 합니다. 정치적인 면에서도 그렇고 경제적인 면에서도 그렇습니다. 한국은 경제적인 면에서 발전했고 북한은 뒤쳐졌습니다. 따라서 이것을 어떻게 동등한 수준으로 끌어올릴 것인가 하는 문제에 대해 남한에서도 노력해야 합니다. 이 조건들이 충족되지 않으면 평화통일은 불가능하다고 봅니다.

하 : 고르바초프는 블라디보스톡 선언과 크라스노야르스크 선언을 통해 아시아·태평양에 대한 소련의 구상을 제시한 바 있습니다. 그러나 2년이 지난 현 시점까지 소련은 국내문제와 유럽문제에 몰두하느라고 아·태지역 구상은 별다른 진전이 없었던 것 같습니다. 그러나 내년에 고르바초프의 일본 방문도 있고, 또 이번에 한·소 정상회담 및 그 과정에서 북한의 소외를 막기 위해서도 소련의 극동질서 재편 방안이 새롭게 천명될 가능성이 매우 높다고 생각합니다. 어떻게 보시는지요.

한 : 현재로서는 소련이 아시아의 안보체제에 대해 새 방안을 천명하는 것보다 이전에 내놓은 방안들을 점차적으로 실시해 나가는 것이 더 중요하다고 생각합니다. 한가지 문제는 여러 아시아 국가들이 소련의 방안에 대해 구체적인 대답도 없이 아시아는 유럽과 다르다는 주장만 되풀이 하고 있는 점입니다. 그러나 소련은 매개 국가들과의 관계를 개선하기 위해 꾸준히 노력해왔습니다. 그동안 소련과 인도, 중국, 필리핀, 타이, 인도네시아 등의 관계가 현저히 발전했습니다. 극동에서 제일 중요한 문제는 소련과 일본관계입니다. 앞으로 소·일관계가 개선된다면 극동에서도 실질적 진전이 있으리라고 생각합니다.

하 : 마지막으로 지금 소련에는 중앙아시아, 모스크바, 사할린 등지에 한국교포들이 상당히 많이 살고 있는데 한국과 소련의 관계정상화에 따를 한인교포들의 역할과 교포들에게 끼칠 영향에 대해 말씀해 주십시오.

한 : 소련에 있는 한국 교포들은 우리 조상들의 조국인 한국이 이렇게 발전한 데 대해 아주 반가운 마음을 가지고 있고 한국과 소련의 관계 정상화에 대해서도 완전히 지지하고 있습니다. 그러므로 우리 소련에 사는 교포들은 앞으로도 한·소관계가 정상회되고 발전하는 데 긍정적 영향을 주려 노력할 것입니다. 또 우리 고려인협회의 모든 위원들은 한국은 물론 북한과도 긴밀한 연계를 가지고 우리 교포들이 이 관계를 발전시키는데 노력하자는 생각을 가지고 있습니다.

한소 정상회담이 북한의 대남 정책 변화에 결정적인 영향을 미쳤음을 보여주는 기사다. 88년 2월 노태우 정부 출범 이래 북방정책에 의해 동유럽 국가들과의 관계는 활발하게 진행됐다. 정주영 회장의 경우처럼 남북간에 일부 경제교류가 시작될 조짐도 보였다. 그러나 남북 정부간에는 남북간 문호개방과 자유왕래를 둘러싼 공방만 치열하게 전개됐다. 노태우 정부가 8·15 광복절을 전후해 남북 민간인의 상호방문 등 민족대교류를 주장하면 북한은 이에 호응하는 것 같이 하면서 자유왕래를 가로막는 남쪽의 콘크리트 장벽을 제거하고 국가보안법을 철폐하며 범민족대회를 개최하자는 식의 주장으로 맞섰다. 남쪽은 동유럽과 같은 변혁의 물결이 북한에도 흘러넘치기를 원했다. 북한은 수세적 방어적 차원에서 대응했다. 남북간 개방과 교류를 막는 책임이 남쪽에 있다는 점을 입증하기 위해 애썼다.

남과 북 사이에는 통일방안의 차이 뿐 아니라 정상회담이나 당국간 대화의 위상도 서로 극명하게 달랐다. 노태우 정부 초기인 89년에서 90년 초까지만 해도 핑퐁게임처럼 똑같은 주장만이 되풀이됐을 뿐 한 걸음도 앞으로 나아가지 못했다. 남쪽의 정상회담 개최 주장에 북한은 정치협상회의로 맞섰고 남쪽이 당국간 회담을 중시하는 창구 단일화를 주장하면 북한은 당국과 사회단체가 같이 참여하는 연석회의 식의 통일전선전략으로 맞섰다. 유엔 가입에서도 남쪽이 두개의 국가로 유엔 가입을 주장하면 북한은 단일국호 단일의석으로 유엔 가입을 주장하는 식이었다. 그 근저에는 남쪽의 '두개의 국가론'과 북한의 '하나의 조선론'의 격돌이 있었던 것이다.

남북의 이같은 시소게임은 서로 관성의 힘을 갖고 있어 자력으로는 해소가 어려웠다. 이를 깨는 외부의 힘이 필요했다. 그 결정적인 계기가 바로 90년 6월4일 샌프란시스코에서 개최된 노태우 대통령과 고르바초프 대통령간의 한소 정상회담이었다. 노·고르비 정상회담은 그동안 외교안보적으로는 북한의 입장에 동조하던 소련이 더이상 그러지 않겠다는 선언을 한 것이나 다름이 없다. 소련의 입장 변화가 어떤 경과를 거치면서 이뤄졌는지에 대해서는 앞에 게재한 90년 3월18일자 '신사고 외교가 추동한 한소관계' 기사에 자세하게 언급돼 있다.

결국 90년 6월4일의 노·고르비 회담을 계기로 북한의 '하나의 조선론'은 적어도 국제 사회에서 설자리를 잃었다. 북한 외교의 패배였다. 북한도 실리외교로 전환을 모색하지 않을 수 없게 된 것이다. 아래 기사는 바로 당시의 정황을 자세하게 전하고 있다. 북한이 한소정상회담 직전인 90년 5월24일 열린 최고인민회의에서 처음으로 두개의 정부 실체에 의한 유엔 가입을 언급하기 시작했고 남북 대화와 미국과의 관계 개선에로 방향전환을 시작한 것이다. 이때부터 그동안 응하는 시늉만 하던 남북 고위급 회담에도 적극적으로 임하기 시작했다.

북한, 노·고르비 회담에 충격 실리외교·군축 전환 모색

(1990.6.24)

6·4 한·소 정상회담 이후 소련과 북한의 동맹관계에 변화가 있을 것이라는 조짐은 아직까지 보이지 않는다. 소련의 한국 실체 인정이 전격적인 정상회담의 형태를 통해 나왔기 때문에 다소 충격적인 점이 있는 것은 사실이다. 그러나 올림픽 이후 한반도에 대한 소련의 신사고 정책이 전개되면서 꾸준히 그 여건이 축적돼왔기 때문에 북한으로서는 충분히 예견할 수 있는 성질의 것이기도 했다.

오히려 이번 한·소 정상회담에서 주목할 것은 소련이 국교정상화 시기를 '한반도정세의 전반적 개선'과 연동시키고 있다는 점이다. 소련이 제시한 '한반도정세의 전반적 개선'이란 남북한 당사자 관계의 개선, 구체적으로는 남북한 군축의 진전을 의미하는 것이다.

정상회담에서 소련은 한국의 실체 인정을 기정사실화함으로써 '두개의 한국 불가'라는 기존의 북한 입장에 더 이상 얽매이지 않겠다는 점을 분명히 했다. 북한 입장에서 볼 때 소련의 한국 실체 인정은 '두개의 한국 불가'를 전제로 한 김일성 주석의 '고려연방제통일안'에 대한 심대한 타격을 의미하는 셈이다. 일본의 한반도문제 전문가 오코노기 마사오(小比木政夫) 교수는 이런 점에서 이번 한·소 정상회담 실현 그 자체를 한국 북방정책의 승리와 북한외교의 패배로 규정하였다.

그러나 소련의 입장에서 보면 남한 실체 인정은 내용상으로는 북한과의 동맹관계를 유지하면서 형식상으로는 자유로운 입장에서 남북한 모두에 자신의 영향력을 확대하기 위한 포석이 된다. 남한에 대해서는 '북한 카드'를, 북한에 대해서는 '남한 카드'를 활용하겠다는 것이다. 지난번 미·소 외무장관 회담 직후 셰바르드나제 소련 외무장관이 "소련은 남북한 모두에 관계를 갖고 있는 국가로서 한반도의 분쟁을 중재할 의사가 있다"고 한 발언을 상기해 볼 필요가 있을 것이다.

한편 북한으로서는 한반도 통일정책에서 명분이 약화된 반면 더 이상 명분에 얽매이지 않고 실리적 입장에서 대외정책을 추구할 기회를 맞게 된 점도 있다. 전문가들은 지난달인 5월24일 개막된 북한 최고인민회의 제9기 1차 회의에서 서방에 대한 외교관계의 다변화 및 경제개방 추진을 목표로 인사이동이 행해졌던 점에 주목하고 있다. 또한 개막식 연설에서 김일성주석이 남북한 주민의 자유왕래와 "2개의 정부 실체가 공동으로 유엔에 가입한다"는 '단일국호 유엔 가입안'을 주장한 것도 변화의 조짐으로 받아들여진다. 이같은 움직임은 이미 한·소회담 직전 남북대화의 재개 및 미국과의 관계개선 의사표명 등을 통해 가시화됐는데 이는 앞으로 한국의 북방정책에 대한 대응의 일환으로도 더욱 강화될 것이다.

북한은 또한 남북관계에서 소련의 강화된 對韓 영향력을 활용하여 군축문제에서 실질적인 진전을 이루고자 시도할 것이다. 북한 경제의 활성화 및 안전보장의 측면에서 볼 때 남북한 군비축소는 현 시기 북한의 당면 과제이다. 소련도 이에 적극적인 자세를 보일 것이 분명하다. 5월 31일, 북한은 지난 88년 11월의 포괄적 군축방안에서 한걸음 더 나아간 새 군축안을 발표하여 주목을 받았다. 이번의 군축안에서 북한은 지금까지 주장해왔던 남북한 및 미국의 3자회담 대신 남북한 2자회담의 수용 가능성을 보였다. 그리고 기존의 병력감소 중심의 군축안에 남한측이 주장해온 신뢰구축 방안을 첨가했다. 그 때문에 일단 긍정적으로 평가받는 분위기다.

한국 정부 입장에서도 남북한 군축은 궁극적으로 한반도 긴장완화의 요체이며 단기적으로는 북방정책의 목표라 할 수 있는 한·소, 한·중, 남북한 관계 개선을 위한 필수적 통과점이란 차원에서 더 이상 외면만 할 수는 없는 과제이다.

따라서 앞으로 군비축소문제는 남북한 관계 개선 및 한반도 주변의 탈냉전 구도가 뿌리내리는 과정에서 가장 중요한 현안으로 대두될 전망이다.

※북한이 5월31일 발표한 한반도의 평화를 위한 군축안 발표

1. 북남 신뢰조성 ① 북과 남은 군사훈련과 군사연습을 제한 ㄱ. 외국군대와의 모든 합동군사연습과 군사훈련을 중지 ㄴ. 사단급 이상 규모의 군사훈련과 군사연습을 금지 ㄷ. 군사분계선 일대에서 일체의 군사연습을 중지 ㄹ. 자기 영내에서 외국군대의 군사연습을 허용하지 않음 ② 북과 남은 군사분계선 비무장지대를 평화지대로 만듦. ㄱ. 비무장지대 안에 배치한 모든 군사인원들과 군사장비들을 철수 ㄴ. 비무장지대 안에 설치한 모든 군사시설물들을 해체 ㄷ. 비무장지대를 민간인들에게 개방하며 평화적 목적에 이용 ③ 북과 남은 우발적 충돌과 그 확대를 막기 위한 안전조치를 취함. ㄱ. 쌍방 고위 군사당국자 사이의 직통전화를 설치·운영 ㄴ. 군사분계선 일대에서 상대측에 대한 일체의 군사적 도발행위를 금지 2. 북남 무력축감 ④ 북과 남은 무력을 단계적 축감 ㄱ. 병력축감은 쌍방 사이의 군축안이 합의된 때로부터 3~4년 동안에 3단계로 나누어 실시. 첫단계에서는 쌍방이 각각 30만 명 선으로, 둘째 단계에서는 다시 각 20만 명 선으로 축소, 세번째 단계가 끝날 때에는 쌍방이 각각 10만 명 아래 수준에서 병력을 유지 ㄴ. 단계별 병력감축에 상응하게 군사장비들도 축소·폐기 ㄷ. 정규 무력축감의 첫 단계에서 모든 민간군사조직과 민간무력을 해체 ⑤ 북과 남은 군사장비의 질적 갱신을 중지 ㄱ. 새로운 군사기술 장비의 도입과 무장장비를 반입하지 않음. ㄴ. 외국으로부터 새로운 군사기술과 무장장비를 반입하지 않음. ⑥ 북과 남은 군축정형을 호상 통보하며 검증을 실시 ㄱ. 무력축감 정형을 호상 상대측에 통지 ㄴ. 상대측 지역에 대한 호상 현지시찰을 통하여 군축합의 이행정형을 검증 3. 외국무력의 철수 ⑦ 북과 남은 조선반도를 비핵지대로 만듦. ㄱ. 남조선에 배치된 모든 핵무기들을 즉시 철수시키기 위하여 공동으로 노력 ㄴ. 핵무기를 생산·구입하지 않음. ㄷ. 핵무기를 적재한 외국비행기, 함선의 조선경내로의 출입과 통관을 금지 ⑧ 북과 남은 조선반도에서 일체의 외국군대를 철수시키기 위하여 공동으로 노력 ㄱ. 남조선 주둔 미군과 그 장비들이 북남 무력축감에 상응하게 단계적으로 완전 철수되도록 함. ㄴ. 미군철수에 상응하게 남조선에 설치된 미 군사기지들도 단계적으로 철폐 4. 군축과 그 이후의 평화보장 ⑨ 북과 남은 군축과 그 이후의 평화보장을 위한 조치를 취함. ㄱ. 군사분계선 비무장지대 안에 중립국 감시군을 배치할 수 있음. ㄴ. 군비통제와 북남 사이에 있을 수 있는 군사상의 분쟁문제들을 합의·해결하기 위하여 쌍방 군 총참모장급을 책임자로 하는 북남 군사위원회를 구성·운영 ⑩ 북과 남은 협상을 통하여 불가침선언을 채택하고 대폭적인 군축에 합의하여야 함(통일부 북한정보포털 남북관계 연표).

북한이 5월31일 발표한 군축안에 대해 노태우 정부가 긍정 평가했다. 6월7일, 북한 제의 중 비무장지대의 평화지대화, 쌍방 고위당국자간의 직통전화 운영, 군축 이행 여부를 확인키 위한 현장 검증 등은 우리 측의 군사적 신뢰구축방안과 유사하다고 한 것이다. 7월5일 북한 조평통은 8월15일부터 판문점 공동경비구역 내 북측지역을 일방적으로 개방하겠다고 선언했다. 7월20일 노태우 대통령도 8월15일을 전후한 5일간을 '민족대교류의 기간'으로 선포하고 판문점을 개방하겠다고 선언했다. 남북을 가로 막은 휴전선 일대에 실로 오랜만에 훈풍이 불어왔다. 강원도 고성군 통일전망대를 중심으로 한 최전선 일대의 분위기를 취재했다.

떠도는 이야기 속에 숨쉬는 통일염원/남한 최북단 강원도 고성군 현장 취재
(1990.7.1)

비무장지대의 시계는 정지돼 있다. 사회주의권의 변화, 한·소 정상회담, 남·북 관계의 새로운 모색 등이 떠들썩하게 얘기되고 있는 지금도 군사분계선을 사이에 둔 남·북의 대치상황은 차갑고 무겁게 느껴진다.

강원도 고성군 통일전망대에서 바라본 남·북의 대치 전선은 남방한계선을 가로지르는 남한쪽 철책과 안내장교의 설명을 듣고서야 어렴풋하게 위치가 가늠되는 북한쪽 철책 사이에 그어졌다. 그 북한쪽 최남단에 금강산 1만2천봉의 마지막 봉우리인 구선봉(일명 낙타봉)이 동해로 치닫고 있고, 그 바다 속에 유명한 해금강이 자리 잡고 있다.

병사들 마음이 '합축교'란 이름 만든 듯

통일전망대에서 고성군 간성읍에 이르는 일대에는 전쟁으로 파괴되어 지금은 '전설'처럼 떠도는 전쟁 전의 흔적들이 흩어져있다. 병사들의 입에서 입으로 전해지는 전설과 같은 이야기 중에는 묘하게도 '길'과 관련된 이야기가 많다.

통일전망대에서 해안 쪽으로 약 30여m 내려가면 철책으로 막힌 콘크리트 굴이 나온다. 안내장교의 설명에 의하면 전쟁 전 양양과 원산을 잇는 '동해북부선'이 통과하던 기차 터널이라 한다. 동해북부선은 이 터널을 통과한 뒤 구선봉과 일직선상에 있는 조그만 섬 송도를 지나갔다. 그 섬에 이 철도의 중간 기착지인 초구역이 있었다고 한다.

지금은 이름만 남고 사람이 살지 않는 명호리, 송현리, 검장리, 사천리, 저진리 등 민통선 안의 옛 마을들도 전쟁 전에는 이 철도를 중심으로 꽤 번성했으리라는 생각이 들었다. 지금 이 마을들은 모두 사라지고 민통선 안에는 남한 쪽의 최북단 마을인 명파마을 하나만 남아 있다.

병사들의 '길' 이야기는 이 명파마을로 이어진다. 마을 초입에 '합축교'라는 다리가 있다는 것이다. 6·25 전후 남과 북이 함께 만들었다고 해서 다리 이름이 '합축교'가 됐다고 한다. 그러나 마을사람들에게 물어 보니 명파마을에 있는 그 다리는 6·25 때 만들어진 것이 아니라 일제 때 만들어졌다는 것이었다.

실제의 합축교는 민통선을 빠져나와 그 훨씬 남쪽에 위치한 고성군 간성읍 대대리에 있었다. 대대리 마을사람들은 해방 직후 인민공화국 때 인민군이 교각과 다리 상단 절반을 만들었고, 6·25 때 인민군이 후퇴한 후 국군 공병부대가 그 나머지를 완성했다고 확인해준다. 마을사람들은 이 다리를 북천교라 부를 뿐 합축교란 이름은 듣지 못했다고도 했다.

왜 이 다리에 대한 이야기가, 그것도 '합축교'라고 개명까지 된 채로 병사들 사이에서 떠돌고 있는 것일까. 그것은 비록 민족이 분단되어 서로 적으로 대치하고 있지만, 그 옛날 어떤 경로로든 남과 북이 서로 힘을 합쳐 '다리'를 만든 적이 있었다는 사실에서 서로 한 핏줄임을 확인하고, 미래에의 가능성으로 이어보고 싶은 염원에서가 아닐까.

첨예한 전선의 대치 상황 속에서도 통일을 바라는 마음들은 숨쉬고 있었다. 명파마을 한복판에 자리 잡은 명파 초등학교 교정 한쪽에 있는 돌하루방도 그 한 예이다. 이 돌하루방은 이 학교와 자매결연을 맺은 최남단 제주도의 마라도 초등학교에서 기증한 것이다. 이 학교 咸炳元 교감은 이 돌하루방의 받침대에 바퀴를 달아 통일이 되는 날 백두산에 옮겨놓을 계획이라고 했다. 지금 그 돌하루방은 한반도의 남쪽 끝에서 올라와 남한의 최북단, 그러나 한반도 허리께인 명파 초등학교 교정에 머물고 있다.

한반도 주변의 정세가 표면적으로 아무리 급격하게 변해도 비무장지대의 시계는 적어도 어느 순간까지는 미동도 하지 않을지 모른다. 그러나 시간이 지나면 지날수록, 그리고 통일에의 염원이 깊어지면 깊어질수록 그 육중한 시계바늘도 마침내 움직일 날이 올 거라는 생각이 들었다.

북한이 5월31일 발표한 군축안에 대해 한양대 이영희 교수를 인터뷰했다. 이영희 교수께는 가끔 연락을 드리곤 했는데, 구체적인 팩트와 수자로 가득 채워진 그의 저널리즘 글쓰기로부터 많은 영향을 받았다.

북한 군축 제안에 대한 李泳禧 한양대교수 인터뷰/민간교류 막지 말아야
(1990.7.26)

북한은 오래 전부터 한반도 군축에 대해 여러 가지 제안을 해왔습니다. 그 배경을 어떻게 보십니까?

남북간의 군사력 경쟁에서 북한은 아무런 정치적 이익을 얻을 수 없습니다. 북한 주민의 경제생활 향상을 위해 '낭비적 군사비'의 민간부문 전용도 시급합니다. 또 북한은 현재의 휴전협정체제를 평화조약체제로 전환하기 위한 상황의 조성을 위해 군축을 진실로 원하고 있습니다.

북한이 지난 5월31일 발표한 군축안에 대해서는 어떻게 평가하십니까?

77년, 78년의 제안과 금년 5월 제안을 비교해볼 때, 그 내용이 더욱 구체화됐고 군축단계 및 소요기간 설정에 있어서도 남한과 미국측이 수락 가능한 내용으로 되어 있습니다. 가장 중요한 것은 남한의 군사력 약화 우려 및 미국의 군사적 불안을 고려하여 미국의 핵무기, 지상 통상군사력, 기지의 철수를 전제조건으로 내세우지 않고 남북 군축의 진행과정에 편입시켰다는 점입니다.

최근 정부의 적극적 자세 표명에 대해서는 어떻게 보십니까?

민족문제 해결을 위해서 반가운 일입니다. 정부의 주장과는 달리 지난 10여년 동안 북한에 대한 남한의 군사적 우위가 분명해졌기 때문에 정부의 군축에 대한 태도에 변화가 왔다고 봅니다. 그러나 가장 중요한 것은 우리 국민 일반의 인식이 군부, 정부 및 극우적 개인과 세력으로 하여금 더 이상 탈냉전적 시대정신을 거역할 수 없게끔 만들었다는 사실입니다.

정부 군축안은 정치·군사적 신뢰구축, 군비통재, 군축의 단계로 이루어진 소위 '유럽식 군축모델'을 토대로 하고 있다고 합니다. 이같은 유럽식 모델이 유럽과 상황이 다른 한반도에 적용 가능한가 하는 점이 문제인 것 같습니다.

유럽에서는 동서 유럽, 특히 동서독 사이에 전쟁이 없었고, 헬싱키협정으로 사실상 20년 이상 꾸준히 평화·군축·우호·협력관계를 발전시켜왔기 때문에 남북한 관계와는 상황이 다릅니다. 남한의 신뢰구축 방식은 서로 총을 겨눈 채 교역과 왕래를 통해서 신뢰를 구축하자는 것이고, 북한은 총을 겨눈 채 교역만 해서는 신뢰가 구축될 수 없다는 이유로 군축을 전제조건으로 했던 것입니다. 이제 북한이 교역과 왕래도 하자고 나왔고 남한이 군축도 생각해보겠다는 식으로 태도 변화를 보이고 있어 두 측면을 겸행한다면 신뢰구축은 이루어진다고 봅니다.

민간차원의 군축논의의 초점은 주로 어떤 것입니까?

군축은 반드시 병력감축이나 탱크의 폐기 등 순수 군사적 방식으로만 이루어지는 것은 아닙니다. 북한이 제의한 '8.15를 기한 판문점 쌍방지역 개방조치' 따위의 정치적 결정이 바로 몇 십 단계의 순수 군사적 군축 절차를 한 번에 실행하는 효과를 지닙니다. 여러 가지 관련 문제를 고려해야겠지만 민간대중이 군사분계선을 넘어 왕래하는 것 이상으로 실증적이고 즉물적으로 더 큰 군축 효과가 있을 수 있겠습니까? 우리 정부가 북한의 제의에 상응하는 조치를 취하지 못한다면 정부의 성의와 능력이 의심받지 않을까 염려됩니다.

앞으로 군축의 과정은 어떻게 진행돼야 할까요?

일정한 기간에 걸쳐 남북 쌍방에서 군사적 대결구조의 완화조치가 취해지고, 이와 병행하여 민간교류의 촉진이 이루어져야 합니다. 상당한 단계의 군축진행과 병행하여 미국이 핵무기 및 기지의 철수와 남북한 및 미국간에 평화조약을 체결해야 합니다. 이와 함께 남북간에 정치·경제·사회적 회의, 접촉, 교류, 합동사업이 이루어져야 하고 빠른 시일 내에 연방제 또는 통일까지의 과도적 국가형태를 수립해야 합니다. 앞으로 민간차원의 논의를 활성화하기 위해서는 이같은 논의 자체를 범죄로 규정하고 있는 국가보안법의 폐지가 1차적으로 필요합니다.

남북의 통일 방안의 차이가 어떻게 당국간 회담에 대한 입장 차이로 나타나는가 하는 점을 짚은 기사다. 아래 90년 9월6일자 '당국간 접촉 보다 민간 차원 골몰하는 북한의 대남정책' 기사와 90년 11월8일자 '정상회담에 대한 김일성 주석의 태도가 바뀐 이유'에서 이 문제가 심도 있게 다뤄졌다.

남쪽의 통일방안은 89년 9월 노태우 대통령이 국회에서 특별선언 형식으로 발표한 한민족공동체통일방안이다. 그 이전부터도 남쪽의 통일방안은 남과 북의 두개의 국가를 대표하는 최고 책임자 회담을 통해 통일에 이르기까지의 정치적 문제를 협의하는 것을 기본으로 해왔다. 즉 남북 정상회담이야말로 남쪽의 최상위의 대북 제안이었던 셈이다.

한민족공동체통일방안에서는 남북 정상회담의 위상과 역할이 보다 분명하게 규정됐다. 남북이 정상회담을 통해 민족공동체헌장을 채택하고 이를 법적 근거로 해서 남북연합을 결성하는 것으로 된 것이다. 남북 정상회담은 남북연합이라는 두 개의 국가 체제로 나아가는 출발점으로 이해되기 십상이었다. 그러자 이에 대해 분단을 영구화하기 위한 것이라는 북한의 의심이 깊어졌다.

북한은 남쪽의 정상회담 제의를 회피하며 정상회담을 정치협상회의라는 틀의 일부분으로 위치 지우려 해왔다. 김일성 주석이 88년 신년사 이래 시시때때로 주장해온 정치협상회의는 남북의 최고당국자(정상)와 정당사회단체 대표가 모여 통일방안에 대해 얘기를 나눠보자는 것이다. 북한의 정당사회단체 대표야 사실상 북한 당국의 통제 하에 있는 것이므로 이는 남쪽 당국의 위상을 격하하고 고립시키기 위한 통일전선전술에 불과한 주장이다. 북한이 이처럼 남북 정상회담을 극력 회피했던 것은 북측이 천명해온 통일방안에서 비롯한 점도 있다는 것을 이해할 필요가 있다.

김일성 주석이 주장해 온 고려민주연방공화국 창설 방안은 남과 북의 두 개의 국가를 해소해 하나의 연방국가로 만들자는 안이다. 따라서 남북정상회담은 남과 북의 두개의 국가를 폐기하고 하나의 연방공화국을 만들기로 합의할 때에 필요하다는 것이다. 즉 하나의 국가로의 통일을 위한 기본원칙과 방안을 논의할 때에나 정상 간의 논의가 필요하고 그 이전에는 남북정치협상회의의 일원으로 만나면 된다는 주장이다. 남쪽이 주장하는 남북 정상회담은 두 개의 국가체제로 나가기 위한 헌장을 만들기 위한 과정이라면 북한이 생각하는 정상회담은 두 개의 국가를 허물고 하나의 연방을 창설하는 과정에서나 필요한 절차가 되는 것이다. 정상회담에 대한 입장이 이처럼 서로 극명하게 다르다보니 그와 필연적으로 연동된 당국간 회담에 대한 입장도 다를 수밖에 없었다.

이런 이유로 노태우 정부 초기인 89년에서 90년 초까지만 해도 남북 당국간에는 핑퐁게임처럼 서로 다른 주장만이 되풀이됐을 뿐 관계의 진전이 없었다. 남쪽의 정상회담 개최 주장에 북한은 정치협상회의로 맞섰고 남쪽이 당국간 회담을 중시하는 창구 단일화를 주장하면 북한은 당국과 사회단체가 같이 참여하는 연석회의 식의 통일전선전략으로 맞섰다. 유엔 가입에서도 남쪽이 두개의 국가로 유엔 가입을 주장하면 북한은 단일국호 단일의석으로 유엔 가입을 주장하는 식이었다. 그 근저에는 남쪽의 '두개의 국가론'과 북한의 '하나의 조선론'의 격돌이 있었던 것이다.

당국간 접촉보다 '민간차원'에 골몰하는 북한의 대남정책

(1990.9.6)

분단의 땅 한반도를 통일과 자유왕래의 열기로 들끓게 했던 '민족대교류'와 '범민족대회'가 남과 북, 그리고 재야세력간의 입장 차이만 드러낸 채 막을 내렸다. 민족대교류는 이름에 걸맞지 않게 단 한건의 교류도 성사시키지 못한 '민족無교류'로 끝났고, 범민족대회는 남북 양쪽에서 각각 '半민족대회'로 진행됐을 뿐이다 (※민족대교류와 범민족대회: 1990년 7월 20일 노태우 대통령은 8월 13일부터 17일의 5일간을 민족 대교류 기간으로 정하고 남북한 주민의 상호방문을 전면 허용한다는 이른바 7.20 선언을 발표했다. 이로써 민간주도 통일운동의 일환인 범민족대회의 첫 남북한 공동개최가 실현될 것으로 기대를 모았다. 그러나 실무협상과정에서 남북한 정부의 이견차로 협상은 결국 결렬됐고 범민족대회는 8월 15일과 16일 서울과 평양에서 각각 하루씩 열리는데 그치고 말았다).

범민족대회가 한반도 주변정세의 호전 및 내적인 통일열기의 고양이라는 주·객관적 정세의 뒷받침에도 불구하고 어전히 선전전의 차원을 넘지 못한 채 부분적인 성과밖에 낳지 못한 이유는 무엇인가. 그것은 아직도 남과 북 양측이 서로에게 접근하는 방법에 큰 차이가 있기 때문이다. 범민족대회 기간 동안 남한 당국은 창구 단일화론을 중심으로 한 당국간 접촉과 대규모 인적교류를 주요한 수단으로 삼아왔다. 북한은 북한대로 자칫하면 내부체제를 동요시킬지도 모를 인적교류에 대해서는 소극적 태도를 견지하면서 남한의 창구 단일화론을 깨고 민간차원의 통일전선을 구축하는 데 골몰했다는 인상이 짙다.

문제는 양측의 이같은 접근 방식의 차이가 단순히 교류 형식의 차이에서 연유하는 것이 아니라는 데 있다. 그 밑바탕에는 남북 양측이 한반도의 통일방식에 대한 근본적인 시각차가 깔려 있는 것이다. 북한의 통일론은 잘 알려져 있듯이 '고려민주연방공화국 설립방안'이다. 60~70년대의 고려연방제안은 연방체제를 통일국가의 과도적 형태로 규정했다. 그러나 80년대에 수정된 이 방식은 연방체제 그 자체를 통일국가의 최종 형태로 보고 있다는 점에서 종전의 입장과 크게 다르다고 할 수 있다. 북한문제 전문가들은 이 방안의 핵심은 남한의 자본주의체제와 북한의 사회주의체제가 평화롭게 공존할 수 있다는 것을 인정하는 데 있다고 지적한다.

반면 북한은 6공화국의 '한민족공동체통일방안'이 몇 가지 위험한 가능성을 가지고 있는 것으로 보고 있다. 이 방안은 통일의 중간단계로 국가연합단계, 최종단계로 제도적 통일단계를 상정하고 있다. 북한의 입장에서 보면 중간의 국가연합단계는 남북의 현 체제를 '두개의 국가'로 하여 대내외적으로 승인을 얻는 것을 전제조건으로 하기 때문에 분단을 영구화할 가능성이 있다는 것이다. 또한 마지막의 제도적 통일단계는 한 체제에 의한 다른 체제의 흡수통합을 의미하는 것에 다름 아니다. 현실적으로 이같은 가능성은 희박하기 때문에 분단체제를 영구화할 가능성만 높은 것으로 북한은 보고 있다.

통일방안의 차이는 서로 접근하는 방법의 차이를 가져왔다. 남한은 두개의 국가를 전제로 하기 때문에 당국간 접촉(창구단일화론)을 대북정책의 줄기로 삼아왔다. 그러나 남한의 통일방안이 가지고 있는 취약성은 정권에 따라 일관성 없이 바뀌어왔다는 점 외에, 남한 내부에서조차 합의를 구하지 못하고 있다는 데에 있다. 북한은 심지어 남한 내부에 북한의 통일방안에 동조하는 세력이 상당수 있다고 보고 통일문제에 관한 한 당국간 회담보다는 '전민족적 통일전선'의 구축에 주력하고 있는 것이다.

그렇다고 해서 북한이 남한 당국과의 대화를 배제하는 것은 아니다. 최근의 주변정세 변화는 오히려 북한으로서도 당국간 대화의 비중을 높이지 않을 수 없도록 하는 측면이 있다. 북한의 입장에서 보면 남한 당국과의 대화는 군사적 긴장완화 등 통일을 위한 환경조성에 반드시 필요하다. 남북간의 군비축소, 불가침선언의 채택 등은 민간차원의 대화로서는 불가능하기 때문이다.

북한문제 전문가인 金南植씨는 북한이 남북관계를 고려할 때 염두에 두는 항목으로 세 가지 측면을 지적했다. 첫째로 한반도 정세에 영향을 끼치는 주변 4강과의 관계이다. 특히 최근에는 소련의 입장 변화를 의식하지 않을 수 없게 되었다. 소련은 한·소관계가 발전함에 따라 남북관계도 정상화되기를 기대해왔다. 또한 미국 및 일본과의 관계발전을 위해서도 북한은 남북관계를 일정 수준 이상으로 해결해나가야 할 필요가 있다는 것이다. 두번째는 북한의 내부사정이다. 북한은 남북관계의 가시적 변화를 통해 국내정치의 안정에 도움을 얻고자 한다는 것이다. 최근 북한은 1995년을 통일의 연대로 지정하는 등 북한주민들의 통일의지를 고양시키고 있다. 세번째는 남한사회의 내부정세이다. 남한사회가 어떻게 발전하는가에 따라 북한은 남한에 대한 접근방법 및 방향을 결정하게 될 것이라는 점이다. 특히 남한사회가 민주화하는 과정에서 분출하고 있는 여러 가지 통일 방안에 대해 민감한 반응을 보이지 않을 수 없다는 것이다.

이같은 요인들을 고려해 볼 때 북한의 대남정책은 당분간 당국간 대화와 비당국간 대화의 이원적 방식으로 추진될 것이며, "남한 정부가 이에 적절하게 대응하기 위해서는 하루 빨리 야당이나 재야, 일반국민 모두가 합의할 수 있는 통일방안을 마련하는 길밖에 없다"는 게 김씨의 조언이다.

최근 한반도 주변정세의 변화는 앞으로 북한이 남북대화에 더욱 적극적으로 나오게 할 것이라는 전망을 갖게 한다. 소련 및 동유럽의 변화와 한국의 북방정책으로 북한은 현재 대외적 고립감에 빠져 있는 게 사실이다. 이러한 고립감을 극복하기 위해 북한은 지난해 말부터 소련 및 동유럽과의 관계를 재정립하면서 미·일을 비롯한 서방 각국과 동남아시아·아프리카 등의 비동맹권으로 외교관계를 다변화하기 위해 노력해왔다.

또한 내부체제와 관련해서는 '우리식대로'라는 기존의 북한식 사회주의 건설원칙을 견지하면서도 주민생활 개선, 정책토론 허용, 反관료주의 투쟁 등을 적극적으로 펼쳐, 변화된 상황을 능동적으로 극복하기 위해 노력해왔다. 지난 5월에는 대내외적 체제정비를 위해 최고인민회의 대의원선거를 예정보다 훨씬 앞당겨 실시하기도 했다. 곧이어 열린 최고인민회의 1차회의 개막식에서 金日成주석은 시정연설을 통해 앞으로 4년간의 대내외 정책노선을 발표하기도 했다.

남북관계 개선은 북한의 입장에서도 서방 각국과 외교관계를 확대하여 국제사회에서 고립을 벗어나기 위해 필요한 것이다. 또한 평소 주장해온 대로 주변국들의 교차승인으로 '분단이 영구화'되는 것을 막기 위해서도 남북관계 개선이 필요하다.

그러나 당국간의 접촉이 계속 된다 해도 실질적인 관계개선에 도달하기 위해서는 시간이 더 필요하다는 것이 전문가들의 지적이다. 앞으로 남아있는 남북관계의 주요 현안으로는 9월에 서울에서 열리기로 예정돼있는 남북 총리회담을 들 수 있다. 그런데 최근 북한 당국자들은 범민족대회 무산, 한·소관계 급진전, 남한과 미군의 군사력 증강 등이 총리회담 개최에 부정적인 영향을 끼칠 것이라는 발언을 잇따라 해 회담의 앞길이 불투명한 것이 아닌가 염려하는 소리도 들린다.

그러나 총리회담을 포기할 것 같지는 않다. 외교안보연구원 柳錫烈안보통일연구부장은 "최근 북한관계자들의 일련의 부정적 발언으로 인해 총리회담의 성사 가능성이 처음의 90% 선에서 60~70%선으로 낮아진 것은 사실"이라고 전제하면서도 회담성사에 낙관적인 입장을 표명했다. 그는 북한이 이 회담을 통해 그동안 주장해왔던 정치·군사 문제뿐 아니라, 특히 9월의 유엔총회를 직전에 둔 상황에서 남한의 유엔단독가입을 무산시키기 위해서라도 회담을 성사시키려 할 것이라고 말했다.

그러나 1·2차 회담이 예정대로 서울과 평양에서 열린다 해도 그것이 3차회담까지 이어질 지에 대해서는 그도 회의적인 견해를 보이고 있다. 대부분의 북한문제 전문가들도 이번 회담에서 남북간에 구체적인 합의사람이 나올 것으로는 보지 않고 있다. 남북한 당국간에 입장 차이가 그만큼 크기 때문이다.

90년 9월13일자 '유럽 해빙 동북아로 오는가' 기사와 90년 9월20일자 '미·소 '적극 개입'으로 선회' 기사는 한소 정상회담 이후 남북 고위급 회담이 본격화하는 과정에서 미국과 소련이 막후에서 어떤 역할을 담당했는지를 파헤치고 있다. 이 기사는 75년 헬싱키 조약체결로부터 15년간 진행된 유럽의 냉전 해체 과정이 본 궤도에 오름에 따라 아시아로 냉전 해체 흐름을 확산하기 위해 미국과 소련이 90년 2월과 4월, 8월 세차례 외무장관 회담을 개최했다는 사실에 주목한다. 이들 회담을 통해 미국과 소련은 캄보디아 아프간 등의 지역분쟁을 해소하고 이제 마지막으로 한반도 문제 해결에 돌입하려한 것이다. 그것을 위해 9월4일 서울에서 열릴 예정인 남북 고위급 회담 바로 직전 셰바르드나제 소련 외무장관아 방북했다. 북한이 남북 고위급 회담에 긍정적으로 임하면 미국 역시 북한과의 관계 정상화를 위한 획기적 조치를 취할 용의가 있다는 메시지를 전하려는 시도였다. 그 뒤 이어지는 기사들은 이 흐름의 연장선에서 북한 외교의 실리적인 방향으로의 변화 과정에서 대해 그리고 있다.

유럽해빙 동북아로 오는가
亞·太회의, 蘇외무순방, 아시아판 '헬싱키체제' 논의될 듯

(1990.9.13)

페르시아만에서 터져 나오는 뉴스의 홍수에 파묻혀 그다지 주목을 받고 있지는 못하지만 현재 동북아시아에서는 앞으로 이 지역의 정세변화에 커다란 영향을 끼칠 중요한 움직임이 진행되고 있다. 셰바르드나제 소련 외무장관의 동북아시아 3개국(중국 북한 일본) 방문과 그 기간중에 소련 블라디보스토크에서 개최되는 제2차 아시아·태평양국제회의가 그것이다.

셰바르드나제 장관은 9월1일 하얼빈에서 있을 예정인 錢其琛(전기침) 중국 외교부장과의 회담을 시작으로 9월2~3일에는 평양을 방문하고, 9월4일에는 블라디보스토크 국제회의에 참석하여 개막연설을 할 예정이다. 또 9월4일부터 7일까지는 일본을 방문한다.

고르바초프의 크라스노야르스크 선언(88년 9월16일)을 끝으로 약 2년여 동안 '휴지기'에 들어갔던 소련의 아시아·태평양정책이 보다 구체적인 새 모습을 드러내려 하는 것이다. 혹자는 소련이 현재 아·태정책에서 새롭게 제시할 것이 별로 없다는 점을 들어 그의 순방외교가 갖는 의미를 과소평가하기도 한다. 그러나 이 지역에 대한 소련의 영향력이 아직도 막강하다는 점을 고려할 때 오랫동안 치밀하게 준비된 것으로 보이는 그의 움직임은 주목할 만하다.

　소련이 현재 아·태지역에서 당면하고 있는 현안은 군축 및 안전보장문제, 한반도·캄보디아 등의 지역분쟁, 북방도서를 둘러싼 일·소관계 등이다. 그의 순방은 소련이 현안을 해결하기 위해 본격적으로 뛰어들 시기가 되었음을 알리는 신호탄이자 그것을 위한 탐색전 성격을 띠고 있다고 할 수 있다.

　가장 관심을 끄는 부분은 블라디보스토크 회의에서 그가 행할 개막연설 내용이다. 아·태정책에 대한 소련의 새로운 구상이 드러날 가능성이 높다. 원래는 고르바초프가 지난 6월의 한·소정상회담 이후 소련 극동의 캄차카반도에 들렀을 때 하기로 되어 있었다고 한다. 그러나 '캄차카연설'은 불발로 끝났다. 이후 소련 고위 관리들은 기회가 있을 때마다 9월에 블라디보스토크에서 '중요한 회의'가 있을 것이라면서 셰바르드나제가 이 회의에 참석, 획기적인 내용의 연설을 할 것이라고 언론에 흘려왔다.

訪北 蘇외무, 북한에 개방압력 가할 듯

　일부 관측통들에 따르면 셰바르드나제가 밝힐 새로운 구상의 핵심은 아시아·태평양 지역에 헬싱키협정 이후의 '유럽안보협력회의'를 원용한 새로운 안보체제를 수립하자는 내용이 될 것이라고 한다. 즉 '아시아판 헬싱키체제'의 구성문제가 핵심적인 주제가 될 것이라는 지적이다. 이와 관련, 셰바르드나제는 8월27일자 일본 〈요미우리신문〉과의 인터뷰에서 "아시아·태평양의 안전보장을 위해 고르바초프 대통령의 블라디보스토크 선언과 크라스노야르스크 연설을 확대 발전시키는 몇 가지 제안을 이번 개막연설에서 하게 될 것"이라고 밝힌 바 있다. 특히 군사적 신뢰구축 조치에 대해 새로운 제안을 내놓을 것임을 시사하면서 "이같은 제안의 성사여부는 소련에 달려 있는 것이 아니라 아시아·태평양의 다른 나라들이 받아들일 준비가 되어 있는가에 달려있다"고 강조했다.

월2~3일로 잡은 그의 평양방문은 북한과 소련이 한·소 정상회담 이후 갖게 되는 첫 번째 고위급 회담이 될 것이라는 점, 그리고 바로 다음날인 9월4일 서울에서 남북 총리회담이 열릴 예정이라는 점을 감안할 때 한반도 정세에 끼칠 영향과 관련해서 귀추가 주목된다. 이번 평양방문에서 그는 최근의 한·소관계의 진전 상황 등 소련의 한반도정책을 북한 수뇌부에 설명하면서 북한에 대해 '간접적'으로 개방 압력을 가할 것으로 알려지고 있다. 최근에는 그의 평양방문이 미국측과의 사전 협의에 따른 것이라는 보도도 있었다. 즉 평양측이 남북관계에 적극적인 자세로 임할 경우 미국도 북한과의 관계개선에 적극적으로 응할 용의가 있다는 미국측의 메시지를 전달할 것이라는 내용이다. 당초 9월7일경으로 알려졌던 방문일자가 남북 총리회담 직전인 9월2~3일로 수정된 것만 봐도 그의 방문이 남북대화의 진전과 깊은 함수관계를 갖고 있음을 짐작하게 한다.

이밖에 평양방문 하루 전에 있을 중국방문에서는 중국과 전면적인 관계개선을 이루고자 하는 소련측의 입장을 전달하고, 중동사태와 캄보디아 문제에 대한 중·소간의 협력방안에 대해 논의할 것으로 알려졌다. 또 9월4일부터 7일까지로 예정된 일본방문에서는 북방영토 문제에 대한 소련측의 새로운 제안이 전달될 가능성이 있는 것으로 관측된다. 그의 일본방문은 내년으로 예정돼 있는 고르바초프 대통령의 訪日을 위한 사전 정비작업의 성격을 띤 것이다.

셰바르드나제의 이번 동북아시아 순방은 유럽에서 이미 안정적인 궤도에 진입한 냉전체제 해체작업이 이제 아시아·태평양지역에서도 본격적으로 전개될 것이라는 점을 시사한다.

※셰바르드나제 방북
연합뉴스가 2005년 9월30일 한-러수교 15주년을 앞두고 발굴한 알렉산드르 카프토 전 북한 주재 소련 대사(재임 기간 1991.1~1992.3) 회고록(2003년 출간)에 따르면 1990년 9월2일 한-소 수교 사실을 통보하기 위해 평양을 방문한 에두아르드 셰바르드나제 당시 소련 외무장관(이후 그루지야 대통령 역임)은 김일성 주석을 만나보지도 못한 채 김영남 외교부장으로부터 수교에 대한 북한의 위협들이 담긴 문서를 전달받았다.
그동안 북한 당국이 한-소 수교에 반대해 소련 지도부에 강한 불만을 표출했다는 점은 알려졌지만 상세한 정황이 나타난 것은 카프토의 회고록이 처음이다.

카프토는 한-소 수교 후 첫 북한 대사로 발령을 받아 평양으로 떠나기 직전 셰바르드나제 외무장관을 두차례 만났고 그로부터 한-소 수교 정황과 이로 인해 초래된 소련-북한간 최악의 갈등사태를 잘 봉합하라는 특명을 받았다고 쓰고 있다. 카프토는 1988년 6월 고르바초프의 개인특사 자격으로 평양을 방문해 당시 미-소 정상회담 결과를 김일성 주석에게 설명하는 등 고르바초프의 측근이었으며 북한 대사로 나가기 직전 쿠바 대사와 공산당 이념분과위원장을 지내는 등 역대 북한 대사로는 최고 거물급으로 알려진 인물이다.

'삶의 교차로에서'라는 제목의 그의 회고록은 공산당 간부와 대사로서 활동상을 담고 있으며 한국 관련 부분은 '주체의 나라에서'라는 장에서 다루고 있다.

여기에는 김일성과의 만남, 고르바초프의 제주도 방문 에피소드, 대한반도 비밀보고서 등 흥미로운 내용들이 기술돼 있다.

◇ 셰바르드나제 냉대 = 셰바르드나제 외무장관(이하 직위 생략)은 평양 부임을 앞둔 카프토를 만나 현재 북한 만큼 소련과 첨예한 갈등관계에 있는 나라는 없다고 지적했다. 카프토는 회고록에서 셰바르드나제를 만난 정확한 날짜는 적지 않았으며 셰바르드나제의 말을 듣고 북한 대사로서 자신의 앞길이 험난하겠다고 생각했다고 적었다.

셰바르드나제는 한-소 수교를 앞두고 김일성과 상의하기 위해 평양을 방문했다지만 이미 소련 정권은 한국과의 수교를 기정사실화하고 있었다. 김일성은 방북한 셰바르드나제를 만나주지 않았고 김영남은 김일성과 뭔가 논의를 하기 위해 셰바르드나제 곁을 자주 떠났다. 김일성 면담이 거부되자 셰바르드나제는 평양에서의 모욕은 자기 외교관 경력에서 처음이자 마지막일 것이며 이럴 줄 알았다면 차라리 주북 대사를 대신 시켜 수교 사실을 통보하는 게 좋았을 것이라는 생각을 했다. 김영남은 셰바르드나제의 방문 둘째날(9월3일), 회담장에서 한-소 수교에 대한 북한측 비난성명을 낭독했고 이 문건을 셰바르드나제에게 전달했다. 셰바르드나제는 모욕감을 느껴 다음날(9월4일) 일본으로 출국했으며 곧장 일본으로 달려가 김일성 보란 듯이 일왕을 만났다.

◇ 북, 핵무기 개발추진 등 격분 = 북한이 셰바르드나제에게 전달한 비난 성명에는 소련이 북한과 맺은 약속을 위반했다는 것과 이에 따른 북한의 강력한 대응 방침이 담겨져 있었다. 북한은 먼저 한-소 수교가 소련의 약속 위반이라는 증거로서 몇가지 사례를 제시했다. 고르바초프가 1986년 10월 양국 고위급회담에서 "어떠한 경우에도 한국에 대한 소련의 입장을 바꾸지 않겠다"고 밝혔으며 셰바르드나제도 같은해 12월 평양을 방문해 "한국과 정치외교 관계를 맺을 의향이 없음은 확고하다"고 말했다는 것이다. 셰바르드나제는 특히 북한의 의심을 떨치기 위해 공동성명에다 '소련은 한국을 승인하거나 한국과 외교관계를 맺지 않겠다'는 문구를 집어넣기도 했다.

북한은 한-소 수교로 인해 1961년 7월 체결한 '조소상호원조조약' 제3조, 즉 모든 국제문제에서 양국은 협의한다는 규정을 소련측이 위반한 만큼 협정은 파기된다고 선언했다. 북한은 그 근거로서 1988년 9월 고르바초프가 크라스노야르스크에서 북한과 전혀 상의없이 한국에 대한 정치적 입장 변경을 선언했으며 1990년 6월 한-소 샌프란시스코 정상회담도 마찬가지였다고 지적했다. 북한은 협정 파기로 인해 자력의 길을 찾아야 하는 만큼 핵무기 개발과 함께 지난 1985년 가입한 NPT에서 탈퇴하겠다고 밝혔다. 북한은 핵무기 개발 이유가 한국에 이미 미국 핵무기가 있기 때문이며 이로 인해 한반도에는 핵무기 경쟁으로 긴장이 감돌게 될 것이라고 경고했다.

북한은 특히 소련의 수교행위는 북한을 격리하고 약화시키려는 미국과 한국의 음모에 소련이 영합한 것이라고 강하게 비판했다. 북한은 또 38선 획정에 따른 남북 분단 책임을 소련도 미국과 함께 져야 한다고 주장했으며 소련이 동맹관계를 헌신짝처럼 내팽개쳤기 때문에 소연방에서 독립하려는 공화국들을 승인하겠다고 엄포를 놓기도 했다. 특히 일본과의 외교관계 수립에 나설 것이라고 밝히면서 이를 위해 북방 영토 분쟁에서 일본측을 지지할 것이라고 말하기도 했다. 북한은 페레스트로이카로 인해 동독이 서독에 흡수됐지만 한반도에서는 미국과 한국의 바람대로 그같은 일이 일어나지 않을 것이라고 큰 소리를 쳤다(<연합뉴스> 2005년 9월30일자 참조).

앞의 '유럽 해빙 동북아로 오는가' 기사와 함께 미국과 소련이 남북 고위급 회담 개최 과정에서 막후에서 어떤 역할을 했는지를 파헤친 기사다.

미·소 '적극 개입'으로 선회

(1990.9.20)

셰바르드나제 소련 외무장관이 동북아 3개국 순방 일환으로 평양을 방문하기 직전 국내의 모 일간지는 그의 방북 배경을 1면 머리기사로 보도해 주목을 받았다. 정부 고위관계자의 말을 인용, 그의 방북이 미국과의 사전 협의에 따른 것이었다는 내용이었다. 북한이 남북관계 개선을 위해 노력할 경우 미국이 북한과 관계를 개선하기 위해 획기적 조처를 취할 용의가 있다는 미국 측의 메시지를 그가 평양 측에 전달할 것이라는 게 보도의 골자였다.

이와관련 최근 한 소식통은 국내 언론에 셰바르드나제의 방북 소식이 최초로 알려진 경위가 정부 소식통에 따른 것이었다고 지적했다. 그는 지난 8월 초 소련의 이르쿠츠크에서 열린 미·소 외무장관 회담(제임스 베이커 미국무장관과 에두아르트 셰바르드나제 소련외무장관이 1990년 8월1일 소련의 이르쿠츠크에서 2차례의 회담을 갖고 연말께에 다시 양국정상 회담을 개최하는 문제와 동서군축 및 몇몇 지역분쟁 외에 상호경협증진, 투자장려, 우주의 공동탐사 및 이용방안 등을 폭넓게 논의. 셰바르드나제 장관은 2일 회담에서 아프간 사태와 유럽배치재래식전력(CFE)감축 문제 등이 중점 논의될 것이라고 밝혔다. 때 맞춰 나지불라 대통령의 소련 방문이 이뤄졌는데 이번 회담을 계기로 아프간 내전의 극적인 종식방안이 마련될 가능성이 높은 것으로 점쳐졌다)의 내용을 한국정부에 설명하기 위해 방한했던 솔로몬 미 국무부 동아시아담당 차관보를 이같은 정보의 진원지로 지목했다. 당시 이르쿠츠크 회담에서 미·소 외무장관 사이에 셰바르드나제의 방북 계획이 협의되고 이를 솔로몬 차관보가 한국 정부에 전달했을 것이라는 분석이다.

평양방문을 끝내고 블라디보스토크로 향하는 기내의 기자회견에서 셰바르드나제는 이번 평양방문 중 김영남 북한 외교부장과의 회담에서 "좀더 체계적인 토대

위에서 미국과 북한이 직접 접촉하는 문제가 의제 속에 포함됐다"고 밝혀 앞서의 언론 보도에 신빙성을 더했다. 한걸음 더 나아가 9월4일의 블라디보스토크 국제회의 개막연설 직후 남북 고위급 회담에 대한 전망을 묻는 기자들의 질문에 "기초 작업이 잘 되어 있으며 회담이 잘될 것으로 생각한다"고 말해 회담의 성사 배경에 남북 쌍방간의 노력과 함께 미·소의 특별 지원도 한 몫했음을 시사했다.

남북 고위급 회담을 전후한 시기에 나타난 미·소의 이같은 움직임은 양국이 이제 한반도 문제의 해결을 위해 단순한 논리의 차원을 벗어나 국제적 개입 중개의 차원에서 움직이고 있음을 보여준다.

이같은 조짐은 이미 금년 2월의 미·소 외무회담에서부터 뚜렷하게 나타나기 시작했다. 당시 셰바르드나제는 '한반도 장벽' 문제를 거론하면서 소련의 적극적 태도를 우회적으로 표현했었다.

이어 4월에 워싱턴에서 열린 양국 외무회담에서는 미.소간에 한반도 문제에 대한 구체적 합의가 이루어지기도 했다. 그것은 첫째 남북한 신뢰 구축 방안을 다각적으로 모색한다는 것과 둘째 북한의 핵안전협정 가입이 한반도의 긴장완화에 대단히 중요하다는 것, 셋째 신뢰구축 조치와 관련 우선 남북간 대화를 증진시켜야 한다는 점 등의 내용이다. 전문가들에 따르면 이것은 곧 미·소가 남과 북의 각료급 및 고위급 회담을 주선하고 유럽식 신뢰구축 방안을 남북한에도 도입하는 문제를 검토하기 시작했음을 의미하는 것이라고 한다. 한반도 문제에 대한 미 소의 적극 개입이 시작되었다는 점을 분명하게 시사하는 대목이 아닐 수 없다.

8월초 이르쿠츠크에서 열린 미·소외무장관 회담에서도 남북간 신뢰구축 방안이 깊숙이 논의된 것으로 알려졌으나 구체적인 회담 내용은 밝혀지지 않았다. 다만 그동안의 협의 과정을 분석해볼 때 당시 회담에서도 남북 고위급회담 등 남북간의 현안이 깊이 논의됐을 가능성을 배제할 수 없다.

현재 한반도 문제는 아시아 태평양 지역의 냉전구조 해체 과정과 밀접하게 관련돼 있다. 유럽에서 냉전체제 해체과정이 종결되어감에 따라 미국과 소련은 이제 아태지역에서도 이러한 과정이 시작돼야 한다는 데 의견을 같이 하고 있다. 그 과정에서 일차적인 과제로 떠오르고 있는 것이 지역분쟁 해결 문제이다. 미국과 소련은 지난번 이르쿠츠크 회담에서 캄보디아 사태와 아프간 사태의 해결 방안에 대해 합의를 이룸으로써 이 문제 있어서 일정한 진전을 가져왔다.

이제 남은 것은 한반도이다. 한반도 문제 해결과 관련해서도 미·소 양국의 공동 노력이 전개되고 있다는 징후는 여기저기서 발견된다. 일련의 당국간 회담의 증가와 함께 국제 학술회의 형태로 학자들간의 접촉이 빈번하게 전개되고 있는 것도 그런 움직임의 일환으로 보인다. 지난 7월의 펜실베니아 대 국제 학술회의에서 한반도 통일의 단계 설정 문제에 대해 미국과 소련의 학자가 최초의 의견의 일치를 본 것이 그 대표적인 예이다.

셰바르드나제는 최근 일본 방문 기간 중 "미국 일본 소련 등과 같이 한반도 상황에 대해 매우 우려하고 있는 국가들이 결국 어떤 건설적 조처를 들고 나올지도 모른다"라고 말해 주변 관계국간의 연쇄접촉을 통해 한반도 사태에 대한 획기적 방안을 도출해낼 가능성도 있음을 시사했다. 주변국들의 발빠른 움직임에 비해 남북 당사자들의 통일노력은 이제 첫걸음을 떼어놓은 데에 지나지 않는다.

10월16일부터 평양에서 열릴 제2차 남북고위급회담을 앞두고 북한 외교가 급격한 방향 전환 움직임을 보였다. 9월애 평양을 방문한 일본의 가네마루 신(金丸信) 전 부총리에게 전격적으로 수교 교섭을 제의했고 10월2일에는 朴吉淵(박길연) 유엔주재 북한대사가 데이비드 한네이 유엔 안보리 의장에게 기존의 단일 의석 유엔 가입정책을 더 이상 고집하지 않겠다는 서한을 보냈다.

탄력붙은 북한외교 획기적 제안 가능성

(1990.10.18)

북한이 한반도정책에서 급격한 방향전환을 시도하고 있다. 전격적인 對日수교 제의로 교차승인의 물꼬를 튼 북한이 최근에는 유엔 가입에 대해서도 기존의 입장을 고집하지 않을 것임을 시사해 주목을 받았다. 한반도 주변 정세 및 남북관계가 앞으로 전환기를 맞게 될 것으로 보인다.

북한은 지난달인 90년 9월 평양을 방문한 일본의 가네마루 신(金丸信) 전 부총리에게 전격적으로 수교 교섭을 제의해 주변 국가들에 충격을 주었다. 또한 10월2일에는 朴吉淵(박길연) 유엔주재 북한대사가 데이비드 한네이 유엔 안전보장이사회 의장에게 보낸 서한을 통해 기존의 단일 의석 유엔 가입정책을 더 이상 고집하지 않겠다는 뜻을 비춰 주목을 받았다.

그러나 판문점에서 10월5일 열린 남북 실무회담에서 북한은 기존의 주장을 되풀이해 내부 의견 조정이 완전히 매듭지어지지 않은 인상을 풍겼다. 그럼에도 전문가들은 북한이 안보리 의장에게 서한을 보낸 것만으로도 북의 정책전환의 신호로 볼 수 있다는 입장이다. 앞으로 대 유엔관계에서 이 서한이 구속력을 갖게 되기 때문이다.

판문점 실무회담에서 북한이 기존입장을 되풀이한 것에 대해서는 '정책전환을 위한 명분 축적'이라고 보는 전문가들도 있다. 따라서 남북대화 과정에서 유엔가입 문제가 전격적으로 타결될 가능성도 배제할 수 없는 상황이다.

교차승인과 남북 동시 유엔가입은 "두개의 조선을 국제적으로 합법화함으로써 남북 분단을 영구화하는 것"이라 하여 북한이 국시와 같은 차원에서 반대해온 사안들이다. 따라서 그 자체만으로도 혁명적 변화라 하지 않을 수 없다. 그러나 북한의 이같은 변화가 어느 선까지 도달할 것인지, 이를테면 '하나의 조선' 정책의 포기에까지 이를 것인지, 아니면 전제조건의 변화만을 의미하는 것인지는 아직 분명치 않다. 이 문제에 대해서는 전문가들의 견해도 엇갈리고 있는 것 같다.

일본의 북한문제 전문가인 오코노기 마사오(小此木政夫) 교수는 이와 관련하여 최근 한 기고문에서 북한이 주장해온 '하나의 조선' 논리는 변화하지 않았으며 교차승인을 허용할 듯한 움직임은 '두개의 조선 반대'와 불가분의 관계를 가지고 있던 이 문제를 따로 분리 해내는 것을 의미한다고 설명했다. 그의 주장에 따르면 북한은 오히려 '조선은 하나'라는 원칙을 종래보다 더욱 높게 내세울 가능성이 있다는 것이다.

북한이 교차승인을 '하나의 조선'정책에서 분리해내었다면 그것은 교차승인에 대한 해석이 달라졌다는 것을 의미한다. 한 북한문제 연구가는 이에 대해 "교차승인이 처음 주장되던 70년대 중반에는 주변 여건이 성숙되지 않은 상태였기 때문에 다분히 현상유지 전략의 성격을 띠었던 게 사실이다. 그러나 최근 한반도 주변에서 일어나고 있는 교차수교는 분단영구화를 위한 것이라기보다는 각각의 국가가 국가이익을 극대화하는 과정에서 자연스럽게 일어나는 현상으로 봐야 한다"라고 지적했다. 따라서 교차승인을 더 이상 '분단 고정화의 음모'라고 봐야 할 필요가 없어졌다는 것이다. 따라서 한·소수교, 한·중관계의 긴밀화 등에 의한 국제적 고립을 타개하기 위한 필요성 때문에 북한이 최근 신축성 있는 대외정책을 구사하고 있는 것이라고 해석할 수 있다. 오코노기 교수는 앞의 기고문에서 "교차승인은 어디까지나 하나의 조선을 실현하기 위한 수단에 그치며 통일실현을 위해 일시적으로 허용되는데 지나지 않는다"고 지적하고 있다. 이같은 분석은 유엔가입 문제에 대한 입장 변화에도 동일하게 적용될 수 있을 것이다.

앞으로 북한이 '하나의 조선'정책을 더욱 강화할 것이라는 점은 북경에서 남북한 공동응원 및 몇몇 운동 경기의 단일팀 구성합의, 남북한 축구경기의 교환개최 등 일련의 체육교류에서 적극적인 자세를 보였던 데서도 잘 나타나고 있다. 국제대회에서 남북한이 공동으로 응원하고 단일팀으로 출전하는 것은 곧 '조선은 하나'라는 것을 국제사회에 과시하는 의미를 지니게 된다. 또 서울과 평양에서 열릴 남북한 축구경기는 남북한 양쪽에서 통일에 대한 대중적 열기를 북돋울 실감나는 계기가 될 것이 틀림없다.

북한의 급격한 정책전환이 치밀한 정세분석과 계획에 의해 이루어지고 있는 점으로 미루어볼 때 이달 16일부터 평양에서 열릴 제2차 남북고위급회담은 남북관계의 진전과정에서 하나의 커다란 분수령이 될 가능성이 매우 크다. 현재와 같은 북한의 발빠른 행보에 비추어볼 때 남북관계에서도 획기적 제안이 제시될 가능성도 있기 때문이다.

북한이 만약 그같은 제안을 해올 경우 그것은 최근 동아시아 일대에서 일고 있는 지역분쟁의 해소 및 전후체제의 종결 움직임과 맥락을 같이 하는 내용이 될지도 모른다.

9월22일 북경아시안 게임 공동응원단 구성 합의에 이어 10월11일 평양(능라도 경기장)에서 제1차 남북통일축구대회가 열렸다. 10월14일에는 범민족통일음악회 참가자 17명이 판문점을 통과해 방북했고 10월16일에는 제2차 남북고위급회담 본회담이 평양에서 개최됐다. 10월18일 평양에서 범민족통일음악회가 열렸고 10월23일에는 제2차 남북통일축구대회가 서울 잠실운동장에서 개최됐다.

달아오른 한반도 … 통일기대 '열렬'

(1990.10.25)

10월 한달 동안 온통 통일열기에 휩싸여 있는 것 같다. 북경 아시안 게임의 남북공동응원에서 시작된 통일열기는 평양의 5·1경기장에서 열린 남북통일축구로 이어졌다. 미국 뉴욕영화제와는 별도로 서울과 평양에서 영화제를 번갈아 열기로 한다는 합의도 이루어졌다. 14일에는 범민족통일음악회에 참석할 남한의 대표단이 판문점을 세로 질러 북한주민들의 열렬한 환영을 받으며 평양에 들어갔다.

9월 초부터 서서히 통일열기가 달아올라 정점에 오른 바로 이때 평양에서 남북고위급 제2차회담이 열린다. 이번 회담에서 남한측은 1차회담 때 제시된 남북기본합의서의 채택을 촉구할 것으로 보인다. 또 정치·경제·군사·문화·인도 등 5개부문별 위원회를 구성하여 앞으로 각 사안별로 실질협의를 해나가자고 제의할 것이다.

문제는 지난번 1차회담에서 북한측이 제시한 유엔가입문제, 팀스피리트 문제. 임수경양을 위시한 방북자 처리문제 등의 3대 선결과제이다. 북한은 1차회담 이후 이 문제에 대해 남한정부가 유연한 태도를 보여줄 것을 기대해왔고 이번 회담에서도 이를 집중적으로 거론할 것으로 예상된다.

남한측은 북한이 남북한 실체인정, 평화공존체제 구축 등에 대해 자세를 전환하지 않을 경우 전향적으로 검토하기가 어렵다는 입장이다. 특히 유엔 가입문제에 대해 남측은 북측에 동시가입을 통고할 것으로 알려졌다.

전문가들은 이런 입장 차이에 대해 양측의 협상전략일뿐 장애요인이 될 것으로는 보지 않고 있다. 남측이 주장하는 상호 실체인정·평화공존 문제에 대해 최근 북한은 일련의 정책변화를 보였다. 북한이 사실상 이를 수용했고 입장 표명도 가능할 것으로 보는 전문가들도 있다. 북한이 주장해온 군축문제에 대해 최근 남측에서 '선 신뢰구축 후 군비축소' 입장에서 '신뢰구축과 군비축소의 동시진행'이라는 형태로 입장을 수정할 움직임이 나타나고 있는 것도 좋은 신호로 받아들여진다.

이번 회담에서는 비공식 접촉의 비중이 한층 높아질 것으로 예상된다. 양측이 심중의 이야기를 교환하고 여기서 공통분모가 찾아지면 의외의 성과도 기대할 수 있을 것이다.

> 남북고위급(총리)회담이 완만하기는 하나 긍정적인 방향으로 진행되는 가운데 10월20일 한·중 양국이 서울과 북경에 각각 무역대표부를 설치키로 합의했다. 한중관계의 급속한 발전은 북한으로 하여금 보다 적극적으로 국제무대에 나서게 하는 계기가 되었다.

한·중 서울 북경에 무역 대표부 설치

(1990.11.1)

남북관계의 해결방향이 서서히 수면 위로 떠오르고 있다. 남북고위급(총리)회담이 완만하기는 하나 긍정적인 방향으로 진행되고 있다. 남북통일축구대회, 범민족통일음악제, 남북영화제, 남북간 의원교류 합의 등 다양한 분야에 걸친 남북교류가 전개되고 있다. 남북 당사자들의 활발한 접촉과 교류는 주변국들인 미일중소의 대한 정책 변화와 맞물려 일정한 방향을 향해 가고 있다.

긍정적인 기운이 감싸고 있는 가운데 10월20일 한중 양국이 서울과 북경에 각각 무역대표부를 설치키로 합의했다. 남북한과 주변국 관계의 변화를 가속화시키는 계기가 마련된 것이다. 李宣其 대한무역진흥공사(KOTRA) 사장은 이날 중국국제상회(CCOIC) 鄭鴻業 회장과 북경에서 양국 무역대표부 설치를 위한 합의서에 서명했다. 올해 안에 설치될 것으로 보이는 양측 대표부의 명칭은 각각 대한무역진흥공사 주북경대표부와 중국국제상회 주서울대표처로 하기로 했다. 양측 사무실에는 20명 안팎의 상주직원을 두고 비자발급 등 사실상의 영사기능을 부여키로 함으로써 양국은 지금까지의 비공식 관계를 벗어나 마침내 '공식관계'에 들어서게 되었다. 양국의 공식관계 진입은 앞으로 남북관계 및 한반도 정세와 관련해 중요한 의미를 갖는다.

한중관계가 한반도 정세에 변화요인으로 부상하고 있는 가운데 우리 정부는 유엔 단독가입을 강행할 태세다. 우리가 유엔 단독가입을 신청할 경우 중국은 거부권 행사 대신 기권 가능성이 높다는 분석이 최근 서울 주재 서방 외교관들 사이에서 나오기도 했다.

한중관계는 향후 급속한 발전을 보일 것으로 전망되며 이는 북한의 대일·대미관계를 자극하고 북한으로 하여금 보다 적극적으로 국제무대에 나서게 하는 계기가 될 것으로 보인다. 이와 관련해 일본 <교도통신>은 북경 소식통들을 인용, "중국은 일본과 북한의 국교수립을 기다려 한국과 외교관계 수립을 단행할 것"이라고 내다보았다. 또한 국내 일부 관측통들은 한중 양국이 내년 중 수교할 가능성까지 점치고 있다.

무역사무소 개설 등 한국과 중국의 관계정상화 움직임이 가시화되고 있는 것과 함께 당사자인 남북간에도 대화와 교류가 활발하게 진행되고 있다. 평양에서 열린 남북고위급 제2차회담(※제2차 평양 남북고위급회담: 1990년 10월 16일부터 4일동안 2차 남북고위급회담이 평양에서 개최됐다. 분단 이후 처음으로 남한의 국무총리가 평양을 방문, 김일성 주석과 면담을 가지는 성과를 거뒀다)은 1차회담 때와 마찬가지로 서로의 입장 탐색 수준에 머무르긴 했으나, 앞으로의 대화진전과 관련해 눈에 보이지 않는 성과를 남겼다.우선 두드러진 점은 남측의 남북 상호 체제인정·대남적화노선 포기 요구와 북측이 주장해온 3대 선결과제 등 회담의 걸림돌로 작용할 수도 있었을 문제에 대해 양측이 서로 유연한 태도를 보였다. 북한이 기습적으로 제시한 '북남불가침선언' 채택 주장에 대해, 남측이 이를 부분적으로 수용한 새로운 제안을 제시하는 등 3차회담에서 포괄적인 합의를 도출해낼 가능성이 높아진 것으로 보인다.

이번 회담에서 가장 큰 성과로 꼽을 수 있는 것은 김일성 주석이 '총리회담이 성공적으로 진행될 경우'라는 전제 조건을 달기는 했지만 남북정상회담에 적극적 태도를 보였다는 점이다. 정부도 앞으로 정상회담의 실현에 목표를 맞춰 대화전략을 수립할 것으로 기대된다.

남북 고위 당국자간의 만남은 통일축구대회 교환 개최, 남한예술단의 평양공연 등 전례없이 활발해진 민간교류를 배경으로 열리고 있다는 점이 또 하나의 특색이다. 고위급회담 남측대표단보다 한발 앞서 북한을 방문했던 남한예술단은 10월19일의 평양공연을 성공리에 마쳤다. 10월21일에는 제2차 남북 통일축구대회에 참석하기 위해 북한 선수단 일행 78명이 판문점을 통해 서울에 도착했다. 23일 남북 통일축구대회가 열린 잠실축구장은 또한번 통일의 염원으로 뜨겁게 달아올랐다.

남과 북의 당국자들과 민간인의 왕래로 한반도 허리를 가르고 있는 휴전선도 더 이상 왕래를 차단하는 분단선의 의미를 상실해가는 듯하다. 이런 분위기 속에서 지난 10월20일 단행된 文益煥 목사 석방조처는 환영할만하다. 문목사 석방은 남북관계 개선에 대한 한국정부의 성의표시이자 관계 개선의 돌파구로 작용할 가능성이 있다.

> 10월16일부터 4일 동안 평양에서 있었던 2차 남북고위급회담 기간 김일성 주석이 노태우 대통령과의 만남에 대해 과거에 비해 적극적인 태도를 표명했다. 남북 정상회담을 다른 정당·사회단체 대표 회동과 연결시켜온 전례와 달리 이번에는 그렇게 하지 않은 것이다. 김주석이 은퇴 전에 통일문제에 대한 돌파구를 열고자 하는 것 같다는 분석도 대두했다.

정상회담에 대한 김일성 주석의 태도가 바뀐 이유
(1990.11.8)

盧泰愚 대통령과 북한 金日成 주석의 회동 가능성이 남북관계의 중요한 변수로 떠오르고 있다. 10월16일부터 4일동안 평양에서 있었던 2차 남북고위급회담 기간 김주석과 姜英勳(강영훈) 총리 면담에서 총리회담의 성공적 진행이라는 단서가 붙긴 했지만 김주석이 노대통령과의 만남에 적극적인 태도를 표명, 정상회담의 조기실현 가능성까지 점쳐지고 있는 것이다.

그런 가운데 북한문제 전문가들은 노·김회담의 성사 가능성이 어느 때보다 높아진 것은 사실이지만 그것이 국가 대 국가를 대표하는 정상회담 형식이 될 것인지에 대해서는 의문을 표시하고 있다. 정상회담에 대해서는 남과 북이 아직도 커다란 입장 차이를 보이고 있기 때문이다.

5공화국과 6공화국을 거치면서 남한 정부는 남북관계의 개선 및 통일과 관련한 문제를 남북정상회담에서 논의돼야 한다는 입장을 지켜왔다. 특히 89년 9월 한민족 공동체 통일방안이 6공화국의 통일방안으로 채택되면서 남한정부의 정상회담 주장은 이것과 긴밀한 관계를 갖게 되었다. 한민족공동체통일방안에 따르면 통일을 위한 과도기로서 남북을 두개의 국가로 상정하는 남북연합 단계는 남북의 양 정상이 회동하여 통일헌장을 채택함으로써 완성되게 된다. 이때 정상회담은 두개의 국가체제를 마무리 짓는 최종 수준의 성격을 띠게 되는 것이다.

남한쪽의 정상회담 주장을 '두개의 조선 책략'이라고 비난해온 북한이 한민족공동체통일방안 이후 남측의 정상회담 주장에 대해 더욱 의심의 눈길을 보내는 이

유가 바로 여기에 있다. 북한의 주장에 의하면 남과 북을 국가 대 국가로서 대표하는 정상회담은 바로 이 국가 대 국가 관계를 폐기하기 위한 것일 때에만 의미를 갖는다. 남북 정상회담은 하나의 국가로의 통일을 위한 기본 원칙과 방안을 논의하기 위한 것일 때에 가능하다는 것이다.

그렇다고 북한이 남북 정상간 만남을 거부만 해온 것은 아니다. 정상회담이 아닌 다른 형식, 즉 남과 북을 국가 대 국가로 대표하는 정상간 회담이 아닌 남북의 최고위 정치지도자의 만남이라는 형식에 대해서는 문을 열어놓은 바 있다.

남측이 한민족공동체통일방안을 채택한 며칠 후인 89년 9월28일 북한은 남과 북의 최고 당국자를 포함, 정당·사회단체 대표들로 구성된 '정치협상회의'를 소집할 것을 촉구했다. 김주석은 올해의 신년사에서도 이 정치협상회의의 개최를 주장한 바 있다. 북한의 주장대로라면 남북 정상의 만남은 이 정치협상회의의 테두리 안에서 최고당국자회담이라는 형식으로 가능하게 된다.

전문가들은 김주석이 강영훈 총리와의 면담에서 노대통령과의 만남에 대해 적극적인 의사를 표명한 것도 기본적으로는 이 최고당국자회담 주장의 연장선상에 놓여 있는 것이라고 지적한다. 그러나 이번 경우에는 특이한 점이 없지 않다. 노대통령과의 만남을 다른 정당·사회단체 대표 회동과 연결시키지 않은 점이다. 이것은 분명 기존 주장에서 한걸음 나아간 것임에 틀림없다.

왜 김주석은 기존의 주장과 달리 노대통령과의 단독 만남에 강한 의욕을 표시하고 있는가. 2차 고위급회담 대표단의 일원으로 평양을 방문했던 정부의 한 고위당국자는 이에 대해, "김주석이 은퇴 전에 통일문제에 대한 돌파구를 열고자 하는 것이 아닌가"라고 분석했다. 또 그는 북한의 고위급 인사들이 비공식적인 자리에서 "노대통령 정부는 남한의 역대정권에 비해 통일문제에 대해 적극적인 것 같다"라는 이야기를 여러 차례 했다고 하면서, 북한으로서도 노대통령의 임기가 끝나기 전에 통일문제와 관련, 전환점을 마련하고 싶어하는 것 같다고 분석했다.

전문가들은 이보다 더 근본적인 이유로서 한반도 주변정세가 급진전함에 따라 남북 정상이 만나야 할 필요성이 어느 때보다 높아지고 있음을 지적하고 있다. 한·소수교, 북한·일본관계의 급진전 등 한반도 주변정세는 남북한과 미·일·중·소의 쌍무적 관계의 심화라는 새로운 국면을 맞고 있다. 이러한 상황에서 김주석으로서도 남과 북의 평화공존 체제의 구축문제, 즉 군축이나 휴전협정의 평화협정으로의 대체, 주한미군 철수 등을 논의하기 위해 남한의 최고당국자와 만날 필요성을 느낄 수 있다는 것이다.

따라서 앞으로의 고위급회담에서 북한이 제기한 불가침선언 등이 채택될 경우 이를 최종적으로 인준하기 위해 최고당국자 회담이 열릴 가능성도 있는 것으로 전문가들은 보고 있다.

소련·동유럽 격변 이후 북한은 미국·일본을 비롯한 서유럽국가 및 아시아·아프리카·중남미 등 외교관계가 없었던 지역 및 국가들에 대해 파상적인 외교공세를 펴왔다. 이같은 변화는 단지 외교적 고립을 벗어나기 위한 수세적 차원을 넘어 기존의 이데올로기 중시외교에서 국익중시의 실리외교로 방향전환하고 있음을 보여준다.

이념의 짐 벗은 북한외교

(1990.12.27)

대만의 입법의원 張世良씨는 최근 북한 당국으로부터 북한 입국 관광비자를 발급받았다. 그동안 대만이 북한에 적대적인 정책을 취해왔다는 점을 고려할 때 북한 당국이 대만 정치인 장씨에게 입국사증을 발급한 것은 매우 파격적인 일로 비쳐진다. 그러나 이런 사례가 그리 진기한 것이 되지 않을 날이 곧 올 것 같다. 최근 북한이 대만을 위주로 한 자본주의 국가의 기업인 및 관광객을 유치하기 위해 마카오에 비자발급 전문회사(조선국제여행사)를 설립, 12월1일부터 비자업무를 개시했기 때문이다.

11월초에는 오스트레일리아의 마이클 카스텔로 외무부 무역차관보가 '노르돔 시아누크를 만나기 위해' 북한을 방문했다. 그러나 그의 실제 방문목적은 지난 75년 이래 단절돼온 북한과 오스트레일리아간 국교 재개를 위한 비밀회담을 갖기 위한 것이었음이 곧 밝혀졌다.

지난 9월말 북한을 방문한 일본의 자민·사회 양당 대표들에게 전격적인 국교교섭을 제안한 지 채 두 달이 안된 기간에 북한은 '서방으로 진출하기 위한 교두보'라 일컬어지고 있는 오스트레일리아의 관문을 또다시 두들긴 것이다.

현재 동남아시아에서 대만과 더불어 북한외교의 공세를 집중적으로 받고 있는 나라는 태국, 북한은 태국 정부의 전방위 외교정책을 기민하게 포착, 현재 상주대사관 설치를 위한 교섭을 활발하게 전개하고 있다. 이를 위해 북한의 고위급 인사들이 연이어 태국을 방문하고 있다. 12월초에 인민무력부장 오진우가 태국을 다녀갔고 이어 11일에는 노동당 대표단이 방문했다. 내년 초에는 연형묵 총리의 방문이 예정돼 있다.

대만·오스트레일리아·태국 등에 대한 이같은 활발한 접근 노력은 외교관계를 다변화하기 위해 올 한 해 동안 북한이 줄기차게 전개해온 대외활동의 일부에 지나지 않는다. 소련·동유럽의 격변 이후 북한은 미국·일본을 비롯한 서유럽국가 및 아시아·아프리카·중남미 등 외교관계가 없었던 지역 및 국가들에 대해 파상적인 외교공세를 펴왔다.

미국과는 지난 88년 12월 북경에서 첫 접촉을 가진 이래 올해까지 13차례 만나 서로의 의중을 탐색해왔다. 일본과는 현재 국교정상화를 위한 회담이 진행되고 있는 상태이다. 또 서유럽 각국에는 올들어 지난 10월까지 22개의 고위급 대표단을 파견했고, 역으로 27개의 서유럽 대표단이 북한을 방문했다. 내년 4월에는 평양에서 국제의회연맹(IPU) 총회가 개최되는데 이는 북한외교의 시험무대가 될 것으로 예상되고 있다.

내년 초로 예정된 연형묵 총리의 동남아순방은 이 지역 국가들과의 관계개선에 중요한 계기가 될 것으로 보인다. 최근 북한은 아르헨티나, 칠레는 물론이고 멕시코, 에콰도르 등 주요 중남미 국가들에 대해서도 조기에 외교관계를 수립하자는 의사를 강력히 피력하고 있는 것으로 알려졌다. 김일성 주석은 지난 10월10일의 노동당 창당 기념식 참석차 북한을 방문한 중남미 대표들에게 이같은 의사를 직접 전달하여 관심을 모으기도 했다.

올 한 해동안 나타난 북한 외교의 눈에 띄는 전개는 단지 외교적 고립을 벗어나기 위한 수세적 차원을 넘어 북한이 기존의 이데올로기 중시외교에서 국익중시의 실리외교로 방향전환하고 있음을 보여준다. 지난 11월말 중국을 방문한 연형묵 총리가 주로 경제특구 지역을 중점적으로 시찰하면서 중국의 개혁성과를 높이 평가한 점은 향후 북한의 경제정책과 관련, 시사하는 바 크다. 일부 관측통들은 북한이 중국과 같은 경제특구를 설치하기에 앞서 중국의 개혁 현장을 미리 둘러볼 필요를 느낀 것이 아닌가 하는 견해를 가지고 있다.

91년 4월19일 고르바초프 대통령의 제주도 방문과 한소 정상회담은 성과가 불분명한 일본 방문을 앞두고 한국 카드를 쓴 것이라는 평가를 낳았다. 90년 6월 샌프란시스코 회담, 90년 12월 노대통령의 소련 방문 등 짧은 기간 세 차례나 이뤄진 한소 정상회담이 한국 외교와 북한의 향배에 미칠 파장을 짚었다.

한소 정상회담이 북한에게 미칠 충격

(1991.4.25)

고르바초프 소련 대통령의 한국방문은 외국 국가원수의 방문치고는 여러 가지 이례적인 기록을 남기게 될 것 같다. 우선 방한 결정이 방문을 10일 앞둔 시점에 기습적으로 나왔다는 점이다. 그리고 다른 나라를 방문하고 돌아가는 길에 그것도 수도가 아닌 제3의 장소를 잠깐 거쳐 가도록 돼 있는 것도 이례적이다.

지난해 12월의 모스크바회담을 빼면 한·소 두나라 '정상'의 만남은 지난해 6월의 샌프란시스코회담을 포함해 매우 '비정상적'이었다. 물론 이것은 남북한이 소련과 맺고 있는 관계의 특수성에서 연유하는 측면이 있다. 북한과 동맹관계를 맺고 있으면서 한국과의 관계도 중요시해야 하는 소련의 입장이 반영되고 있는 것이다.

이러한 특수한 상황을 인정한다 해도 이번 제주도 한·소정상회담은 현재의 동북아시아 및 남북관계와 관련해 몇가지 짚고 넘어가야 할 점들을 남겼다. 우선 이번 한·소정상회담은 한국의 국제적 위상 제고라는 점에서 긍정적인 효과를 발휘할 것으로 보인다. 특히 지난해 6월의 첫 대면 이후 약 10개월이라는 짧은 기간에 양 정상이 세차례나 회동했다는 것은 만남의 형식이야 어떻든 소련 측이 한국을 상당히 비중있는 파트너로 상정하고 있다는 것을 보여주는 증거이다. 또한 올해 4~5월 들어 동북아시아를 둘러싸고 미·일·중·소 4국간에 정상회담 또는 외무장관 회담이 예정돼 있는 점을 고려하면 냉전 이후 동북아질서 재편과정에서 한국이 발언권을 확보하는 계기로도 작용할 것으로 보인다.

그러나 이같은 긍정적인 의미와 함께 이번 정상회담이 가져올 파장에 대해서도 보다 냉정한 검토가 필요하다. 우선 그동안 복잡한 국내 사정을 들어 사실상 고르비의 방한이 불가능할 것이라는 견해를 비공식적으로 밝혀왔던 소련이 그의 방한을 전격적으로 결정하게 된 배경은 무엇인가. 여기에는 그의 방한을 성사시키기 위한 한국정부의 집요한 노력이 주효한 측면도 있을 것이다. 또 고르바초프 대통령의 개인적인 의지도 강하게 작용했을 것으로 볼 수도 있다.

그러나 그의 방한 결정이 일본 방문을 앞두고 방일의 성과가 불투명한 시점에서 나왔다는 점은 주목할 만한 일이다. 그동안 소련과 일본은 북방영토 문제와 경제협력 문제를 둘러싸고 여러 단계의 협의를 거쳐 왔지만 실질적인 진척은 별로 없었다. 따라서 고르비의 전격적인 한국방문 결정은 그렇지 않아도 한·소관계의 급진전을 경계의 눈으로 바라보고 있는 일본 경제계를 자극하기 위한 압력용일 가능성이 높은 것이다. 즉 일부에서 주장하는 '한국 카드론'이다.

또 한가지는 그의 방한이 냉전이후의 동북아시아 질서재편 과정에서 이니셔티브를 쥐고자 하는 소련측의 포석의 일환으로 이루어졌을 것이라는 점이다. 고르바초프 등장 이후 소련은 86년 블라디보스토크 선언, 88년 크라스노야르스크 선언 등을 통해 아시아·태평양지역에 대한 관심을 지속적으로 표명해왔다. 지난해 9월에는 셰바르드나제 당시 소련 외무장관이 블라디보스토크 연설에서 유럽의 '안보협력기구'(CSCE)와 비슷한 형태의 '전아시아안보협력기구'를 구성할 것을 제안하기도 했다.

동북아시아 질서재편과 관련, 한국정부는 지난 88년 노태우 대통령이 유엔 연설에서 '동북아시아 6개국 회의'를 제창, 소련측이 주장하고 있는 다자간 협의와 매우 유사한 제안을 한 바 있다. 그러나 소련측의 동북아안보협력기구 구상은 이 지역에 대한 소련의 영향력 확대를 경계하는 미국의 강력한 반대에 부딪히고 있는 실정이다.

또한 소련측이 주장하는 동북아시아의 새로운 질서구축에는 당연히 군축문제가 포함돼 있고, 그렇게 될 경우 주한미군의 핵문제가 거론되지 않을 수 없기 때문에 미국측은 더욱 신경을 곤두세우고 있다. 지난해 말 한국을 방문한 미하일 카피차 전 소련 외무차관은 인터뷰에서 주한미군 핵무기에 대한 소련측의 시각을 표명한 바 있다. 그에 따르면 소련 당국은 미군의 핵무기를 북한에 대한 억지력이라는 차원보다는 유사시 소련을 공격하기 위한 것으로 보고 있다는 것이다. 소련이 북한에 대해 상대적으로 거리를 두고 있는 현시점에도 핵무기 철수에 대한 북한의 주장을 지지해온 데에는 이같은 소련측의 우려가 깔려 있다고 볼 수 있다.

고르바초프의 한국방문이 발표됐던 지난 4월9일, 그레그 주한미대사가 한 학술단체 참석 연설이라는 형식을 통해 동북아안보협력기구 및 한반도 비핵지대화에 대한 반대를 표명한 것은 고르바초프 방한에 대한 미국측의 예민한 반응을 보여주는 것이다. 따라서 고르바초프 방한 이후 한국정부는 '전통적 친구'인 미국과 '새로운 친구'인 소련 사이에서 부담을 안게 될 가능성이 높아지고 있는 것이다.

한·소정상회담에서 한국정부는 주로 남북관계의 주요 현안들을 의제로 제기할 것으로 알려지고 있다. 구체적으로는 유엔가입 문제, 남북 관계개선 문제, 북한의 핵안전협정 가입문제 등을 들 수 있다. 특히 한국정부는 5월에 江澤民 중국공산당 총서기의 소련 방문이 예정돼 있음을 주목하고 이같은 현안들에 대해 중국이 한국의 입장을 지지하도록 소련이 영향력을 행사해줄 것을 요구하게 될 것이라고 한다. 유엔가입 문제에 대해서는 유일하게 거부권을 행사할 가능성이 있는 중국에 대해 소련이 영향력을 행사하고 북한의 개혁·개방 또는 핵안전협정 가입문제에 대해서는 소련과 중국이 북한에 동시에 영향력을 행사해줄 것을 기대하는 것이다.

이번 정상회담에서 소련측은 이같은 한국측의 입장을 수용할 가능성이 높을 것으로 예상된다. 문제는 북한의 반응이다. 현재로서는 낙관론과 비관론이 엇갈리고 있다. 낙관론은 소련과 더불어 중국까지 한국 입장을 수용할 경우 북한이 외교적으로 고립된 현실을 자각하여 유연한 대응태도를 보이지 않겠는가 하는 것이다. 반대로 북한이 심한 고립감 속에서 현실 순응보다는 더욱 강경한 태도를 보일 가능성에 대한 우려도 존재한다.

또한 필요 이상으로 소련에 저자세 외교를 폄으로써 남북한에 대한 소련의 영향력을 불필요하게 확대하지 않았는가하는 비판도 있다. 이제부터라도 한·소관계가 몰고올 동북아시아 및 남북관계에서의 파장을 고려해 보다 냉철하게 대응해나가야 할 것이다.

> 고르바초프정권이 들어서면서 북한·소련관계는 소련의 노선변화, 한·소접근 등을 이유로 냉각기에 접어들었다. 소련이 대북 무역관계를 경화(국제무역에서 통용되는 화폐)로 결제하기로 한 것은 북한경제에 심각한 위협요인이 됐다.

한소밀착으로 소원해진 북한 소련 관계

(1991.4.25)

한·소관계는 고르바초프의 등장 이후 급속하게 발전해왔다. 그는 86년 블라디보스토크 선언과 88년 크라스노야르스크 선언을 통해 한국에 대한 관심을 표명했다. 88년 서울올림픽은 관계발전의 큰 전기가 됐다. 이때부터 양국간에 경제협력과 인적·문화적 교류가 이루어졌다. 89년 4월 무역사무소 교환개설에 합의하고 90년 2월 영사처를 개설하면서 양국관계는 제도화 단계에 돌입했다. 이후 지난해 3월 당시 김영삼 민자당 최고위원의 방소, 6월 사상 최초의 샌프란시스코 정상회담, 9월 역사적인 국교수립, 12월 모스크바 정상회담 등 약1년 사이에 양국관계는 숨가쁘게 발전해왔다.

한·소관계가 이렇게 급속하게 가까워지는 동안 북한·소련관계는 상대적으로 소원해졌다. 역사적으로 북한의 대소외교는 항상 대중국 관계와의 관련 속에서 이루어졌다. 북한은 정권 창립기에는 소련과의 관계를 발전시켰고 한국전쟁 이후에는 중국과의 관계를 발전시켰다. 소련에서 스탈린 격하운동이 전개될 당시에는 중국과의 관계를 강화했다가 중국에서 문화혁명이 일어났을 때는 소련과 가까워졌다.

61년 5월과 65년 2월 소련 최고위 간부로는 처음으로 코시긴 당시 소련총리가 북한을 방문했다. 이후 70년대 들어 북한의 대중·소외교는 안정기에 접어들었다가 83년 한·미·일 동맹체제가 구축되면서 소련과의 군사적 밀착을 강화했다.

한편 통일원에서 발간한 《북한개요 '91》에 따르면 김일성 주석은 수상시절이던 1949년 2월22일, 56년 6·10월, 57년 11월, 59년 1월, 61년 6·10월, 66년 5월, 84년 5월, 87년 5월 등 11차례에 걸쳐 소련을 방문한 바 있다.

고르바초프정권이 들어서면서 북한·소련관계는 소련의 노선변화, 한·소접근 등

올 이유로 냉가기에 접어들었다. 올해부터 소련이 대북 무역관계를 경화(국제무역에서 통용되는 화폐)로 결제하기로 한 것은 북한경제에 심각한 위협요인이 된 것으로 알려졌다. 지난해 9월 당시 소련 외무장관이었던 셰바르드나제가 북한을 방문했을 때 김일성 주석이 접견을 거부한 것은 매우 상징적인 사건이다. 북한은 소련과의 관계악화를 중국과의 동맹체제 강화 및 대일 수교교섭을 통해 극복하려 해왔다.

올해 들어와서는 북한·소련관계에서도 지난해의 험악했던 관계를 청산하고 조심스럽게 서로의 관계를 회복시키려는 움직임이 나타나고 있다.

허담은 김정일의 신임을 받으며 오랜 기간 조선로동당 대남비서, 국제비서, 조국평화통일위원회 위원장, 외무상 등을 역임하면서 대남정책을 담당한 인물이다. 특히 1985년 9월 남한을 극비리에 방문해 전두환 대통령에게 남북정상회담을 제의했다. 이후 장세동 국가안전기획부 부장이 다시 평양을 방문하는 등 논의를 이어갔으나 팀스피리트 훈련 문제와 북한의 간첩선 파견 등으로 무산됐다.

'대남외교'주역 허담 사망

(1991.5.23)

북한 외교의 대명사격인 許錟(62) 당 정치국원 겸 조국평화통일위원회 위원장의 사망(5월11일)으로 북한은 대외관계에서 커다란 손실을 입게 될 것으로 보인다. 최근 통일원 관계자는 와병설이 나돌고 있는 그가 사망한다면 북한은 "최고의 인재를 하나 잃게 될 것"이라고 평한 바 있다.

1929년 서울 출생으로 김일성 주석의 4촌 종매부이기도 한 그는 오랫동안 탄탄한 지위를 유지해왔다. 특히 70년대에는 외교부장으로서 북한의 비동맹외교를 성공적으로 이끌었고 83년 당의 대남담당 비서, 84년 조평통위원장을 맡으면서부터는 비교적 온건합리주의 노선으로 대남·통일정책을 주도하기도 했다.

와병설이 나돌던 89년 이후 그는 일선에서 물러난 것으로 알려졌는데 이 기간 동안 김용순 당국제부장, 윤기복 조평통 부위원장이 실질적으로 그의 역할을 대행해 그의 사망 이후에도 북한의 대외·대남 정책은 큰 변화가 없을 것이라는 게 일반적인 관측이다.

북핵문제 초기에 해당하는 1990년 국내외 북한 전문가들은 이 기사에서 보듯 북한의 핵무장 능력이나 의지에 대해 회의적이었다. 주한 미군 핵에 대한 협상용 이라는 시각이 많았다. 이를 입증하듯 91년 9월 미국이 전 세계의 전술핵 철거를 단행하면서 주한미군의 핵도 철수하자 핵 협상에 임해 91년 12월 남북 비핵화 공동선언에 합의했다. 그 뒤로 1차 핵위기, 2차 핵위기를 거치면서 불씨가 되살아나고 이명박 정권을 거치면서 본격적인 핵무장의 길로 들어서는 과정을 보면 북핵문제는 북한 정권의 위협에 대한 인식과 함수관계에 있다고 할 것이다.

냉전의 볼모, 한반도 핵

(1991.5.23)

"동북아시아에서는 아직 냉전이 끝나지 않았다. 현재 나타나고 있는 것은 질서 재편기의 국제적 권력투쟁이다." 고려대학교의 李昊宰(이호재) 교수(국제정치학) 는 최근의 동북아 정세에 대해 이렇게 진단했다. 유럽에서는 미국과 소련이 이미 냉전의 종식에 합의했지만 동북아시아에서는 국가간의 경쟁(권력투쟁)이 아직도 치열하게 전개되고 있다는 것이다. 제주도 한·소정상회담에 대해서도 그는 넓은 의미에서 이 지역을 둘러싼 미국과 소련의 주도권 다툼이 배경에 작용하고 있다고 지적했다.

이같은 동북아시아의 '권력투쟁' 속에서 최근 주목받고 있는 것이 북한의 핵문제이다. 북한에 압력을 가해 국제원자력위원회(IAEA)의 핵안전협정 가입을 유도하려는 미국 및 한국 정부(최근에는 소련도 적극적인 움직임을 보이고 있다)의 의지와 이 문제를 주한미군 핵문제와 연계하고자 하는 북한의 주장이 정면으로 맞서 있는 것이다.

그동안의 언론보도에 따르면 북한의 핵무장은 실현 가능성이 매우 높은 것으로 알려져왔다. 그러나 아직 상당수의 전문가들이 이에 대해 회의적인 견해를 가지고 있다는 사실이 지적되지 않으면 안된다. 즉 현재까지 제시된 증거만 가지고는 북한이 핵무장을 시도하고 있다고 단정하기 어려우며, 기술 수준이나 경제력을 감안할 때 실현 가능성도 높지 않다는 것이다.

북한의 핵이 관심의 대상으로 떠오르기 시작한 것은 지난 89년 초부터이다. 이 때부터 서방언론들은 대체로 미국 정보소식통을 인용해 이 문제를 거론하기 시작했다. 보다 신빙성 있는 근거가 제시된 것은 89년 6월 일단의 미국 고위 전문가들이 한국을 방문하여 한국 정부 실무자들에게 미국 첩보위성이 촬영한 북한의 핵 관련 시설에 대해 브리핑하면서부터다. 89년 3월 미국첩보위성 KH-11이 북한 영변의 원자력발전소 주변에 새로운 건물이 신축중이고 그 주변의 강변에서 폭발물 실험을 한 흔적을 발견했다는 것이었다.

미국 정보당국이 위성사진을 판독한 결과 새로 신축 중인 건물은 핵무기 제조에 필수적인 플루토늄 재처리 공장일 가능성이 높고 폭발실험 현장은 핵뇌관 실험 흔적일 것이라는 의심을 갖게 됐다고 한다.

한국정부에 대한 브리핑 이후 미국측은 90년 9월 일본을 방문하여 그 이후의 진척사항까지 포함된 더욱 상세한 내용을 설명한 것으로 알려졌다. 북한과 일본의 수교교섭이 급진전되는 것에 제동을 걸기 위한 의도였다는 지적도 있다.

미국 정찰위성의 위성사진이 언론에 보도된 적은 없다. 다만 90년 2월 일본 도카이대(東海大) 기술정보센터팀이 프랑스 스포트위성이 촬영한 사진을 공개하면서 영변 핵시설에 대한 분석결과를 발표한 바 있다. 그러나 8백32㎞ 상공에서 지상 10m 건물을 점 하나로 잡아낼 수밖에 없는 스포트위성의 해상능력 때문에 분석결과의 신빙성에 의문이 제기됐다.

또한 미국 정찰위성 KH-11이 지상 수십㎝ 정도의 물체까지 포착하는 고도의 정밀도를 가지고 있다 해도 건물의 내부를 들여다볼 수는 없기 때문에 새로 짓고 있는 건물이 플루토늄 재처리 공장인지 아닌지는 단정할 수 없는 일이다.

'위성사진'만으론 섣불리 단정 못해

북한의 핵무장화에 대한 우려가 높아진 것은 우연의 일치인지는 몰라도 미국의 정찰위성이 영변의 핵시설물들에서 수상한 낌새를 채고 있을 비슷한 시점에 북한이 국제 원자력위원회의 핵안전협정을 계속 거부해 왔기 때문이다. 북한은 85년 12월 핵확산방지조약(NPT)에 가입했는데 규정에 따라 18~24개월 이내에 하도록 돼있는 국제원자력위원회의 안정협정 가입을 주한미군핵과의 동시사찰을 주장하며 미뤄온 것이다.

이러는 동안 북한의 원자력 수준은 계속 발전해왔다. 북한에는 원래 60년대에 소련의 원조에 의해 지어진 2MW급 실험용 원자로가 1대 있었는데 70년대에 이를 8MW급으로 개량했다. 그리고 80년대부터 짓기 시작해 87년부터 가동되고 있는 30MW급 원자로가 1대 있다. 또한 84년부터 90년대 중반을 목표로 50~2백MW급 원자로를 짓고 있다고 한다. 북한은 또한 함흥·웅기 등에 매장량이 풍부한 우라늄 광산을 가지고 있고 영변에서 가까운 평산에는 우라늄 정련공장을 가지고 있다.

일반적으로 원자폭탄을 만드는 데에는 두 가지 방법이 있는 것으로 알려져 있다. 하나는 우라늄 농축방법이다. 이 방법은 고도의 기술 수준과 막대한 비용이 요구되기 때문에 몇몇 선진국들 이외에는 사용되지 않고 있다. 다른 또 하나의 방법이 플루토늄 재처리 방법인데 이는 원자로에서 타고 나온 핵폐기물질에서 핵분열성이 있는 풀루토늄 239를 분리해내 이를 일정량 모아서 핵무기를 만드는 기술로, 이론적으로는 화학공업 수준만 갖춰져 있으면 쉽게 만들 수 있다고 한다. 북한의 화학공업은 이 정도를 하기에는 충분한 수준이라고 한다.

그러나 플루토늄 재처리 과정은 이론적으로는 화학공업 기술만 있으면 되지만 실제로는 방사능의 누출을 방지하기 위한 차폐시설이나 원격조종장치 등 아주 고도의 기술 수준을 요구하는 부분이 있다. 북한에 비해 몇배의 원자력 기술 수준을 가지고 있는 남한에서도 이 부분은 아직 숙제로 남아 있다고 한다.

원폭 제조능력과 실용화는 차원 달라

북한의 핵무장화 가능성을 주장하는 전문가들은 이 부분에 대해 북한은 남한과 달리 엄격한 통제사회이기 때문에 방사능 누출로 인한 물의를 쉽게 통제할 수 있다, 또는 북한이 이러한 첨단기술을 조총련이나 해외의 무기시장을 통해 이미 입수했을 것이라고 주장하기도 한다.

설사 북한이 우여곡절 끝에 이런 문제들을 해결했다 해도 그 다음의 문제는 또 남는다. 즉 제조해낸 핵무기를 실전에 사용할 수 있도록 실용화하는 문제이다. 실전에 사용할 수 없는 핵무기는 가지고 있으나 마나한 무용지물이기 때문이다.

바로 이 부분에서 전문가들은 "원자폭탄 1~2개를 제조할 수 있는 것과 이를 실용화하는 것은 기술적으로 전혀 별개의 차원"이라고 주장한다. 이를 위해서는 전반적인 산업 수준이 총체적으로 골고루 발전해야 하는데 북한은 현재로서는 그런 단계가 아니라는 것이다.

이호재 교수는 "한 나라의 핵무기 산업은 그 나라의 공업기술 수준 전반을 상징하는 것"이라며 이런 점에서 "북한의 공업 수준은 당분간 핵무기의 실용화가 어려운 상태"라고 지적했다. 또한 서울대 원자핵공학과의 李銀哲 교수도 "북한의 공업 수준이 전반적으로 발달한 상태에서 핵문제가 제기됐다면 우려해야 하나 현재는 크게 걱정할 단계는 아니다"라고 한다. 일본의 군사전문가 쓰가모도 가쓰이치(塚本勝一)도 《월간 아사히》91년 2월호에 기고한 한 논문에서 대체로 이와 비슷한 견해를 보이고 있다.

핵무기의 실용화에 필요한 공업기술로 이들 전문가들이 거론하는 것은 대개 원하는 시간 및 장소에서 정확하게 핵무기를 터지게 하는 정교한 기폭장치, 핵무기의 신뢰성을 높이기 위해 필수적인 핵폭발실험 장소, 핵무기를 장기적으로 안전하게 보관하는 문제, 상대방의 방공시스템을 뚫고 핵무기를 피폭지점까지 운반하는 운반수단, 핵폭발의 피해가 상대방 지역에만 미치도록 하기 위한 기술적 고려 등이다. 이러한 기술조건을 완비하기 위해서는 고도의 첨단기술, 이를 뒷받침할 수 있는 기초설비, 그리고 엄청난 재원이 필요하다는 것이다.

이러한 전반적인 조건들을 갖추었다 해도 국토면적이 좁고 남·북한의 경계선이 맞닿아 있는 한반도의 지리적 특수성은 실전무기로서 핵무기의 효용성을 무력화시키는 측면이 있다.

북한이나 남한이 상대방에 대해 핵공격을 가했다고 가정해 보자. 이때 우선적인 고려사항은 핵폭 피해가 상대지역에 국한될 뿐 자기 쪽에는 오지 않아야 한다는 것이다. 그러나 실제로는 한반도의 어느 곳에서든 핵무기가 터지기만 하면 한반도 전체가 핵폭의 피해를 받을 뿐 아니라 중국이나 소련 일본까지 피해권에 포함될 수밖에 없다.

따라서 현재의 기술 수준이나 경제여건상 핵무기를 실용화하기도 어렵고 만들어놓아 봤자 무기로서의 실용가치도 별로 없는 핵무기를 북한이 만들려고 할 것인가에 대해서 회의적이라는 것이다. 그렇다면 북한이 현재 영변에 짓고 있는 건물은 무엇이고 또 안전협정을 받아들이지 않는 이유는 무엇인가.

북한은 영변의 핵시설들에 대해 "원자력의 평화적 이용을 위한 연구용"또는 "전력생산을 위한 것"이라고 주장해왔다. 또 국제원자력위원회의 핵안전협정 가입문제에 대해서는 "남한에 1천여기의 주한미군 핵이 존재하고 있는 상황에서 북한의 핵시설에 대해서만 사찰을 요구하는 것은 부당한 일"이라며 남북한 핵의 동시사찰 또는 미국이 북한에 대해 핵공격을 하지 않는다는 보증을 할 것을 전제조건으로 주장해왔다.

주한미군 핵무기에 대한 '거래조건'

따라서 북한이 한편으로는 영변의 원자력 발전소 주변의 수상쩍은 건물을 지으면서 또 한편으로는 국제원자력위원회의 핵안전협정 가입을 계속 거부하는 것은 핵개발 가능성을 계속 암시하면서 자신들의 정치적 목적을 달성하기 위한 몸짓일 가능성이 매우 높은 것 같다.

이은철 교수는 "북한은 현재 영변에 짓고 있는 건물을 외관은 완공시키되 가동은 하지 않을 가능성도 있다"고 관측하기도 했다. 또 이호재 교수는 "북한이 현재 심각한 전력난을 겪고 있는 것은 사실"이라면서 영변의 원자력 시설들은 북한측의 주장대로 발전용일 가능성도 배제할 수 없다고 지적했다.

한반도 핵문제에 관한 세계적인 권위자인 호주의 피터 헤이즈 교수도 "북한이 핵안전협정 가입을 거부하면서 추구하고 있는 것은 군사적 전략이 아닌 정치적 전략일 것"이라고 관측했다. 즉 미국이 핵무기의 존재를 "확인도 부정도 하지 않는다"는 정책으로 핵무기에 대한 '불투명성'을 높여 전쟁 억지력을 유지해온 것과 마찬가지로 북한도 핵무장 가능성을 은근히 내비침으로써 이를 주한미군 핵에 대한 '거래조건'으로 활용하려고 한다는 것이다.

북한의 핵 불사용 보장요구에 대해 미국은 미국의 동맹국이나 미국 자신에 대해 핵공격을 하지 않는 한 미국이 먼저 핵공격을 가하지는 않는다는 것이 미국의 정책임을 들어 북한의요구조건은 이미 충족됐다고 주장한다. 그러나 미국은 북한이 요구하고 있는 개별협상에는 응하지 않는다는 입장이다. 이는 대체로 다음과 같은 두 가지 이유에서다. 첫째는 핵확산방지조약에 가입한 국가가 18개월 이내에 국제원자력기구의 안전협정에 가입하는 것은 국제법적 준수사항이지 협상이 필요한 사항은 아니라는 입장이다.

"미국은 핵공격 안하겠다고 약속하라"

두번째는 국제원자력기구 내의 핵보유국가와 비핵보유국가간의 오랜 논쟁과도 관련이 있다. 국제원자력기구는 56년 미국과 소련이 핵무기의 확산을 방지하고 원자력의 평화적 이용을 위해 만든 기구이다. 비핵보유국가는 일단 핵확산방지조약에 가입하고 핵에너지를 군사적으로 이용하지 않는다는 점을 보증하기 위해 국제원자력기구의 정기적인 핵사찰을 받으면 핵관련 기술을 제공받게 된다.

문제는 국제원자력기구의 핵사찰이 이 기구의 창설 이전에 이미 핵무기를 보유하고 있는 국가들의 기득권을 인정함으로써 이들 국가들에 대해서는 적용되지 않고 있다는 점이다. 즉 핵무기의 수평확산(비핵국가의 핵무장)은 막으면서 수직확산(핵보유국가가 핵무기의 질적 수준을 높여나가는 것)은 허용하고 있는 모순을 안고 있는 것이다. 이러한 불평등성에 대해 핵무기를 보유하지 않은 국가들은 핵무기를 보유하고 있는 국가들에게 비핵국가에 대해 핵무기를 사용하지 않겠다는 것을 보증하라고 요구해왔다. 이에 대해 미국 소련 등 핵무기 보유 국가들은 그렇게 될 경우 자위의 수단으로서의 핵무기 사용까지 금지하게 됨으로써 핵무기의 효용성이 상실될 것을 우려해 반대해왔다.

따라서 북한이 미국에 대해 요구하고 있는 핵 불사용 선언은 국제원자력기구 내의 핵국가와 비핵국가간의 오랜 논쟁의 연장선상에 있는 것이다. 미국이 이에 대해 반대입장을 고수하고 있는 것은 북한에 대해 예외를 허용했을 경우 자칫 이문제가 비핵국가들 모두에게로 확산될 가능성도 있기 때문이다.

91년 5월27일 북한 외교부가 유엔 가입을 선언했다. 남한만이 유엔에 단독으로 가입해 있는 상황에서 불가피한 조처라고 했지만 이미 북한 스스로 기존 연방제 안을 수정해 지역정부에 외교권을 인정함으로써 유엔 가입의 길을 열어 놨다고 할 수 있다.

북한 유엔가입 결정과 수정연방제안은 동전의 양면

(1991.6.13)

5월27일 북한 외교부 성명의 요지(※05.27·북한 외교부, 유엔가입 신청 의사 표명:남조선 당국자들이 기어이 유엔에 단독으로 가입하겠다고 하는 조건에서 이것을 그대로 방임해 둔다면 유엔무대에서 전조선 민족의 이익과 관련된 중대한 문제들이 편견적으로 논의될 수 있고 그로부터 엄중한 후과가 초래될 수 있다. 우리는 이것을 결코 수수방관할 수 없다. 조선민주주의인민공화국 정부는 남조선 당국자들에 의하여 조성된 이러한 일시적 난국을 타개하기 위한 조치로써 현 단계에서 유엔에 가입하는 길을 택하지 않을 수 없게 되었다. 조선민주주의인민공화국 정부는 유엔헌장을 시종일관 지지하여 온 입장으로부터 출발하여 해당한 절차에 따라 유엔 사무총장에게 정식으로 유엔가입신청서를 제출할 것이다. 우리가 유엔에 가입하기로 한 것은 남조선 당국자들의 분열주의적 책동으로 말미암아 조성된 정세에 대처하여 불가피하게 취하게 되는 조치이다)는 북한이 유엔가입 결정을 내린 것은 남한만이 유엔에 단독으로 가입해 유엔 무대에서 "전 조선민족과 관련된 정책들이 편견적으로 논의되는 것"을 막기 위한 "불가피한 조처"였다는 것이다. 즉 북한의 유엔가입 결정은 '강요된 변화'이고 이런 점에서 보면 우리 정부의 의도가 적중한 셈이 된다.

그러나 북한의 유엔가입 결정은 비록 타율적 형태로 이루어지긴 했지만 아무런 적응과정 없이 갑자기 결정된 것은 아니다. 서울대 金寅永 교수는 최근 한 기고문에서 "유엔정책 변화는 북한 지도층의 현실감각 및 변화 가능성을 과시한 것"이라고 지적했다. 현실 감각이라는 측면에서는 "그동안 북한 지도층이 국내적으로는 사상교양 교육과 통제강화의 고삐를 늦추지 않으면서도 정치적 위험부담이 적고 실익을 기대할 만한 대외관계에서는 주목할 적응능력과 신축성을 보여왔던" 변화의 일환이라는 것이다. 변화 가능성이라는 측면에서는 "현실에 민감하고 합리적인 당·정의 관료층이 존재하고 이들이 대세변화에 힘입어 견해를 표출할 수 있게 되었음을 시사한 것"이고 이는 곧 이들 세력의 중심적 인물인 "김정일의 가능성을 보여주는 것"이라는 지적이다.

외교안보연구원의 柳錫烈 교수부장은 현재 김정일 체제로의 권력 이양기에 있는 북한은 "체제의 와해를 막고 세습체제 구축을 안정시키기 위해 그동안 기존의 남조선 혁명전략을 남북한의 평화공존전략으로 전환해왔다"고 지적하고 유엔가입결정은 이런 정책 전환의 분기점이라고 설명했다.

통일방안도 함께 변화

북한의 유엔가입 배경에 대해 "외교부 성명에 나온 대로 불가피하게 취해진 조처일 뿐 권력구조의 변화와는 관계가 없는 것"이라고 지적하는 전문가들도 이런 정책 변화가 치밀하게 준비돼온 것이라는 점에 대해서는 대체로 견해를 같이한다. 북한문제 전문가인 金南植씨는 한 대담석상에서 "북한은 그동안 연방제 통일방안을 거듭 수정해왔는데 이는 곧 유엔가입을 염두에 두고 진행돼온 느낌이 든다"는 취지의 발언을 한 바 있다.

북한 외교부 성명에서도 지적됐듯이 북한은 그동안 유엔가입문제를 통일문제와 동전의 양면처럼 인식해왔다. 따라서 유엔가입정책의 변화는 통일정책의 변화와 함께 진행돼왔다고 볼 수 있다. 먼저 북한은 지난해 5월24일 金日成 주석의 시정연설에서 유엔정책과 관련, 그동안의 '선 통일 후 가입' 원칙에서 "통일 전이라도 잠정적으로 유엔에 단일의석으로 가입하는 것은 무방하다"고 선언함으로써 중대한 변화를 예고했다. 또 이 단일의석 가입안이 남한측의 동의를 얻지 못했을 뿐 아니라 국제사회에서도 크게 지지를 받지 못하고 있음이 드러나자 지난해 10월 朴吉淵(박길연) 유엔주재 북한대사가 안보리의장에게 보낸 서한에서 "단일의석 가입이 절대적인 것은 아니다"라고 해 다시 한 발 물러섰다. 최근에는 "유엔가입문제와 관련 남한 측과 협의할 용의가 있다"는 입장을 보이기도 했다.

유엔정책에서 나타난 신축적인 입장 변화와 직·간접적으로 연계된 고려연방제 통일방안에도 수정 움직임이 나타나기 시작했다. 올해 초 김일성 주식은 신년사에서 "완전한 연방에 이르기까지의 과도적 단계로 지역자치정부의 권한을 강화하는" 단계적 연방안도 가능하다고 주장했다. 또 지난 4월의 IPU 총회 때 북한측 관계자들은 "자치정부의 권한에는 외교권과 국방권이 포함될 수 있다"고 주장해 신년사의 내용을 더욱 구체화했다. 최근 <요미우리신문> 주최로 일본에서 열린 국제회의에서는 북한측 대표가 정치 경제 군사 외교 치안 행정 등 각 분야에 걸쳐 수정연방제안의 기본계획안을 제시했다고 한다. 우리측의 한 대표가 "그렇게 될 경우 남한에서 제시한 한민족공동체 통일방안과 거의 같아지는 것 아니냐"고 묻자 그는 매우 반가워했다고 한다. 현재 북한이 제시하고 있는 연방제 수정안은 우리측의 한민족공동체 통일방안에서 통일에 이르는 과도적 단계로 설정한 국가연합 단계와 아주 유사해 남북한이 머리를 맞대고 논의하면 공동의 통일방안을 만들어내는 것은 그리 어렵지 않을 것이라는 지적이 많다.

　특히 북한이 최근 제시한 수정연방제안의 내용 속에서 지역정부에 외교권을 인정한 것은 남북한의 유엔가입을 지역정부의 외교권 행사로 해석할 수 있는 길을 열어놓은 것이라는 분석이 가능하다. 북한이 어쩔 수 없이 유엔에 가입할 경우 기존의 통일방안과 모순되는 점을 사전에 제거한 인상이 짙다는 지적이다. 따라서 최근 중국과 소련이 더 이상 남한의 유엔가입에 대해 거부권행사를 하지 않을 것임이 분명해지고 북한·일본간 제3차 수교협상 과정에서 유엔가입이 수교의 전제조건으로 제시되는 등 주변상황이 어렵게 돌아가자 국면 돌파용으로 유엔가입 카드를 내밀었다는 분석이 가능해지는 것이다.

유엔 가입 결정 이후 북한은 대미관계 개선을 위해 발 빠르게 움직였다. 유엔 가입 선언 다음날인 5월28일 미·북한간 최대 현안인 핵안전협정 가입에 대해 전향적인 입장을 표명했고 미군유해 송환에도 적극적으로 나섰다. 인사교류에서도 민간 차원의 학자교류 차원을 넘어 고위급 당국자간 회동으로까지 넓히기 시작했다.

북한 유엔 가입 계기로 핵 안전협정 체결·대미 관계 개선 추진
(1991.6.20)

"정부 내에서 재야세력에 대한 강경대응을 주장하는 목소리가 커질 것입니다." 한국외국어대에서 鄭元植(정원식) 총리서리가 6월3일 학생들에게 밀가루와 계란으로 봉변을 당한 다음날 정부의 통일정책 입안에 깊이 관여해온 한 관계자는 우려의 표정을 지으며 말했다. 그는 이 사건 때문에 정부와 재야의 거리가 더욱 벌어져 그만큼 북한의 대남전략 수정이 더디어질 것을 걱정했다.

"남·북관계의 주요 변수는 남한 사회 내부의 민주화·안정화입니다. 남한 사회의 불안정화가 계속되고 특히 통일방안을 둘러싼 정부·야당·재야세력 간 입장 차이가 좁혀지지 않을 때 북한은 기존의 대남전략을 수정하지 않으려 할 것입니다."

북한이 유엔가입 결정으로 대외정책에서 커다란 전환을 모색하고 있는 현 시점에도 그것이 곧바로 남북관계 개선으로 연결될지 여부에 대해서는 신중한 태도를 취하고 있는 그의 사고의 밑바탕에는 이러한 사정이 깔려 있는 것 같았다.

이와는 또 다른 각도에서 외무부의 한 관계자도 역시 북한의 유엔가입과 남·북한 관계는 별개의 차원임을 강조했다. "남·북한의 유엔가입은 엄격히 말해 남한과 유엔, 북한과 유엔의 관계일 뿐"이라는 것이다. 즉 유엔회원국이 됐다고 해서 남·북한이 자동적으로 서로의 실체를 인정하게 되는 것은 아니라는 지적이다. 이는 유엔가입과는 별도의 주권행위 차원에서 이루어지는 사안이라는 것이다.

물론 유엔가입이 남북관계를 불안정한 적대관계에서 좀더 안정된 공존관계로 전환할 수 있는 계기가 될 것은 분명하다. 또 남북대화에서도 서울과 평양 이외에 유엔이라는 또 하나의 무대가 열려 대화의 장이 확대될 것이라는 점도 기대된다.

정부 당국자들도 장기적인 측면에서는 유엔가입이 서로의 관계개선에 긍정적인 기여를 하게 될 것이라는 점에서는 낙관적인 전망을 하고 있다. 그러나 단기적으로는 "유엔가입은 하나의 시작일 뿐" 또는 "북한의 유엔가입이 남한의 대북정책을 변화시킬 충분한 동기가 되는 것은 아니다"라는 등 신중한 입장을 취하고 있다.

"미국 고위관리 북한 방문할 예정"

북한 외무성이 5월27일 유엔에 가입하겠다고 선언한 이후 아직까지 북측으로부터 대남 제의가 나온 것은 없다. 일련의 움직임을 통해 볼 때 유엔가입은 남북관계 보다는 대외관계를 고려한 것이라는 느낌을 더욱 강하게 갖게 된다. 유엔가입 선언 다음날인 28일 북한은 현재 미·북한 최대 현안인 핵안전협정 가입에 관해 전향적인 입장을 표명했다. 6월7일에는 국제원자력위원회(IAEA)에 핵안전협정 체결을 정식 통고했다. 또한 최근 일본의 한 소식통에 따르면 북한은 유엔가입 이후, 미국과의 관계개선을 추진하고 그 일환으로 유럽공동체(EC)와도 관계개선을 서두르기로 한 것으로 알려졌다. 대미 관계 개선을 위해 핵사찰 수용 뿐 아니라 6·25 당시의 미군유해 송환과 관련 지난해 5월의 1차 송환 때보다 더 많은 수를 미국측에 반환하기로 했다고 한다.

최근 들어 미국과 북한간 인사교류가 예전에 간헐적으로 보였던 민간차원의 학자교류 차원을 넘어, 고위급 당국자간 회동으로까지 발전하고 있는 점도 눈여겨볼 점이다. 미국 캘리포니아대 스칼리피노 교수를 단장으로 한 대규모 조사단이 지난 달 북한을 방문한 데 이어, 지난 5일에는 미국을 방문 중인 북한 조국평화통일위원회 부위원장 韓時海와 몇 명의 북한 고위 관료들이 대북정책 입안에 깊이 관여하고 있는 미국 정부 고위인사들과 양국간 현안문제들에 대해 깊숙한 논의를 진행한 것으로 알려졌다. 최근 발행된 홍콩의 《파이스턴 이코노믹 리뷰》에 따르면 6월말 미국 정부의 고위관리들이 한국전쟁 이후 40여 년 만에 처음으로 북한을 방문할 것이라고 한다.

유엔가입 결정 이후 북한의 발 빠른 움직임이 주로 대미관계 개선에 집중되고 있는 점은 주목할 만한 일이다. 이는 지난 5월 북경에서 열린 북·일 3차 수교협상 과정에서 분명하게 모습을 드러낸 한·미·일 3각 포위망을 돌파하지 않고서는 북·일 수교교섭도 대외적 고립의 극복도 어렵다는 현실인식의 소산으로 보이기 때문이다.

특히 걸프전쟁 이후 미국의 대북 입장이 더욱 강경해졌다. 정부 고위관리에 따르면 북한 핵에 대한 사찰 문제가 "한반도 정세에서 가장 긴박한 문제"로 부상 중이다.

급박한 필요성에 따라 대외정책 변화가 이루어지고 있는 반면 북한이 보기에 남북관계는 상대적으로 시간적인 여유가 있는 편이라고 볼 수 있다. 특히 정부 관계자의 지적대로 남한의 정세가 현재와 같이 매우 불안정한 상황에서는 기존의 대남정책을 근본적으로 수정할 필요성을 크게 느끼지 못할 수도 있다. 이와 관련 통일원의 한 당국자는 유엔가입 이후 북한은 "대외적으로는 두개의 조선 논리를 부분적으로 수용하면서, 대내적으로는 하나의 조선논리를 견지하는 이중적 접근을 시도할 것"이라고 지적하고 있다.

그는 또한 "유엔가입으로 잃을 것은 명분이고 얻을 것은 실리"라면서 북한이 국제적 고립을 극복하는 데 유엔가입이 긍정적인 역할을 하게 될 것이라고 전망했다. 그러나 남·북관계는 당분간 "유엔을 무대로 한 실질적인 대결시대"가 열릴 가능성이 있다고 지적한다. 그동안 첨예하게 제기됐던 군축·주한미군·핵문제 등에 대해 북한이 유엔을 무대로 공세적 자세를 유지할 가능성도 있다는 것이다.

정부, 불가침선언 채택 검토

유엔가입 이후 우선적인 과제로 지적되고 있는 것은 남·북간의 관계규정 문제라고 할 수 있다. 이에 대해 정부는 고위급회담 기간 중 제시된 '남·북관계 기본합의서' 채택을, 북한은 '불가침선언' 채택을 주장하게 될 것으로 보인다. 그런데 문제는 북한이 유엔회원국 상호간 적대행위 중지를 규정한 유엔헌장을 근거로 불가침선언을 들고 나올 때 정부가 이를 반대할 명분이 약화될 수밖에 없다는 점이다. 따라서 정부에서도 현재 우리의 기본합의서에 불가침선언을 포함하는 문제를 신중히 검토하고 있는 것으로 알려져다.

남·북대화와 관련해서는 북한이 당분간 당국간 회담보다는 비당국간 대화에 치중할 것이 예상된다. 올해도 지난해와 마찬가지로 8월15일을 기해 '범민족대회'를 더욱 강력히 추진할 가능성이 높다. 고위급회담의 경우에는 "범민족대회가 끝나는 8월 이후에나 가능할 것"이라고 정부의 한 관계자는 예상하기도 했다.

낙관적인 견해도 없는 것은 아니다. 유엔에서 대결보다는 상호협조의 분위기가 조성될 가능성도 있다는 것이다. 외무부의 한 당국자는 유엔가입은 "남·북간 불신감 해소에 크게 기여할 것"이라고 지적한다. 그는 "국제사회에서는 국력의 격차가 더욱 극명하게 나타날 수밖에 없기 때문에 북한이 대남공세를 통해 실익을 얻을 것이 거의 없을 것"이라고 전제한 뒤, 오히려 서로 대결할 분야보다는 경제교류·사회분야의 협력, 교육·문화·환경·정보·통신문제 등 국제적 현안에 대해 서로 협력할 분야가 많다고 지적한다. 이러한 개별 분야의 현안들에 대해 해당 국제기구에서 남·북이 사전에 입장을 조정하는 것도 가능하고, 이를 위해서 유엔주재 남·북 대사간 상설협의체 구성도 충분히 가능할 것이라는 전망이다.

북한의 유엔가입과 관련 일부 전문가들은 이를 대외정책의 변화에만 국한되는 것이 아니라 대남정책도 포함한 포괄적인 '정책중점의 변화'로 파악하고 있기도 하다. 현재 대외적 고립, 경제사정의 악화, 김정일 후계체제 구축 등 국내외적 과제에 봉착한 북한은 기존의 '남조선 혁명전략'을 고집할 경우 대외적 고립이 심화돼 체제 유지 자체가 위험에 처할 수 있다는 점을 심각하게 인식하게 되었다는 것이다. 정책의 중점이 이미 '남조선 혁명전략'에서 '남·북한 평화공존전략'으로 변화하고 있으며 유엔가입은 이러한 정책변화의 전환점이라는 것이다. 국정 전반을 김정일이 사실상 주도하고 있고, 그를 뒷받침하는 세력기반이 외교·경제 분야의 기술관료라는 지적은 이러한 분석에 설득력을 더해주고 있다.

북한의 정책변화와 관련해 특히 주목을 끄는 것이 7차당대회이다. 전통적으로 당대회는 북한의 대내외 정책의 중요한 변화를 위한 계기로 활용돼왔는데 80년의 6차당대회 이후 10여년 동안 열리지 않았다. 최근 노동당 국제담당 서기 金勇舞(김용무)가 "올해 안에 7차당대회가 열릴 것"이라고 표명, 일련의 통일·외교정책의 변화와 관련해 관심을 모으고 있다.

남·북관계 개선과 관련 우리 정부는 "북한의 대남정책 변화가 확인될 때까지 정부의 대북정책은 커다란 변화가 없을 것"이라는 입장을 견지하고 있다. 그러나 북한의 대남정책은 여러 가지 정황조건을 살펴볼 때, 변화가 있다 하더라도 그 폭이 어느 정도일지 가늠하기 어려운 측면이 있다. 따라서 "북한의 대남정책 변화를 유도하기 위해서라도 정부의 대북정책이 좀더 전향적으로 변화할 필요가 있다"는 주장을 귀담아 들을 필요가 있다.

91년 7월1일자로 사회부에 발령받은 후 국제부에 잠시 차출되어 쓴 기사다. 91년 12월24일 노동당 제6기 19차 당중앙위원회 전원회의에서 김정일이 인민군 최고사령관에 추대되면서 권력승계가 임박했다는 추측이 무성하게 나돌던 시기였다. 언론의 추측성 보도와 달리 북한 권력 운용에 정통한 전문가들은 오히려 "최고사령관을 먼저 넘겨준 것은 주석직 승계를 당분간 하지 않겠다는 의미로 해석될 수도 있다"며 권력승계 가능성을 부인했다.

김정일 최고사령관 취임은 남북기본합의서·군축 시대 대비한 포석
(1992.2.20)

"언론에 보도된 것 이상의 정보를 가지고 있지 않다." "가능성은 반반이다." 최근 일부 국내외 언론에 심심찮게 등장하고 있는 '북한 권력승계 임박'설에 대해 북한문제 전문가들의 첫 반응은 대개 이런 식이다. 정보 자체가 폐쇄된 상태에서 북한의 권력변화를 예측하는 것은 전문가들에게도 쉬운 일은 아니다. 그러나 그동안의 경험에 비추어 볼 때 "언론이 너무 앞서가고 있다는 느낌을 받는다"고 전문가들은 말한다. 일부 언론의 예상과는 반대로 "권력승계가 예정보다 늦추어질 가능성도 있다"고 말하는 전문가도 있다.

국내외 언론이 최근 북한의 권력승계 시기에 대해 촉각을 곤두세우는 데에는 나름대로 이유가 있기는 하다. 金日成 주석이 현재 북한의 최고지도자이긴 하지만 실질적으로 권력을 행사하는 것은 후계자인 金正日이기 때문이다. 지난해 3월 남한으로 망명한 전 북한외교관 高英煥(고영환)씨는 인터뷰에서 김정일의 권력 장악은 이미 85년경에 마무리되었다고 증언하고 있다. 지난 73년 당 선전선동부 부장으로 북한 권부에 첫발을 내디딘 김정일은 이어 조직지도부 부장을 겸하면서 노동당의 중추부를 장악했다. 이때부터 인사권을 행사하기 시작해 70년대 말에는 당을 완전히 장악하는 데 성공했다. 이어 80년대 들어와서는 국가기관을 장악하기 시작해 80년에 외교부, 81~82년에는 정치사찰기구, 85년에는 군의 간부급 이상을 완전 장악했다고 고씨는 증언하고 있다.

80년 6차당대회에서 당정치국 상무위원·당비서·당군사위 위원으로 급상승한 김정일의 공식 직위도 이미 83년경 당 서열 2위로 떠올라 '일인지하 만인지상'의 위치를 차지하게 된다. 지난 90년 5월에 열린 최고인민회의 제9기 1차회의에서는 중앙인민위원회 국방위원회 제1부위원장이 되어 군내에서도 탄탄한 지위를 과시하기도 했다.

"권력승계를 위한 준비는 모두 끝났다. 다만 시기와 방법만이 남아 있을 뿐이다"라고 북한문제 전문가인 이종석씨는 말한다. 바로 그 시기 문제와 관련해 김일성 주석이 80세, 김정일이 50세 되는 올해가 주목되고 있는 것이다. 특히 지난해 12월24일 노동당 제6기 19차 당중앙위원회 전원회의에서 김정일이 인민군 최고사령관에 추대되면서 권력승계가 임박했다는 추측이 무성하게 나돌기도 했다.

북한 헌법 93조에는 '전반적 무력의 최고사령관'은 국가주석이 맡도록 돼 있다. 따라서 국가주석이 겸하게 돼 있는 인민군 최고사령관직을 김정일이 물려받았다는 것은 곧 국가주석직 승계도 멀지 않았다는 것을 의미한다는 것이다. 이런 관점에서 보면 승계 시기는 올해 4월이 유력하다. 북한 헌법에 의하면 국가주석은 매년 4월경 열리는 최고인민위원회에서 선출하도록 돼 있기 때문이다.

최근의 우상화 작업, 새로울 것 없다

지난해 12월의 당 중앙위 전원회의 이후 김정일에 대한 우상화 작업이 부쩍 강화되고 있는 것도 권력승계와 관련해 긴박한 분위기를 자아낸다. 전원회의 결정이 있은 다음날인 12월25일 평양체육관에서 군중대정치지도원대회라는 군인집회가 열렸는데 김일성이 직접 참석해 김정일에게 충성을 바칠 것을 촉구하기도 했다. 또 북한방송은 김정일의 군최고사령관 추대를 축하하는 각국의 전문을 연일 보도해 김정일을 국제적인 지도자로 부각시키기 위해 고심하고 있다. 1월15일자 <내외통신>에 따르면 김정일의 군최고사령관 추대를 지지하고 충성을 다짐하는 군중대회가 북한 전역에서 광범위하게 전개되고 있다고 한다.

일련의 우상화 열기 중에서 특히 주목받고 있는 것은 최근 김정일 스스로 권력승계의 정당성을 직접 거론하고 나서고 있는 점이다. <내외통신>에 의하면 지난 1월18일과 21일 북한 중앙방송은 김정일 스스로 "수령의 사상과 위업은 수령에게 끝없이 충직한 후계자에 의해 고수되고 계승된다"는 요지의 주장을 했다고 전하고 있는데, 이는 매우 이례적인 일이라고 한다.

이와 같이 최근 권력승계와 관련한 조짐이 다양하게 나타나고 있음에도 불구하고 전문가들은 승계에 대해 매우 회의적인 견해를 보이고 있다. 최근 북한에서 진행되고 있는 김정일 우상화 작업은 김정일의 생일인 2월16일을 전후해 매년 되풀이돼온 것이기 때문에 특별히 새로운 일은 아니라는 것이다. 특히 최근의 언론보도와 관련해서는 주석의 권한을 규정한 헌법 93조의 해석문제가 제기된다. 즉 '전반적 무력의 최고사령관'이라는 규정을 인민군최고사령관에만 국한시킬 것은 아니라는 견해도 제시된다. 헌법93조의 전반적 무력의 범위에는 인민군뿐 아니라 국가보위부 등 여타 무력집단도 포함되기 때문에 인민군최고사령관을 물려줬다고 해서 국가 주석직을 곧바로 승계해야 되는 것은 아니라는 얘기다.

일부 언론이 북한의 헌법규정을 지나치게 형식 논리적으로 해석하고 있다는 지적도 있다. 북한에서는 당과 수령이 법을 초월해 군림하고 있기 때문에, 당중앙위원회에서 김정일을 군최고사령관으로 추대한 이상 헌법규정에는 개의치 않는다는 것이다. 북한연구소 金昌順 소장은 "남한의 개념과 척도로 북한 법규정을 해석하려 해서는 안된다"고 말한다. 모든 권력이 김일성 주석에게 집중돼 있기 때문에 권력승계도 그의 의중에 의해 진행되는 것이지 남한처럼 법규정에 따라 이뤄지는 것은 아니다.

김일성 주석 상징적 지위 계속 유지

평화연구원의 金南植씨도 "헌법상의 규정을 들어 주석직 승계가 임박했다고 보는 것은 남한식의 발상에 불과한 것"이라면서 현재까지는 "권력승계와 관련한 어떠한 조짐도 보이지 않고 있다"고 말한다. 그는 또한 12월에 군 최고사령관을 물려주고 바로 몇달 뒤에 주석직을 물려준다는 것은 "상식적으로도 맞지 않는 일"이라고 주장한다. 오히려 "최고사령관을 먼저 넘겨준 것은 주석직 승계를 당분간 하지 않겠다는 의미로 해석될 수도 있다"고 지적한다.

통일원 제1정책관실의 朴雄熙 국장의 견해도 이와 비슷하다. "최고사령관을 먼저 넘겨줬다는 것은 권력승계 절차가 당초 예상과는 달리 세분화된다는 것을 의미한다. 즉 한꺼번에 주석직이나 당총비서직을 넘겨주는 것이 아니라 상징적인 지위는 김일성 주석이 계속 유지하면서 실질적인 권한만 김정일에게 차례차례 넘겨준다는 것으로 볼 수 있다."

전문가들의 견해는 김정일에로의 권력승계는 당분간 힘들 것이라는 데 모아진다. 특히 경제난과 남북관계 및 미·일과의 관계정상화 등 어려운 문제가 산적해 있는 현 시점에서 권력승계는 오히려 김정일 체제에 부담만 주는 결과가 될 것이라는 분석이 유력하다. 따라서 당분간은 김일성 주석이 상징적인 지위를 계속 유지하면서 김정일 체제의 방풍막 역할을 할 것이라는 게 일반적인 견해이다.

군최고사령관 승계는 군통수권이 김일성에서 김정일에게로 넘어갔다는 것을 의미한다. 물론 최고사령관 승계 이전에도 김정일의 지위는 이미 군내에 탄탄하게 구축 되었다는 게 일반적인 견해이다. 고영환씨에 의하면 김정일이 군부를 실질적으로 장악하기 시작한 것은 85년부터이다. 당시 인민군 특수부대인 저격여단과 경보병여단 지휘관의 계급을 김정일이 한 등급 올린 적이 있는데 "이때부터 사실상 군의 간부급 이상을 김정일이 자기사람으로 완전 장악했다"는 것이다. 김정일의 군 관련 지위도 꾸준히 강화돼왔다. 80년 6차 당대회에서 당 군사위원에 추대된 이래 90년 5월에는 중앙인민위원회 국방위원회 제1부위원장에 추대되기도 했다.

그러나 여태까지의 군 관련 지위는 직접적인 지휘계통이 아닌 협의체의 일원이었다는 한계를 가지고 있었다. 따라서 군의 간부급 이상은 김정일을 실질적인 최고사령관으로 인식하고 있지만 일반 병사들은 아직도 김일성을 최고사령관으로 인식하는 식의 권력 이원화 현상이 나타나고 있었던 것이다.

이밖에도 지난해 12월13일의 남북기본합의서 채택과 올해 1월30일 핵 안전협정에 서명하고 국제 원자력 기구(IAEA)의 핵사찰 수용을 약속하는 등 대외정책의 급격한 변화도 직간접적인 원인으로 작용했을 것이라는 분석이 있다. 즉 최근의 급격한 정책변화로 인해 나타날 수도 있는 군부의 동요를 김정일이 직접 무마하기 위해서도 군통수권을 장악할 필요가 있었을 것이라는 지적이다. 북한문제 전문가인 이종석씨는 남북기본합의서를 논의하는 자리였던 당중앙위 전원회의에서 김정일의 최고사령관 승계가 결정됐다는 점에 주목하고 잇다. 즉 앞으로 남북간 군비축소와 관련해 김정일이 강력한 이니셔티브를 행사하겠다는 의지를 표명한 것으로도 볼 수 있기 때문이다. 앞으로 남북관계에서 군축문제가 가장 큰 현안으로 대두될 가능성이 높은데 "김정일이 그 한쪽 당사자로 부각됨으로써 후계체제를 공고히 하는 효과를 얻을 수도 있을 것"이라고 그는 예상하기도 한다.

후계체제 구축, 승계 서두를 이유 없다

김정일 주석 시대가 일반적인 예상보다 늦추어진다 해도 현재 북한을 실질적으로 통치하고 있는 것은 김정일과 그의 지지집단이라는 데는 별다른 이견이 없는 것 같다. 전문가들이 북한의 권력승계를 시급한 것으로 보지 않는 이유 중에는 사실상 후계체제가 이미 구축돼 있는 상황에서 구태여 승계를 서두를 필요가 없을 것이라는 판단도 작용한다. 고영환씨는 "김일성이 북한이라는 巨像의 모자라면 김정일은 머리"라는 비유적인 표현으로 김정일의 권력적 지위를 표현한다. 기본적인 정책은 아직도 김일성이 결정하고 있지만 실질적인 정책의 집행은 김정일에 의해 대부분 이뤄진다는 것이다. 경남대 극동문제연구소 柳吉在 책임연구원도 "80년대 이후는 사실상 김정일 정권으로 봐야 한다"고 주장했다.

그는 남북관계나 대외관계에 대한 북한의 급격한 정책변경이 90년 하반기부터 나타나기 시작했다고 지적했다. 그 직접적인 계기는 동유럽 사회주의권의 몰락인데 이때부터 기존의 사회주의권 및 제3세계 국가들에 초점이 맞추어졌던 외교정책을 "한반도 주변 4강과의 관계개선 정책으로 바꾸었다"는 것이다. 그러나 미·일과의 관계개선을 주요 내용으로 하는 새 정책을 추진하는 과정에서 "그 열쇠를 쥐고 있는 것이 바로 남한 정부라는 것을 인식"하게 된다. 따라서 이때부터 대남정책도 크게 수정되기 시작했다는 것이다.

<내외통신>의 한 관계자는 앞으로 북한에 김정일 주석 시대가 실질적으로 열린다 해도 "선택 범위가 그리 넓지 못할 것이다"라고 지적한다. 심각한 상태인 것으로 알려진 경제문제를 해결하기 위해서는 당분간 유화적인 대외정책을 유지할 수밖에 없다는 것이다.

남북관계 성과 무산시킨 훈령 조작 사건

91년 5월23일자 '냉전의 볼모, 한반도 핵' 기사에는 북한 핵문제의 초기 단계의 논의 들이 비교적 상세하게 정리돼 있다. 90년 9월 셰바르드나제 소련 외무장관의 평양 방문 당시 북 측은 한소관계 진전에 대해 배신감을 토로하면서 북한의 향후 대응 방향으로 일본과의 관계 개선을 통해 북방 영토 문제에서 소련이 아닌 일본 편을 들 것이라는 점과 핵 개발을 지속하겠다는 점을 공언했다고 한다. 이처럼 북한의 핵개발은 소련 동유럽 사태로 인한 사회주의권 붕괴와 이로 인한 위기 상황에서 체제 수호의 방편의 성격이 강했다고 할 수 있다. 한소 수교와 한중관계의 접근 등으로 기존 동맹국들의 변심이 확인된 상태에서 한편으로는 90년 9월의 일본 대표단 방북을 통한 북일관계 진전과 남북 고위급 회담, 유엔 가입 등의 국익 중심 실용 외교로 대응하고 또 한편으로는 비밀리에 핵개발을 진행시켜 체제 수호 및 유사시 주한 미군 핵과의 거래 수단으로 삼고자 한 것이다.

초기 북한 핵의 협상수단으로서의 성격은 1991년 9월27일(한국 시각 9월28일) 부시 미 대통령이 전 세계에 배치된 전술핵무기의 철수 및 폐기를 선언한 것을 계기로 입증됐다. 당시 부시의 전술핵 철수 조치는 같은 해 8월 소련의 반고르바초프 쿠데타가 발생한 것이 직접 계기가 됐다. 고르바초프의 실각으로 소련 지역에 광범위하게 흩어진 핵무기 비축분에 대한 소련의 통제력이 약화되면 미소간 핵군축 협상의 합의가 지켜지지 못할 것을 우려해서 서두른 것이다.

부시 대통령이 철수 대상으로 밝힌 전술 핵무기에는 미국이 그때까지 '확인도 부인도 하지 않았던' 한국 내 전술핵도 포함되어 있었다. 같은 해 12월13일 5차 남북고위급회담에서 남북기본합의서가 서명됐고 그 직후인 12월18일, 노태우 대통령은 '대한민국 어디에도 어떤 형태로든 핵무기는 더 이상 존재하지 않는다'라고 '핵부재 선언'을 했다.

이어 남북 간에 핵문제를 협의하기 위한 실무대표 접촉이 1991년 12월26일부터 31일까지 판문점에서 열렸다. 여기서 북한은 그동안 주장해 오던 비핵지대화 주장을 접고, 우리 측의 비핵화 선언에 호응하기로 약속했다. 이렇게 합의된 남북 비핵화공동선언은 합의된 이듬해인 1992년 1월20일 남한의 정원식 총리와 북한의 연형묵 총리가 서명하고 남북고위급회담 6차 회담에서 2월19일자로 발효시켰다. 주한 미군 핵의 존재를 북한이 핵개발의 명분으로 삼아왔던만큼 주한미군 핵의 철수는 곧 북한 핵개발의 명분이 상쇄되는 것을 의미하고 대외적으로는 북측도 이를 받아들인 것이다.

이로서 남과 북은 핵문제를 점진적으로 해결한 절호의 기회를 맞았던 것이다. 그러나 예상치 못했던 엉뚱한 일이 발생해 한반도의 운명이 꼬여버렸다. 바로 1992년 9월15일부터 17일까지 평양에서 열린 8차 남북고위급 회담에서 발생한 훈령 조작 사건으로 인해 노태우 정부 기간 쌓아올린 남북관계의 공든 탑이 하루아침에 무너져 버린 것이다. 통일부 차관으로 남북고위급회담 교류협력분과 위원장을 맡았던 임동원 전 통일부 장관은 2008년 출간한 자신의 회고록 <피스 메이커>에서 밝힌 내용을 토대로 당시 상황을 재구성하면 다음과 같다. 1992년 9월 고위급 회담을 앞두고 당시 노태우 대통령은 이산 가족 상봉에 큰 기대를 걸고 8차 고위급 회담에서 반드시 성사시키라고 특별 지시를 했다. 대신 북한은 비전향 장기수인 이인모 노인의 송환을 강력하게 요구하고 있었다. 당시 우리 정부는 이인모 노인의 송환 조건으로 ① 이산가족 상봉 ② 판문점 면회소 설치 ③1987년 납북된 동진호 선원 12명 송환 등 3가지 조건을 내걸되 앞의 2가지만 북한이 수용하면 이인모씨를 송환하기로 방침을 세웠다. 그해 9월 15일 평양에서 열린 고위급 회담에서 북한은 이산가족 상봉과 판문점 면회소 설치에 동의했다. 임동원 당시 고위급회담 교류협력분과 위원장은 이를 이인모씨를 북한에 송환할 조건이 충족된 것으로 봤다. 17일 새벽 0시 30분에 이산가족 협상을 타결하겠다며 통일원장관·안기부장·청와대 외교안보수석 앞으로 청훈 전문을 보냈다. 그러나 17일 아침 서울에서 온 답신은 "3개 조건이 동시에 충족되지 않을 경우 협의하지 말 것"이라는 내용이었다. 불과 며칠 전 노태우 대통령이 재가한 방침과 확 달라졌는데 평양의 남측 대표들은 그 이유를 알 수 없었다. 어쩔 수 없이 훈령을 지켜야 했고 이 때문에 이산가족 상봉 협상은 결렬됐다. 서울로 돌아오자 당시 남북협상을 총괄 지휘한 최영철 부총리 겸 통일원장관이 "반드시 이산가족 문제를 합의하라고 재차 훈령까지 보냈는데 왜 아무 성과도 없었느냐"고 임 위원장을 추궁했다. 임 위원장은 "3개 조건을 모두 충족하라"는 훈령을 받았다고 의아해 했다. 당시 서울과 평양을 오고간 전문을 조사한 결과 17일 새벽에 이동복 (안기부장) 특보가 "(임동원이 보낸) 청훈 전문을 묵살하고 '이인모 건에 관하여 3개 조건이 충족되지 않는 한 협의하지 말라'는 내용의 회신을 보내달라"고 서울에 있던 엄삼탁 안기부 기조실장에게 전문을 보낸 것으로 드러났다. 이에 따라 17일 아침 7시 15분에 서울에서 평양으로 "3개의 조건이 충족되지 못하면 협의하지 말라"는 내용의 전문이 발송됐다. 17일 오후 4시 15분에는 서울에서 당시 정원식 수석대표(당시 총리) 앞으로 "2개 조건만 관철되면 남북적십자 접촉을 즉각 재개하는 데 합의하라"는 내용의 전문이 평양으로 날아들었다. 이 전문은 대통령의 정식 훈령이었는데 차석대표인 임동원은 물론 수석대표인 정원식 총리에게도 전달되지 않았다. 즉 회담을 깨기 위한 가짜 전문은 평양의 우리 대표들에게 날아들고, 대신 회담을 타결지으라는 대통령의 진짜 전문은 묵살되는 사건이 벌어진 것이다.

평양에서 개최되 남북 고위급 회담에서 훈령을 담당한 안기부 출신 회담 대표가 대통령 훈령을 무시하고 남북 합의를 무산시켜 버린 것이다. 이들이 이같은 엄청난 일을 벌인 데에는 임기 말에 접어든 노태우 대통령의 국정 장악력이 떨어진 틈을 타 그해의 대통령 선거에서 여당 후보로 선출된 김영삼 후보에게 유리한 선거 환경을 조성하기 위한 목적이었다는 얘기가 그뒤 파다했다. 김대중 후보에 비해 상대적으로 보수적인 김영삼 후보를 위해서는 남북관계가 경색 국면이 되는 게 유리하다는 판단에서였다는 얘기다.

훈령 조작 사건 직후인 92년 10월 안기부는 여간첩 이선실을 중심으로 한 '남한조선노동당'이라는 대규모 간첩단 사건을 발표했다. 그와 거의 동시에 워싱턴에서 열린 제24차 한미연례안보 협의회에서 팀스피리트 훈련 재개 방침을 결정했다.

북한은 팀스피리트 훈련 재개 방침 발표가 있은 직후인 92년 11월3일, 예정됐던 분야별 공동위원회에 참가할 수 없다고 발표했다. 12월에는 예정됐던 제9차 남북 고위급회담도 무산시켰다. 김영삼 후보가 대통령 선거에 당선된 이후 1993년 1월29일, 북한은 남북 간의 모든 대화를 중단 한다고 선언함으로써 결국 노태우 시대 남북 합의는 물거품이 되고 말았다.

제2장 탈냉전의 추억

제1절 페레스트로이카와 소련의 운명

2022년 8월30일 미하일 고르바초프 전 소련 공산당 서기장이 향년 91세로 영면에 들었다. 그와 함께 그가 불을 지피고 초석을 놓았던 한 시대도 종언을 고했다. 미중 패권경쟁과 러시아의 우크라이나 침공으로 점철된 오늘의 세계는 30여 년 전 그가 꿈꿨던 세계는 분명 아니다. 오히려 그가 극복하고 넘어서고자 했던 구질서에로 되돌아 가고 있는 것이다.

현실에서 그는 실패한 사람이다. 그러나 그의 꿈, 이상은 여전히 살아 남아 있다. 현실 사회주의의 모순을 지적한 그의 글은 언제든 사회주의 개혁이 논의될 때 다시 소환될 것이다. 냉전 시대의 군비증강과 패권 투쟁, 약소국에 대한 강대국의 억압을 비판했던 그의 신사고 외교는 신냉전의 국제 질서가 또다시 인류를 절멸의 위기로 몰아갈 때 재조명될 것이다.

1989년 창간을 준비중이던 <시사저널사>에 국제부 경력기자로 입사 시험을 치를 때 나온 논술 제목이 '고르바초프의 페레스트로이카에 대해 기술하라'는 것이었다. 국회도서관에서 외국저널의 관련 자료를 찾아 한창 공부를 하고 있을 때여서 비교적 쉽게 답안을 작성할 수 있었다. 입사해서도 한동안 페레스트로이카와 신사고 외교의 향방을 추적했다.

그리고 고르바초프로부터 시작된 탈냉전의 흐름이 어떻게 한반도로 유입되는가 그 경로를 탐색했다. 노태우 정부 시절 북방정책과 남북관계를 다룬 1장의 내용이 바로 그 결과물이다. 이번 챕터는 당시의 남북관계를 가능하게 했던 국제적인 상황을 짚게 될 것이다. 그 핵심 키워드는 당시의 탈냉전적 국제질서의 사상적 뿌리가 됐던 페레스트로이카에 대한 탐구다. 그 역사적 기원, 현실사회주의에 대한 개혁방안의 제시, 신사고 외교의 출발을 알리는 베오그라드 선언과 관련한 내용, 1장에서도 언급된 바 있지만 신사고 외교의 아시아판 구상이라 할 블라디보스톡 선언과 크라스노야르스크 선언이 아시아의 지역분쟁에 미친 영향, 미일동맹 등 서측 동맹의 움직임 등을 차례대로 짚어가게 될 것이다.

고르바초프가 추진한 급진적인 정책들은 국내적으로는 페레스트로이카(개혁)와 글라스노스트(개방), 대외정책은 '신사고 외교'로 불렸다. 페레스트로이카(Перестройка/Perestroika)는 정치·경제적 개조를 의미한다. 관료의 부패를 타파하고 공산주의식 경제 운영의 한계를 극복하고 점진적으로 시장경제를 추구하는 것으로 요약된다. 글라스노스트(Гласность/Glasnost)는 정보의 자유와 공개를 통한 민주화를 뜻한다. 구소련 사회의 언론 검열을 폐지하고 사상의 자유를 보장하는 개방 정책이다. 신사고 외교는 서방과의 체제 및 이념대결을 지양하고 평화공존을 추구했다. 군사력 위주의 안보 보다는 포괄적 안보를 지향하며, 사회주의 동맹간의 연대 보다는 인류공동의 보편적 가치와 이익을 중시하는 것으로 요약할 수 있다. 70여년에 걸친 스탈린식 사회주의 통제 체제 하에서 이같은 혁신적 사고가 하루아침에 세상에 나올 수는 없다. 이 기사는 스탈린 체제 하 구 소련의 개혁파 지식인들 사이에서 어떻게 새로운 사상이 싹틀 수 있었는지 그 과정을 추적한 것이다. 본문에서 신사고파의 원조에 해당하는 인물로 언급된 예브게니 바르가(1879~1964)는 헝가리 태생의 소련 경제학자다. 그의 논문을 모은 <현대 부르조아 경제학 비판>이란 책이 국내에 번역 소개됐다.

페레스트로이카의 씨앗은 이미 오래전에 뿌려졌다

(1990.2.25)

고르바초프 서기장이 90년 2월7일 당 중앙위 전체회의에 제시한 새로운 당 강령(공산당 1당 독재에 종지부를 찍고 다당제를 수용하는 내용)은 그동안 소련에서 경제개혁의 근본적 장애요인이 되어왔던 당에 의한 국가 지배라는 스탈린주의적 권력구조 재편에 초점이 맞추어져 있다. 이 같은 강령이 중앙위에서 거의 만장일치로 채택됨으로써 국제관계에서의 신사고와 정치·경제에서의 페레스트로이카(개혁)를 중심으로 한 고르바초프의 개혁정책은 이제 정치권력의 재편이라는 혁명적 국면을 맞게 되었다.

1985년 고르바초프가 54세의 비교적 젊은 나이로 소련 공산당 서기장에 취임한 이후 소련의 개혁정책은 실로 파죽지세의 형국으로 치달았다. 그의 개혁정책이 갖고 있는 이 엄청난 추진력은 도대체 어디에서 연유하는 것인가. 고르바초프 이전에 소위 '철의 장막'으로 일컬어져온 소련사회 내부에서는 어떤 움직임들이 있었는가. 고르바초프 정권의 개혁 추진력은 그가 등장하기 훨씬 전부터 소련사회 내부에서 이미 싹트고 있었던 것이다.

소련 지성사 관류해온 개혁의 조류

그중 가장 중요하게 거론되는 것은 스탈린체제 등장 이후 소련의 지성사에 면면히 이어져온 개혁파 지식인들의 움직임이다. 어떤 의미에서 이들은 보수파와 더불어 소련 지성사의 한 맥을 이루어왔다고 볼 수 있다. 고르바초프 이전 시기에는 권력 핵심에서 소외되어 주로 연구소나 대학을 중심으로 명맥을 이어온 세력이다.

우선 주목되는 것은 국제관계에 대한 고르바초프 외교정책의 중심을 이루고 있는 이른바 '신사고파'의 형성과정이다. '신사고파'의 사상적 뿌리는 2차대전 직후 스탈린의 경제정책 고문이었던 헝가리 태생 경제학자 예브게니 바르가(Evgenii Varga)에 닿아있다. 2차대전 직후 소련 외교정책 수립자들 사이에는 전쟁 당시 파생된 동유럽 및 독일문제에 대한 인식과 새로운 강대국으로 부상한 미국과의 관계설정을 둘러싸고 논쟁이 벌어졌다. 지다노프 등 스탈린주의자들은 '자본주의 위기론' '자본주의와의 전쟁 불가피론' 등을 주장하며 미국과의 양립이 불가능함을 주장했다. 그러나 바르가는 자본주의는 전후 과학기술 혁명과 경제에 대한 국가개입을 통해 이미 생존능력을 획득했다며 미국 및 서양과의 평화공존론을 내세웠다.

그는 47년 스탈린주의자들에 의해 숙청된 후 56년 흐루시초프에 의해 복권됐다. 이때 그가 창설했던 '세계경제와 국제관계 연구소(IMEMO)'가 다시 문을 열게 되면서 야코블레프, 프리마코프 등 후일 고르바초프 국제정책의 핵심 브레인이 된 인물들을 배출하게 된다.

'신사고파'의 형성과정에서 또 하나 주목할 것은 스탈린 사후 금지되었던 정치학, 사회학, 유전학, 수량경제학 분야의 학자들 사이에서 개혁파 지식인들이 배출되기 시작했다는 점이다. 바르가와 함께 루미얀체프, 아르바토프, 그비시아니 등이 중심이 되어 야코블레프, 프리마코프 등 국제관계 학자들과 함께 '글로벌리스트'(세계주의자)라는 새로운 조류를 형성했다. 그들 주장의 핵심은 과학기술의 발달로 세계경제가 일체화하고 동시에 상호의존성과 경쟁성이 심화되면서 이러한 변화가 생태환경 및 핵위기, 제3세계의 빈곤 및 에너지 자원의 고갈이라는 지구적 차원의 문제를 낳고 있다는 것으로 이미 70년대부터 다양한 학술잡지를 통해 활발하게 개진되었다. 훗날 고르바초프의 신사고 외교의 중심 테제가 된 "인류공통의 문제(핵, 환경, 제3세계의 빈곤 등)가 계급적 이익에 우선한다"는 말은 바로 이들 '글로벌리스트'들의 견해를 직접적으로 표현한 것이라고 볼 수 있다.

이번 당 중앙위 전체회의에서 고르바초프와 개혁파들이 대대적 공세로 밀어붙인 권력재편의 문제는 경제개혁 추진에 걸림돌을 제거하기 위한 것이다. 그만큼 페레스트로이카의 추진에 있어서 경제개혁은 사활이 걸린 문제인 것이다. 소련의 경제개혁 움직임은 스탈린 말기의 농업경제학자 아벨이나, 62년 이윤동기의 도입을 주장한 리베르만, 이어 코시긴의 개혁정책 등을 통해 간헐적으로 표출됐다. 대체로 스탈린주의 경제정책의 부분적 수정을 시도한 것으로서 대부분 실패로 돌아갔다.

이 와중에 시베리아의 지방도시 노보시빌스크에서는 이미 60년대부터 아간베기얀을 중심으로 스탈린식 경제정책에 대한 전면적 개혁이 시도되었다. 아간베기얀은 후에 고르바초프의 경제담당 핵심 브레인이 된 인물로 소련 경제개혁 정책의 최고실력자가 됐다. 그는 65년 당시에 이미 소련경제의 문제점은 30년대에 만들어진 '계획화와 행정적 관리체계'에 있음을 갈파했다고 한다.

위기의식 팽배와 함께 개혁파 전면 부상

특히 아간베기얀의 협력자로 같이 일해 온 다치아나 자스라프스카 여사가 83년 발표한 <노브시빌스크 각서>라는 비밀문서는 87년 6월 당 중앙위 전체회의에서 고르바초프가 발표한 '근본적 개혁案'의 기초가 된 것으로 유명하다.

이들 개혁파 지식인들은 70년대 말에서 80년대 초 소련의 당, 정부, 지식인들 사이에 위기의식이 심화되면서 소련사회의 전면에 등장하게 됐다. 소련 지배층의 위기감은 브레즈네프의 장기집권에 따른 소련사회의 정체감, 오일쇼크 이후 경제구조의 혁신에 실패한 데서 오는 경제적 위기, 그리고 신냉전의 파고가 고조된 데 따른 국제정세의 불안감에서 비롯했다.

권력층 내부에서 스탈린시대의 혁명 1세대가 스탈린 이후 세대로 교체되고 있었고, 모스크바 등 각 도시에서는 고등교육을 받은 노동자, 시민계층이 중심적 세력으로 자리잡게 된 것도 개혁파 대두의 사회적 요인으로 주목된다. 이러한 새로운 시대상황에 대해 스탈린주의로 무장한 보수파가 더 이상 대처능력을 상실한 것이 그동안 소련사회의 주변부에서 맴돌았던 개혁파 지식인들을 역사의 전면에 부상시킨 요인이었던 것이다.

따라서 "제2의 볼셰비키 혁명"이라고 명명되고 있는 고르바초프의 개혁정책은 이러한 제반 요인들의 총합에 의해 추진되고 있는 것으로, 이번의 당 중앙위 전체 회의는 그 혁명이 이제 마지막 단계에 돌입했음을 암시하는 것이라고 볼 수 있을 것이다.

페레스트로이카의 핵심 사상을 고르바초프의 육성으로 만나보자. 아래 글은 고르바초프 소련 공산당 서기장이 공산당 기관지 <프라우다>지 89년 11월26일 자에 자신 명의로 게재한 논문이다. '인간적 민주적 사회주의를 위하여-사회주의 사상과 혁명적 페레스트로이카'라는 제목의 이 논문에서 그는 페레스트로이카의 궁극적인 목표가 무엇인지에 대해 명쾌하게 답을 내리고 있다. 그것은 바로 '인간적 인도적 사회주의'라는 것이다. 당시 소련 개혁이 추구하는 방향에 대해 '인간의 얼굴을 한 사회주의'라는 말을 많이 썼는데 그 말이 어디서 나온 것인지 이 글을 읽어보면 알 수 있다. 고르바초프에 의하면 마르크스와 레닌이 발전시킨 사회주의는 원래 인간의 자유와 민주주의, 인도주의와 배치되는 사상이 아니다. 사회주의 사상이야 말로 자유의 사상이고 일체의 억압과 수탈로부터 인간을 해방하기 위한 사상이기 때문이다. 그런데 스탈린에 이르러 인간을 당과 국가의 기계나 나사쯤으로 여기고 노동자 조직을 그 기계의 구동벨트 쯤으로 여기는 왜곡이 일어났다는 것이다. 인간에 앞서 행정 관료주의가 더 큰 힘을 얻게 되면서 사회주의가 침체기에 빠지게 됐다고 그는 진단한다.

따라서 페레스트로이카로 표현되는 소련 사회 개혁의 목표는 사회주의의 특징인 인간적 인도주의적 성격을 되찾는 것이라고 한다. 비록 30여 년 전의 논문이지만 오늘날 사회주의를 표방하고 있는 국가들이 제대로 그 길을 걷고 있는지 비추어 보게 한다. 그것만으로도 다시 읽어볼 가치가 있다.

89년 12월이면 <시사저널>이 창간한지 채 두달이 안 될 때였다. 출근 직전 조간신문에 고르바초프 논문이 프라우다에 실렸다는 1단 기사를 보고 회사에 도착하자마자 데스크께 보고하고 워싱턴 특파원을 통해 타스통신 기자로 부터 원문을 입수했다. 러시아어 전문가들을 섭외해 밤새 번역해서 게재했던 기억이 새롭다. 소련의 향배에 관심이 컸던 당시 지식인 사회에 큰 반향을 불러일으켰다.

'인간적·민주적 사회주의를 위하여'
고르바초프의 프라우다 기고문 <사회주의 사상과 혁명적 페레스트로이카

(1989.12.17)

페레스트로이카를 시작한 지 5년이 다 돼가고 있다. 1985년 4월에 시작된 이 혁명적 사회개조의 과정은 보다 폭넓은 규모로, 그리고 새롭게 깊이를 더해가면서 진행되고 있다. 페레스트로이카가 우리의 경제적·사회적 현실과 보다 밀접하게 연결됨에 따라 우리는 많은 것을 더 잘 꿰뚫어보기 시작했다.

만약 초기의 단계가 기본적으로 이러저러한 사회조직의 왜곡으로 인해 지난 수십 년 동안 형성돼온, 전반적으로 정체된 사회체제의 향상 따위만을 다루는 것이었다면, 이제 우리는 경제적 토대로부터 증축에 이르기까지 우리의 모든 사회적 건설의 획기적인 개축에 관해 말하고 있는 것이다. 그저 말만 하고 있는 것이 아니라 소유관계, 경제적 메커니즘, 정치체제를 재편하는 한편 이 사회의 정신적·도덕적 기류를 변화시키기 위한 조치들을 취하고 있는 것이다.

어떤 사람들은 우리가 페레스트로이카를 실현시킬 분명하고도 세부적인 계획을 갖고 있지 않은 것처럼 우리를 헐뜯는다. 그러나 그러한 의문 제기에 결코 동의할 수 없다. 만약 다시금 준비된 틀을 사회에 덮어씌워 생활과 현실을 몰아붙인다면 그것은 이론적 오류를 범하는 것이 될 것이다. 바로 그것이 우리를 고통에 빠뜨렸던 스탈린주의의 특징이었다. 우리는 레닌식으로 행동하고 있다. 레닌식으로 행동한다는 것은 오늘날의 현실로부터 어떻게 미래가 탄생하는가를 연구한다는 뜻이다. 이에 발맞춰 나름대로의 계획을 세워야 한다는 것이다.

우리에게는 어떤 대안이 있는가? 딱이 이것이다라고 할 만한 것은 없다. 오늘날 가장 분명하게 거론되는 두 가지의 견해에 대해 언급할 수 있을 뿐이다. 하나는 행정명령 체계, 엄격한 계획체제, 경제에서는 물론 문화에서까지도 명령체제를 유지하자는 것이다. 다른 하나는 과거의 방법이 10월혁명의 노선을 거의 완전히 외면해 버렸다는 주장에 기초하고 있는 것으로서 사회의 자본주의화를 제시하고 있다. 과연 우리가 그러한 길로 갈 수 있을까? 아니다. 우리는 그것들을 거부하고 있다. 이에 대한 논쟁은 쓸모없는 것이다. 우리에게는 또 다른 길, 이 사회의 진보를 가져다 줄 다른 길이 있다.

오늘날 우리 앞에는 마르크스주의의 권위, 마르크스주의적 현실접근법이 있다. 페레스트로이카의 개념과 정책을 보다 깊이 있게 다룸에 있어, 또 발전하는 사회주의의 제문제를 이해함에 있어 우리에게는 마르크스주의적 방법론, 세계에서 가장 영향력 있는 이데올로기의 하나인 마르크스주의의 세계관과 가치체계가 필수적이다.

사회주의 사상의 중심은 인간

사회주의는 자신을 보다 정확하게 인식해야 한다. 당초의 사상에 비추어서 말이다. 그리고 인류문명 발달의 현단계라는 맥락에서도 자신을 인식해야 한다. 사실 혁명 이래 70여년은 인류진보에 있어 신기원의 시작이라 할만한, 새로운 사회를 건설하기에는 역사적으로 보아 길지 않은 기간이었다. 그래서 우리는 페레스트로이카를 사회주의의 역사적 도정에서 하나의 단계로 간주하고 있다. 그 과정 속에서 권위주의적·관료주의적 체제는 폐기되고 진정으로 민주주의적이고 자율적인 사회구조의 형성이 이루어지고 있는 것이다.

사회주의사상은 오랜 전통을 지니고 있다. 그것은 수세기에 걸쳐 혁명운동을 포함한 여러가지 사회운동을 뒷받침해왔다. 마르크스와 엥겔스는 사회주의사상을 깊이 연구한 끝에 공상적 환상이나 하릴없는 설계로부터 그것을 떼어내 개화과정의 합법적 부산물로서, 아울러 노동계급과 근로대중의 역사적 창조의 산물로서 과학적 사회주의를 제시했다. 동시에 그들은 이를 조잡하고 획일적인 '볼품없는' 공산주의와 구별지었다. 새로운 사회의 형성을 물질적 생산과 민주주의 그리고 개개인이 최상의 발전을 거두는 것에 관련지었던 것이다.

사회주의 사상에 대한 그러한 해석은 매우 위대한 사회적·정신적 가치이다. 그 중심에는 인간이 놓여 있으며 수탈과 억압에서 해방된 사회에서의 인간의 물질적·지적·도덕적 발전이 있다. 지나간 세월 동안 우리는 그같은 마르크스의 사상을 외면했다거나 뛰어넘었다고는 보지 않는다.

마르크스주의의 창시자들은 새로운 사회발전의 구체적 양태와 메커니즘을 고안하는 문제에는 한번도 손대지 않았다. 그들은 당대의 사회현실과 혁명적 노동운동의 실상에 기초하여 사회주의사상을 다루었던 것이다. 아울러 사회현실을 인식하고 개조함에 있어 미더운 기준이 될 만한 사회발전 방식의 일반론적 모델만을 제시했을 뿐이다. 마르크스주의의 창시자들과 그들에 의해 형성된 이론이 개인우상화 시기와 침체기의 왜곡, 이런저런 정치가들의 과실을 책임질 수 없다는 것은 명백하다. 그 이론이 이러한 사건들과 한 세기 가량의 시차를 두고 있다고 해서만이 아니라 본질적으로도 그렇기 때문이다.

이는 특히 널리 퍼진 몇몇 해석과 관련되어 있다. 이를테면 우리가 수십년 동안 품어왔던 상품생산에 대한 부정적 태도를 마르크스로부터 직접 나온 것이라고 여기고 있다. 그는 사적 소유에서 사회적 소유로 전환함으로써 가격법칙이 생산의 조절자로서의 능력을 상실한다고 생각했다. 그러나 사실 마르크스는 상품생산의 극복을 사회적 소유뿐 아니라 생산력 발달의 최고수준과 관련지었다. 그 기저에는 과학과 기술의 발달이 깔려 있다. 게다가 지금껏 이 세계 어디에서도 도달하지 못한 수준의 발달이다. 그러한 수준의 생산력 발달은, 당연하게도 우리가 요즈음 처해 있는 정도의 새로운 수준이 아니라 머나먼 미래에나 가능한 것이다.

이제 우리는 마르크스가 자본주의의 자기발전 가능성을 과소평가했다고 말할 수 있다. 자본주의는 과학과 기술혁명의 성과를 모아 자본주의에 활력을 부여하는 사회·경제구조를 형성할 수 있었다. 또 선진 자본주의 국가들은 대다수 인민이 비교적 높은 수준의 복지를 누릴 수 있게 해주었다. 그러나 그게 곧 자분주의의 깊은 내적 모순을 없애는 것은 아니라고 본다.

비록 마르크스가 과학·기술이 진보하고 과학이 직접 생산력과 사회의 힘으로 전환함에 있어서 거대한 발전 잠재력이 됨을 직시한 최초의 사람이었다 할지라도 그는 다가오는 과학·기술혁명이 자본주의 발달의 새로운 원천이 될 수 있으리라는 점을 예견하지는 못했다. 마르크스는 자신이 알고 있던 19세기 자본주의의 발전 가능성만을 분석했다는 점을 감안한다면 이를 쉽게 이해할 수 있다. 그는 대다수의 나라에서 두가지의 사회체제가 오랫동안 공존하리라는 것을 꿰뚫지 못했다. 그같은 공존체제는 자본주의로 하여금 사회·경제분야에서 사회주의적 경험의 상당한 요소들을 도입하게 했고 정치의 민주화를 부추겼다. 그리하여 총체적으로 자본주의는 보완적인 힘을 얻게 되고 시대의 요구에도 부응하게 되었다.

그밖에도 오늘날에는 과거에는 없었던 새로운 문제들이 날카롭게 나타났다. 자본주의적 소유의 성격이 심각하게 변화했다. 특히 요즈음에는 생산의 국제화나 자본주의 경제 전반의 국제화에 발맞추어 그 구조도 변화했다. 전 지구적 문제들이 첨예화되어 이제 그 문제들을 도외시하고는 현대적 사회발전의 조류나 미래의 인류에 대한 현실성 있는 개념을 정립할 수 없을 정도이다.

스탈린이 사회주의 왜곡

한편 스탈린 시기의 왜곡은 마르크스-레닌의 사회주의 개념에 들어 있는 핵심적인 것이 유실되는 결과를 빚었다. 인간 각자의 자유로운 발전을 만인의 자유로운 발전조건으로 보는 이 사상 대신에 인간을 당과 국가라는 기계의 '나사'쯤으로 여기고 근로자들의 조직을 그 기계의 '구동벨트'쯤으로 여기는 견해가 대두되었다. 그 후로도 이 메커니즘은 대체로 유지되어 왔다. 더욱이 행정·관료주의 체제가 본질적으로 한층 큰 힘을 얻게 되어 사회에 지극히 부정적인 영향을 끼쳤다.

이 기간을 통상 '침체기'라 부른다. 그러나 이는 이미 부적합한 명칭임이 분명하다. 사회주의 과업에 심각한 손실을 안겨준 '잠재력의 상실기'였던 것이다. 당시에는 과학과 기술의 급격한 향상이 지닌 의의를 과소평가하여, 비록 과학·기술혁명의 성과와 사회주의의 우월성을 결합해야 한다고 무척이나 떠들긴 했지만, 그 방면에 이렇다할 조처를 취하지 않았다. 결과적으로 일련의 중요한 분야와 방향에서 우리는 낡은 기술시대에 머물러 있게 되었다.

우리는 레닌의 유명한 명제 즉 독점자본주의와 사회주의 사이에는 아무런 중간적 '구조'도 없다는 것도 재검토해 보아야 한다. 자본주의와 사회주의의 경제적 경쟁에 대한 개념도 바뀌어야 한다. 결정적 의미를 지니는 것은 생산의 양적 증가나 1인당 생산품의 質이 아니라 자원의 절약 및 기술정보의 제공이다. 우리는 경제적 기준을 바꿔 이를 오늘의 경제현실에 맞게 적용해야 한다.

'사회주의성'의 기준은 인간의 이익과 요구에 보다 많이 부합해야 한다. 물질적 복지의 함양분야에서는 "따라잡고 추월하자"는 대결적 구호가 아니라 세계적 경제발전 과정에 보다 유기적으로 참여할 수 있는 길을 따라야 한다. 만일 이 분야에서 다른 사람들과 대립하지 않고 그들과 더불어 자신의 경제문제를 해결코자 노력한다면 우리는 경제적으로 승리하게 될 것이다.

우리가 보는 '사회주의성'의 본질과 내용은 도대체 어디에 있는 것이며, 우리가 조심스럽게 보존하려는 가치는 어떤 것인가? 오늘날 우리가 이해하는 사회주의 사상, 그것은 무엇보다도 자유의 사상이다. 과학적 사회주의의 창시자들은 사회혁명의 주요 동인, 곧 노동계급의 해방을 일체의 억압과 수탈로부터의 인간해방과 불가분의 것으로 연관지었다. 바로 여기에 사회주의적 자유의 개념이 공동체론이나 집단주의론에 유기적으로 결합되어야 하는 이유가 있다. 그러나 개인을 무시하는 집단주의가 아니라 마르크스와 엥겔스가 진정한 집단주의라 불렀던, 즉 개개인이 각자의 연합체 속에서 자유를 구가하는 집단주의라야 한다.

유감스럽게도 사회주의사상의 바로 이 경계가 가장 심하게 뒤틀렸다. 곡해된 집단주의의 이름으로 인간적 개성이 무시되었으며 개인의 발전이 방해받았다. 개인에 대한 사회의 우위라는 명분으로 합리적인 자유의 영역이 급격히 축소되었으며 사회주의 사회 건설의 인도주의적 본질이 메말라버렸다. 바꿔 말하면 중핵적인 것, 즉 인간 자체, 인간의 요구, 인간의 이익, 인간의 생동감 있는 삶이 사회주의 이상으로부터 떨어져나가버렸다.

사회주의의 가장 중요하나 원칙인 생산의 공유화도 유치하게 곡해되었다. 그것은 다름 아닌 공식과 선언에 의해, 그리고 독재와 행정지도에 의존한 展示的 복지에 의해 빚어졌다. 이제 우리는 긍정적인 경험과 부정적인 경험을 함께 고려하면서 사회적 소유를 보다 구체적으로 살펴야 한다. 무엇보다도, 공유화를 국유화와 혼동해서는 안된다는 말이다. 레닌도 이에 대해 경고했지만 나중에 무시되어버렸다.

우리는 공유화론 자체 그리고 사회적 소유의 장점을 포기하지 않았으며 앞으로도 그럴 것이다. 사회적 소유는 사회주의 이상의 유기적 구성요소이다. '통일된 노동'도 '해방된 노동'도 언제나처럼 사회주의의 중요한 특성으로 남아있다. 동시에 우리는 형식적 공유화를 거부하며, 나름의 잠재력을 고갈시키지 않고 사회주의 경제를 효율·향상의 길로 인도하는 소유형태의 다양성을 주장한다. 사회주의 이상의 강점은 효율성과 노동생산성의 문제들이 인도주의 및 사회정의와 불가분의 관계를 맺고 잇싸다는 데에 있다. 바로 여기에 사회주의사상의 무게중심과 특성이 있다. 또한 여기에 사회주의체제의 약점이 아닌 강점이 있다.

사회주의 특징은 인민권력의 확립

사회주의의 핵심적 특징은 진정한 인민권력의 확립이다. 누구도 감히 이를 부인하지 못했다. 대중으로 하여금 지배하게 한다는 것은 언제나 사회민주주의의 가장 중요한 특징으로 간주되었다. 레닌에 따르면 사회민주주의의 발전은, 문화가 진보하고 대중의 의식수준이 높아감에 따라 '근로자를 위한' 민주주의에서 '근로자 자신들에 의한' 민주주의로 변화하는 가운데 이루어져야 한다. 50~60년대의 전환기에 발표된 '전인민에 의한 사회주의 국가'는 그 시기를 가리키는 이정표의 구실을 해야 했다. 유감스럽게도 몇십년간에 걸친 이론적 혁신은 정치적 메커니즘의 변화를 수반하지 못했다. 따라서 소유관계와 마찬가지로 사회민주주의도 추상적으로 볼 것이 아니라, 인민의 자율관리와 법치적 국가를 보장해야 한다는 기본원칙과의 통일성 속에서 보아야 한다. 이러한 원칙을 실행한다는 것은 우리의 정치체제의 민주적 발전은 물론 사회주의적 발전까지 보장해준다.

사회주의는 민주적·인간적 이상과 가치의 운반자요 보호자이다. 그런 점에서 오늘날 강조되고 있는 인간적 가치의 우위라는 조건에서 계급적 접근의 본질은 무엇인가에 관한 물음은 특별히 중요한 의의를 지닌다. 프롤레타리아운동 초기부터 마르크스는 "노동계급의 해방투쟁은 계급적 특권과 독점을 위한 투쟁이 아니라 평등한 권리와 의무, 일체의 계급적 지배의 척결을 위한 투쟁을 의미한다"는 것을 강조했다. 그러나 아울러 우리는 현실생활, 사회의 현상, 사회의 원동력과 모순에 대한 진정한 계급적 분석을 회피해서는 안된다. 우리 사회의 제계급 및 제그룹의 이익과 요구를 면밀하게 고려함으로써만이 우리는 사회주의의 왜곡을 극복하고 사회주의를 질적으로 새로운 단계로 이끌어야 할 페레스트로이카 과정에서 현실성 있는 정책을 수립할 수 있다.

이제 우리는 처음에 제기한 기본적 물음에 다가가고 있다. 즉, 우리는 어디로 가고 있는가? 사회의 새로운 質, 사회주의의 새로운 모습이라는 개념에 어떠한 사상을 포함시켜야 하는가?

마르크스는 언젠가 공산주의는 이상이 아니고 기존의 '상태'를 없애나가는 사회의 현실적 '운동'이라고 쓴 적이 있다. 그러나 이 사상에도 불구하고 우리의 노력은 미래의 이상형 '모델'을 그리는 데에 집중되어 왔다. 그래서 사회에서 일어나는 변화들은 간과했다. 그러나 생활은 객관적으로 형성되는 조건에 따라 전혀 다른 길을 걸어왔다. 준비된 구도에 따라 생활을 이끌려는 열망은 교조주의, 이념적 잔인성, 폐쇄성, 자기기만, 인간과 역사에 대한 억압을 초래했다.

인민은 기다림에 지쳤다. 그들이 무조건 믿도록 하려는 터무니없는 호소와 약속이 너무나 많았다. 인간의 이익에 대해서도 많은 말을 뇌까렸지만 물질적으로나 현실적으로 뒷받침 된 적은 드물었다. 그리하여 우리나라는 강대국이 되었으면서도 개화된 국가라면 당연히 해야 할 인민대중을 위한 생활여건을 조성하지 못했다.

그렇다면 사회주의의 새로운 모습에 관한 물음은 오늘의 사람들이 근본적인 요구와 이익을 어떻게 생각하고 표출해야 하느냐에 의해 규정된다. 이러한 바탕 위에서 오늘의 현실에 부합하면서도 장기적인 전망을 겨냥하는 목표와 계획을 설정할 수 있다. 사회주의의 새로운 모습, 그것은 마르크스의 사상에 완전히 합치되는 인간화된 모습이다. 이를 위한 미래의 사회는 현실적이며 실행가능한 인도주의이다. 그것을 인식하는 것이 페레스트로이카의 주된 목표인 만큼 우리가 인도적인 사회주의를 건설하고 있노라고 말하는 것은 온당하다.

이 개념은 그저 외치기만 하는 것이 우리의 과제는 물론 아니다. 모든 사회체제의 쇄신에 인간의 얼굴을 부여하는 사회적·경제적·정치적 구조를 창조하여 사회주의를 실질적으로 혁신하는 것이 중요하다. 그들 구조는 수단이 되어야 한다. 어디까지나 목적은 인간의 것이다. 사회구조의 인간화는 인간애나 도덕적 명제의 요구에만 부응하는 것이 아니다. 그것은 이제 우리사회의 발전을 위해 경제적으로도 사회적으로도 필수적인 것이 되고 있는 것이다.

페레스트로이카는 모든 국가적·사회적 일에 인간을 책임있는 활동주체로 포함시켜야만 인간의 소외감, 公益과 私益의 괴리를 극복할 수 있으며 사회생활의 모든 분야에서 개인의 적극성을 제고할 수 있다는 것을 보여주었다.

다른 한편으로 사회구조의 인간화는 인간에 대한 투자를 높임으로써만 이루어질 수 있다. 우리는 인간 자체가 보다 발전되고 보다 경쟁력을 가지며 노동에서 보다 양심적이 되어야만 사회도 그만큼 더 집중적으로 발전한다는 것을 철저하게 인식해야 한다. 그러므로 인간에 대한 투자는 가장 채산성 있는 투자인 것이다. 바로 이러한 맥락에서 우리는 교육, 보건, 기타 서비스분야에 우리나라보다 훨씬 많은 예상을 할당하는 선진국에 뒤져왔다. 그래서 근본적인 변화가 필수적이다. 이 분야에는 '잔여예산'을 두입한다는 원칙을 말만이 아니라 행동으로 보여줘야 한다. 그렇게 하는 것이 사회주의의 최고의 가치에 부합하기 때문이다.

이상과 현실의 변증법적 통합 추구

경제분야에서 사회주의에 대한 우리의 시각의 변화는, 현대적 생산력의 진보와 노동생산성의 향상을 위해 사회주의적 소유의 다양한 발달, 그리고 이를 실현할 수 있도록 새로운 경제적 메커니즘의 창조가 필요하다는 것으로 귀결된다. 그 새로운 메커니즘은 사람들의 노동활동을 효과적으로 조직하고 거기에 활력을 불어넣어야 한다.

이러한 혁신과정에서 우리는 집중제와 대규모 계획제의 사회적 장점을 포기할 것까지는 없다. 다만 우리는 민주적인 것을 위해 관료주의적 집중제를 포기하는 것이며 나아가 실질적이고 현실적인 것을 위해 형식적인 집중제를 포기하는 것이다. 행정부처가 모든 것을 독식하는 만능집중제는 이제 바람직한 관리 메커니즘에 자리를 양보해야 한다.

혁신의 과정에서는, 의심할 바 없이, 경제의 획기적인 구조개편이 일어나게 마련이다. 첫째로는 방위산업체의 업종변경에 의해 일어나는데 이 길은 국제적인 안전보장, 군축, 非核평화로의 전환이 강화됨에 따라 열리게 된다. 둘째로는 총생산량에서 생필품이 차지하는 비중이 상당히 커짐에 따라 일어난다.

구조개편이 갖는 또하나의 중요한 측면이 있는데 여기서 우리의 과제는 모든 인류가 추구하는 것과 동일해진다. 20세기 후반에 들어, 엄청난 천연자원을 고갈시키고 갈수록 더 많은 원자재와 연료를 요구하는 기존 산업화 모델의 전도가 불투명하다는 점이 명백해졌다. 그러한 낭비적 경제구조는 세계의 일정지역에서 일정기간 동안만 발전될 수 있었다. 장기적으로 그리고 전인류적으로 보아 이는 쓸모 없는 것이다. 그저 자연의 힘만 축낼 따름이다.

유감스럽게도 사회주의는 구조개편의 선두자리를 차지하지 못했다. 자본주의 세계가 70년대에 발생한 에너지 위기와 관련된 사회적 충격을 경험했다는 점에 기쁜 나머지, 우리는 그곳에서는 그 충격 후에 고도의 기술과 에너지 및 원자재의 절약에 입각한 활발한 구조개편이 뒤따랐다는 점을 너무나도 늦게야 깨달았다. 이제 와서 우리는 게으르고 자만했던 것에 대한 대가를 치르고 있다.

만일 페레스트로이카가 경제적으로 승리한다면, 다시 말해 경제적 안정, 노동생산성의 향상, 과학·기술 진보 속도의 가속화가 보장된다면, 페레스트로이카는 승리할 것이다. 이러한 특징들에 의해 사회주의 경제의 새로운 모습도 규정된다.

정치적인 면에서의 사회주의 혁신은 시민사회와 법치국가의 메커니즘을 참고함으로써 진정한 인민권력을 보장하는 것이다. 보통 우리는 심지어 '민주적 사회주의'라는 용어 자체에 대해서도, 이를 기회주의적 수정주의 노선의 표현과 동일시하면서, 부정적인 태도를 가져왔다. 이제 우리는 국가체제뿐만이 아닌 모든 사회생활의 민주화에 대해, 그리고 대중의 사회적 적극성과 자발성을 향상시키는 강력한 자극제가 되며 아울러 이를 표출할 수 있는 조건을 형성시켜주는 민주화에 대해 말하고자 한다.

이른바 법치국가론도 민주주의의 발전과 유기적으로 관련되어 있다. 이는 법의 최고성, 높은 책임의식과 규율에 바탕한 개인의 광범위한 사회적, 정치적 권리와 자유의 설정, 효과적으로 기능하는 관리메커니즘의 창조를 의미한다.

민주주의와 자유, 그것은 우리가 사회주의의 알맹이로 삼고 있는 인간문명의 위대한 가치이다. 우리는 실질적 민주주의에 찬성한다. 그러나 그걸 바탕으로 민주주의의 형식적 원칙들을 파기하는 것에 반대한다. 우리의 경험은 모든 합법적 원칙들을 엄격하게 준수하는 것이 사회생활에서 얼마나 중요한가를 보여주고 있다. 따라서 우리는 우리가 인도적 사회주의뿐만이 아니라 민주적 사회주의를 건설하고 있다고 실로 당당하게 말할 수 있다.

국가나 기타 정치제도 발달에서의 주도적 경향은 인민에 의한 사회주의적 자율관리의 이상과 현실을 변증법적으로 통합하는 것이다. 이는 직접민주주의의 잠재력을 활용하고 시민들이 직접적 의사표출의 다양한 창구를 통하여 사회의 모든 일에 대한 관리에 능동적으로 참여할 수 있는 장점을 가지고 있다. 또 행정부와 입법부의 확실한 분립과 사법부의 독립성을 보장해주는 다년간의 경험에 의해 실험된 의회대표제 민주주의의 메커니즘을 갖는다. 인민에 의한 사회주의적 자율관리는 국가조직과 사회조직 그리고 시민사회의 여러 제도들간의 '영향권'을 합리적으로 구분해주며, 아울러 소비에트체제 내부의 자율관리적 기초를 싹트게 해준다. 이 소비에트체제에 영향을 미치는 것이 바로 인민대표회의(소비에트)제이다.

페레스트로이카는 당에 '두얼굴의 과제'를 부과했다. 한편으로는 정치체제의 근본적 민주화, 시민사회의 구조화, 독립채산제로의 전환, 국민경제를 관리함에 있어 경제외적이 아닌 경제적 접근법의 도입이라는 조건에서 나름의 위치를 설정해야 한다는 것이고, 다른 한편으로는 당내의 페레스트로이카를 완수해야 한다는 것이다. 이 모든 것은 새롭고 복잡한 문제이다. 대중의 자발성을 고양하고 1당체제의 범주 내에서 제반 사회생활의 민주화를 도모한다는 것은 숭고하기는 하되 어려운 당의 사명이다. 또 그것은 많은 것을 규정하게 될 것이다.

당내 페레스트로이카 가속화 돼야

오늘날 당은 지도적 관리기능으로부터 벗어나 정치적·이념적 기반을 고안하는 중심으로 변모하고 있다. 당의 임무는 발생하고 있는 제과정을 심사숙고 하여 정책을 입안·제시하며, 마르크스-레닌주의의 원칙과 가치에 입각한 이론적 작업을 확대시키고 우리의 현실과 세계의 경험을 분석함으로써 예측활동을 수행하는 것이다. 소련 공산당은 당조직과 당원들을 통하여 기능하면서 다각적인 모습으로 발생하고 있는 제과정에 영향을 주고 있다. 또 당의 임무는 레닌이 주창한 과제의 해결 즉 지배기구의 관료주의화에 맞선 투쟁을 선도하고 나아가 이 투쟁을 페레스트로이카의 모든 단계에서도 전개하는 것이다.

그러한 기능변화는 정치체제 속에서 인민의 이념적·정치적·도덕적 전위로서의 당의 위치를 설정해준다. 당은 이제 국가조직이나 사회조직에 대한 '지시하달'을 맡는 게 아니라 독립성을 유지하면서 헌법과 기타 법률의 범주 내에서 활동해야 한다. 오늘날의 복잡한 상황에서 페레스트로이카의 지난한 과제를 해결하는 데에 사회의 모든 힘을 모아야 하기에 1당체제 유지의 합목적성이 요구되고 있다 그럼에도 당은 다원주의의 발달, 사회여론의 경쟁, 민주주의와 인민을 위한 글라스노스트(정보공개)의 확대에 기여할 것이다. 사회주의의 혁신을 위한 투쟁에서 당은 그 어떤 대중선동 그 어떤 민족주의적 혹은 국수주의적 사조, 그 어떤 지각없는 집단이익에도 주도권을 양보할 수 없다.

당 역시 페레스트로이카의 길에 들어섰다. 그 내부구조, 업무스타일과 방법론이 변화하고 있다. 그러나 유감스럽게도 아직 당의 페레스트로이카는 사회 전반의 페레스트로이카보다 더디게 진행되고 있어서 당의 전위적 역할 수행에서 심각한 난관을 조성하고 있다. 자율관리의 새로운 형식과 절차가 강구되고 집단주의와 우호주의의 원칙이 발전되며 의식적 기강에 입각한 조직원의 권리가 실현되는 명실상부한 민주화의 본보기가 되기 위해 당은 획기적인 혁신의 길로 들어설 결의에 차 있다. 당기구의 구조와 기능을 새로운 조건에 합치시켜야 하고 당의 제반 연결고리의 활동을 재편해야 하며 보수주의와 교조주의를 극복해야 한다.

사회분야에서의 혁신과정은 훨씬 깊숙하고 견실하게 나타나고 있다. 넓은 의미에는 이는 인간의 이익과 그 표출이 다양한 형태로 교차하는 분야이다. 이는 관습, 서비스분야, 교육, 보건, 사회보장, 레저를 포괄한다. 다시말해 인간의 욕구충족을 목표로 하는 모든 사회개조의 총체이다.

사회혁신 통해 인류보편가치 추구

페레스트로이카는 민족 간의 무수한 문제와 모순을 사회생활의 표면에 그야말로 까발려 놓았다. 그것들은 오늘에 와서 생긴 것이 아니다. 공식적으로는 '민족문제'가 해결되었다고 발표해놓고 민족적 기초를 탄압하던 때에 생성된 것이다. 현재의 민주주의와 글라스노스트 상황에서는 그러한 갈등을 냉철하게 보아야 한다. 문제의 실상을 규명하지 않고 그걸 해결할 수도 없기 때문이다. 자기 민족의 주권과 경제와 문화를 지키려는 운동이 다른 민족에게 그리고 우리나라 전체에, 나아가 페레스트로이카에 손실을 주지 않도록 하는 것이 중요하다.

아마도 사회주의의 혁신을 주도하는 가장 획기적인 변화는 이념, 문화, 교육분야일 것이다. 페레스트로이카는 인간과 사회의 정신적 발전, 심리의 변화에 폭넓은 지평을 열어주고 있다. 우리의 미래관에서 중요한 자리를 차지하는 것은 교사, 의사, 기사, 과학자 등 지식인 집단의 역할과 그들이 문화와 학문분야에서 행하는 활동이다. 과거 수십년동안의 왜곡을 시정하기 위해서는 무엇보다도 지적 노동, 지식, 고도의 전문성에 대한 사회적 평가를 결정적으로 높여주는 것이 지극히 중요하다. 이렇듯 페레스트로이카 과정 속에서 우리가 다가가고 있는 사회주의는 효율적인 경제, 과학·기술·문화의 높은 성과, 사회생활의 모든 측면을 민주화하고 능동적·창조적 생활과 활동을 위한 조건을 형성하는 인간화된 사회구조에 기초한 것이다.

세계 공통의 문제들이 이제 인간생활에서 더욱 커다란 위치를 차지하기 시작하고 있다. 이 모든 것은 다양한 사회체제가 나름의 특성을 유지하면서도 평화, 안전, 자유, 자신의 운명결정권과 같은 인류보편적 가치의 범주 내에서 발전하고 있다고 여겨도 좋을 근거를 부여하고 있다. 또한 사회주의 세계는, 나름의 가치와 장점을 포기하지 않고 오히려 그것들을 혁명적 페레스트로이카의 도상에 그리고 이성과 인도주의에 입각한 진정한 인간사회 건설의 도상에서 훨씬 더 발전시키고 향상시키면서, 전인류 공동의 목표를 향해 나아가고 있다.

고르바초프는 앞의 논문에서 "다양한 사회체제가 나름의 특성을 유지하면서도 평화, 안전, 자유, 자신의 운명 결정권과 같은 인류보편적 가치의 범주 내에서 발전하고 있다"고 언급했다. 체제간 국가간 평화공존과 인류 보편적 가치를 중시한 그의 신사고를 압축적으로 표현한 것이다. 아래 기사는 고르바초프 신사고 외교의 전성기 때 모습을 잘 보여준다. 1988년 3월18일 고르바초프가 신 베오그라드 선언으로 브레즈네프 시절의 제한주권론(사회주의 진영 전체 이익을 위해서는 개별국가의 주권은 제한될 수 있다는 것으로 동유럽에 대한 소련의 개입을 정당화했다)을 폐기하고 동유럽 국가들의 선택의 자유를 존중하자 동유럽에서 체제 개혁 운동이 격렬하게 일어난다. 이 동유럽의 격변에 대해 세계가 소련 지도부의 대응을 주시하자 셰바르드나제 외무장관은 89년 10월23일 '주권 평등, 간섭불용, 선택의 절대적 자유 인정'을 주 내용으로 하는 포괄적인 입장을 밝혔다. 소련의 이익이 저해되지 않고 유럽을 불안정하게 하지 말아야 한다는 단서가 붙기는 했지만 당시 소련 지도부의 이같은 과감한 정책을 '마이 웨이'를 부른 프랭크 시내트라의 이름을 따서 '시내트라 독트린'이라고 부르기도 했다.

크렘린의 '시내트라 독트린'

(1989.11.26)

"우리는 헝가리 국민들의 선택을 존중한다. 그러한 변화를 우리는 두려워하지 않는다."

"헝가리가 바르샤바조약기구에서 자유롭게 탈퇴할 수 있다는 말인가?"

"물론이다. 그러나 당신이 알아두어야 할 것은 아직까지는 헝가리의 지도자들이 바르샤바조약기구에 남아있겠다고 선언한 점이다."

바로 몇 년 전만해도 소련의 고위 관리가 미국 텔레비전 방송에 출연하여 이와같은 이야기를 나누었다면 그는 아마 제정신을 가진 사람으로 보이지 않았을 것이다.

그러나 최근 소련공산당 대변인 니콜라이 시슐린은 분명 그와같은 발언을, 그것도 미국 텔레비전 시청자들 앞에서 했다. 바로 지난 10월29일 ABC텔레비전의 한 프로그램에서였다.

그는 여기서 그치지 않고 최근 동독의 불안정한 상황과 함께 눈길을 끌고 있는 소련의 對독일 정책에 대해서도 매우 대담한 발언을 했다. 즉 "동·서독의 再통일 가능성에 대해 소련은 어떤 입장을 취할 것인가?"라는 질문에 대해 "독일의 再통일 여부는 독일 국민이 선택할 문제이며, 소련은 이를 방해하지 않을 것"이라는 입장을 천명한 것이다. 물론 그 과정이 "소련의 이익을 저해하거나 유럽을 불안정하게 하지 말아야 한다"는 단서를 달기는 했지만 그의 발언은 그 자체만으로도 대담한 것이었다.

소련 공산당의 거침없는 개혁 발걸음

비슷한 시기에 겐나디 게라시모프 소련 외무부 대변인 역시 미국 텔레비전과의 인터뷰에서 시슐린과 비슷한 발언을 했다. 한걸음 더 나아가 그는 소련의 새로운 동유럽정책을 미국의 인기가수 프랭트 시내트라의 이름을 따 '시내트라 독트린'이라 명명, 미국의 시청자들에게 소련의 새로운 정책에 대한 명료한 이미지를 심어주었다.

"프랭트 시내트라는 아주 인기있는 노래를 하나 불렀다. '마이 웨이(MY WAY)'가 그것이다. 지금 헝가리, 폴란드, 그리고 다른 모든 국가들은 이 노래처럼 자신들의 길을 가고 있다. 그들은 어떤 길을 선택할 것인가를 스스로 결정한다. 그것은 그들의 길이다. 우리는 그것을 지켜보고 있고, 면밀히 관찰하고 있지만 간섭하지는 않는다."

동유럽의 엄청난 격변이 도리어 소련의 개입을 강화시키지 않을까 하며 의구심을 버리지 못하고 있는 미국 정책 입안자들에게 소련 고위관리들의 일련의 발언은 매우 놀라운 것이 아닐 수 없을 것이다.

그러나 동유럽정책에 대한 소련의 변화된 입장이 최근 두 소련관리의 발언에서 처음 공표된 것은 아니다. 이미 1988년 고르바초프는 유고의 베오그라드에서 "모든 공산당은 나름대로 독자적인 발전노선을 채택할 권리를 가지며 소련은 이에 개입하지 않는다" 고 선언했다. 당시 이 선언은 "사회주의공동체의 이익을 위해서는 개별 국가의 주권은 제한될 수 있다"는 브레즈네프 독트린의 폐기를 의미하여 소련의 새로운 정책전환을 시사한 것이었다.

그럼에도 소련의 對동유럽정책이 다시 관심을 끄는 것은 최근 동유럽의 변화양상이 상상을 초월하는 면이 있고, 이를 고르바초프의 소련이 어느 정도까지 수용할 수 있을지 의문스럽게 때문이다.

브레즈네프 정책에서 탈피 노력

이에 대해 지난 10월23일 셰바르드나제 소련 외무장관은 소련 최고회의에서 새로운 상황을 맞는 소련의 대외정책에 대해 포괄적으로 입장을 밝힌 바 있다. 셰바르드나제는 소련과 동유럽의 관계가 '주권평등, 간섭 불용, 선택의 절대적 자유 인정'에 기초할 것임을 밝혀 소련의 기존 정책을 격렬한 상황변화에도 불구하고 틀림없이 견지해 나갈 것임을 밝혔었다. 한걸음 더 나아가 그는 소련이 바르샤바조약기구와 나토동맹의 해체를 위해 서방측과 교섭할 준비가 되어 있음을 밝혀, 나토동맹의 해체를 전혀 고려하고 있지 않은 미국과 서유럽 측을 곤란하게 했다. 또한 그는 작년에 고르바초프가 밝힌 소련 병력 50만명 감축계획의 일환으로, 2000년까지 해외주둔 소련기지를 소련 영내로 철수시키겠다고 선언했다.

셰바르드나제의 당시 연설에는 여태까지 소련의 대외정책에서 쟁점으로 제기됐던 문제들에 대한 획기적인 입장의 변화가 엿보여 눈길을 끌었다. 그중의 하나는 크라스노야르스크에 있는 소련의 레이다 기지가 72년 미국과 체결한 요격미사일(ABM) 제한규정을 위반한 것임을 시인한 것이다. 미국을 위시한 서방국가들은 오랫동안 이 레이다 기지가 ABM조약을 위반한 것임을 주장해왔고, 미·소간의 군축협상에서도 이 문제는 늘 쟁점으로 거론됐다. 최근 몇 년 동안 크렘린 당국은 미국과 서방측의 계속적인 압력 하에 거대한 이 기지의 가동을 중단시키겠다고 약속해왔다고 한다. 그러나 이 기지가 ABM조약에 위배된 것임을 시인한 것은 셰바르드나제 발언이 최초라는 점에서 의미를 부여할 수 있다.

또 하나의 문제는 79년 12월의 소련군 아프간 파병을 어떻게 볼 것인가 하는 점이다. 이에 대해 셰바르드나제는 당시 소련 지도부의 아프간 파병은 소련의 법률과 윤리에 위배되는 것이었다며 이를 격렬하게 비난했다. 아프간 파병 결정이 소련 정치국에서 소수의 사람들에 의해 이루어졌다는 사실은 그동안 간헐적으로 보도된 바 있지만, 소련 고위관리가 이를 소련의 법률에 위배되는 행위였다고 공식적으로 언명한 것은 처음 있는 일이라고 볼 수 있다.

셰바르드나제 연설로 대변되는 최근 소련의 외교정책은 가깝게는 고르바초프의 '新思考외교'가 각개약진식으로 전진을 계속하고 있음을 보여주지만 그것은 다른 한편으로는 소련의 현 지도부가 브레즈네프 시대의 유산을 철저히 극복하려고 노력하고 있음을 시사하는 것이다.

브레즈네프시대 소련의 대외정책은 평화공존 노선과 함께 소련 군사력을 미국 군사력에 상응하는 수준으로 끌어올리기 위한 군비증강 노선의 병행, '제한주권론'이라고도 불리는 브레즈네프 독트린을 통해 동유럽 동맹국의 이탈을 방지하는 것, 그리고 특히 70년대 중반 이후 제3세계에 대해 소련식 혁명모델을 수출하는 것 등으로 정리된다.

따라서 최근 셰바르드나제의 외교정책 연설에서 동유럽 국가에 선택의 자유를 인정하고, 크라스노야르스크의 레이다 기지를 폐기하겠다고 선언한 점, 또한 제3세계에 대한 혁명수출 노선의 가장 대표적 사례로 지적됐던 아프간 파병 결정을 잘못된 것이라고 비난한 점 등은 새로운 소련의 대외정책이 각 영역별로 브레즈네프 시대의 외교정책을 철저히 극복하고자 하는 것임을 의미한다.

또 하나의 10월혁명

최근에 잇따라 보도되고 있는 소련 외교정책의 뚜렷한 변화양상에 대해 서방언론들은 이를 '또하나의 10월혁명'이라 부르며 높이 평가하고 있다. 그리고 최근 소련에서는 대외정책상의 이러한 혁명적 자세 변화 못지않게 국내정책에 있어서도 구체제의 두터운 외투를 벗어던지기 위한 혁신적 조치들이 잇따라 취해져 '또하나의 10월혁명'이란 말이 단지 빈말이 아님을 실감케 한다.

국내정책에서의 혁신적 조치 중 하나는 소련공식화폐 루블貨의 가치 현실화 조치를 들 수 있다. 그동안 루블貨의 실질가치가 액면가에 훨씬 못 미친다는 것은 이미 공공연한 사실이었지만, 최근 크렘린의 가치 현실화 조치는 상당히 파격적인 데가 있다. 1루블의 액면가치를 1달러 59센트에서 16센트로 과감하게 평가절하한 것이다. 서방의 경제전문가들은 이 조치를 소련경제를 통합시키려는 소련 지도부의 의지가 반영된 것으로 보고 있다.

소련 권력체제의 두 기둥이라고 할 수 있는 공산당과 KGB(국가보안위원회)의 특권폐지 및 권한축소 움직임 등도 가히 혁명적이라 할 수 있다.

지난 10월24일 소련 입법기구인 최고회의는 이 기구의 母體격인 인민대표자회의에 선거를 거치지 않고 자동 할당되는 공산당과 여타 사회단체들의 의석을 폐지하는 개헌안을 통과 시켰다. 아직 금년 말의 인민대표자회의의 결정 절차가 남아 있기는 하지만, 만약 이 개헌안이 최종 확정된다면 공산당은 1백석 가량의 의석을 상실하게 된다. 또한 여태까지 공산당 중앙위의 직접 선출에 의해 당간부들이 자동적으로 인민대표자회의에 참석할 수 있던 제도가 폐지됨에 따라, 앞으로는 설령 고르바초프라 하더라도 선거구민에 의해 선출되지 못하면 참석 자격을 상실하게 된다.

KGB도 브레즈네프 시대의 유산을 청산하기 위한 움직임이 보이고 있다. 70년대에 반체제 인사의 감시, 작가들에 대한 탄압 등으로 악명높던 KGB 의장 블라디미르 크류치코프는 이번 결정과 함께 "머리속의, 그리고 혼자만의 사상과 신념은 그것이 어떤 것이든 범죄로 간주되지 않는다"고 선언, 사상의 영역에서도 민주화와 개방의 분위기가 고조되고 있음을 시사했다.

'89년 혁명'이라 불릴 정도로 80년대 말 90년 초까지 혁명의 물결이 동유럽 공산 정권을 휩쓸었다. 89년 폴란드 인민공화국이 붕괴된 것을 시초로 헝가리, 동독, 불가리아, 체코슬로바키아 그리고 루마니아 사회주의 공화국이 무너졌다. 일련의 동유럽 민주화 혁명 가운데 가장 극적인 것이 바로 루마니아에서 벌어진 독재자 차우셰스쿠에 대한 처형 사건이다. 이 사건의 파장은 동유럽에서 그치지 않고 당시 북한에도 커다란 변화의 압력으로 작용했다.

루마니아 차우셰스쿠 처형이 한반도 지각변동 초래하다
(1990.1.7)

지난 10여일 동안 전세계의 이목을 집중시켰던 루마니아 사태는 차우셰스쿠의 처형 소식이 전해지는 가운데 새로운 국면을 맞고 있다. 아직 차우셰스쿠에 충성하는 세력들의 저항이 단말마적으로 계속되고 있긴 하지만, 반정부 시위과정 속에서 결성된 '구국위원회'측은 차우셰스쿠 부부를 학살과 국가 전복 등의 죄목으로 총살형에 처하는 한편 루마니아의 정치적 장래를 위한 회의를 열어 정부형태와 각료인선 등을 논의하기 시작했다.

이와 함께 향후 루마니아의 진로에 대한 관심이 고조되고 있다. 현재까지의 일반적인 견해는 변혁기를 넘어서기 위한 혼란 상태가 어느 정도 불가피할 것으로 보이지만, 대체로 여타 동유럽 국가들과 마찬가지로 개혁사회주의의 대열에 합류하게 되리라는 것이다. 이는 철저한 유혈시위 과정에서도 시위대의 구호가 '차우셰스쿠 타도'와 '자유'에 초점이 맞추어져 있었고, '사회주의 폐지' 등 체제 자체를 부정하는 구호가 없었다는 점에서도 추측이 가능하다.

현재 정국을 주도하고 있는 '구국위원회' 사람들도 대부분 차우셰스쿠의 정책에 비판적인 입장을 취해 탄압을 받았던 '개혁파 사회주의자'들인 것으로 알려지고 있다.

'구국위원회'는 지난 23일 긴급회의를 통해 23개항의 개혁조치를 발표했는데 이 개혁조치는 공산당 1당독재 폐기, 내년 4월 이내의 자유 총선, 해외여행 자유화, 비밀경찰 해체, 언론자유 보장, 바르샤바조약 준수 등 여타 동유럽 국가들의 개혁

방향과 일치하는 내용을 담고 있어 이와 같은 분석을 뒷받침한다.

그동안 동유럽에서 불고 있는 개혁의 바람에 완강히 저항, 폐쇄적 족벌독재체제를 고집하던 차우세스쿠정권이 국민들의 직접적 저항에 의해 타도되어 버림으로써 루마니아와 같이 개혁 노선을 거부해온 여타 사회주의국들에 엄청난 충격을 주었을 것이라는 게 일반적인 분석이다. 또한 중국 '천안문 사태'의 선례가 있긴 했으나 소위 '인민을 위해 봉사한다'는 사회주의 정권이 자신의 권력유지를 위해 서슴없이 총부리를 '인민'의 가슴으로 돌렸다는 점 때문에 차우세스쿠정권은 사회주의권에서조차 거센 비판의 대상이 되었다. 동독공산당 기관지 <베를리너 차이퉁>지는 23일자 사설에서 "감히 사회주의라는 단어를 참칭했던 파시스트정권은 필연적으로 붕괴되어야 했다"면서 "이제 그같은 정권이 유럽에 발붙일 곳은 없다"고 단언, 이번 사태를 바라보는 동유럽 사회주의자들의 심경을 단적으로 대변했다. 루마니아 텔레비전방송은 민중시위가 발발한 이후 25일 현재까지 약 7만 명이 사망했다고 보도한 바 있다.

이번의 루마니아 사태는 초기 발단 단계에서 보면 여타 동유럽의 정치적 변혁 과정과 달리 개혁을 요구하는 시민들의 저항에서 촉발된 것이 아니었다는 점에서 또 다른 특징을 가지고 있다. 루마니아 사태는 이번 사태의 진원지가 된 티미소아라 지역의 헝가리계 소수민족과 루마니아 당국간의 해묵은 갈등이 원인이 된 민족분규적 성격을 띤 것이었다(소수민족인 헝가리족 출신으로 국경도시 티미소아라(Timișoara)에서 활동하던 개혁교회 소속 목사 퇴케시 라슬로가 1989년 7월 헝가리 TV와의 인터뷰에서 "루마니아에는 인권이 없다"며 차우세스쿠 정권의 전체주의를 비판하자 루마니아 법원이 목사에게 추방령을 내렸고 이에 대한 항의 시위를 진압하는 과정에서 루마니아 당국이 소수민족인 헝가리족에 대해 무차별적인 진압작전을 펼치면서 사태가 확산됐다).

따라서 소련이나 여타 동유럽 국가들에서 흔히 볼 수 있던 이러한 민족분규가 곧바로 대규모 반정부 시위로 확대된 것은 대다수의 루마니아인들이 헝가리계 주민들에 동조하여 반차우세스쿠 입장으로 돌아섰기 때문으로 분석된다. 즉 티미소아라의 대량학살 소식이 루마니아인들의 정권에 대한 불만에 불을 붙인 셈이다.

또한 시민들의 처절한 유혈시위가 궁극적인 승리를 거둘 수 있었던 것은 루마니아 정규군이 시민들 편으로 돌아서서 차우세스쿠의 친위대 역할을 하였던 보안부대의 물리력을 차단한 데에 있었던 것으로 전해지고 있다. 돌발적인 계기로 국민들의 누적된 불만이 걷잡을 수 없이 폭발하고, 여기에 군의 일부가 가세하여 정권을 향해 총구를 돌린다는 이러한 과정은 루마니아의 국내정세에 정통한 일부 전문가들에 의해 이미 예견되기도 했던 부분이다. 또한 이는 국민들의 누적된 불만을 무시하고 체제내의 반대파 제거와 철권통치의 강화를 통한 권력유지에만 급급했던 차우세스쿠식 통치철학이 빚은 비극이기도 한다.

한편 차우세스쿠의 철권 독재체제가 민중봉기 1주일만에 붕괴되어버리자 세계의 관심은 동유럽의 마지막 스탈린주의 국가인 알바니아와 개혁을 거부하고 있는 중국, 북한, 쿠바 등으로 쏠리고 있다. 영국의 <가디언>지는 지난 23일 "루마니아의 차우세스쿠가 축출됨에 따라 중국, 북한 등은 더욱 고립된 가운데 수세에 몰리고 있다"라고 지적했다. 또한 이 매체는 북한의 보다 근본적인 정치적 변화가 북한 정권 내부의 엘리트 투쟁에 의해 나타날 가능성이 많은 것으로 관측통들은 보고 있다고 전했다.

일본의 <요미우리>신문은 내년 초 이붕 중국총리가 소련을 방문하고 강택민 공산당 총서기가 북한을 찾아가는 것과 거의 같은 시기에 김일성 주석의 모스크바 방문도 이루어질 가능성이 크다고 밝혔다. "김일성의 소련행은 동유럽의 격변정세 속에서 점차 고립화되어 가는 북한의 입지를 외교를 통해 타개해 나가자는 데 있다"고 말한 이 신문은 북한이 천안문사태 이후 '강경보수'로 전환한 중국을 방파제 삼아 자유화의 물결을 막는 한편 일정한 범위 내에서 대미·대일외교에 유연한 자세를 보일 것 같다고 전했다. 차우세스쿠정권의 몰락으로 조성된 새로운 정세에 중국과 북한이 보다 현실적인 적응태세를 구체화할 때 한반도 정세의 지각변동도 의외로 빨리 구체화할지도 모른다는 분석이 조심스럽게 대두되고 있는 것이다.

루마니아 사태가 소수민족의 민족 분규적 성격을 띤 것처럼 소련의 붕괴도 연방 공화국들의 독립 열기로부터 시작됐다. 그같은 독립 열기는 고르바초프 개혁 정책의 한 축이었던 글라스노스트에 의해 90년 1월 시행된 각 공화국 선거가 계기가 됐다. 체제 민주화의 일환으로 도입한 자율 선거가 연방 붕괴의 시발점이 되는 아이러니한 상황이 된 것이다. 발트 3국에 속해있던 리투아니아가 90년 3월11일 독립을 선언하고 치고 나옴으로써 고르바초프의 개혁 정책에 먹구름이 끼기 시작했다. 리투아니아 사태 초기의 정세를 분석한 이 기사에서는 보수파와 급진개혁파에 대한 분석을 통해 다소 낙관적인 견해를 보였지만 그로부터 1년 5개월만인 91년 8월 보수파에 의한 돌발적인 쿠데타 시도와 옐친의 극적인 활약 등을 거치며 고르바초프의 실권과 연방 해체 과정이 이어졌다.

소련 붕괴의 도화선 된 리투아니아 사태

(1990.4.23)

리투아니아 사태(1990년 3월11일 소련으로부터 최초로 독립을 선언하고 국명을 소비에트사회주의 리투아니아공화국에서 리투아니아공화국으로 개칭)는 소련연방 해체의 도화선이 될 것인가. 그것은 몇 번의 위기국면을 절묘하게 헤쳐온 고르바초프정권을 또다시 궁지에 몰아넣을 것인가. 리투아니아 사태를 둘러싸고 고르바초프와 소련 연방체제의 운명에 대한 관심이 다시 높아지고 있다. 예상되는 최악의 시나리오는 리투아니아 사태가 폭력화하면 고르바초프가 몰락하고 그것은 곧 소련 연방체제의 자연 해체로 이어지리라는 것이었다. 다행히 지난 4월2일 비타우타스 란츠베르기스 리투아니아 공화국 최고회의 의장이 완전독립을 늦출 수도 있음을 시사해 일단 리투아니아와 연방 정부의 정면충돌은 피할 수 있게 된 것으로 보이지만 앞으로 협상과정이 결코 순탄치만은 않으리라는 관측이 지배적이다.

고르바초프의 강경대응으로 리투아니아에 긴장이 고조되자 최근 에스토니아 최고회의는 일방적으로 독립을 선언했던 리투아니아와는 달리 독립에 이르기까지 과도기간을 설정하는 등 점진적인 방식을 채택하기로 결의하였다. 따라서 앞으로 리투아니아와 같은 전격적이고 일방적으로 독립을 선언하는 방식과 에스토니아와 같은 점진적 방식 중 보다 효과적인 쪽이 라트비아, 그루지아, 몰다비아 등 독립을 요구해온 다른 공화국들에게 선례가 될 가능성이 높게 되었다.

이와 같이 산하 공화국들이 어떤 방식을 취하든 분리·독립의 대열에 계속 합류하게 될 때 소련 연방은 어떻게 될 것인가. 주로 서방측의 전문가들은 앞으로 몇 년 안에 소련제국 자체가 해체될 것이라는 진단들을 내놓고 있다. 그 대표적인 논자로 카터정권 당시 안보담당 보좌관이었던 즈비그뉴 브레진스키를 들 수 있다. 그는 2월 마지막 주 발매된 《뉴스위크》에 기고한 글에서 "앞으로 2년 내에 공산당이 소련에서 사라지고 이어 5년 내지 10년 안에 연방 자체가 소멸될지도 모른다"고 진단하였다. 최근 공표된 美국방부의 한 보고서도 비슷한 입장을 보이고 있다. 이 보고서에 따르면 2천년까지 리투아니아, 라트비아, 에스토니아 공화국이 연방에서 탈퇴하고, 이어 우크라이나, 카자흐 공화국 등도 분리 독립하여 백러시아와 러시아 공화국만이 잔류한 채 소련제국은 붕괴하게 된다는 것이다.

브레진스키는 "10년안에 소연방 소멸된다"

사실 각 공화국의 분리 독립운동은 올해 초의 지방공화국 최고회의 선거에서 다수세력으로 부상한 민족주의 세력들이 대거 의회에 진출하게 되면서부터 새로운 단계에 돌입할 것으로 보인다. 그러나 문제는 현재의 분리운동이 오랜 동안의 스탈린식 사회주의 체제하에서 억눌려왔던 민족감정들이 고르바초프의 개혁정책 하에서 일거에 폭발하여 극단적인 양상으로 치닫고 있을 뿐 독립 이후의 구체적인 대안이 마련돼 있는 것으로 보기는 어렵다는 점이다. 예를 들어 분리·독립에 가장 적극적인 리투아니아의 경우 연료 및 원료의 약 90%를 다른 공화국들에 의존하고 있기 때문에 독립 이후 이러한 경제관계가 차단될 경우 심각한 국면에 봉착하게 된다. 또한 리투아니아 등 각 공화국에 서로 다른 민족들이 혼재돼 있는 것도 앞으로 해결하기 어려운 문제로 대두될 것이다 즉, 독립운동이 가열될수록 이해관계가 상충되는 민족집단 간의 투쟁이 심각한 양상으로 치달을 것이라는 점이다. 이미 리투아니아의 경우만 해도 인구의 약 20%를 차지하는 러시아인들이 친소파 공산당으로 결집되어 민족운동조직인 사주디스와 대항관계를 형성하고 있다고 한다.

이런 어려움들에도 불구하고 발트3국이 궁극적으로 독립하게 된다고 할 때 그것은 곧 고르바초프정권을 위기에 몰아넣고 소련연방 자체를 해체시키는 전주곡이 될 것인가. 서방측 전문가들과는 달리 일부에서는 현재 진행 중인 각 공화국의 독립운동이 고르바초프가 추진하고 있는 연방체제 개편작업과 궤를 같이 하고 있음을 지적한다. 즉, 외부세계가 그동안 탈소·독립운동을 고르바초프정권의 위기라는 시각으로 보고 있는 동안 고르바초프는 이를 공산당의 독재폐기, 연방제 개편논의 등의 선행지표로 활용해왔다는 것이다. 이 견해에 따르면 지난 3월11일의 리투아니아 공화국의 독립선언은 중앙정부의 연방제 개편을 또다시 선도하는 것으로 볼 수 있다. 고르바초프의 체제개혁구상에는 체제유지의 부담을 덜기 위해 동유럽은 물론 리투아니아 등 일부 공화국을 해방시키는 것도 상정되어 있는데 이번 리투아니아 사태에 대한 고르바초프의 강경대응은 사실 리투아니아의 독립을 우려해서라기 보다 중앙정부의 통제력이 붕괴되는 것을 막기 위한 조치라는 점도 지적된다.

 리투아니아 등 발트해 연안의 3공화국이 독립한다 해도 그것이 곧 다른 공화국들에 연쇄적으로 작용할 것으로 보기는 어렵다는 견해도 존재한다. 발트3국의 소연방 편입은 1939년의 독·소 밀약에 근거하는 것으로 이를 인정하지 않겠다는 해당 공화국들의 주장에 명분이 있지만 다른 공화국들의 경우 연방편입이 이미 제정러시아 시대에 이루어졌기 때문에 사정이 다르다는 것이다. 또한 중앙아시아나 카프카즈 등의 민족문제는 직접적인 독립요구 보다는 페레스트로이카의 진전에도 불구하고 호전되지 않는 경제 상태에 대한 불만과 구체제에서 특권을 누리던 각 소수민족 출신의 일부 당관료들에 대한 저항이 결합되어 있는 것으로 개혁정책의 진전에 따라 고르바초프를 외곽에서 지원하는 세력으로 전환될 수도 있을 것으로 관측된다.

 그동안 제기됐던 고르바초프 위기론은 주로 지방 공화국들의 독립운동이 가열되면 소련권력 구조내의 보수파에 의한 反고르바초프 운동이 강화될 것이라는 점에 근거를 둔 것이었다. 보수파의 득세 가능성은 고르바초프의 몰락 가능성을 점칠 때 항상 제기돼왔던 것이기도 하다. 그러나 실상은 어떠한가, 소련의 권력구조에 정통한 전문가들은 현 단계에서 보수파들의 재기 가능성은 극히 희박한 것으로 보고 있다. 그동안 몇차례의 인사조치를 통해 보수파들은 소련 권력구조 내에서 거의 제거되었고 또한 대중적인 호소력도 상실해버렸기 때문에 이미 무력화되었다는 것이다.

고르바초프에 도전할 세력은 급진개혁파

앞으로 고르바초프에게 도전할 수 있는 세력은 지식인을 중심으로 한 자유주의자들과 특히 급진개혁파들이 될 것이라는 분석이 보다 설득력 있게 제기되고 있는 실정이다. 지난 3월30일 <타스통신> 사장 레오니드 크라브첸코가 일본 <교도통신>과의 회견에서 7월의 공산당 전당대회 이후 보수파 지도자 예고르 리가초프가 제거될 것이고 급진개혁파들이 새로운 정치단체를 결성할 것이라고 한 발언도 이러한 분석을 뒷받침하고 있다. 급진개혁파들이 고르바초프와 대항관계를 형성할 가능성이 있다 해도 그들이 곧 고르바초프를 위협하는 세력이 될지는 불분명하다. 급진개혁파들은 개혁의 속도와 내용에 있어서는 고르바초프와 대립하고 있지만 개혁의 기본구상에 있어서는 그와 동맹관계에 있는 이율배반적 성격을 갖고 있기 때문이다.

보수파의 제거와 함께 고르바초프의 개혁정책에 잠재적 반대세력으로 인식돼온 관료 및 군부의 상층부에 세대교체가 일어나 이들이 개혁정책의 강력한 지지기반으로 전환되고 있고, 노동자들도 조속한 경제개혁을 원하고 있어 사회적 기반에 있어서 고르바초프정권은 상당히 안정돼 있다는 분석도 있다.

따라서 서방측에서 주장하는 소련연방체제의 붕괴론 및 고르바초프 정권의 위기설 등은 고르바초프의 개혁정책이 갖고 있는 역동성을 간과한 데서 나온 것이라는 지적이 대두되고 있는 것이다. 모스크바에 머물고 있는 서방의 한 실업가가 했다는 다음과 같은 말을 음미해볼 필요가 있다. "위기설에 의해 고르바초프는 국민의 지지를 모으고 서방측의 지원을 끌어들이는 것이 가능했다. 고르바초프에게 위기는 기회의 상실이 아니라 기회의 창출로 보아야 할 것이다."

91년 8월의 소련 군부 쿠데타가 발발한 원인과 그것이 실패로 돌아간 배경을 짚었다. 페레스트로이카와 신사고 외교로 인한 군비 축소와 연방 해체 흐름에 불만을 품은 군 상층부가 보수파와 손을 잡고 쿠데카를 일으켰지만 개혁의 필요성을 느껴온 영관급 장교들과 일반 사병들이 그들에게 동조하지 않음으로서 실패할 수밖에 없었다는 것이다. 고르바초프는 현실에서 실패했지만 그가 심어놓은 개혁 사상이 그나마 소련 사회를 더이상 과거로 돌아가지 못하게 막은 셈이다.

소련 군부 쿠데타 무력화시킨 '페레스트로이카의 힘'

(1991.9.5)

'만국의 노동자여 단결하라' 1918년 1월 소련군의 전신인 적위대를 창설하면서 레닌이 그 군기에 새겨넣은 구호이다. 마르크스의 '공산당선언' 마지막 구절인 이 구호를 신생 소련군기에 새겨넣으면서 그는 볼세비키혁명의 전진을 다짐하고자 했을 것이다. 그러나 이 구호는 스탈린 시대에 접어들어서는 '조국을 위하여'라는 구호로 대체되고 말았다. 1942년 당시 독일과 전쟁을 치르던 스탈린에게는 세계혁명의 이상보다는 소련 국민들의 애국심을 고취하여 '조국'을 구해내는 것이 당면과제로 되었던 것이다.

'세계를 뒤흔든 3일'이라고 불러야 할 지난주 소련의 쿠데타 기간(1991년 8월19일부터 21일)에 소련군은 어떤 것이 조국에 대한 진정한 충성인가라는 실로 어려운 선택을 강요받았다. 그 결과는 쿠데타를 주도했던 세력들뿐 아니라 대부분의 서방측 소련전문가들의 예상을 뛰어넘는 것이었다. 소련군 일선 장병들은 자신들을 대표하는 군부의 최고지도자들과 선택을 달리했던 것이다.

이번에 쿠데타를 주도한 세력에는 실질적으로 소련군의 각 부문을 대표하는 인물들이 망라돼 있었다. 소련군은 명령계통을 달리하는 세 부문으로 크게 나뉘어져 있다. 각 공화국에서 징집된 장병들을 중심으로 조직된 국방부 소속 연방군과 국내치안을 주로 담당하는 내무부 소속 군부대, 국가보안위원회(KGB) 소속 국경경비대 및 특수부대(스페츠나즈) 등이다. 쿠데타 지도부였던 8인 국가비상사태위원회의 명목상의 중심 인물인 야조프 국방장관, 크류츠코프 국가보안위원회 의장, 푸고 내무장관, 바클라노프 군사회의 제1부위원장이 군·군수산업·보안기관의 대표들인 데서도 알 수 있듯이 이번 소련사태는 군사쿠데타의 성격을 띤 것이었다.

서방 군사전문가들은 쿠데타군의 주요 전력으로 내무부 소속 특수임무부대인 MVD와 KGB 소속 병력을 지목했다. 미국의 정보소식통들은 19일의 모스크바 시내 진입은 주로 연방군 소속 공수부대와 MVD, 그리고 KGB 소속 부대에 의해 수행되었다는 관측 결과를 내놓기도 했다. 8월21일자 <르 몽드>지는 쿠데타세력이 동원한 병력 수를 내무부 소속 30만명, KGB 소속 23만 명을 합쳐 도합 50만 명 정도로 추산한 바 있다.

내무부 소속인 특수임무부대 MVD는 주로 민족분쟁 진압에 동원되었던 부대로, 특히 87년에 창설된 오몬부대는 분규현장에 투입돼 악명을 떨쳐왔다. 올 1월 리투아니아의 수도 빌니우스에서 발생한 학살사건(1991년 1월9일 소련이 리투아니아 수도 빌니우스에 군 병력을 투입, 1월13일 국립 라디오·텔레비전 건물과 빌니우스 텔레비전 철탑을 공격하는 과정에서 민간인 14명이 죽고 700명 이상 심한 부상을 입었다)도 '검은 베레'라 불리는 이 부대에 의해 자행되었다.

민족분규 때 맹위 떨친 특수부대 맥 못춰

문제는 여태까지 민족분규 현장에서 맹위를 떨쳐오던 이들 각군 소속 특수부대들이 이번에는 맥을 못추었다는 점이다. 특히 쿠데타 초기 모스크바에 파견된 군부대들 중 엘친 지지로 돌아서는 부대가 속출하면서 쿠데타군의 예봉이 무너지기 시작했다.

제임스 세르 영국 옥스퍼드대 국제관계학 교수는 쿠데타군의 이같은 동요는 사태 초기 군장성들이 회합을 갖고 국민들에게 발포하지 말 것을 요구한 데서 큰 영향을 받았다고 분석했다. 그러나 보다 근본적인 원인은 고르바초프의 페레스트로이카 정책으로 획일적이었던 소련사회가 다양한 분화과정을 겪어온 것처럼 군내부에서도 개혁정책을 둘러싸고 다양한 세력분화가 진행돼온 데서 찾아야 할 것이다. 특히 고르바초프의 개혁정책을 둘러싸고 군내의 장성그룹과 대령 이하의 영관급을 중심으로 한 일반 사병그룹 사이에 커다란 입장 차이가 있었던 것으로 알려지고 있다.

21일자 <르 몽드>지와의 인터뷰에서 개혁파 군장교인 샤밀 니키프 대령은 "군부를 사회로부터 단절시키는 것은 불가능한 일이다. 군은 사회와 분리될 수 없는 총체이다"라고 주장, 사회의 변화과정에 군도 직접적인 영향을 받고 있음을 시사했다. 또 러시아공화국 의회의원인 세르게이 유첸코프 소령은 "소련사회에서 다원주의가 대두하면서 군도 이에 동참하기 시작했다. 군 내부에서도 일반 사회에서와 마찬가지로 다양한 정치적 견해 차이를 볼 수 있을 것이다"라고 주장했다.

고르비 이전부터 개혁 필요성 인식

원래 군은 고르바초프 등장 이전부터 소련사회에 개혁이 필요하다는 것을 인식하고 있던 세력 중의 하나였다. 안드로포프가 이끌던 KGB가 일찍부터 체제 개혁의 필요성을 인식해왔던 것처럼 군부 역시 그 필요성을 느껴왔던 것이다. 일본 청산대학교의 소련문제전문가 데라타니 교수는 군부의 이런 자각이 서방측과 군사 하이테크 경쟁을 벌일 수밖에 없던 소련군의 처지에서 연유한 것으로 설명하고 있다. 당시 군은 소련사회의 다른 부문에 비해서 상대적으로 높은 과학 기술 수준을 자랑하고 있었지만 소련사회의 사회경제적 침체가 계속되는 상황에서는 서방측과의 경쟁에서 결국은 패배할지 모른다고 우려하고 있었다. 따라서 서방과 대등한 경쟁을 벌이기 위해서는 사회경제 전반의 하이테크 수준이 동시에 높아져야 할 필요성이 제기됐고 그러기 위해서는 체제 개혁이 불가피하다는 판단이 내려졌다는 것이다.

당시 군이나 KGB, 그리고 공산당의 일부 간부들이 생각했던 개혁은 현재와 같이 급격한 것은 아니었다. 그것은 어디까지나 소련의 기존체제 유지를 전제로 한 개혁이었다. 그러나 위로부터 시작된 페레스트로이카는 일단 아래로부터의 대중적 참여가 분출하기 시작하면서 그 한계를 넘어서서 진행되었다. 특히 이 과정에서 군부와 군수 산업들은 군축과 국방비 삭감으로 인해 피해를 받아왔고, 또 신사고외교에 의한 일방적 군축이 소련의 국제적 지위를 약화시켜왔던 점에 대해 비판적이었다.

여기에 페레스트로이카 진행과정에서 터져나온 민족분규와 연방의 해체 위기, 사회적 혼란 등이 가중돼면서 여태까지 정치적 발언을 자제해오던 군부 및 KGB 상층부는 지난해 연말부터 공산당 내의 보수파와 손을 잡고 강경한 자세를 보이기 시작했다. 이러한 일련의 움직임이 8월20일로 예정됐던 신연방조약 조인을 앞두고 쿠데타라는 형태로 터져나온 것이다.

그러나 군부나 KGB 등 기존체제 상층부의 보수적 입장과는 달리 영관급 장교들이나 KGB 말단조직들에서는 소련사회의 개혁은 지속돼야 한다는 입장이 우세했던 것으로 알려지고 있다.

지난해 3월 일본 시사주간지 ≪아에라≫의 다오카 슌지 기자는 서방측 기자로는 드물게 바이칼군관구의 소련부대를 취재, 페레스트로이카 이후 소련군 장교들의 의식변화를 추적했다. 그의 결론은 이렇다. "소련장교들과 대화를 하며 느낀 것은 고르바초르의 개혁노선이 군인들 사이에서 폭넓은 지지를 받고 있다는 점이다." 또 그와 인터뷰한 소련군의 한 고급 장교는 소련경제의 실패 원인을 다음과 같이 지적하기도 했다. '우리나라가 실패한 것은 모든 것의 세부까지 계획이 가능하다는 믿음 때문이었다. 예를 들어 철을 몇 만튼 생산한다든지 하는 계획은 합리적이다. 그러나 못을 얼마나 생산해야 하는가까지 계획한다는 것은 비현실적인 것이다. "페레스트로이카와 글라스노스트(개방)의 영향으로 군내에서도 사회문제에 대한 자유로운 토론이 가능하게 되었음을 보여주는 말이다.

특히 영관급 이하 군장교 및 사병들의 이러한 개혁성향은 이번 쿠데타의 실질적인 현장인 러시아공화국에서 강하게 나타나고 있었다. 이미 군부 내 개혁파 세력들이 옐친 러시아공화국대통령 주변에 결집하는 양상도 나타났었다. 지난해 러시아공화국 인민대의원 선거에서는 군부 개혁파인 루츠코이 대령과 볼고노프 장군 등 옐친파 군인들이 대의원에 당선됐다. 올 6월 러시아공화국 대통령선거에서는 군부대 내의 선거에서조차 루츠코이 대령을 러닝메이트로 한 옐친이 군부 보수파인 그로모프 내무차관을 런닝 메이트로 한 리슈코프 전 총리를 압도적인 표차로 물리쳤다.

개혁파 군 장교들에 따르면 이번 쿠데타 과정에서 쿠데타군이 옐친파로 가담하게 된 데에는 공군대령 출신이자 아프간 전쟁의 영웅인 루츠코이 현 러시아공화국 부통령의 쿠데타군 사병들에 대한 호소가 주효했다고 한다. 이들은 군 내부 자료 및 정보를 통해 쿠데타 세력의 움직임을 사전에 포착했다. 사태가 장기화될 경우에는 쿠데타군의 내부 분열을 주도할 가능성도 있었던 것으로 알려졌다.

제2절 신사고가 불러온 아시아 냉전 체제의 균열

　페레스트로이카를 중심으로 한 소련 내부의 변화와 함께 대외관계에서의 신사고 외교는 세기말인 80년대 말~90년대 초 지구촌에 혁명적 변화를 가져왔다. '계급적 가치 보다 전지구적 전인류적 이익을 우선한다'는 소련의 신사고 외교는 동서간의 화해와 군비감축을 통한 냉전의 종식, 신베오그라드 선언을 통한 동유럽의 민주화, 블라디보스토크 선언과 크라스노야르스크 선언을 통한 아시아 냉전 체제의 균열과 해체를 가져왔다.

　아시아 냉전의 해체를 가져온 1986년 7월의 블라디보스토크 선언이 60년대 중소 분쟁 이래 소원한 관계였던 중국과의 관계 개선을 1차적인 목적으로 했다는 점은 앞에서 소개한 바 있다. 중국은 아프간 주둔 소련군의 철수와 중소 국경지대에서의 군사 대치의 감소(구체적으로는 소련군의 몽골 인민공화국에서의 철군), 그리고 베트남군의 캄보디아 철군 촉구 등 3대 장애물을 먼저 제거할 것을 소련 측에 요구해 왔다. 여기서는 블라디보스토크 선언으로 소련군이 철수 이후 아프간과 몽골의 상황, 그리고 소련의 권유로 베트남군이 철수 한 이후 캄보디아의 당시 상황들을 통해 한반도에 앞서 냉전 해체의 소용돌이를 맞았던 아시아 국가들을 들여다 본다.

　또한 냉전 시대 소련이라는 공동의 적을 앞에 두고 단합했던 미국과 일본, 유럽 등 서측 진영의 모습도 짚어본다. 소련이라는 공동의 목표가 사라짐에 따라 서측 진영의 내부 모순도 드러나기 시작했다. 미일간 무역협상을 둘러싼 내부 갈등을 다룬 "'해빙' 속 美·日 갈등 분출' 기사는 미국의 무역 보복과 플라자 합의로 잃어버린 30년의 나락으로 빠져든 일본의 운명을 암시하고 있다. 또한 냉전 당시의 군사동맹만으로는 동맹체제에서의 리더쉽을 유지하기 어렵겠다고 판단한 미국이 "정치·경제제도의 차이를 없애고 협력을 촉진할 것"을 의무화한 나토조약 제2조와 같은 내용의 미일안보조약 제2조를 활용해 기존의 군사동맹을 정치 군사 경제 동맹으로 바꾸려 획책하고 있다는 '냉전 후 미군, '제2의 GHQ(연합군 사령부)창설 계획"기사는 바로 오늘날 한미간 '포괄적 전략동맹'에 대한 발상이 어디서 연유한 것인지를 되짚어 보게 한다.

고르바초프의 블라디보스토크 선언과 크라스노야르스크 선언 이래 소련군이 철수한 아프간과 베트남군이 물러난 캄보디아 상황을 분석했다. 소련군과 베트남군이 철수해도 이들 지역에 평화는 요원해 보였다.

평화의 길, 멀고도 험하다
장기화 조짐 보이는 아프가니스탄·캄보디아 內戰

(1989.10.29)

금년 2월15일은 10여년 동안 아프간 내전에 깊숙이 관여해 왔던 소련군이 마지막 철수를 단행한 날이다. 그리고 지난 달 26일은 1978년 이래 캄보디아에 주둔하고 있던 베트남군이 마지막으로 철수한 날이다.

시차는 있지만 금년 들어 이루어진 양국군의 철수는 동유럽·몽고 등지에서 소련군의 감축 및 철수, 아프리카 나미비아 등지에서의 쿠바군 철수 등과 함께 최근 국제정세의 새로운 화해 분위기를 반영하는 상징적인 사건들이다. 그리고 그것은 거시적인 안목에서 볼 때 강대국간의 대결과 지역분쟁으로 점철되었던 한 시대가 가고 새로운 시대가 오고 있음을 예고하고 있는 것인지도 모른다.

그러나 외국군의 철수가 이들 분쟁지역에 곧바로 평화를 가져다주는 것이 아님은 소련군 철수 이후 아프간에서 전개되고 있는 상황이나, 베트남군 철수 이후 캄보디아의 심상치 않은 최근 동향을 보면 쉽게 알 수 있다.

캄보디아는 제2의 아프간인가?

지난 2월15일 소련군 철수 이후 미국과 파키스탄의 지원을 받는 무자헤딘 반군은 파키스탄 접경 지역인 잘랄라바드에 춘계 대공세를 폈다. 그러나 정부군의 완강한 저항 앞에 잘랄라바드 공격은 무위로 끝났고 이후 아프간 사태는 장기적인 교착국면에 빠져들었다.

이와 같은 상황이 베트남군 철수 이후의 캄보디아에서도 비슷하게 재현될 조짐을 보이고 있다. 베트남군의 마지막 철수 이전부터 공격 준비를 갖춰오던 크메르 르주군을 포함한 3개 반군 연합은 태국 접경지역인 파이린 지방에 대한 공격을 시작으로 서서히 대공세의 전열을 가다듬고 있다. 예로부터 루비와 기타 값비싼 보석이 많이 난다는 파이린, 그 파이린은 '캄보디아의 잘랄라바드'가 될 것인가? 아니, 캄보디아는 이제 제2의 아프간이 될 것인가? 여기에 세인들의 관심이 모아지고 있다.

지구상의 그 어떤 전쟁도 극소수의 수혜집단을 제외하고는 거기에 참여하는 모든 사람들에게 불행만 가져다준다. 더구나 그 전쟁이 동족상잔의 형태를 띠고 거기에 주변국들 및 超強大國의이해관계가 복잡하게 얽혀, 그 시작과 끝이 당사자들의 손을 떠나버리게 되면 불행은 더욱 증폭될 수밖에 없게 된다. 아프간 사태나 캄보디아 사태는 바로 동족 내부의 대립에 주변 諸國과 초강대국의 이해관계가 복잡하게 얽혀들어 그 땅에 살고 있는 사람들의 불행을 증폭시킨 대표적인 사례에 속한다고 할 수 있다.

적어도 1978년 4월 혁명으로 인민민주당(PDPA)이 정권을 잡기까지만 해도 아프간 사태는 일국내의 동족간 대립의 성격을 띠는 것이었다. 그러나 혁명정권 내의 파벌투쟁에서 아민의 급진적인 개혁정책이 실패로 돌아가 정권의 위기감이 만연하게 되면서부터 그것은 일국적인 상황을 벗어나 버리고 말았다. 긴 국경선을 맞대고 있는 이 나라에 反蘇정권이 들어서는 것을 두려워 한 당시의 소련지도부는 79년 12월 군대를 파견해 이 나라의 상황에 깊숙이 개입하기 시작했다. 아프간 사태는 이때부터 지역 분쟁의 차원을 벗어나 국제적 분쟁으로 성격이 바뀌기 시작했다.

강대국간 對立의 희생자들

캄보디아 사태의 발생원인은 아프간 사태에 비해 상당히 外在的인 성격을 띠는 것이었다. 그것은 이웃 베트남에서 타오르고 있던 전쟁의 불길이 엉뚱하게 이 나라에 옮겨 붙으면서 시작되었다. 당시 베트남에서 苦戰을 면치 못하고 있던 미국은 이웃 캄보디아의 시아누크 정권이 지나치게 중립적이고 때로는 親베트남적 양상까지 보이는 것을 못마땅하게 여기고 있었다. 1970년 그들은 소수의 親美 세력들을 조종하여 쿠데타를 일으키게 하였고, 그 결과 시아누크는 권좌에서 쫓겨나고 친미적인 론 놀 정권이 세워졌다.

한번 잘못 꼬이기 시작한 역사의 실타래는 여기에 다양한 세력의 이해관계가 얽히기 시작하면서 더욱더 복잡한 양상을 띠어 가게 된다. 쿠데타로 집권한 론 놀 정권은 1975년 크메르 루주의 도전에 힘없이 무너지고 밀있다. 그 크메르 루주 역시 3년간의 집권기간 동안 1백여만 명의 사람들을 학살하던 끝에 78년 베트남군의 침입으로 캄보디아 국경으로 내쫓기게 되었다.

당시 베트남군의 캄보디아 침입은 표면적으로는 크메르 루주와의 국경 분쟁이 원인이었지만 그 밑바탕에는 70년대 全般의 국제 정세가 영향을 미쳤다. 中·蘇분쟁과 그에 따른 中·越 관계의 악화가 배경에 작용한 것이다. 毛澤東노선의 급진적 추종자들인 캄보디아의 크메르 루주 정권은 신생 베트남에 위협적인 존재였다. 캄보디아의 불안한 정세를 틈탄 베트남은 침공과 함께 親베트남 정권의 수립으로 이를 극복하고자 했다. 이후 캄보디아 사태는 베트남과 훈 센의 프놈펜 정권이 한편이 되고, 미국과 주변 ASEAN(동남아국가연합) 국가들이 지원하는 노로돔 시아누크와 손 산系의 非공산 叛軍, 그리고 중국과 태국이 지원하는 크메르 루주 등 3개 반군 연합을 한 축으로 하는 지역 분쟁의 성격을 띠기 시작했다. 이들 반군 연합세력은 1982년 北京에서 '캄푸치아 민주 연정'을 수립하면서 본격적인 대항의 채비를 갖췄다.

아직 계산이 끝나지 않았다

어찌됐건 서로가 팽팽히 맞서고 있는 군사 대결의 각축장에서 미래에 대한 별다른 보장없이 자신의 군대를 일방적으로 철수시킨다는 것은 쉬운 일이 아니다. 물론 소련과 베트남이 그럴 수밖에 없었던 데에는 각각의 심각한 경제난이 배경에 깔려 있다고는 하지만 그렇다고 지역 분쟁 해결을 위한 고르바초프의 '新思考'의 영향을 무시할 수는 없다. 85년 고르바초프 등장 이후 소련은 지역분쟁 해결을 위한 代案으로 외국군의 철수 및 지원 중단, 그리고 대립하고 있는 각 민족 분파간의 '화해'를 주창했다. 이후, 외국군 철수와 함께 나지불라 정권과 훈센 정권은 반군과의 연립정권 수립을 통한 '민족화해정책'을 주장하고 있는 데 이는 오랜 기간의 내전에서 지칠대로 지쳐 있는 지역 주민 및 분쟁의 평화적 해결을 바라는 주변 국가들의 광범위한 호응을 얻어가고 있는 것 같다.

그러나 오랜 기간 동안 적대감과 상호불신을 키워왔던 아프가니스탄이나 캄보디아의 반군들, 그리고 그들의 국제적인 후원자들에게는 이러한 원칙적인 제안들은 부차적인 의미를 지니는 것일 뿐이다. 당장 그들의 눈앞에 보이는 것은 외국군의 철수로 생긴 힘의 空白 상태이며 그들은 이를 이용하여 가능하면 현재의 정권을 붕괴시키고 새로운 정권을 수립하거나 아니면 협상의 유리한 고지를 점령하기를 바라고 있다.

즉, 미처 끝내지 못한 계산을 마저 하고 싶은 것이다. 아프카니스탄 주변의 이해 당사국들 중 이란은 호메이니 死後 對蘇관계를 정상화 해가면서 최근에는 사태의 정치적 해결을 바라는 입장으로 돌아서고 있었고, 파키스탄의 베나지르 부토 총리 역시 강경한 군부 세력들을 여러모로 설득하고 있는 것으로 보인다. 그러나 이 지역에 대한 미국의 입장은 무자헤딘 반군을 통한 現 나지불라 정권의 붕괴와 새로운 정부의 수립이라는 점에서 한 발자국도 물러나지 않고 있다. 이에 따라 반군에 대해 계속되는 미국의 무기 지원이 최근의 사태악화의 커다란 요인으로 지적되고 있다. 특히 최근에는 반군의 로켓트포 공격이 카불 등 주요 도시의 민간인 거주 지역에 집중되고 있어 민간인 사망자가 속출하고 있다. 지난 두달 사이에 카불에서만 약 6백여명의 시민이 반군의 로켓트포 공격에 희생되었다고 한다.

이에 비해 캄보디아 사태의 경우는 바로 얼마 전까지만 해도 정치적 해결의 전망이 매우 밝은 것처럼 보였다. 더구나 지난 5월의 中·蘇관계 정상화는 그러한 전망을 한층 더 밝게 하는 것이었다. 그러나 6월의 천안문 사태 이후 중국과 서방 관계가 경색 되고 이런 여파로 7월 말부터 약 한 달 동안 계속되었던 파리국제회의가 무산되면서, 캄보디아 사태의 조기 해결은 어려움에 부딪히게 되었다. 당시 파리회의에서 가장 큰 쟁점이 되었던 것은 크메르 루주군의 연립정부 참여문제였다.

이 문제에 대해 크메르 루주와 직접적인 원한관계에 있는 훈 센 정부와 베트남은 그들의 연정 참여를 완강하게 거부하고 있다. 일부 서방국가들도 과거 집권 기간 그들의 前歷을 들어 반대의 소리를 높이고 있다. 그러나 미국은 현실론을 들어 애매한 태도를 보이고 있고, 크메르 루주의 후원국인 중국은 연정 참여를 강력하게 주장하고 있다. 중국이나 미국은 과거 베트남과의 악감정이 아직 청산되지 않아 훈 센 정부의 존속을 별로 달가와 하지 않는 태도를 보이고 있다.

이 지역에서 비교적 큰 영향력을 갖고 있는 태국의 경우에는 표면적으로는 미국이나 중국의 입장을 지지하면서도 한편으로는 정치적 仲裁를 위한 조용한 움직임도 보이고 있다. 그러나 정부군과 반군 사이의 접전이 새롭게 격화되고 있는 현 시점에서 그러한 중재 노력이 당장 실효를 거두기는 어려울 것으로 보인다. 이같은 상황으로 볼 때 앞으로 빠른 시일내에 해결의 실마리를 찾지 못할 경우 캄보디아 사태는 아프간 사태의 再版이 될 가능성도 엿보이고 있다.

최근의 국제관계는 점차 대결의 시대에서 화해와 타협의 시대로 접어들고 있다는 게 일반적인 관측이다. 그러나 全面的인 화해의 시대가 오기까지는 아직 넘어야할 장애들이 도처에 산재해 있다는 사살을 최근의 두 사태는 웅변으로 보여준다.

몽고는 사회주의권 내에서도 상당히 일찍 개혁정책을 실행한 나라다. 86년 제19차 당대회에서 집권 인민혁명당이 '소련의 개혁경험을 창조적으로 적용할 것'을 결의하면서부터다. 그러나 오랫동안의 관료적 통치로 인한 지체 현상을 빚고 있던 중 동유럽의 상황이 격렬한 양상으로 전개되면서 새롭게 정치개혁의 파문이 일기 시작했다.

소련군 철수로 개혁 속도 더해가는 몽고

(1990.2.4)

동유럽식 개혁열풍이 중·소접경지대에 위치한 몽고에도 거세게 불어닥치고 있다. 지난1월14일 몽고의 수도 울란바토르에서 벌어진 민주화 시위는 정치개혁 바람이 '세계에서 두 번째로 오래된 사회주의국'인 이 나라에 이미 상륙하였음을 보여주고 있다.

지난달 중순 결성된 재야단체 '몽고민주연맹'(MDU) 주도로 공산정권 수립 이후 최대 규모로 벌어진 이번 시위는 그동안 대외개방과 경제개혁에 집중되었던 집권 인민혁명당(MPRP, 공산당)의 개혁정책을 동유럽식의 정치개혁 형태로 전환할 것을 요구한 것으로 귀추가 주목된다.

지난해 루마니아와 동독이 민중봉기로 개혁의 본 궤도에 오르기 전까지만 해도 몽고는 개혁정책에 있어서 사회주의권내에서도 상당히 앞서나간 나라로 알려졌다. 몽고의 이러한 개혁정책은 86년 제19차 당대회에서 집권 인민혁명당이 '소련의 개혁경험을 창조적으로 적용할 것'을 결의한 이후 가속화된 것으로 당시 당대회에서는 신경제정책에의 이행, 사회주의적 민주화 촉진, 기업 자주권의 확립, 독립채산제의 도입 등을 결정한 바 있다.

또한 대외정책에서도 86년 7월 고르바초프 서기장이 블라디보스토크선언에서 몽고 주둔 소련군의 일부 철수를 시사한 이래 독립자주 외교노선을 걷기 시작, 대중국 관계 정상화와 함께 대서방 외교관계에서도 이미 상당한 성과를 거둔 것으로 알려졌다.

중·소화해와 소련군의 부분 철수로 소련의 영향력으로부터 자립하려는 움직임이 강화됨에 따라 그동안 스탈린식 체제하에서 억눌려왔던 옛 몽고문화에 대한 복원작업도 활발하게 전개되고 있다. 이전의 체덴발 정권하에서는 이민족에 대한 침략자로 낙인찍혀왔던 칭기즈칸을 새로이 '민족통일의 영웅'으로 부활시키고, 금지되었던 몽고어를 다시 사용하기 시작하는 등 민족의식의 각성으로 이어지고 있다.

그러나 몽고의 개혁정책은 오랫동안의 관료적 통치에서 연유한 책임감의 결여, 내부규율의 이완 등으로 상당한 어려움을 겪고 있는 것도 사실이다. 이렇게 내부의 저항요인 등에 의해 개혁의 자체 현상을 빚고 있던 몽고에 새롭게 정치개혁의 파문이 일기 시작한 것은 지난해 말 동유럽의 개혁이 격렬한 양상으로 전개되면서부터이다.

이번의 대규모 군중집회를 주도한 몽고민주연맹은 지난해 12월 학생, 작가, 지식인, 예술인 등을 중심으로 결성되었는데 지난해에만도 이미 두 차례의 집회를 주도한 바 있다. 결성 당시 이 단체는 특히 정부 업무에 대한 공산당의 영향력 행사 종식, 다당제 도입, 과거의 폭압 정권 지지자들에 대한 조사위원회 구성, 의회 활성화 등을 요구했다. 이번의 시위에서도 이러한 요구사항들은 비슷한 형태로 다시 제기되었었다.

이러한 개혁 움직임들에 대해 집권 인민혁명당측이 보여왔던 태도도 앞으로의 사태전개와 관련, 주목해보아야 할 것이다. 인민혁명당은 지난해 12월의 전체회의에서 국가의 '정치적 전위'로서 당의 역할을 재확인하면서도 자체 개혁의 필요성을 인정함으로써 유연한 태도를 보인 바 있다. 인민혁명당의 이러한 유연한 태도는 올해 들어와 보다 구체적인 형태를 띠기 시작했다. 지난 9일 <일본경제신문>은 현지 언론보도를 인용, "바트문흐 서기장이 이끄는 몽고인민혁명당이 올해 들어 종전에 경제 분야에 집중됐던 개혁정책을 정치 분야로 확대할 방침임을 명확히 하는 한편, 지난달 결성된 반체제 단체인 민주연맹을 승인했다"고 전한 바 있다. 인민혁명당이 올해에는 정치개혁 쪽으로 개혁의 방향을 잡아나갈 것이라는 점은 지난 14일과 21일의 집회가 정부의 허가 아래 이루어졌다는 점에서도 확인되고 있다. 외신들은 이번 시위를 주도한 민주연맹이 고위관리의 묵인 아래 활동하고 있다고 전하면서 이를 집권 인민혁명당의 개혁의지와 관련하여 분석하였는

데 정부는 지난 14일의 시위 이후 울란바토르에 세워져 있던 2개의 스탈린 동상 가운데 1개를 철거하여 개혁으로 향한 가시적 조치를 이미 취한 바 있다.

그러나 이제 본격적인 정치개혁의 방향으로 들어설 것으로 보이는 몽고의 개혁이 집권 세력과 재야세력의 적절한 타협으로 순조롭게 전개될지는 아직 속단하기 어려운 형편이다. 동독의 ADN통신은 이번 몽고사태와 관련 "민주연맹측이 완전하고 급진적인 개혁을 요구하고 있어 집권당이 더 이상 인내하기 어려울 것 같다"고 지적하고 민주연맹측이 "스탈린주의의 망령이 붙어다니고 있는 현 체제를 전복해야 한다"고 말한 것으로 보도한 바 있다. 이는 상황에 따라서는 급진적 개혁을 추구하는 재야세력과 체제의 틀을 고수하고자 하는 집권세력의 입장이 정면충돌할 가능성이 있음을 시사한 것이라고 할 수 있다.

앞으로 정면충돌로 가든 정치적 제휴의 형태로 해결되든 어느 정도의 체제변화를 수반할 수밖에 없음은 다음과 같은 현지주민의 말에서도 분명히 드러나고 있다. "시위가 점점 가열되고 있으며 국민들은 느린 개혁의 속도를 참지 못하고 있다."

미일 양측의 무역 및 경제마찰이 냉전의 틀이 와해되면서 한꺼번에 분출했다. 일본 소니社의 콜롬비아영화사 인수가 미국인들의 자존심을 폭발 직전으로 끌고 가자 미국 내에서 일본사회 자체를 '개조'해야 한다거나 '일본봉쇄' 정책을 펴야 한다는 주장도 나왔다.

'해빙' 속 美·日 갈등 분출

(1990.3.25)

자민당 정권의 재출범으로 본격화될 올해의 미·일관계는 출발부터가 험난한 앞길을 예고하고 있다. 올 봄에서 여름 사이에 미·일간에 굵직한 통상교섭 및 지난 1년간의 교섭결과에 의한 미국측의 최종보고가 잇따라 있을 예정이어서 일본 정가에 나돈다는 '미·일관계 4, 5월 위기설'이 근거없는 풍문만은 아니라는 느낌을 갖게 한다. 그중 중요한 현안을 보면, 우선 3월에는 미상무부의 각국별 무역장벽보고서 공표가 있고, 4월에는 구조협의 중간보고와 제2차년도 슈퍼 301조(불공정 무역관행국에 대한 규제조치 강화조항)의 대상국 및 분야지정이 있을 예정이다. 특히 슈퍼 301조와 관련해서는 일본의 인공위성, 슈퍼컴퓨터, 목재 등이 그 대상으로 될 것이 거의 확실시된다.

5월에는 일본총선으로 미뤄졌던 건설관련 제재조치 발표가 있고, 6월에는 슈퍼 301조 제재조치가 발동된다. 그리고 7월에는 지난해 7월에 시작되어 1년간 시한을 두고 진행돼온 미·일구조협의의 최종 보고서가 작성된다. 이런 각 분야의 협상과정에서 실제로 미국측이 만족할 만큼 진척된 것이 거의 없기 때문에 미국측의 보복조치가 매우 강력할 것으로 예상된다. 특히 올 하반기에는 미 의회의 중간선거가 있어 의회를 중심으로 한 '일본 두들기기(Japan Bashing)'가 더욱 강화될 전망이다. 이런 분위기는 진주만 공격 50주년이 되는 내년과 미국 대통령선거가 있는 내후년까지 이어질 것이라고 전문가들은 분석한다.

전후 40여년간 우호관계를 유지해온 미·일관계가 이렇듯 급격히 악화된 이유는 그동안 냉전구조 하에서 내연해왔던 양측의 무역 및 경제마찰이 냉전의 틀이 와해되면서 가장 중요한 현안문제로 대두되었기 때문이다. 미국측이 이와 같이 잔뜩 공격의 칼을 갈고 있는 중에도 지난해 일본의 對美 경제 진출은 계속 증가일로를 걸어왔다. 특히 일본기업들에 의한 미국기업 및 은행의 인수·합병 증가는 미국인들의 자존심을 심하게 건드리는 것이었다. 그중 일본 소니社의 콜롬비아영화사 인수는 《뉴스위크》 지가 이를 "미국혼의 매수"라고 대서특필할 정도로 미국인들의 자존심을 폭발직전으로 끌고 갔다.

미국의 對日감정 악화과정에서 주목하지 않으면 안되는 것은 학계, 언론계 그리고 일부 정치인들 사이에 급속히 퍼져나가고 있는 소위 '수정주의자'들의 움직임이다. 대일정책을 맡고 있는 국무부와 국방부의 전통적인 대일 유화정책에 반기를 들고 등장한 이들은 단순히 감정적인 차원을 넘어 조직화·이론화의 양상을 띠고 있는 것이다. 이들은 일본의 사회·경제구조는 미국 및 서유럽과는 다르기 때문에 미·일간의 무역격차를 해소하기 위해서는 전통적인 자유경제 정책으로는 안되고 일본 사회 자체를 '개조'해야 한다고 주장한다. 이들 중 일부는 전후 미국의 對蘇봉쇄정책을 이제 '일본봉쇄' 정책으로 전환해야 한다는 강경한 주장을 펴기도 한다.

미국 내의 대일 강경분위기에 대한 일본측의 반발도 결코 만만한 것은 아니다. 그 대표적인 경우가 이시하라 신타로(石原愼太郎) 중의원 의원과 모리타 아키오(盛田昭夫) 소니社 회장이 공동 저술한 《 '노'라고 말할 수 있는 일본》이라는 책이다. 이 책에서 이들은 미국에서 일고 있는 대일 강경자세를 유색인종에 대한 미국의 전통적인 인종 편견의 소산으로 치부한다. 또 "만일 일본이 반도체를 미국에 팔지 않고 소련에 팔면 미·소간의 군사력 균형은 크게 변화할 것"이라는 극단론을 전개해 일·소관계의 개선에 신경을 곤두세우고 있는 미국인들의 대일 불신감을 증폭시켰다.

부시, 美·歐·日 삼각협의 체구상 제의

이와 같은 미·일관계의 악화 그리고 그것이 미·일 동맹체제의 근저를 위협하는 사태로까지 발전하는 것은 탈냉전시대의 새로운 세계전략을 수립해야 하는 미 국무부와 국방부의 고위 정책결정자들에게는 결코 바람직한 사태발전이라고는 할 수 없다. 따라서 미국의 안보정책담당자들은 경제대국으로 비대해진 일본을 적당히 '두들겨서' 미국으로부터 독립된 정치·군사대국으로 성장하는 것을 막고, 탈냉전시대 미국의 새로운 세계전략 틀 속에 일본을 끌어들이는 것을 선호한다.

이같은 논의 중 대표적인 것으로는 베이커 국무장관의 '환태평양경제기구 구상', 크랜스턴 상원의원(민주당)의 '환태평양경제포럼', 보카스 상원의원(민주당)의 '미일포괄교섭'(소위 G2 제안), 이글버거 국무부 부장관의 '美·歐·日 삼각협의체구상' 등이 있다.

3월초의 미·일정상회담에서는 이중 이글버거의 삼각협의체구상이 부시 대통령에 의해 전격 제시되어 가이후 총리의 동의를 얻기에 이르렀다. 이 美·歐·日 삼각협의체구상은 "현재의 미·일 2극체제를 유럽까지 포함하는 삼각협조체제로 전환시켜 美·歐·日 3자간의 무역마찰을 거시적인 관점에서 조정하고, 나아가 일본의 경제력을 제3세계 및 동유럽의 경제원조에 활용하기 위해 정치·외교상의 협조체제를 구축하려는 것"이라고 한다. 즉 탈냉전시대를 맞아 일본을 미국의 통제 하에 계속 두면서 대신 일본의 경제력을 세계전략 수행에 이용한다는 미국의 새로운 대일전략의 윤곽이 비로소 등장한 것이다.

앞으로 그 구체적인 내용은 미·일 양국 정책 담당자들의 협의를 통해 드러나게 되겠지만, 현재 미·일관계가 무역마찰의 긴장 속에서 새로운 전략적 재조정 국면에 접어들었음을 구체적으로 제시하는 대목이 아닐 수 없다.

소련의 위협이라는 공통분모를 상실한 서측 동맹을 틀어쥐기 위해 미국이 미일안보조약 제2조와 나토조약 제2조를 활용하려는 움직임을 보였다. 3월20일자 〈니혼게이자이신문〉은 이를 '제2의 연합군 사령부(GHQ) 창설계획'이라고 비판했다. 미국은 미·일간 협의기구 설치를 축으로 하여 이를 미·일·서유럽 삼각협의체로 확대시킬 방침인 것으로 알려졌다.

냉전 후 미군, '제2의 GHQ(연합군 사령부)창설계획'

(1990.6.3)

2차대전 이후 40여 년 동안 '소련봉쇄전략'을 중심으로 구축돼왔던 미국의 군사전략 및 병력체제에 대한 재조정 움직임이 최근 가시화되고 있다. 이같은 움직임은 소련·동유럽의 대변혁으로 '소련봉쇄'의 명분이 약화되었고 美의회의 국방비 삭감 압력이 강화되면서 비롯된 것이다. 미군 병력체계에 대한 재조정 움직임은 금년 들어 미 국방부가 해외주둔 미군 및 미군기지의 축소, B-2스텔스기 등 신형무기 생산계획의 지연 및 감축, 유럽배치 단거리핵미사일(SNF) 현대화계획 취소 등의 조치를 취하면서 가속화되었다. 지난 5월12일자 〈뉴욕타임즈〉와 〈워싱턴포스트〉에는 92~97회계연도 美군부의 군사력 삭감계획에 대한 비밀비망록이 공표되기도 했다.

해외주둔 미군 '경제이익 보호' 새 임무

최근의 군사력 조정 움직임은 미 의회의 국방비 삭감 압력을 완화시키기 위한 군부측 대응의 일환이라는 점과 함께 새로운 군사환경에 맞춘 미 군부의 신군사전략이 반영된 것이라는 점에 주목하지 않으면 안된다.

군사전문가들에 의하면 미국의 신군사전략은 지난해말 국방부 기구개편과 함께 월포위츠 국방차관을 중심으로 구성된 전문가 집단에 의해 검토돼왔는데 그 결과가 지난 3월 '국방계획지침'(Defense Planning Guidance)이라는 극비문서로 작성되었고 한다. 월포위츠가 3월에 발간한 내부자료에 의하면 이 '지침'은 90년대 미국 군사전략의 목표를 "소련에 대한 군사적 봉쇄"에서 "세계질서의 궁극적 보장자"(ultimate guarantor)로서의 '안정화 임무'에로 서서히 전환시켜야 한다고 규정하고 있다.

이 '세계질서의 궁극적 보장자'라는 개념이 무엇을 의미하는가는 지난 4월19일 미 국방부가 의회에 보고한 '동아시아전략보고서'에 잘 나타나 있다. 이 보고서에서는 소련의 위협이 감소된 상황 하에서도 미군은 이 지역에서의 미국의 경제적 이익보호와 역내 국가들의 정치적 불안정성 및 군비경쟁을 억제하기 위한 '세력균형자'로서 계속 주둔해야 한다는 입장을 밝혔다. 對蘇 핵전쟁이나 대규모 재래식 전쟁을 의미하는 중·고강도 전쟁의 가능성이 희박해진 상황에서 전략중점이 미국의 정치·경제적 이익 보호 및 제3세계에 대한 저강도전쟁 쪽으로 옮아가고 있음을 분명히 한 것이다.

미 군사력에 부여된 이같은 '새로운 임무'를 수행하기 위해서는 미군의 해외주둔을 의미하는 기존의 '전진배치전략'과 미·일 안보조약 및 나토동맹 등 서방측 동맹체제의 유지가 필수적이라고 미국의 전략가들은 주장한다. 다만 전진배치전략의 경우 미 의회의 국방비 삭감 압력에 대응할 필요가 있으므로 새로운 군사목표를 달성하는 데 불필요한 해외주둔 미군 및 미군기지를 축소하는 대신 효율화를 기하고, 전략상의 강조점도 중무장군에서 경무장군 및 신속배치군(RDF)에 둔다는 것이다. 군사전략의 중점이 변화함에 따라 동맹체제에 대한 운용의 중점도 변하지 않을 수 없게 되었다. 지난 2월23일 아시아 3국 방문 중 일본에 들른 체니 미 국방장관은 일본기자클럽 연설에서, 앞으로 미·일안보조약 운영의 중점을 '소련봉쇄'에서 아시아·태평양지역에 대한 통제 역할로 변화시킬 것임을 분명히 한 바 있다.

미국 동맹체제 내 주도권 재확립 시도

또한 '소련의 위협'이라는 공통분모의 상실로 이완 가능성을 보이고 있는 서방측 동맹체제내에서 주도권을 재확립하고 이를 미국의 세계전략 도구로 활용하기 위한 움직임도 표면화하고 있다. 이같은 움직임은 최근 미국 측이 미·일안보동맹을 군사동맹체에서 정치·경제·군사동맹체로 전환시키고자 하는 의도를 드러냄에 따라 가시화되었다. '제2의 연합군 사령부(GHQ) 창설계획'(〈니혼게이자이신문〉 3월20일자)이라고도 불리는 이 움직임은 미·일안보조약 제2조를 발동하여 미·일 양국 간에 정치·경제·군사문제를 협의할 상설 협의기구를 설치하겠다는 것이다. 제2조는 1960년의 미·일안보조약 개정 당시 삽입된 조항으로, 두나라간 "정치·경제제도의 차이를 없애고 협력을 촉진할 것"을 의무화하고 있다. 따라서 이에 따른 협의기구 설치는 일본의 정치·경제·군사·외교정책에 대한 미국의 간섭 및 지배가 항시화된다는 것을 의미한다. 나토조약 제2조도 동일한 내용으로 돼 있는 데 현재 미국은 미·일간 협의기구 설치를 축으로 하여 이를 미·일·서유럽 삼각협의체로 확대시킬 방침인 것으로 알려졌다.

지난 3월초의 미·일 정상회담에서 부시 미 대통령이 전격 제안하여 가이후(海部俊樹)총리의 동의를 얻은 바 있는 미·일·서유럽 삼각협의체 구상의 배후에는 이같이 동맹체제 내에서 영향력의 확대를 노리는 미국측의 의도가 깔려 있다고 보아야 할 것이다.

그러나 '소련의 위협'이라는 공통분모가 약화된 현 국제정세에서 미국의 기득권 유지 및 정치·경제적 이익보호라는 목적을 더욱 노골적으로 드러낼 수밖에 없는 이같은 신전략이 순조롭게 관철될 수 있을지는 미지수이다.

제3절 탈냉전 시대 비극의 씨앗된 걸프전

　미국과 소련이 냉전의 종식을 선언하고 국제사회가 오랜만에 평화의 시대를 맞는가 싶더니 갑작스레 전쟁이 터졌다. 90년 8월2일 새벽 이라크의 30만 대군이 쿠웨이트를 전격 침공한 것이다. 이 전쟁이 끝난지 30여년이 지났는데도 당시 후세인 이라크 대통령이 왜 갑자기 쿠웨이트를 공격했는지에 대해서는 여전히 여러 가지 설이 분분하다. 이라크와 쿠웨이트 국경의 유전 지대를 둘러싼 갈등이 원인이라는 설에서부터 이란과의 8년 전쟁으로 빚더미에 오른 후세인이 쿠웨이트를 장악해 채무 청산에 활용하려 했다는 주장, 이란 이라크 전쟁으로 영향력이 커진 후세인이 아랍의 맹주 자리를 노리고 전쟁을 벌였다는 설 등이다.

　특히 미소 화해로 갑자기 힘의 공백이 생긴 중동의 지정학적 정세 하에서 후세인이 기선 제압을 위해 전쟁을 일으켰다는 주장은 여러모로 음미해볼만하다. 소련의 개혁과 미소화해는 세계에 평화를 가져왔지만 중동에서는 전혀 생각지도 않은 갈등의 씨앗이 싹을 텄다. 페레스트로이카로 소련 거주 유대인들의 이스라엘 이주가 허용되면서 팔레스타인을 중심으로 긴장이 고조되기 시작한 것이다. 89년부터 소련 거주 유대인이 밀려들자 이스라엘은 팔레스타인 내 이스라엘 점령지에 이들의 정착촌을 만들기 시작해 팔레스타인 측의 반발을 초래했다. 후세인의 쿠웨이트 침공이 있기 두 달 전인 90년 6월13일 이스라엘 총선에서는 강경 리쿠드연합정권이 승리해 정착촌 확대 정책을 힘으로 밀어붙일 예정이었다. 미소 냉전이 미국의 승리로 끝나 중동 지역에서 미국과 이스라엘 세력이 확대될 것을 우려한 후세인의 뇌리에는 앞으로 불을 보듯 뻔하게 전개될 이스라엘 팔레스타인간의 갈등 상황도 무시할 수 없는 영향을 미쳤을 것이다. 쿠웨이트 침공 직후 그는 이라크군 철수의 조건 중 하나로 팔레스타인 점령지에서 이스라엘군의 철수를 주장해 자신의 쿠웨이트 침공이 아랍의 대의와 무관하지 않다는 점을 부각시켰다.

　이처럼 그의 쿠웨이트 침공은 쿠웨이트를 한번도 이라크와 별개의 독립국이라 인정하지 않았던 심리 상태, 유전을 둘러싼 갈등, 탈냉전 후 미국 이스라엘 쪽으로 기우는 듯한 중동 지정학에 대한 기선 제압의 필요성 등이 복합적으로 작용했을 것으로 판단된다. 마치 30여년 후 러시아의 푸틴 대통령이 갑작스럽게 우크라이나를 침공한 정황과도 많은 점이 유사하다. 구 소련 시절 소련 연방의 일원이었던 우크라이나에 대해 푸틴은 단 한번도 러시아와 별개의 국가로 인정해 본 적이 없다고 고백했다. 우크라이나의 나토 가입 시도를 러시아에 대한 안보 위협으로 인식하던 차에 아프간 주둔 미군 철수로 힘의 공백이 발생했다고 판단되자 누구도 예상치 못한 전면 침공을 감행했다. 그러나 아무리 역사에서 명분을 찾는다 해도 무력을 앞세워 국제질서를 무너뜨리려 한 것은 국제사회의 응징을 피할 수 없었다.

걸프 전 당시 소련은 미국과 협조 하에 공동대응에 나섰다. 전쟁 발발 하루만인 8월3일 미소 외무장관 회담을 개최해 이라크에 대한 무기수출 금지에 합의하기도 했다. 걸프전 당시 소련의 대미협력이 이후 고르바초프 대통령에 대한 보수 강경파의 탄핵사유 중 하나가 됐다는 점도 걸프전의 도미노식 영향이다. 또한 걸프전에서 이라크가 패한 이후 이라크가 대량살상무기를 개발하려 했던 정황이 적발된 점이 한반도 정세에도 큰 영향을 미쳤다. 바로 직전 IAEA(국제원자력기구)가 이라크를 사찰한 바 있으나 그때는 발견하지 못하고 지나침으로서 IAEA의 체면이 말이 아니게 됐다. 그러자 이라크에서 훼손된 체면을 만회하려고 그 직후 불거진 북한 핵사찰 과정에서 지나칠 정도로 엄격한 잣대를 들이댔고 북한의 반발로 1차 핵위기가 발발하게 됐다는 주장도 있다. 이 역시 걸프전이 불러온 나비효과라 할 것이다.

걸프전 발발 이래 전쟁의 발단부터 전개 과정 등 여러 건의 글을 썼다. 그 중 몇 편을 싣는다. 91년 2월17일자 '성전 외치는 아랍민족주의' 기사는 서방 통신 위주의 외신 받아쓰기 전쟁 보도를 지양하고 아랍의 입장에서 걸프전을 본격 조명한 기사로 당시 화제가 되었다. 이 기사 이후 국내 언론에 아랍민족주의를 조명하는 기획이 뒤를 이었다.

걸프전 당시 국내는 CNN의 현장 중계에 열광하며 주로 서방의 관점에서 이를 바라보았다. 분명 후세인의 행동은 무모했고 국제 사회에 정면으로 도전한 것이었지만 그 이면에 있는 아랍의 관점에 대해서도 이해할 필요가 있었다. 아랍 사람들은 왜 그를 '영웅'이라 했는가.

'성전' 외치는 아랍 민족주의

(1991.2.7)

미국 사람들은 어떤 일에 직면하면 다음에 올 것을 생각하고, 아랍인들은 그 전의 일을 생각한다고 한다. 이라크의 쿠웨이트 침공으로 야기된 중동사태가 새로운 전쟁으로 확대되는 과정에서 미국 행정부는 아랍 사람들이 주장하는 '과거'에 대해서 거의 배려하지 못했던 것 같다. 그 결과 그들은 이라크와의 전쟁에서 이긴다 해도 아랍 사람들이 주장하는 '과거의 망령' 때문에 앞으로 곤욕을 치를 가능성이 높다.

모순된 역사감정 '자존심과 수치심'

지금 아랍 사람들 사이에는 "미국은 이번 전쟁에서 이라크를 이길지 모르나 아랍에게 지고 말 것"이라는 말이 나돌고 있다.

이를 뒷받침하듯 전후 중동정세에 대해 반미·반 이스라엘 투쟁의 격화, 이슬람 원리주의 세력의 확산, 사우디아라비아 아랍에미리트 등 친미 보수 왕정의 붕괴 가능성 등 미국의 영향력이 전반적으로 약해질 것이라는 분석이 대두되고 있다. 미국이 소홀하게 여겨온 아랍의 역사, 아랍인들의 뿌리의식이란 어떤 것인가.

《뉴스위크》의 크리스토퍼 디키 기자는 지난 1월14일자 기사에서 아랍과 서구의 오해의 근원은 단 한 낱말, 곧 '역사'라는 말에서 비롯된다고 지적했다. 아랍의 역사를 왜곡한 서구인들이 그 사실을 잊고 있는 동안에도 아랍인들은 '자신의 역사'를 한 번도 잊은 적이 없다는 것이다.

아랍인들은 그들의 역사를 생각할 때 항상 자존심과 수치심이라는 모순되는 감정을 갖는다. 먼저 자존심은 이 지역이 인류문명의 발상지로 한때 화려한 역사를 지녔다는 사실에서 비롯된다. 수치심은 오스만 투르크의 지배 이래 오랜 외세의 지배와 민족분열, 이스라엘이라는 존재에서 비롯된다.

이스라엘 터키 이란을 제외한 중동지역의 모든 국가는 아랍 문화권에 속해 있다. 아랍 문화권은 마그레브로 불리는 북아프리카(튀니지 모로코 알제리)로부터 아라비아해에 이르는 광대한 지역에 퍼져 있다.

예로부터 중동지역에서는 찬란한 문명이 꽃피었다. 메소포타미아 문명과 이집트문명의 토양은 중동이었다. 또 이 지역은 세계 3대종교 중 이슬람교와 기독교의 발상지이기도 하다.

중동지역에서 아랍권이 처음으로 정치적·종교적으로 통일된 것은 마호멧이 이슬람교를 확립한 7세기 이후이다. 이슬람이란 말은 "신에게 자신을 복종시킨다"는 뜻이다. 이슬람교는 뒷날 정통파를 뜻하는 수니파와 이단파를 뜻하는 시아파로 나뉘었다. 현재 신도의 90%는 수니파에 속하고 시아파는 주로 이란에서 다수를 차지하고 있다. 수니파가 코란과 이지마(공동체의 합의)를 앞세우는 데 비해, 시아파는 마호멧의 후계자중의 한사람인 알리와 그의 자손인 '이맘'(지도자)을 절대시하는 경향이 있다.

이슬람교의 경전인 〈코란〉은 아랍어로 "읽어야 할 것"이라는 뜻이다. "오른손에 칼, 왼손에는 코란"이라는 말이 전해지고 있는데, 이는 서구적인 편견에 의한 것이라고 한다. 이민족에 대한 철저한 정복전쟁은 아랍 민족의 옛부터의 생활양식이었다. 그러나 정복된 이교도에 대해서는 정치적 복종을 조건으로 종교의 자유를 인정해주었다고 한다. 지금 사용하는 아랍어가 정착한 것은 8세기이다. 아랍 민족의 수는 대략 9천5백만이지만, 전 세계 회교도의 수는 4억에 이른다.

마호멧이 죽은 이후 아랍 사람들은 아시아·아프리카에 대한 대정복에 나서 거대한 이슬람제국을 건설하기도 했다. 이 시기의 인물 중 8세기의 타리크 이븐 지야드 장군에 얽힌 일화는 현재의 상황과 관련해 매우 흥미롭다. 유럽의 기독교문명을 정복하기 위해 지브롤터 해협을 건너갔던 그는 타고 온 배를 모두 불지르게했다. 그리고 부하들에게 이렇게 말했다. "뒤에는 바다가 있고, 앞에는 적이 있다. 용기와 결단만이 살아남는 길이다." 이 말은 "아랍 형제들의 지하드(성전)"를 외치며 배수의 진을 치고 있는 후세인을 연상시킨다.

쿠웨이트 침공의 '역사적 근거'

아랍의 역사가 기울기 시작한 것은 16세기 이래 오스만 투르크의 지배를 받기 시작하면서부터다. 그러나 이때까지만 해도 아랍 민족은 하나의 민족으로 살아왔다. 아랍인들의 머리 속에는 그들이 원래 하나의 민족이었다는 생각이 뿌리깊게 남아 있다고 한다. 아랍인들에게는 "국가라는 개념보다는 민족이라는 개념이 우선한다"라고 한국 외국어대 柳正烈 교수는 말한다. 그것은 그들이 유목민족으로서 아라비아반도의 이곳저곳을 자유롭게 이동하며 살아온 오랜 관습에서 연유한다는 것이다.

이번 걸프전쟁을 촉발한 원인, 즉 이라크의 쿠웨이트 침공은 단순히 후세인의 영토적 야심에서 비롯된 것이라고 볼 수만은 없다는 지적이 있다. 거기에는 나름대로의 역사적 근거가 있고, 그 씨앗을 뿌린 세력이 바로 지금 다국적군으로 결집된 서구세력이라는 것이다. 여기에 이번 전쟁의 아이러니가 존재한다.

아랍 세계가 지금과 같이 여러 국가로 나뉘어 패권투쟁을 벌이고, 또 팔레스타인 문제라는 고질적인 숙제를 떠안게 된 것은 불과 60여년 정도밖에 되지 않는다. 아랍인들은 이 기간을 '수치의 역사'로 생각한다.

1차 세계대전 기간 중 이 지역의 패권을 노리고 있던 영국은 3개의 서로 다른 약속을 했다. 아랍 민족에게는 그들이 오스만 투르크에 대항해 싸워준다면 전쟁이 끝난 후 독립된 통일 아랍 국가를 수립하도록 도와주겠다고 약속했다. 한편 프랑스와 러시아와는 이 지역의 분할 위임통치를 합의했다. 또 시오니즘운동을 전개하던 유대인에게는 구약성서에 나오는 가나안 지방에 유대국가를 세우는 데 협조할 것을 약속했다.

결국 영국은 3개의 약속 중 아랍민족에게 한 약속만 빼놓고 나머지 약속들은 충실히 지킨 셈이 된다. 영국과 프랑스는 그들의 '제국주의적 욕망'을 채우기 위해 아랍의 지도에 제멋대로 금을 그어 각각 독립왕국을 세웠다. '윈스턴의 팔꿈치'라는 말은 그들의 금 긋기가 얼마나 작위적으로 이루어졌나 하는 것을 풍자한다. 사우디아라비아와 요르단의 국경선은 일직선으로 뻗지 않고 툭 튀어나왔는데 이것은 원스턴 처칠이 지도 위에 국경선을 긋다가 팔꿈치가 흔들려서 그렇게 됐다는 것이다.

이번 걸프전쟁의 일차적인 원인이 된 이라크와 쿠웨이트 관계도 사실은 이때 형성된 것이다. 쿠웨이트는 아랍말로 '작은 요새'란 뜻이다. 즉 역사적으로 쿠웨이트는 이라크 변방을 지키는 요새에 지나지 않았던 것이다. 그러나 이 지역의 풍부한 석유 매장량을 탐낸 영국이 통치하기에 편리하도록 독립시킨 것이 지금의 쿠웨이트다. 따라서 이라크 사람들이 그 이후로도 쿠웨이트를 이라크 영토로 생각하고 일개 지방 토후에 불과했던 알 사바 왕조를 '괴뢰정권'으로 인식해온 데에는 그만한 역사적 근거가 있는 셈이다. 바로 이 점이 이번 걸프전쟁을 둘러싼 아랍과 서구의 역사인식의 차이다.

중동 위기의 뿌리 팔레스타인 문제

미국인들이 이라크의 쿠웨이트 침공을 비난했을 때, 아랍 사람들은 다음과 같이 반문했다. "왜 미국인들은 지금 팔레스타인 지역을 강점하고 있는 이스라엘군의 철수문제에 대해서는 한마디 말도 하지 않는가"라고, 팔레스타인 문제는 이번 전쟁의 밑바탕에 깔려 있으면서, 이라크의 쿠웨이트 침공과도 밀접히 관련돼 있다는 것이 아랍인의 생각이다.

아랍 민족에게 이스라엘은 "우리의 과거와 현재와 미래를 부정하는 존재"이다. 이스라엘·팔레스타인 문제의 시원은 '바빌론의 유수(幽囚)'이래 세계 각지를 떠돌던 유대인이 가나안의 옛 땅에 2천 년 만에 유대국가를 수립한 데 있지만, 현재 문제가 되고 있는 지역은 67년의 3차 중동전 때 이스라엘이 무력으로 점령한 골란고원 및 가자지구와 요르단강 서안 지구이다. 이스라엘은 당시 유엔 결의 242조의 '철수명령'에도 불구하고 이들 점령지에서 주둔군을 철수하지 않아 화근이 되고 있다.

팔레스타인 문제는 이라크의 쿠웨이트 침공 배경과도 밀접히 관련돼 있다. 여기서 주목해야 할 점은 두 가지다. 하나는 지난해 6월 이스라엘에 팔레스타인 문제에 관한 한 역사상 가장 강경하다는 극우 보수 내각이 들어섰다는 점이다. 이로서 87년부터 시작된 '인티파데'(팔레스타인 난민들의 비폭력 저항운동)의 성과에 힘입어 협상으로 문제해결이 가능할 것으로 믿었던 팔레스타인 사람들의 희망은 좌절됐다.

또 한 가지는 이스라엘이 팔레스타인 인구의 자연증가에 대한 대응 수단으로 소련 거주 유대인의 이민을 활용하려 한다는 것이다. 이스라엘 당국은 지난해부터 앞으로 5년 동안 약 1백만 명의 유대인을 이주시킬 계획인데 지난해 이주한 사람들 중 10%가량이 점령지구에 배치됐다고 한다. 아랍 사람들은 이를 이스라엘이 점령지구를 영구히 장악하려는 것으로 받아들인다.

이와 같이 이라크의 쿠웨이트 침공 직전, 팔레스타인 문제는 팔레스타인 사람들뿐 아니라 아랍 사람 모두에게 절망적으로 생각되었다. 따라서 이란과의 8년 전쟁 이후 아랍의 새로운 강자로 떠오른 후세인이 이 문제를 떠안겠다고 나선 것은 우연의 일치가 아니다.

지난해 6월28일 후세인은 미국의 <월스트리트저널>과의 3시간에 걸친 인터뷰에서, 미·소냉전 종식이 앞으로 중동정세에 끼칠 영향에 대해 언급한 적이 있다.

이 자리에서 그는 그 긍정적인 측면으로 아랍 내에 냉전적인 진영개념이 깨져 아랍의 민족통일에 좋은 기회가 찾아왔다고 설명했다. 그러나 부정적인 측면으로는 미·소냉전이 미국에 유리하게 끝남에 따라 이 지역에 미국과 이스라엘의 개입이 강화될 것이라고 지적했다.

후세인의 쿠웨이트 병합 의도에는 이같이 탈냉전 시대의 유동적인 상황 속에서 미국과 이스라엘에 대항해 기선을 제압하고자 하는 계산도 있었던 것으로 보인다. 탈냉전 시대에 대한 그의 이 같은 상황판단과 행동방식은 많은 전문가에 의해 '판단의 오류'로 지적되기도 한다. 아무튼 세계적인 중동 문제전문가 마이클 허드슨이 말했듯 아랍 지도자들의 불합리해 보이는 행동의 배경에는 중동의 정치환경이 놓여 있는 것이다.

'중동의 히틀러'인가 '아랍의 영웅'인가

미국의 부시 행정부는 '바그다드의 도살자' '중동의 히틀러'라고 후세인을 비난해왔지만 지금 그는 아랍 사람들에게 '아랍의 영웅'으로 떠오르고 있는 것 같다.

미국의 중동문제 전문가인 에드워드 사이드 교수는 후세인이 "침략자라는 약점은 있지만 아랍 사람들의 마음속에 숨겨진 감정과 좌절을 대변하고 있다"고 한 적이 있다. 중동문제의 세계적 권위자인 미국 존스홉킨스대학의 파드 아자미 교수는 또 다음과 같이 말한다.

"후세인은 과거에 모욕을 받았던 사람들의 한을 씻어주기 위해 등장한 복수자다. 그는 쿠웨이트에서 학대받은 사람과 현재 팔레스타인 난민캠프에 살고 있는 사람들을 곤경에서 해방시키려 하고 있다. 후세인이 추구하고 있는 것은 총검과 화학병기와 채찍을 가진 '범아랍주의'이다."(<뉴욕타임스> 90년 8월12일자)

후세인을 소수민족에 대한 살인자, 또는 침략자로만 인식해온 사람들에게 중동 정치학자들의 이 같은 평가는 생소하게 들릴지 모른다. 그에게는 아랍의 정치풍토에서 비롯된 부정적인 측면이 상당히 많은 것도 사실이다. 그러나 그가 제국주의 식민지 기간 중 외세와 투쟁하며 발전시켜온 '아랍 민족주의'의 커다란 흐름을 타고 있다는 것은 부정할 수 없을 것이다.

아랍 민족주의는 제국주의 식민정책의 유산인 아랍의 분열을 극복하고 '대서양에서 아라비아해까지' 하나의 아랍 국가로 재통일을 이루자는 이념이다. 88년 노벨 문학상 수상자인 나집 마흐푸즈의 '카이로 3부작'중 첫째권인 <궁전가>(Palace Walk)는 아랍 민족주의가 태동되는 시기인 1910년부터 50년대까지의 아랍인의 심리를 잘 묘사하고 있다.

아랍 민족주의는 오스만 튀르크 지배하의 이집트와 시리아를 중심으로 퍼져나갔다. 그러다 52년 이집트에서 나세르 혁명이 성공하면서 60년대와 70년대 아랍 세계를 풍미했다.

나세르는 수에즈운하 국유화 문제를 둘러싸고 영국 프랑스 이스라엘을 상대로 벌인 제2차 중동전쟁(1956)에서 군사적으로는 패배했지만 정치적으로 커다란 승리를 거둬 아랍 사람들의 자신감을 회복시켰다. 이후 나세르의 반왕정 공화제 혁명은 이라크 시리아 리비아 예멘 등으로 불어닥쳐 중동의 정치지도를 사우디 쿠웨이트 아랍에미리트 등 '친미 보수 왕정'국가와 '혁신공화제'국가의 대립으로 양분시켰다.

중동의 정치지도 또 한번 바뀔 것

후세인의 '범아랍주의'는 이번 전쟁 승패와 관련 없이 중동의 정치지도를 또 한번 뒤바꾸어놓을 것으로 보인다. 걸프전쟁에서 이라크 지지 전선에 가담한 리비아 요르단 예멘 팔레스타인해방기구 알제리 수단 모리타니아 등과 반이라크 전선에 가담한 이집트 모로코 시리아 사우디아라비아 아랍에미리트의 전선이 그것이다. 그러나 후세인이 들어 올린 범아랍주의 깃발은 후세인 지지국민 뿐 아니라 그를 반대한 국가의 국민들의 가슴에도 불을 지를 것으로 예상돼 판도 변화를 점치기는 쉽지 않다.

후세인은 자기 자신을 '제2의 나세르'라 표방하곤 했다. 그와 나세르의 관계는 젊은 시절 이라크의 독재자 카심 암살 미수 사건에 연루돼 이집트에 망명할 때부터 시작됐다. 그의 이집트 망명을 도운 게 나세르였다고 한다. 사담 후세인은 나세르의 곁에서 그의 아랍민족주의, 통치방식, 외교정책 등을 연구할 수 있었다. 그는 나세르와 같이 지냈던 생활을 회고하면서 다음과 말한 적이 있다. "나세르는 나에게 시행착오라는 말을 몇 번이고 반복해서 말하곤 했다. 나도 그와 마찬가지로 그 길을 답습하게 될 것이다."(영국 군사 전문지 《제인스 디펜스 위클리》 90년 7월25일자)

아랍 민족의 통일을 이루려다 뜻을 못 이룬 나세르의 운명 속에서 다국적군의 집중공격을 받고 있는 자신의 현재 위치를 예견한 듯한 말이다. 만약 다국적군이 공격을 통해 그를 살해할 경우 아랍 사람들은 그들의 '영웅'을 죽인 것으로 생각할 것이다. 그리고 그들은 자신들의 영웅을 죽인 세력에 대해 무한한 복수심을 가슴에 품게 될 것이다. 아랍 사람들은 어떤 일에 직면했을 때 어제의 일을 돌이켜보기 때문이다.

걸프전의 또하나의 배경인 이스라엘의 강경 우경화 문제를 분석했다. 60년대 이후 아랍민족과의 '평화로운 공존'을 희망하는 유럽출신 유대인(아시게나지) 대신 주로 아랍계 유대인인 '스파라디'들이 사회의 다수를 이루기 시작하면서 '강경우익' 시오니스트들이 정치의 전면에 부상하기 시작했다. 그들과 함께 점령정책을 '훌륭한 비즈니스'로 여기는 군부와 군수산업 종사자 등이 강경 리쿠드 당을 결성하면서 아랍민족과의 대결이 본격화됐다.

극우 지팡이에 이끌리는 이스라엘

(1991.2.21)

걸프전쟁이 일시적 소강상태에 빠졌던 지난 2월5일 이스라엘 의회(크네세트)는 '간디'라는 별명을 가진 한 의원의 각료취임을 둘러싸고 한바탕 소동을 벌였다. 집권 리쿠드당의 이츠하크 샤미르 총리가 그를 군사·안보문제에 관계하는 무임소장관에 임명한 데 대해 야당은 물론이고 여당의 일부 의원들조차 반발하고 나선 것이다.

결국 4시간에 걸친 격론 끝에 61대 54로 '간디'씨는 각료자격을 얻기는 했다. 그의 입각이 이렇게 물의를 빚게 된 것은 그가 인도의 마하트마 간디처럼 평화주의자였기 때문은 아니다. 인도의 간디와 닮은 점이 있다면 체구가 깡말랐다는 점뿐 오히려 그는 '평화'와는 거리가 먼 인물이었다.

호전적 인물을 무임소장관으로 영입

본명 하밤 제에비. 극우정당인 몰레데트('고향', 의석수 2석)당의 당수인 그는 "요르단강 서안과 가자지구에서 팔레스타인인들을 몰아내야 한다", "이라크의 미사일 공격에 대해 즉각 보복해야 한다"는 등 호전적인 주장을 해왔던 인물이다.

그의 입각 결정은 리쿠드당 내의 강경파들이 주도했던 것으로 알려졌다. 따라서 이라크의 공격에 대한 이스라엘의 태도 및 팔레스타인 문제가 세계의 이목을 끌고 있는 이 시점에 왜 그들이 제에비 같이 호전적인 인물을 바로 그 미묘한 현안을 담당하는 자리에 임명했는가에 대해 야당의원들의 의혹이 집중되었던 것이다.

리쿠드당 강경파의 의도에 대해 노동당의 시몬 페레스 당수는 "그들이 노리는 것은 의석수의 추가만은 아니다"라고 전제하면서, "걸프전쟁 이후 있을 팔레스타인 문제에 대한 미국의 압력을 빗겨가기 위해 그를 방패로 이용하려는 것이다"라고 못 박기도 했다.

이미 아랍사람들 사이에는 "이스라엘이 걸프전쟁 기간 동안 점령지역에서 팔레스타인 사람들을 내쫓을 음모를 꾸미고 있다"는 소문이 퍼져 있다고 한다.

공교롭게도 제에비의 취임이 결정되기 하루 전인 2월4일 요르단 내무장관 사라메 하바드 장군은 서방언론과의 회견에서 "이스라엘 정부가 웨스트뱅크지역에 대한 팔레스타인인의 유입은 막으면서 출국은 허용하고 있다"고 폭로, 이같은 의혹을 증폭시켰다.

이스라엘의 야당의원들과 아랍사람들 사이에 이같은 의혹이 증폭되고 있는 것은 아랍·이스라엘 분쟁의 한 축을 담당하고 있는 현재의 이스라엘 정권이 역대 어느 정권보다 팔레스타인 문제에 대해 극우강경노선을 걷고 있기 때문이다.

현 정권 자체가 이미 팔레스타인 문제를 둘러싼 강·온파의 세력다툼에서 온건파의 패배를 딛고 탄생한 것이기도 하다. 1984년 총선 이래 이스라엘 정치는 온건파인 노동당의 페레스와 강경우익인 리쿠드당의 샤미르가 번갈아 총리를 맡는 '동거정부'의 성격을 띠어왔다.

그러나 87년 이래 팔레스타인인이 벌인 인티파데(봉기)로 이스라엘이 국제적으로 고립되고, 이에 따라 국론이 양분되면서 연정은 삐걱대기 시작했다. 가자지구와 요르단강 서안 등 점령지구를 병합하여 '大이스라엘'을 건설해야 한다는 리쿠드당의 샤미르와 "점령지구를 돌려주고 평화를 되찾아야 한다"는 페레스의 입장이 충돌했기 때문이다.

결국 양자의 입장 차이로 지난해 3월15일 연정은 붕괴됐고, 6월13일 샤미르가 팔레스타인 문제에 대해 초강경 입장을 견지해온 9개의 극우 및 종교정당들을 끌어들여 구성한 것이 현재의 '리쿠드연립정권'이다.

새로 등장한 정권은 출발 당시부터 '팔레스타인문제'와 '소련 거주 유대인의 이주문제'에 대해 초강경 입장을 선언해 아랍국가들에 대해 대결자세를 노골화했다.

따라서 이라크의 쿠웨이트 침공 이전에 아랍과 이스라엘간에는 "제5차 중동전쟁의 시계바늘이 이미 밤11시를 가리키고 있다"는 지적이 나올 정도로, 일촉즉발의 위기감이 감돌고 있었던 것이다.

평화와 투쟁, 시오니즘의 두 갈래

'팔'문제를 둘러싼 노동당과 리쿠드당의 대립은 이스라엘 건국 이래 '시오니즘'의 양 측면을 대변해온 두 세력간의 오랜 갈등의 축도이다. 시오니즘은 '여호와'를 유일신으로 믿는 유대교의 메시아 사상에서 연유한 것이라고 한다. 유대교는 바빌론유수(BC 586~536)이후 모세의 율법을 기초로 발달한 유대인의 종교다. "여호와가 조상들에게 약속한 성지 팔레스타인으로 돌아가 유대국가를 세워야 한다"는 시오니즘의 근본적 교의는 유대인들이 바빌론 유수에서 벗어났을 때부터 이미 나타나기 시작했다. 로마제국의 탄압으로 세계 각지를 떠돌던 유대인들에게 이같은 민족적 각성이 다시 싹트기 시작한 것은 19C 세계 각지에서 민족주의 운동이 발흥하면서부터이다. 오스트리아의 저널리스트 테오도르 헤르첼이 1887년 스위스의 바젤에서 제1차 시오니스트대회를 열면서부터 시오니즘은 비로소 정치운동의 성격을 띠게 되었다.

시오니즘에는 '성지귀환'이라는 공통의 목표 아래 이질적인 사상과 기질들이 혼재돼 있다.그것은 세계 각지에서 모여든 유대인들의 정신적 풍토, 사회적 신분에 차이가 있기 때문이다. 영국 맨체스터대학의 테오도르 샤닌 교수는 그 사상적 갈래를 크게 유럽의 르네상스 정신에서 영향을 받은 '보편주의'(universalism) 경향과 낭만주의 정신에서 영향을 받은 '근본주의'(fundamentalism) 경향으로 나눈다. 보편주의는 개인의 자유, 국가·민족간의 평등한 공존을 주장한다. 이에 반해 근본주의는 개인의 집단에 대한 복종, 국가·민족간의 끊임없는 투쟁을 전제로 한다.

아랍출신 유대인이 극우세력 주도

이같은 사상적 경향은 이스라엘 정치에서 전자가 온건·좌파세력에 의해, 후자가 강경우익세력에 의해 대변된다. 이스라엘의 건국을 주도한 것은 '국부'로 불리우는 벤 구리온을 중심으로 한 온건 시오니스트들로, 적어도 60년대까지는 이들의 정치적 결사체인 '노동당연합'정권이 정치를 지배해왔다. 그것은 초기 이스라엘 사회에서 숫적 다수를 이루었던 세력이 유럽의 보편주의 정신을 이어받은 유럽출신 유대인(아시게나지)이었기 때문이다. 이들은 아랍민족과의 '평화로운 공존'을 희망하고, 군사적 보복을 금하는 '하그나하'(자제)를 내세우기도 했다.

그러나 60년대 이후 주로 아랍계 유대인인 '스파라디'들이 사회의 다수를 이루기 시작하면서 상황은 변하기 시작했다. 스파라디들은 대개 아랍지역에서 빈곤하게 살아온 사람들로 反아랍, 민족주의 감정이 강한 게 특징이다. 이들의 지지에 힘입어 그때까지 소수파였던 '강경우익' 시오니스트들이 정치의 전면에 부상하기 시작한 것이다.

또 하나 67년의 3차 중동전쟁 이후 군부와 군수산업 종사자 등 점령정책을 '훌륭한 비즈니스'로 여기는 세력들이 급격히 대두하기 시작한 것도 극우세력 등장의 사회적 배경이 된다. 이들의 對아랍정책은 반아랍 히스테리와 함께 군사적 영토확장을 그 특징으로 하고 있다. 이러한 영향을 받아 3차중동전 이후 집권한 골다 메이어정권은 대외적인 영토확장을 이스라엘의 공식정책으로 선언하기도 했다.

현재 연립정권을 주도하고 있는 리쿠드당은 73년 가하르당, '大이스라엘운동' 등 우파 4당의 연합으로 결성됐다. 77년 총선에서 메나햄 베긴이 리쿠드당을 이끌고 선거에서 승리함으로써 극우강경세력이 최초로 정권을 잡는 계기가 되었다. 이후 이스라엘 사회의 우경화는 더욱 진행되고, 특히 89년부터 소련거주 유대인이 유입되기 시작하면서 주택문제·실업문제 등 경제적 곤란이 가중돼 점령지 병합을 기정사실화하려는 극우세력들의 발언권이 더욱 높아졌다. 지난해 있었던 이스라엘의 강·온파 투쟁에서 강경파가 승리하게 된 것은, 60년대 이후 이스라엘 사회 내부에서 진행돼온 이같은 우경화에 힘입은 것이다.

이스라엘의 입장에서 볼 때 이번 걸프전쟁은 '팔'문제에 관한한 두 가지 측면을 내포하고 있다. 하나는 유리한 면으로 이라크의 쿠웨이트 침공과 PLO의 이라크 지지로 인해, 이스라엘의 팔레스타인정책의 비도덕성이 어느 정도 상쇄되었다는 점이다.

걸프전 이후 미국과의 충돌 예상

불리한 측면으로는 이라크가 팔레스타인 문제의 동시해결을 주장하면서부터 이 문제가 다시 국제사회의 이목을 집중시키게 되었고, 전쟁기간에 아랍세계에 빚을 진 미국이 전후처리과정에서 적극성을 띠지 않을 수 없게 됐다는 점이다. 따라서 전쟁의 어수선한 틈을 이용해 이스라엘의 극우세력이 점령지구에서 '팔'인들을 추방하려 한다는 일부의 추측은 전혀 허황된 것만은 아닌 것 같다.

특히 현 정권에서 이 문제와 가장 밀접하게 관련돼 있는 주택장관직을 맡고 있는 사람이 지난 82년 베이루트 대학살 때 총책임자였던 아리엘 샤론 장군이라는 점은 이런 의혹에 상당한 근거를 제공하기도 하는 것이다. 현 정권을 '샤미르를 앞세운 샤론정권'이라 할 정도로 그의 영향력은 막강하다. 따라서 그를 중심으로 한 리쿠드 당내의 강경세력이 주도한 것으로 알려진 제에비의 입각은 팔레스타인인 축출의 예비단계일 가능성도 높은 것이다.

걸프전쟁에서 후세인을 상대로 싸움을 벌이고 있는 미국은 전쟁 이후 이스라엘 이라는 또다른 상대와 힘겨운 싸움을 해야 할 것 같다.

강력한 장악력으로 이라크를 통치해온 후세인이 제거될 경우 이라크는 다양한 종족과 종교 그리고 주변세력까지 얽혀들어 '제2의 레바논'화 할 것이라는 진단을 담고 있다. 이런 이유로 아버지 부시 대통령은 전쟁에 승리한 이유에도 후세인 체제를 존속시켰다. 그러나 2003년 발발한 제2차 걸프전 이후 아들 부시 대통령은 후세인을 제거했고 이라크는 이 당시의 예언대로 현재도 내정이 극도로 불안정한 상태다.

후세인 없는 이라크 '제2의 레바논' 된다

(1991.3.14)

"후세인에게 어떤 일이 일어나든 그것은 이라크 사람들이 결정할 문제다. 외부세력이 개입할 문제는 아니다." 지난 2월15일 부시 미국 대통령이 이라크 국민에게 '후세인의 처단'을 요구했을 때, 이라크의 반체제 정치인들조차 부시의 요구에 대해 이렇게 말하며 불쾌감을 표시했었다. 그만큼 이라크인들은 자신들의 내부문제에 외부세력이 개입하는 것을 극도로 혐오한다. 그들의 민족주의적 정열은 이란·이라크전쟁 당시 30만명이 희생되고도 사담 후세인 정권을 지지할 정도로 대단한 데가 있다. 그러나 이번 걸프전쟁에서 이라크는 너무 참담하게 패배했기 때문에 군사적 패배를 정치적 승리로 전환시킨다는 '후세인 신화'도 치명적인 타격을 입을 것으로 보인다. 전쟁에서의 패배로 이라크의 권력구조에 변화가 일어날 가능성이 높아지고 있는 것이다.

서방 정보소식통들이 생각하는 후세인 이후의 대체세력은 크게 두 부류이다. 즉, 집권바트당과 그동안 후세인체제에서 소외돼온 것으로 알려진 군부세력이다. 분석가들에 따라 상이하긴 하지만 현재 이들 세력 중 일부 인물들이 구체적으로 거론되고 있다. 이집트의 여당 민주국민당 기관지인 <마요>지의 만수르 편집장은 현재 바트당 내 2인자이자 혁명평의회 부의장인 이자크 이브라힘 알두리, 이란·이라크 전쟁 당시의 영웅인 라시드 퇴역장군, 전외교관이자 영국에 망명중인 가베르 등을 유력한 차기대권주자로 들고 있다. 이집트의 反후세인 논객인 안니 만수르 (<옥터버>지 주간)는 25일 <알 아하람>지에 "CIA가 이브라힘을 이미 접촉하고 있다"는 기사를 기고하기도 했다.

또 이란 출신의 중동문제전문가인 아민 타헤리는 청년장교그룹의 지도자인 하삼 압둘 마자르, 인민군 총사령관인 파하야 신알지즈파위, 바트당 2인자인 이자크 이브라힘 알두리, 타리크 아지즈 부총리겸 외무장관, 사둔 하마디 부총리 순으로 후계인물의 가능성을 꼽고 있다.

그러나 앞으로 어떤 인물이 후세인 체제를 계승하게 된다 해도 '아랍세계의 통일단결'을 주장하는 바트당 또는 군부의 인물일 경우 서방세계가 기대하는 이라크 체제의 변화는 기대하기 어렵다는 것이 공통된 지적이다.

오랫동안 중동외교를 담당해온 영국의 안토니 파슨스는 향후 이라크 체제의 전망에 대해 이렇게 말한다. "이라크에서 항상 그랬듯이 후세인 이후 'X'라는 장군이 다시 등장할 것이다. 그는 피는 덜 흘리게 하겠지만 결국 후세인과 비슷해질 것이다"

파슨스의 견해처럼 후세인을 이을 강력한 인물이 등장할 수 있다면 장기적으로는 모르겠지만 단기적으로는 이라크를 포함한 이 지역의 정세가 안정될 가능성도 있다. 또 그는 전쟁의 참화를 극복하고 민심을 달래기 위해 부분적이나마 체제의 개혁을 시도할 가능성도 있다. 그러나 문제는 현재 이라크의 권력구조 속성상 그와 같은 인물이 있겠는가하는 회의이다.

50년대의 지하혁명 활동, 58년 바트당 혁명의 성공 및 좌절, 집권기간 수차례의 쿠데타 위기를 겪으면서 후세인은 자신에게 도전할 가능성이 있는 인물들을 철저히 제거해왔다. 또한 모든 권력을 자신에게 집중시키면서, 주변 인물들에게는 철저한 권력분산 정책을 펴왔다.

예를 들어 바트 당내 2인자로 알려진 이브라힘 혁명평의회 부의장은 당내 권력은 갖고 있지만 군부나 행정부와는 철저히 단절돼 있다. 또 서열 3위인 라마단 제1부총리는 행정분야의 발언권은 가지고 있으나 군과 당에 대해서는 기반이 없다. 당의 이론가이자 외교분야의 1인자인 아지즈 부총리 겸 외무장관은 이라크에서는 소수파일 수밖에 없는 기독교도 출신이기 때문에 내정 장악 능력이 없는 것으로 알려지고 있다.

이같은 권력구조의 특성상 후세인 체제가 미국의 경제봉쇄 조처 등 외부압력에 의해 붕괴될 경우 이라크 정치는 부분적인 권력기반 밖에 가지지 못한 인물들의 군웅할거로 인해 극도의 혼란에 빠질 가능성이 매우 높다. 당분간 누가 권력을 잡게 된다 해도 그는 곧 그 다음 사람에게 타도될 가능성이 높은 것이다.

　내정의 혼란이 가속되면 이라크의 고질적 문제인 민족분규가 발생하면서 이라크뿐 아니라 이 지역 주변정세에 '최악의 시나리오'가 전개될 위험이 있다. 이라크는 종교적으로 수니파(4백만명)와 시아파(8백만명), 그리고 민족적으로는 아랍민족과 북부의 쿠르드족(5백만), 터키계 소수민족 등의 이질적인 요소로 이루어진 '인공적인 국가'이다. 이란이나 이집트와 같은 국가적인 일체성이 결여돼 있는 것이다. 국가로서의 이같은 취약성 때문에 내부 붕괴를 막기 위해 후세인 정권은 쿠르드족의 분리주의운동이나 이슬람원리주의운동에 대해 철저한 탄압정책을 구사해왔다. 국민 사이에도 정권의 불안정은 곧 국가의 분열이라는 위기의식이 높기 때문에 무엇보다 정권안정을 우선시하는 경향이 강하다.

　그러나 중앙권력이 혼란에 빠질 경우 소수파인 수니파 지배 하에서 수모를 겪어온 다수파 시아파의 움직임이 활발해질 가능성이 높다. 또 후세인의 화학탄 공격으로 이미 커다란 피해를 본 바 있는 쿠르드족의 분리독립 운동이 격화될 가능성도 존재한다.

　민족분규가 발생해 주변 아랍국가들의 이해관계와 연동되면 이 지역의 정세는 극도로 혼란해 질 가능성이 높다. 우선 이라크의 시아파와 종교가 같은 이란이 시아파정권을 수립하기 위해 움직일 가능성이 있다. 그렇게 되면 시아파정권의 탄생을 견제하기 위해 수니파가 지배하는 사우디가 개입하지 않을 수 없게 된다. 또 쿠르드족의 분리독립 움직임은 터키의 개입 욕구를 부채질하게 된다. 이같이 주변 아랍국이 이라크 내부의 사태발전에 얽혀들면 이라크가 '제2의 레바논'으로 될 위험성도 배제할 수 없는 것이다. 결국 후세인이 제거되면 이 지역의 평화가 보장될 것이라는 미국 및 反이라크 아랍국가들의 기대와 달리 '후세인 이후 체제'는 더욱 많은 위험요소들을 안게 되는 것이다.

제3장 천안문 충격 딛고 일어서는 중국

노태우 정부 시절 중국에 대해서는 90년 8월23일자 '천안문 고립에서 벗어나는 중국' 기사를 시작으로 92년 9월10일자 '88세 혁명가 등소평 최후의 투쟁' 기사까지 5편을 게재했다. 워낙 국제관계 이슈가 쏟아지다보니 중국 관련 기사는 약 2년에 걸쳐 5꼭지 밖에 다루지 못했다. 비록 적은 수이지만 천안문 사태라는 중국 현대사의 최악의 비극에서 벗어나는 중국의 모습을 다각적으로 짚어 나가고 있다.

90년 8월23일자에 게재된 '천안문 고립에서 벗어나는 중국' 기사는 천안문 사태(89년 6월4일)로부터 만 1년 만에 중국에 대한 국제 제재가 느슨해지고 특히 아시아에서 외교적 고립이 해소되기 시작했음을 보여준다. 이는 천안문 사태 직후 중국 측이 우선 아시아 주변 국가부터 선린우호 전략을 내세워서 국교를 맺는 전략을 펼친 데 힘입은 것이었다.

특히 강력한 반공국가로 1946년 이래 대만하고만 국교를 유지했던 사우디아라비아가 90년 7월22일 대만과 단교하고 중국과 수교한 것은 당시 국제 사회에서 '외교적 쿠데타'로 불릴 정도로 반향이 컸다. 이로서 아시아에 남은 대만의 외교 거점은 한국이 유일했으나 한국마저 92년 8월24일 사우디와 같은 길을 걸음으로서 대만의 고립이 심화됐다.

이 기사에는 90년 당시만 해도 중국이 한국과 수교할 경우 '두개의 한국'을 인정하는 것이 돼 이것이 '두개의 중국 인정'으로 국제사회에 불똥이 튈까봐 머뭇거리는 대목이 설명돼 있다. 중국이 그 뒤 한국과 수교를 하는 데는 각기 다른 두 가지 계기가 작용했다.

하나는 외교적 측면으로 1991년 소련으로부터 독립한 라트비아가 중국의 반대를 무릅쓰고 대만과 수교하자 이에 대한 복수 차원에서 아시아에서 대만 외교의 마지막 거점인 한국과의 수교를 감행했다는 것이다. 또 한 가지는 아래 5번째 '등소평의 최후의 투쟁' 기사에서 거론된 것인데, 천안문 사태 후 보수파의 저항을 뚫고 개혁개방의 불씨를 되살리는 과정에서 이를 위한 촉매제로 등소평이 한중 수교를 강력하게 밀어부쳤다는 것이다. 어떤 측면으로 보든 92년 8월의 한중수교는 천안문 사태의 늪에서 빠져나오려 몸부림치던 당시 중국에게 매우 중요한 의미를 띤 사건이었던 셈이다.

90년 12월13일자 게재된 '중국 보수파의 이념 새 무장' 기사는 천안문 사태 원인의 한 부분이자 92년 등소평이 1년에 걸친 투쟁 끝에 밀어내기 전까지 중국 정국을 주도했던 중국 공산당 내 보수파의 사상과 세계관을 다뤘다.

중국에서 보수파와 개혁파가 갈라지게 된 계기로 88년 5월30일 중국 공산당 중앙위원회 정치국 확대회의에서 결정됐던 '가격·임금개혁안'의 실패를 보통 거론한다. 1988년이면 등소평이 1978년 11월 중공당 11기 3중전회에서 개혁·개방정책을 정식으로 채택한 이래 10년 째 되는 해였다. 10여년의 개혁·개방정책으로 중국 경제는 성장했으나 시장경제 체제 도입 과정에서 관료 부패의 심화와 빈부 격차 확대 등 부작용도 심각했다. 또한 학생 지식인 사회에서는 소련과 동유럽 개혁개방에 따른 민주화 요구가 고개를 들기 시작했다.

임금과 가격 개혁으로 난관을 돌파하고자 했던 5월30일 조치가 실패하고 높은 인플레라는 후유증만 낳자 공산당 내부에서 개혁 추진을 둘러싸고 등소평이 미는 조자양 총서기 중심의 개혁파와 등소평과 같은 급 원로인 진운이 미는 이붕 총리 등 보수파로 나뉘어 대립하기 시작했다. 88년 9월의 당 13기 3중전회에서 '경제환경을 정비하고 경제질서를 조정'하자는 보수파 이붕 총리가 주도권을 쥐면서 민주화를 바라던 학생 지식인 세력과의 충돌이 예고됐다.

이 기사에서는 보수파 원로 진운의 책사였던 중국사회과학원 연구원 何新 등 일부 보수파 브레인의 사상과 세계관을 분석하고 있다. 특히 하신을 비롯한 이들 보수파들이 그 다음해 6월 천안문 광장에 운집한 학생 노동자 시민에 대한 유혈진압을 정당화한 데에는 문화혁명 때 홍위병으로 활동했던 자신들의 어두운 과거가 영향을 미쳤다는 점을 주목한다. 자신들의 홍위병 시절 활동에서 '조직되지 않은 대중운동이 초래한 혼란과 파괴를 목격'했던 경험이 천안문에 모인 대중을 부정적으로 보도록 하는데 큰 역할을 했다는 것이다. 60~70년대 미국 학생운동 세력의 일부가 80년 대 이후 네오콘이라 불리우는 미국판 신보수주의자로 전향했듯이 이들 중국의 신보수주의자들 역시 문화혁명이라는 극단적 좌파운동의 전향자들이었던 것이다. 이들의 눈에 비친 소련 동유럽의 민주화는 미국과 서방의 화평연변 공작에 불과했고 천안문의 민주화 시위는 어리석은 대중의 맹목적인 추종에 불과했던 것이다.

91년 1월3일자 '민주화 도화선에 용기의 불꽃/천안문사태와 方勵之 교수' 기사는 89년 천안문 사태의 불길을 최초로 당긴 중국의 반체제 물리학자 방려지 교수에 대한 기사이다. 방려지라는 개인을 통해 천안문 사태가 어떤 과정을 통해 일어나게 됐는지를 생생하게 전하고 있다.

91년 1월24일자 '당국간 접촉 없이 10년간 쌓아온 인적 물적 교류' 기사는 중국 대만간의 교류에 대한 얘기다. 원문에는 '올해 중국 대만 사이에 통일 이야기가 꽃을 피운다'는 식으로 제목이 붙었는데 밋밋하지만 내용에 맞게 바꿨다. 대만의 금문도와 대치하던 중국 남단 최전선 군사기지였던 아모이 시가 대만 자본의 중국 진출 창구가 되는 드라마틱한 과정을 소개했다. 이 기사에서 인상 깊은 것은 아모이 시가 경제특구로 지정된 1980년부터 이 기사가 작성된 1991년까지 10여년간 대만 자본의 중국 진출은 철저히 민간의 인적·물적교류에 의해서 이뤄졌다는 것이다. 당국간에는 10여년간 이렇다 할 교류가 없었다.

당시 대만 당국은 3불정책(불담판·불접촉·불타협)을 고수했다. 민간의 요구에 따라 87년 11월 탐친정책으로 중국 대륙의 친척 방문을 허용함으로서 민간 교류의 물꼬를 터주거나 중국을 반란단체로 규정한 대만판 국가보안법 '동원감란임시조례'를 91년5월 이전까지 폐기함으로서 교류의 장애를 제거해주는 정도의 역할에 그쳤다는 것이다. 남북교류의 모든 권한을 당국이 쥐고 흔들며 당국간 관계의 부침에 따라 민간은 파리 목숨처럼 생사가 좌우됐던 지난 30년의 남북 교류사와는 대비되는 장면이다.

마지막으로 1992년 그 유명한 등소평의 남순강화와 1년여에 걸친 보수파와의 투쟁에 대한 기사다. '88세 혁명가 등소평의 최후의 투쟁'이라는 기사 제목이 말해 주듯이 이 기사를 쓰는 내내 왜 등소평이라는 인물을 거인이라 평하는

지 전율했던 기억이 새롭다. 자신이 밀어붙였던 10년 개혁의 부작용으로 발생한 천안문의 민중 시위를 탱크로 깔아뭉개고도 그는 보수파의 '치리정돈'은 결국 경제개혁 실패로 연방해체의 운명을 맞은 소련과 같은 길로 중국을 이끌 것이라며 반대했다. 그 대신 92년 1월의 '南巡'(심천 주해 상해 등 중국 개혁의 현장 방문)으로부터 시작해 1년여의 치열한 내부투쟁 끝에 13억의 운명의 물줄기를 바꿔놓는데 성공했다. 북한 김정일 위원장의 2001년 상해 방문과 2006년 심천 주해 광주 방문은 바로 등소평 남순강화에 대한 오마쥬였던 것이다.

> 천안문사태 이후 고립됐던 중국이 사우디아라비아에 이어 인도네시아와 외교관계를 수립하면서 국제 사회로 복귀하기 시작했다.

'천안문' 고립에서 벗어나는 중국

(1990.8.23)

중국이 천안문사태 이후의 국제적 고립과 서방의 경제제재라는 '악몽'에서 서서히 벗어나고 있다. 최근 사우디아라비아에 이어 인도네시아와 외교관계를 수립한 데 이어 서방의 對中 경제제재 완화 움직임으로 중국이 국제사회로 신속히 복귀하고 있다.

중국의 錢其琛 외교부장과 인도네시아의 알리 알리타스 외무장관은 8월8일 인도네시아의 수도 자카르타에서 국교수립 문서에 서명했다. 李鵬 총리의 동남아시아 3개국(인도네시아 싱가포르 태국) 순방길에 이루어진 양국의 국교 수립은 1997년 국교가 단절된 이래 23년만의 일이다.

중국과 인도네시아는 67년 인도네시아의 수하르토 대통령이 일방적으로 단교를 선언한 이래 외교관계가 단절되었다. 당시 수하르토 대통령은 65년에 발생한 인도네시아공산당의 불발 쿠데타(9.30사건) 배후에 중국이 있었다고 보고 단교를 선언했었다, 그러나 85년 반둥회의 30주년 기념식에 참석한 중국의 吳學謙 외교부장과 목타르 인도네시아 외무장관이 무역관계 재개에 합의하면서 양국관계에 해빙무드가 조성됐다. 이번의 국교정상화는 85년 이후 양국의 무역교류가 꾸준히 확대돼왔고, 중국이 더 이상 공산혁명을 수출하지 않겠다고 다짐하는 등 신뢰관계 조성을 위해 노력한 데 힘입은 것이다.

중국과 인도네시아의 국교수립으로 중국의 외교관계는 싱가포르와 보루나이로 확대될 전망이다. 두나라는 중국과 인도네시아 관계정상화를 對中수교의 전제로 내세워왔기 때문이다. 이렇게 되면 중국은 올해 안에 아세안 6개국 모두와 외교관계를 수립하게 된다.

中·印尼수교에 앞서 중국은 지난 7월22일 중동의 석유 왕국 사우디아라비아와 전격적으로 국교수립에 합의한 바 있다. 사우디아라비아는 46년 이래 중동에서는 유일하게 대만을 전 중국의 유일 합법정부로 인정해온 나라이다. 그 때문에 중국과의 전격적인 수교는 대만외교에 대한 '쿠데타'로까지 불려졌다.

중국은 사우디와 국교를 맺음으로써 사우디의 오일달러를 유치할 수 있게 되었고 신장 및 위구르 자치구 등의 1천 7백만 회교도의 독립운동을 무마할 수 있는 정치적 기반을 확보하게 되었다. 반면 사우디는 자국의 석유제품을 판매할 막대한 중국시장을 얻게 되었다.

사우디. 인도네시아와의 수교로 중국의 외교적 지위는 격상되었다고 외교전문가들은 분석한다. 우선 사우디와의 수교로 중동 정세의 안정화에 기여할 수 있는 통로를 확보하게 되었다. 인도네시아와 관계를 수립하고 앞으로 全 아세안 국가와 수교하게 되면 이 지역에서 중국의 영향력이 자연히 증대하게 될 것이다. 특히 중국이 캄보디아 반군세력 중 군사력 면에서 가장 막강한 크메르 루주의 후원국이고 인도네시아가 프랑스와 함께 캄보디아 평화회담의 공동의장국이라는 점을 고려하면 양국관계의 정상화는 캄보디아사태의 평화적 해결에 긍정적인 영향을 끼칠 것이다.

캄보디아 사태해결에 긍정적 영향 예상

국제무대에서 중국외교의 개가는 중국과 외교적 경합을 벌이고 있는 대만외교의 패배 및 대만의 고립화를 의미한다. 대만의 李登輝총통은 88년 1월 총통 취임 이래 중국과 국교를 맺고 있는 나라와도 외교관계를 수립한다는 이른바 '유연외교 정책'을 추구해왔다.

그러나 사우디아라비아가 중국과 수교함에 따라 대만의 수교국은 27개국으로 줄어들었고, 금권을 바탕으로 한 유연외교 정책도 11억 인구에 유엔 안전보장이사회 상임이사국인 중국의 국제적 영향력 앞에 무력할 수밖에 없었다. 현재 수교국 숫자로 봐도 중국은 1백 36개국으로 대만을 월등히 앞지르고 있다.

서방 각국의 對중국 경제제재 조치도 사실상 해제되기 시작됐다. 7월9일 휴스턴에서 열린 서방 선진 7개국 정상회담에서는 천안문사태 이후 봉쇄했던 對중국 차관을 일단 인도적 사업에 국한하기는 했지만 재개하기로 합의하였다. 특히 일본이 중국에 대한 각종 차관 공여를 선언하였고 세계은행(IBRD)도 같은 의사를 표명함에 따라 지난 2년 동안의 경제조정을 통해 최근 안정세를 보이고 있는 중국경제에 활력을 불어넣을 것으로 보인다.

그러나 최근 중국의 대외개방 움직임이 중국과 외교관계를 수립하고자 노력하고 있는 한국 정부의 기대에 부응하게 될지는 미지수이다. 북한을 배려하기 때문만이 아니다. 한반도에서 "2개의 한국"을 인정하는 것은 중국 대만이라는 '2개의 중국'을 인정하는 것으로 이어질지 모른다는 점을 중국정부가 두려워하고 있기 때문이다.

중국의 신보수주의자들은 여러 면에서 미국의 네오콘과 닮았다. 미국의 네오콘들이 6~70년대 힉생운동 출신자들인 것처럼 중국의 신보수주의자들은 문화혁명 당시 홍위병 출신들로서 대중에 대한 불신감을 갖게 되었다고 한다. 이들이 소련 동유럽 사태와 천안문 사태를 바라보는 시각 그리고 중국의 경제 발전 방향에 대한 생각들을 정리했다.

중국보수파 이념 새무장

(1990.12.13)

중국에 '신보수주의'라는 새로운 사조가 급격히 대두하고 있다. 최근 중국의 언론 및 이념분야에서 등장하고 있는 이 신보수주의는 7中全會를 앞두고 당내 개혁파와의 투쟁에 몰두하고 있는 보수파의 견해를 대변하는 이론으로서 영향력을 확대하고 있다. 신보수주의는 기존의 전통적 사회주의론(당의 지도성, 사회주의, 마르크스·레닌주의, 인민민주독재 등 4개의 기본원칙 고수)을 천안문 사태와 소련·동유럽의 개혁이라는 시대적 배경 속에서 재해석한 이론이다. 민주화운동에 비판적이며, 국제정세를 국가 대 국가의 힘의 대결이라는 관점에서 바라보는 것이 주요한 특징이다.

일본에서 발행되는 시사주간지 ≪이코노미스트≫(11월22일자)에 의하면, 이 신보수주의 이론의 대표적 인물은 중국사회과학원 연구원인 何新 등 과거 홍위병세대의 일부 이론가들이다. 하신은 천안문 사태 이후 중국 보수파의 대부로 등장한 국가고문위원회 주임 陳雲의 측근으로, 그의 대내외정책 구상에 깊이 관여하고 있는 것으로 알려졌다.

지난 8월21일자 ≪북경주보≫는 중국 국내외 정세에 대한 하신의 견해를 전체 48면의 지면 중 24면에 걸쳐 게재해, 그의 견해가 현재 권력을 잡고 있는 진운 등 당내 보수파의 입장을 가장 정확하게 대변하고 있음을 보여준 바 있다.

하신 등 홍위병 세대들은 문혁 당시 '조직되지 않은 대중운동'이 초래한 혼란과 파괴를 목격하면서 대중에 대한 불신감을 갖게 되었다고 한다. 이 불신감이 천안문 사태와 소련·동유럽 사태에 대한 이들의 인식의 바탕을 이루는 한 요소가 되고 있다.

천안문 사태에 대해 그는 "미국 등 외국세력과 결탁한 일부세력의 선동을 대중이 맹목적으로 추종하여 일어난 것"으로 보고 있다. 또한 소련 및 동유럽의 변혁에 대해서는 "대중의 힘에 의한 것이 아니라 미국 및 소련, 서유럽을 중심으로 한 권력정치의 대중조작에 의한 것"으로 분석한다. '탈냉전체제'라 부르는 현재의 국제정세에 대해 그는 "대국들의 국익추구와 세력균형의 원리가 기본적으로 관철되고 있다"면서 중국이 이러한 '대국 중심의 권력정치'에 대항하려면 "항상 국익을 우선해야 한다"고 주장한다. 이같은 국익우선의 주장 때문에 일부에서는 하신의 이론을 '신국가주의'라고 부르기도 한다.

11월23일자 <인민일보> 사설은 사상 및 언론분야에 파고드는 이같은 신보수주의적 사고의 일단을 극명하게 보여주었다. '조직간부는 진정으로 사회주의 이론을 학습하자'는 제하의 이 사설에서 특히 주목되는 것은 천안문사태와 소련·동유럽 사태의 배경에 대한 분석 부분이다. 사설은 사회주의 변화를 "서방측 적대세력의 '평화적 전복전략'에 의한 것"으로 보고 있다. 또 천안문 사태는 "국내적으로는 부르조아 계급 자유화 운동"으로, 국제적으로는 "제국주의의 '평화적 전복'전략과 그것에 반대하는 사회주의의 격렬한 투쟁이었다"고 분석하고 있다. 대중운동의 영향력을 부정하고 국제관계를 국가간의 권력정치관계로 보는 신보수주의적 관점을 정확히 반영하고 있는 것이다. 한때 자취를 감추었던 '제국주의'라는 용어가 다시 등장하고 있는 점도 흥미롭다.

최근 중국의 언론계 및 이념분야에서 급격하게 나타나고 있는 이같은 보수화 경향은 현재 7중전회를 둘러싸고 전개되는 당내의 개혁파와 보수파간의 권력다툼에도 미묘한 영향을 끼치고 있는 것으로 나타났다. 현재 가장 초점이 되고 있는 것은 당내 개혁파의 선두주자인 李瑞環의 거취문제. 지난 10월31일자 <요미우리> 신문은 북경발 현지보도를 통해 "최근 사상 및 선전분야를 담당하고 있는 당정치국 상무위원 이서환의 영향력이 크게 저하되고, 천안문 사건에서 재등장한 보수파 이론가의 활약이 두드러지고 있다"고 보도했다. 또 11월13일자 홍콩의 <사우스차이나 모닝포스트>지에 따르면, 최근 이서환은 중국지도부가 "앞으로 있을 경제건설과 함께 사회주의적 정신문명의 건설도 강력히 추진할 것"이라고 말하는 등 평소의 입장과는 다른 내용의 발언을 했던 것으로 나타났는데, 이 또한 그의 발언권 약화를 반영하고 있는 대복으로 보인다.

보수파의 입장 강화는 현재 중국의 각 세력이 심혈을 기울이고 있는 경제정책의 방향정립에는 어떤 영향을 끼칠 것인가. 그것은 개혁·개방 이전의 폐쇄경제 체제로의 복귀를 의미하는가.

첨단기술 도입으로 개혁 방안 모색

현재로서는 그럴 가능성은 희박해 보인다. 지난 10여년간 추진돼온 개혁개방정책은 이미 중국 경제에 돌이킬 수 없는 막대한 영향을 끼치고 있기 때문이다. 하신도 개혁개방정책은 적극적으로 추진해나가야 한다고 주장한다. 그러나 그 정책은 조자양과 그의 정책 브레인인 王建 등이 지난 88년 1월에 주장한 '국제경제 대순환론' 및 '연해경제 발전전략' 등에 의거해서는 안된다고 밝힌다. 조자양 등의 노선을 따르다보면 중국은 선진국에서 이전된 노동집약적 산업의 처리장으로 변모해, 선진국 경제에 종속돼버린다는 것이다. 따라서 그는 대외개방에 있어서 당장은 무리일지라도, 정보산업을 중심으로 한 첨단기술의 도입을 기본목표로 삼아야 한다고 주장한다. 국익에 손해가 되는 경제교류는 피해야 한다는 것이다.

보수파 이론가들이 개혁개방 정책을 중시하고 있음은 다른 곳에서도 확인된다. 홍콩에서 발행되는 <파이스턴 이코노믹 리뷰>지(11월20일자)는 최근 중국의 보수파 이론가들 사이에 진운을 등소평과 함께 지난 10여년간의 개혁개방정책의 '공동의 건설자'로 재해석하려는 움직임이 있다고 보도했다. "자유주의자들이 사회주의의 개념을 재규정함으로써 급진적 경제정책을 밀고나갔듯이 보수파들도 경제개혁을 '진운사상'으로 재규정함으로써 유리한 고지에 서고자 한다"는 것이다. 물론 보수파의 경제정책에 대한 개혁파의 비판, 중앙권력을 강화하고자 하는 그들의 움직임에 대한 지방 省정부들의 반발도 만만치 않다.

결국 보수파가 기본적으로 경제 개혁·개방의 필요성을 부정하지 못하는 한 기존의 정책기조는 꾸준히 지속될 것이다. 단지 앞으로 있을 7중전회에서 보수파의 경제정책이 채택되면, 시장경제라는 '새'를 가두고 있는 계획경제라는 '새장'의 크기가 다소 작아질 것이라는 점은 예상해볼 수 있다.

89년 6월의 천안문 사태는 그해 1월6일 북경 천문대 연구원이었던 방려지 교수가 등소평에게 보낸 한 장의 편지에서 시작됐다. 새해를 맞이하여 감옥에 갇혀 있는 魏京生 등 양심수들을 석방해달라는 내용이었다.

민주화 도화선에 용기의 불꽃/천안문사태와 方勵之 교수

(1991.1.3)

'파티에 오지 못한 남자'. 89년 3월13일자 미국 시사주간지 <타임>은 중국의 반체제 물리학자 方勵之교수(55)를 다룬 커버스토리에 이같은 제목을 붙였다. 그는 중국을 방문중이던 부시 미대통령이 그 전 주 그를 만찬에 초대했으나 중국정부의 제지로 끝내 참석할 수 없었다. 당시 방려지의 파티 참석 문제는 미국과 중국 사이에 떠들썩한 외교문제로 비화되었다. 그것은 그로부터 세달 후 그의 미대사관 피난으로 또 한차례 격돌을 해야 했던 양국관계의 '전주곡' 같은 것이었다.

파티소동이 있었던 89년 2월26일경은 중국정국에 팽팽한 긴장감이 감돌기 시작하던 시기였다. 우선 89년이라는 해 자체가 심상치 않은 의미를 갖고 있었다. 이 해는 신중국 건설 40주년, 중국 민주화운동의 효시라는 5.4운동 70주년, 프랑스혁명 2백주년이 되는 해였다. 따라서 이미 86년의 학생 시위에서 한차례 좌절을 겪었던 중국의 반체제 세력들에게 89년은 중국 민주화운동의 전환기로 인식될 만한 해였다.

문화계 저명인사 33명이 지지성명 발표

그러나 그 해의 출발은 그리 낙관적인 것은 아니었다. 오히려 그들은 뭔가 불길한 느낌마저 가지면서 그 해를 맞이해야 했다. 바로 그 전해인 88년말부터 강경보수파의 목소리가 점점 높아져가고 있었기 때문이다. 지난 78년부터 시작돼 10여년 째 진행돼온 개혁개방정책이 인플레와 부정부패의 만연, 사회기강 이완 등의 문제점을 드러내기 시작하면서 88년 말부터 사회전반에 대한 통제강화를 주장하는 보수파들이 다시 득세하기 시작한 것이다. 88년 9월에 열렸던 당13기 3中全會

에서 경제운용권이 개혁파 趙紫陽 총서기로부터 姚依林 부총리에게 사실상 넘어 가게 된 것은 보수파의 득세를 알리는 명확한 신호였다.

따라서 89년은 점차 사회적 통제를 강화하려는 중국권력층의 움직임과 '민주화 운동'의 전환기로 삼으려는 민주화 운동세력의 움직임이 서로를 향해 서서히 다가 가는 긴박한 상황 속에서 시작되었다고 할 수 있다.

긴장된 침묵. 이 침묵을 깨고 중국정국에 일파만파의 파란을 몰고 올 최초의 '돌' 을 던진 사람이 바로 당시 북경 천문대 연구원이었던 방려지 교수였다. 89년1월6 일 그는 중국군사위 주석 鄧小平 앞으로 한 장의 서한을 보낸다. 이 '역사적인 해' 를 맞이하여 감옥에 갇혀 있는 魏京生 등 양심수들을 석방해달라는 내용이었다. 특히 그가 여기서 이름까지 거론하며 석방을 요구한 위경생이라는 인물은 79년 북경 '민주의 벽'에 등소평을 신랄하게 비판하는 글을 게재했다가 15년형을 선고 받고 투옥된 당시 29세의 청년노동자로, 그후의 반체제운동에 지대한 영향을 끼 친 사람이다.

평소 같으면 심상하게 넘어갔을 그의 '투서사건'은 예의 '파티소동'이 일어나기 10일 전인 2월16일 북경문화계의 저명인사 33명이 그의 서한에 지지를 표명하는 성명서를 발표함으로써 확대될 기미를 보이기 시작했다. 이어 '파티소동' 당일인 2월26일에는 63명의 자연과학자들이 제2의 공개서한을 발표했고 3월14일에는 학 생 언론인 지식인 등 43명의 연서 서한이 등장했다.

한편 해외의 중국 지식인들도 국내의 지식인 운동에 호응해 활발한 움직임을 보 이기 시작했다. '중국민주촉진연락조'라는 조직이 2월17일 미국에서 결성돼 방려 지가 그 특별조장에 임명되기도 했다. 결국 그의 투서 한 장은 터지기만을 기다리 고 있던 중국민주화운동에 불을 붙인 격이 된 것이다.

당시 중국 지식인들의 주요 요구 사항은 신문 잡지에 대한 검열제 폐지 등 언론 자유, 공산당과는 별도의 사회단체와 정당을 조직할 수 있는 결사의 자유, 직접보 통선거를 통한 정부 각 조직의 책임자 선출, 정치범 석방과 사상의 자유보장, 공산 당과 정부조직의 분리 등이었다.

89년 초부터 타오르기 시작한 지식인 중심의 민주화 운동은 호요방 전총서기의 죽음을 계기로 거리로 진출하기 시작한 학생운동과 합류하여 89년 5월 민주화시위의 커다란 흐름을 만들어내게 되었다.

美 대사관행 결정하면서 인간적 갈등

이런 일련의 사태 발전에서 최초의 원인 제공자였던 방려지 교수는 5월의 학생시위와는 조직적 연계를 갖고 있지 않았던 것으로 본인 스스로 증언한 적이 있다. 따라서 그는 6월4일의 무력진압이 있기 전까지만 해도 자신의 거취에 대해 확실한 판단을 내리지 못하고 있었던 것으로 보인다. 6.4 사태 이틀 전인 6월2일 그는 미국 <AP통신>과 인터뷰를 가졌는데, 여기서 앞으로 자신이 체포될 가능성이 50 대 50이라고 예상하기도 했다.

6월3일 밤부터 6월4일 새벽에 걸쳐 계엄군이 무력진압을 시작하면서 상황은 급박하게 돌아가기 시작했다. 그때부터 그가 미국 대사관으로 피신하게 되기까지에는 여러 가지 우여곡절이 있었던 것으로 알려지고 있다. 6월4일 당일부터 그를 줄곧 수행하며 그의 대사관행에 도움을 준 사람은 당시 미·중 학술교류위원회의 북경사무소장이었던 페리 링크(Perry Link, 중국 이름으로는 林培瑞)라는 미국인이었다. 그는 6월4일 방려지와 부인 리슈산 여사, 북경대 재학중이던 차남 방철 등 일가를 일단 미국 CBS 방송국이 사용하고 있는 북경 시내의 샹데그라호텔로 피신시켰다. 다음날인 6월5일 방려지 일가 3인은 링크의 안내를 받아 북경주재 미국대사관으로 들어가게 된다.

홍콩에서 발행되는 <90年代>라는 잡지 89년7월호에는 당시 방려지가 미대사관 직원들과 나눈 대화가 소개돼 있다. 당시의 정황을 더욱 정확하게 살펴보기 위해 이 대화 내용을 요약해보자.

직원 : 왜 미국대사관에 들어오게 되었나.

방 : 며칠 전에 李鵬 총리를 지지하는 관제데모가 있었는데 거기서 나에 대한 화형식이 있었다. 또 당국이 작성한 수배자 명단에 나와 나의 처가 1, 2위로 올라 있다는 소식을 들었다. 당국에는 비밀로 하고 대사관에 며칠 동안만 묵을 수 없겠나. 분위기가 가라앉으면 밖으로 나가겠다.

직원 : 비밀 유지가 어렵다. 대사관 직원의 상당수가 중국인들이고 도청 가능성도 있기 때문이다. 또 일단 여기에 머무르게 되면 언제 나가게 될지 아무도 모른다.

방 : 그렇지 않아도 중국당국은 이번 민주화시위를 외국의 사주에 의한 것이라고 선전하고 있는데 내가 여기 있다는 섯이 알려지면 민주화운동에 커다란 누를 끼치게 된다. 다시 밖으로 나가겠다(실제로 방려지 일가는 그날 미대사관을 나와 근처의 建國飯店으로 거처를 옮겼다. 그러다가 6월8일 다시 미 대사관으로 들어가게 되는데 그 경위에 대해서는 정확하게 밝혀지지 않고 있다).

위에서도 알 수 있듯이 그는 최종적으로 대사관행을 결심하기까지 상당히 깊은 인간적인 갈등을 겪은 것으로 보인다.

방려지의 미대사관 체류로 미국과 중국은 또 한 차례 맞부딪치지 않을 수 없었다. 이번에는 '국제법 위반'을 지적하는 중국측의 주장과 인권보호를 내세우는 미국측의 주장이 정면으로 충돌했다. 그러다가 미 대사관 체류 3백85일만인 90년 6월25일 중국정부는 "제3국으로 갈 것, 정치활동을 하지 말 것"등의 조건을 달고 그의 해외망명을 허락했다. 그는 지난해까지 영국 케임브리지 대학에서 방문교수 자격으로 연구활동을 계속하다가 91년 1월에 미국 프린스턴대학으로 거처를 옮길 것으로 알려졌다.

> 70년대 이전만 해도 대만 금문도를 겨냥하는 중국 측의 최전선 군사기지였던 복건성 아모이 시가 대만의 선진 경제력을 대륙으로 흡수하는 '빨판도시'로 변모하는 과정을 다뤘다.

당국간 접촉 없이 10년간 쌓아온 인적 물적 교류
(1991.1.24)

중국 복건성의 아모이市. 대만 해협을 사이에 두고 대만의 金門島와 마주보고 있는 중국 남단의 항구도시이다. 해협 양안에 군사적 긴장이 감돌던 70년대 이전만 해도 아모이는 금문도를 겨냥하는 중국측의 최전선 군사기지였다.

대만 본사에서 출퇴근할지도

1980년 중국 당국이 '대만 자본을 끌어들이기 위해' 아모이市를 경제특구로 지정한 이래 이곳은 대만의 선진 경제력을 대륙으로 흡수하는 '빨판도시'로 변모했다. 이미 홍콩쪽에 면한 심천경제특구 다음으로 외자도입 면에서 중국 제2의 도시로 성장했는데, 도입외자의 40% 가량이 대만계라고 할 정도로 대만자본의 진출이 활발하다.

특히 89년 5월 중국당국이 대만자본을 더욱 적극적으로 유치하기 위해 아모이의 海滄, 杏林지구에 '臺商투자구'를 설정하면서부터는 "앞으로 兩岸간에 직행노선이 허용되면 대만의 본사로부터 출퇴근도 가능하다"고 할 정도로 이곳은 대만과 '하나의 경제권'으로 묶여 있다.

최전선 군사기지로부터 교역의 전진기기로의 전환. 지난 10년간 아모이市가 겪은 이같은 변화는 같은 시기 중국·대만 관계의 변화를 함축적으로 보여준다. 1970년대까지만 해도 대만해협양안은 國·共내전의 연장선상에 놓여있었다. 그러다 1978년 중국이 당 제11기 3중전회에서 개혁·개방정책을 채택하면서부터 해협 양안의 군사적 긴장은 제거되기 시작했다. 11기3중전회의 정신을 바탕으로 79년1월1일 중국이 대만에 대한 무력해방 노력을 공식적으로 포기한 것이다.

지난 10년 여 간 활발하게 전개돼온 인적·물적교류는 대만 경제력을 '4개현대화 노선'의 동력으로 끌어들이고자 한 중국당국의 의도와 10억의 대륙시장을 제2의 성장발판으로 삼고자 한 대만기업들의 이해가 맞아떨어진 결과라고 볼 수 있다. 특히 국내 투자환경의 악화로 해외 진출 붐이 일어나고 있던 대만기업들이 때마침 열린 중국시장으로 몰려든 것은 '자본운동의 필연적 법칙'이었다.

당국의 저지에도 불구하고 제3국을 통해 대륙을 방문하는 대만 기업인 및 민간인의 수가 계속 늘어나자 대만당국은 87년 11월 대만인의 대륙친척방문(探親)을 공식적으로 허용하기에 이르렀다. 探親의 허용은 양안간의 인적·물적교류에 기폭제가 되었다.

중국측 통계에 의하면 89년 한 해 동안 중국을 방문한 대만인은 54만명. 이 숫자는 사업상의 방문도 허용된 지난해의 경우 대만 인구의 5%에 해당하는 1백만명으로 늘어났다. 양안 무역도 지난해의 경우 40억 달러에 달해 중국은 이제 대만의 5번째 수출 상대국이 되었다.

지난해 1백만명 본토 방문

그동안 당국간의 정치 교류는 거의 진전이 없었던 게 사실이다. 양국이 군사적 대립의 소모성을 극복하는 데에는 의견일치를 보았지만 체제간 우월경쟁 자체를 포기한 것은 아니었기 때문이다. 특히 대만당국은 중국과의 교류를 민간차원의 경제교류에 국한하고 당 및 정치 차원에서는 기존의 '3不정책'(불담판·불접촉·불타협)을 고수하는 '이중정책'을 채택 해왔다.

그러나 대만당국의 이 이중정책도 이제 자체 모순에 직면한 듯하다. 대륙과의 직접 교역을 희망하는 대만 기업인들의 요구, 대만독립을 주장하는 야당 民進黨의 등장, 독일 통일을 계기로 대만 내부에서 불기 시작한 통일 논쟁, 민주개혁의 진전 필요성 등 대만의 李登輝 총통은 복잡한 내부정세에 직면해왔다.

현 단계에선 양측 입장차이 현격

지난해 12월25일 이총통은 그동안 대만의 국내외 정책을 규정해온 구각의 집결체 '동원감란임시조례'를 91년 5월 이전까지 완전 폐기하겠다고 선언했다. 1947

년 장개석 총통이 공산당과 내전을 선포한 이래 오늘까지 내려온 이 '전시국민총동원령'이 폐기되면 대만 내부 민주화의 진전은 물론 국·공 대화에도 새로운 장이 열리게 된다. 공산당에 대한 '반란단체' 규정이 사라져 중국과의 직접 대화가 합법적으로 뒷받침되기 때문이다. 기존의 3不정책도 자연 폐지되게 된다.

따라서 임시조례가 폐기되는 올해 중국과 대만간에는 당국간 대화가 본격화될 것으로 보인다. 지난 10년간 축적된 인적·물적교류가 '제도화' 단계로 진입하게 될 가능성도 높다.

이와 함께 통일문제가 본격적이 현안으로 떠오를 수도 있다. 이미 중국은 지난해 12월12일 폐막된 '전국對臺공작회의', 12월말의 7中全會와 올해 1월1일의 강택민 총서기의 신년사등에서 거듭 통일문제를 '90년대 국정의 최우선과제'로 선언한 바 있다. 현 단계에서는 양측의 입장에 현격한 차이가 있기 때문에 이 문제를 둘러싸고 일시적 긴장상태가 조성될 수도 있다.

당국간 교섭 및 통일 문제를 둘러싸고 전개될 올해의 대만해협 정세는 비슷한 처지에 있는 남·북한 관계에 타산지석이 될 것 같다.

천안문 사태 이후 보수파 집권으로 중국 개혁의 성과가 물거품이 되려 하자 등소평이 노구를 이끌고 '南巡'(심천 주해 상해 등 중국 개혁의 현장 방문)강화와 1년여의 내부투쟁 끝에 개혁의 물줄기를 다시 살려냈다.

88세 혁명가 등소평 '최후의 투쟁' 나섰다

(1992.9.10)

지난 8월22일로 중국의 최고지도자 등소평은 米壽(88세)가 되었다. 보통 사람이라면 웬만한 일에서는 손을 떼고 남은 생애를 조용히 정리해야 할 나이다. 그러나 중국의 이 老지도자는 인간사의 자연스러운 순리조차 이미 초극해 버린 것 같다. 올해 초 갑작스럽게 중국 정치의 한복판에 다시 공개적으로 모습을 드러낸 이래 최근까지 그의 정력적인 활동은 90세를 바라보는 노인의 그것으로 보기 어렵다.

"등소평의 제3의 북벌 시작됐다"

중국문제 전문가들은 중국 개혁의 총설계자인 이 노혁명가가 지금 "생애 최후의 투쟁"을 전개하고 있다고 말한다. 또 혹자는 "등소평의 제3의 북벌이 시작되었다"면서 심상치 않은 눈으로 그의 움직임을 주시한다.

얼마 전 전격적으로 발표된 한·중수교도 그가 올해 초부터 전개해온 투쟁과 밀접한 관련이 있다는 분석이다. 지난 8월22일자 <산케이신문>은 "한·중수교를 주도한 인물은 바로 등소평이며, 이는 올해 연말의 14차 당대회를 준비하기 위한 그의 포석 중 하나다"라고 지적했다. 국내 중국문제 전문가 중에는 수교 시기를 앞당기는 데 그가 직접 나섰다고 보기는 어렵다는 견해를 갖는 사람도 있다. 중국의 외교정책은 외교부 등 관리의 손에 의해 주도되는 경향이 강하기 때문이라는 것이다. 그렇다 하더라도 한·중수교 같은 중요한 일이 최고지도자인 그의 재가없이 이루어졌으리라고는 상상하기 어렵다고 전문가들은 덧붙인다. 한·중수교 역시 그가 올해 초부터 치열하게 전개해온 생애 마지막 투쟁의 영향권 안에서 진행된 것은 틀림없으리라는 것이다.

지난해 연말까지만 해도 등소평의 동정을 둘러싸고 서방 언론은 상당히 한가한 논의를 하고 있었다. 그가 중병에 걸렸거나, 권력투쟁에서 밀려났거나, 심지어 사망했을지도 모른다는 내용이었다. 이런 추측이 난무하게 된 것은 지난해 연초 상해시의 구정행사 때 잠시 모습을 드러낸 이후 약 1년 동안 그의 행방이 묘연했기 때문이다.

따라서 지난 1월 초 그가 딸들과 손자들, 그리고 몇몇 측근을 거느리고 중국 남부의 심천, 주해 경제특구와 상해시 등을 방문했을 때만 해도 처음에는 그저 형식적인 얼굴 드러내기 정도로 여겨졌을 법했다. 그는 사망설이나 중병설 등이 난무할 때마다 잠시 모습을 드러냄으로써 자신의 존재를 과시하는 일이 종종 있었다.

그러나 이번의 남부지역 순방, 즉 南巡은 뭔가 처음부터 심상치 않은 낌새를 보였다. 우선 일정부터가 그랬다. 1월18일부터 2월25일까지의 빡빡한 일정 속에 몇 개 도시를 순방하는 것은 팔순 노인으로서는 벅찬 일이었다. 그러나 그는 이를 끄덕없이 강행했다. 그를 가까이서 직접 본 사람들은 그가 아직도 60대의 건강을 유지하고 있다고 전하기도 했다. 대중이 많이 모이는 민속촌이나 호텔 로비 등에서 시민에게 자신의 모습을 드러낸 것도 흔치 않은 일이다.

사람들을 바짝 긴장케 한 것은 순방기간 중 그가 뱉어낸 거의 분노에 가까운 언사들이었다. 대개의 논조는 "개혁과 개방을 더욱 빨리, 더욱 대담하게 진행하라"며 현재의 당지도부를 다그치는 내용이었다. 그의 발언 중 상당 부분은 개혁의 진행을 방해하는 보수파 지도자들을 직접적으로 공격하는 내용으로 가득 차 있었다. 남순 발언의 핵심은 "개혁을 하지 않는 자는 물러나야 한다"는 말로 요약된다. 이밖에도 보수파 지도자인 진운을 여러 사례를 동원해 간접적으로 비판하고, 당의 선전 및 조직부서를 담당하는 보수파 지도자들에 대한 노골적인 불만을 표시하는 내용도 포함돼 있다.

조정자역 포기… 보수파 제거 나서

남부지역에서 시작된 그의 발걸음은 점차 북상하기 시작해 5월21일에는 북경에 있는 수도제철공장에 닿았다. 이곳에서도 그는 "개혁을 하기 위해서는 의식을 개조해야 한다"는 발언을 했다. 또 지난 6월경에는 흑룡강성 길림성 요녕성 등 동북 3성에서도 그의 모습을 볼 수 있었다고 한다. 관측통들은 그의 동북 3성 방문은 개혁의 바람을 내륙지방에까지 확산하기 위한 의도에서 비롯된 것이라고 본다.

이러한 일련의 순방 과정에서 그가 보여준 격렬한 언행은 중국 지도부 내에서 그가 담당해온 역할에 비추어볼 때 "매우 이례적인 것"이라고 전문가들은 지적한다. 그는 여태까지 개혁파의 수장이면서 동시에 개혁파와 보수파의 갈등에서 초연한 막후 조정자로서의 역할을 담당해왔다. 그런데 이제 당내 갈등의 조정자 역할을 포기하고 보수파에 대한 투쟁 당사자로 나선 것이다.

이 노혁명가를 오랜 은둔 생활에서 정치의 한복판으로 끌어들인 것은 무엇인가. 무엇이 그를 그토록 노하게 했는가. 그가 분노한 원인을 분명히 이해하기 위해서는 천안문사태 이후 중국의 권력층 내에서 그가 처한 사정을 이해해야 한다. 그의 분노는 이 기간 동안 개혁을 가속화하고자 하는 그의 열망이 계속 좌절되면서 형성된 것이다.

지난 89년의 천안문사태로 개혁정책의 총설계자였던 등소평은 한꺼번에 많은 것을 잃었다. 개인적으로는 그에 대한 인민의 신망이 상당히 무너지게 되었다. 그의 이름 小平의 중국식 발음 '샤오핑'은 '작은 병'이란 뜻의 小瓶과 발음이 같다. 천안문사태 당시 대학생들이 그들의 최고지도자를 조롱하기 위해 낚싯대에 작은 병을 매달아 들고 다녔다거나, 천안문광장에 깨진 병조각이 흩어져 있었다는 것은 유명한 일화이다. 요즘도 대학생 중에는 작은 병을 깸으로써 등소평에 대한 불만을 표시한다고 한다.

천안문사태 직후인 89년 11월 그는 중앙군사위 주석직을 강택민에게 물려주고 평당원 등소평으로 은둔 생활에 들어갔다. 무관의 제왕이 된 셈이다.

이런 사정 외에도 천안문사태로 78년 말부터 약 10여년 동안 그가 정열을 기울려 추진해온 개혁·개방 정책이 크게 둔화되고, 경제정책을 수립하는 국무원과 당의 핵심부서인 조직 및 선전부서에 이붕·등력군 등 보수파가 대거 진입하게 된 것은 그가 원하지 않던 상황 전개였다.

천안문사태로 정권을 장악한 이붕 총리 등 보수파는 조자양의 개혁정책 대신 소위 '治理整頓'책을 경제정책의 주조로 삼아왔다. 치리정돈이란 인플레와 과열경기를 잡기 위해서는 통재와 계획정책의 강화가 필요하다는 일종의 경제 조정책이었다. 지난 3년 동안은 이 조정책을 언제까지 끌고갈 것인가를 둘러싼 보수파와 개혁파의 논쟁기간이었다. 보수파는 이 정책의 효과로 경제 안정이 이루어졌으니 더 연장해야 한다는 입장이었고, 개혁파는 이로 인해 생산의 둔화·사회 활력의 침체·외국의 투자기피 등 전반적인 부작용이 일어나고 있으므로 개혁·개방 정책으로 전환해야 한다는 입장이었다.

천안문사태 직후 어쩔 수 없이 보수파의 득세를 허용할 수밖에 없었지만 "개혁만이 중국의 살길"이라고 굳게 믿는 등소평은 당 지도부에 개혁세력을 등용, 권력의 평형을 유지해가면서 개혁노선으로 전환하기 위해 부심해왔다.

특히 90년 하반기부터는 "좀더 대담하고 좀더 빨리 개혁정책을 추진하라"고 다그치는 그의 목소리가 당 지도부에 거듭 전달되기 시작했다. 지난 90년 하반기 이붕 총리가 중심이 돼 작성한 8차5개년계획(91~95) 시안에 대해 개혁적인 조처가 미흡하다고 비판하고, 좀더 개혁지향적으로 수정하라는 지시를 내린 것이 대표적인 예다. 그러나 그의 이 지시는 당·정의 핵심을 장악한 보수파의 거부로 이행되지 않았다.

이에 그는 91년 2월 상해시에서 열린 구정 축하 모임에 참석해 다시한번 당 지도부에게 개혁·개방 정책을 대담하게 시행할 것을 촉구하는 담화를 발표했다. 그리고 그의 담화 내용을 논문으로 작성해 상해시 기관지인 <해방일보>에 황보평이라는 필명으로 발표하도록 지시했다. 그런데 이번에는 당의 선전기구 요원들이 <해방일보>에 대해 논문 게재 경위를 조사하는 등 그에게 거의 직접적으로 도발하는 행위를 했다. 보수파는 여기서 그친 것이 아니다. 황보평의 논문을 빌미로 '姓資姓社'(어떤 일을 하기 전에 그 일이 자본주의 성씨에 해당하는 것인지, 사회주의 성씨에 해당하는 것인지 미리 분간하여 실행해야 한다는 것) 논쟁을 제기하면서 개혁세력을 압박해왔다.

명실상부한 최고지도자 등소평의 지침이 보수파에 의해 계속 거부되었을 뿐 아니라, 이제는 역으로 공격을 받는 상황에까지 몰리게 된 것이다. 지난번 남순 때 그는 특히 황보평의 논문 게재를 당의 선전부서에서 조사한 사실에 대해 극심한 불쾌감을 표시하며 "조사하려면 나를 조사하라"고까지 말한 것으로 전해진다.

그뿐만 아니라 지난해 8월의 옛 소련 붕괴는 중국이 경제개혁의 고삐를 더 이상 늦추어서는 안된다는 위기의식을 그에게 심어주기에 이르렀다. 보수파가 옛 소련

사태를 주로 자본주의 세력에 의한 '和平演變'(평화적인 수단을 이용한 사회주의 체제의 붕괴)이라는 시각으로 바라보고 사상통제를 더욱 철저히 해야 한다는 입장을 취한 데 비해, 등소평은 이와는 반대로 옛 소련의 붕괴 원인을 경제 개혁의 실패에서 찾았다.

이와 같이 최근 몇 년 동안 중국 권력 내에서 전개된 상황은 노혁명가의 입장에서는 참아내기 어려운 것이었다. 공직 사퇴 후 그는 가급적 공식적인 활동을 자제하면서 그의 의중을 강택민 총서기 등 당·정의 개혁 세력들을 통해 관철시키는 방식을 택해왔다. 그러나 강택민 총서기는 입장이 분명하지 않은 것 같았고, 당·정의 핵심부는 이미 보수파에 압도돼 있어 이제 자신이 직접 나서 개혁·개방의 물꼬를 터야 한다는 결심을 굳힌 것이다.

이와 함께 92년이라는 시기적인 중요성도 간과할 수 없다. 올 11월경 5년 만에 14차 당대회가 열릴 예정이기 때문이다. 어쩌면 그의 생애 마지막이 될지도 모를 이번 당대회에서 그가 추진해온 개혁정책을 이어받을 인물들로 당 지도부를 구성하지 못하면 자칫 평생의 노력이 도로아미타불이 될지도 모르는 상황이다. 올해 초부터 갑자기 표면화된 등소평의 일련의 움직임을 그의 생애 마지막 투쟁으로 보는 일부 전문가들의 관점은 여기서 비롯된 것이다.

모택동의 '외곽에서 중앙 공격' 전술 원용

최근까지 그의 움직임을 보면 이 위대한 중국의 전략가는 문화혁명 직전인 1964년 그를 권좌에서 몰아내기 위해 모택동이 사용한 전술을 원용하고 있는 것 같다고 분석하는 전문가도 있다.

중국식 사회주의 건설자로서의 그의 삶은 중국 혁명의 전설적인 영웅 모택동과 떼려야 뗄 수 없는 밀접한 관계를 가지고 있다. 혁명기간 중 모택동은 그의 스승이자 동지였다. 1957년 모택동의 '三描黑描論'(흰 고양이든 검은 고양이든 쥐만 잡을 수 있으면 된다는 것)이 처음 등장했다.

대약진운동의 실패를 자인하고 권좌에서 물러난 모택동은 점차 소외감을 느끼기 시작하면서 당 중앙을 장악한 등소평과 유소기를 제거할 계획을 세웠다. 그리고 은밀히 북경을 빠져나가 상해에서 대중을 결집해 북경의 당 중앙을 공격하기 시작했다. 이와 마찬가지로 등소평이 '화려한 외출'의 행선지로 북경을 선택하지 않고 개혁·개방의 선진지역인 상해 삼척 주해 등을 방문한 것도 이 지역의 상징성에 기반해 북경을 공격하기 위한 전략이라고 볼 수 있다.

그의 이러한 전략은 현재까지 진행 상황으로 볼 때 적중하고 있는 것으로 보인다. 그의 돌연한 출현에서부터 지난 7월의 北戴河회의 (매년 여름 휴양지인 북대하에서 열리는 원로 지도자들 회의로 이번에는 14차 당대회에 제출된 정치국 정위원과 후보위원들의 명단을 선정하는 게 주요한 의제였음)까지 중국 내에서 전개된 상황을 보면 부도옹의 괴력은 역시 대단하다는 것을 알 수 있다. 한 전문가는 그의 남순 발언 이후 "개혁의 대합창이 중국 천지를 진동하고 있다"고 말하기도 했다.

개혁파, 당·정·군 요직 장악할 듯

남순에서 행한 그의 발언(南巡講話)은 공산당 중앙이 '中發2호' 문건으로 공식화해 이미 전국 당원에게 회람했고, 14차 당대회에서 당의 공식 노선으로 채택될 것이라고 전해진다. 등소평의 남순강화 이후 평소 보수적인 색채가 강한 <인민일보> 등 북경의 주요 언론 매체가 개혁·개방을 가속화해야 한다는 그의 주장을 대서특필했고, 평소 보수파로 지목되던 인물들의 개종선언이 잇따르고 있다. 지난 5월 보수파의 거두 진운이 다소 뉘앙스를 달리하기는 했지만 개혁·개방을 가속화해야 한다는 입장을 천명했고, 이붕 총리와 강택민 총서기의 지지발언도 계속돼 왔다.

이와 함께 북대하회의에서는 등소평이 지지하는 개혁파 인사들이 당 정치국 정위원과 후보위원에 다수 추천돼 바야흐로 개혁파가 당·정·군의 요직을 모두 장악하게 될 것이라는 관측이 나오고 있다.

등소평의 마지막 투쟁은 일단 그의 승리로 돌아갈 것이라는 게 일반적인 견해이다. 그러나 그의 앞길을 가로막는 것은 지도부 내 보수파만은 아니라는 지적도 설득력이 없지 않다. 특히 당과 기업의 중간 간부들의 비협조나 앞으로 개혁정책의 추진 과정에서 나타나게 될 사회보장비의 삭감·평생고용제도의 폐지 등으로 국영기업체를 중심으로 한 노동자의 반발이 심화될 가능성이 있다.

여러 가지 우려되는 상황이 없는 것은 아니지만 현재로서는 이 '작은 거인'의 필사적 투쟁이 멈추어 있던 중국 개혁의 수레바퀴를 힘차게 밀고 가는 것만은 분명

하다. 그렇게 굴러가는 수레바퀴의 힘이 한국의 이해와도 맞아떨어져 한·중수교
가 이루어졌다고 볼 수 있다.

제4장 일제 강제징용과 생체실험

국제부에서 남북관계 취재에 깊이 빠져들던 91년 6월 갑자기 기획특집부로 인사발령을 받았다. 전혀 예상치 못했던 일이라 처음에는 당황했으나 기자로서 성장하려면 현장 취재 경험을 쌓는 게 필요하다는 당시 안병찬 편집주간의 배려에 의한 것이었다. 국제부 경력 기자로 <시사저널>에 입사해 약 2년여 간은 외신과 외국저널을 읽고 분석하는 일이 주였다. 틈틈히 북한 전문가들을 접촉했지만 그것만으로는 부족했다. 현실의 바다에 뛰어들어 사안의 윤곽과 핵심을 파악하고 주간지다운 심도 있는 기사를 써낼 수 있는 근성과 근력을 키울 필요가 있었다. 온갖 현장을 누비며 세상의 속살과 부대꼈던 2년여의 기간이 그 후 30년 기자 생활의 자양분이 됐다고 믿는다.

30여년이 지나 당시 썼던 기사들을 추려보니 각각의 기사들이 몇 가지 주제와 방향에 집중돼 있었음을 발견하게 된다. 첨단산업 정보통신 과학기술 분야의 기사가 제일 많았고(91년6월부터 92년12월까지 전체 21건 중 9건) 그 다음 교육 관련 2, 부동산1, 통상1, 전통문화4, 일제 강제징용 관련 5건이었다.

그중 92년 6월 보름에 걸친 일제 강제 징용 현장 취재는 32세의 젊은 피를 끓게 했다. 92년 6월 나가사키에서 시작한 이 취재는 후쿠오카 오사카 교토 도쿄를 거쳐 북쪽의 모리오카까지 이어졌다. 대장정의 첫 시작은 전북산업대 이복렬 교수 등 유족회원들과 함께한 나가사키 하지마 섬에서 자행된 일제 강제징용 피해에 대한 취재였다. 하지마는 아베 정권 당시 일본이 조선인 강제징용 사실에 대한 적시없이 근대문화유산으로 유네스코에 등재를 시도해 국내에서도 널리 알려진 바 있다. 92년 당시에는 정작 나가사키 시민들조차 과거 그 섬에서 무슨 일이 있었는지 모르고 지낼 정도였다. 일본이 그만큼 자신들의 부끄러운 과거는 숨기고 가르치거나 알리려고 하지 않았기 때문이다. 일본에 건너가기 전에 고성 부산 진해 등에서 그 섬에서 생존해온 이들과 사망한 이들의 유가족을 일일이 찾아다니며 사전 취재를 충분히 할 수 있었다. 이들의 증언과 현장 스케치를 통해 일제 강점기 이 지옥같은 섬에서 도대체 무슨 일이 있었는지 생생하게 재현할 수 있었다. (92년 7월23일자 "지옥의 섬 떠도는 조선원혼들이여")

　일제 강점기 살아있는 인간을 대상으로 한 생체실험이 하얼빈의 731부대에서만 자행된 것이 아니라 도쿄대 교토대 규슈대 등 당시 일본의 제국대학을 중심으로 한 일본 의학계의 구조적 범죄행위였음을 추적한 "일본의대에서도 조선인 생체실험"(92.8.13) 기사 역시 당시 심혈을 기울였다. 기사가 나간 후 SBS에서 '그것이 알고싶다' 프로그램을 통해 관련 내용을 보도한 바 있다. 이 기사의 연장선상에서 하얼빈에 있는 731부대죄증진열관의 한효 관장과 연락이 닿았고 한 관장이 731부대에 의해 희생된 조선인 혁명가 심득룡이라는 인물의 활약상과 그의 결혼 사진을 보내와 독점 게재한 것도 두고두고 기억에 남는다. (92년 10월1일자 "마루타로 희생된 조선인 沈得龍") 불행한 역사를 잊지 말고 기억하고 기록으로 남기는 것이야 말로 뒤에 남은 자가 해야 할 일이라 믿는다.

> 2015년 일본이 유네스코 세계문화유산으로 신청하며 조선인 강제 징용 사실을 부인했던 나가사키 앞바다의 하지마섬. 일명 군함도 내지 지옥도라 불리는 이 섬을 1992년 현장 답사를 포함해 심층 취재 했다. 당시만 해도 이 섬에 끌려 갔다 살아온 생존자나 유가족들이 있어 조선인 강제노역과 착취, 학대에 대한 진술을 생생하게 들을 수 있었다.

지옥의 섬 떠도는 '조선원혼'들이여
나가사키시 하지마의 조선인 강제징용

(1992.7.23)

일본으로 출발하기 전 3일 동안 경상남도 고성, 진주, 마산 등지에서 하지마에서 구사일생으로 살아 돌아온 사람들과 사망한 사람의 유가족들을 만날 수 있었다. 하지마에서 있었던 한 세대의 비극은 50여년이 흘렀지만 여전히 종결되지 않았다. 그것은 현재진행형이자 미래진행형이기도 한 이야기였다.

마산시 합포구 오동동에 사는 박말수 할머니(76). 남편 李任述씨는 42세 때인 1940년 음력 10월 일본으로 돈을 벌기 위해 떠난 후 그해 정월에 세상을 떠났다. 그때는 남편이 어디서 어떻게 죽었는지 자세히 몰랐다. 단지 탄광에서 일하다 '구루마'에 치여 죽었다는 얘기를 주변 사람들에게 들은 정도였다. 그때 그의 나이 22세. "신랑밥 한번 얻어먹지 못했다"는 그는 "평생을 너무너무 억울하게 살아왔다"며 눈물을 지었다.

진주에서 만난 김동섭씨(경남 고성군 거류 면)의 형인 金東起씨는 1939년 19세의 나이에 하지마 탄광에 가서 일을 하다 20세에 사망했다. 그때 형의 유골을 찾으러 간 부친은 유골은 바다에 뿌리고 유골단지를 담았던 가방만 가지고 돌아왔다. 그리고 얼마 전 세상을 뜰 때까지 평생 그 가방을 소중하게 간직하며 제사 때만 되면 끌어안고 울었다.

崔洸林씨 (경남 진양군 금곡면) 의 삼촌 崔洛相씨는 19세에 징용으로 끌려가 23세에 하지마에서 사망했다. 조선인 강제연행 문제를 연구하는 한 일본 작가가 89

년 그의 집을 방문하자 부친은 그를 보고 "일본에서 사람이 왔다길래 혹시 동생이 살아 있다는 소식을 전하러 온줄 알았는데 뭣하러 찾아와서 가슴을 뒤집어놓느냐"고 버럭 화를 냈다고 한다.

하지마. 나가사키 시내에서 남서쪽으로 약18㎞ 떨어진 해상에 있는 이 자그마한 섬은 당시 식민지 조선의 청년들에게 어떠한 존재였을까. 왜 거기서 그렇게 많은 사람들이 죽어가야 했을까.

지난 6월17일 오후 2시 나가사키공항. 전북산업대 李복렬 교수를 대표로 한 '하지마 한국인 희생자 유족회' 회장단 3인(徐相守 朴福雄 朴一道)은 뭔가 미심쩍어 하는 일본인 입국심사관을 뒤로 한 채 공항을 빠져나왔다. 방일 목적은 하지마의 원 소유주인 미쓰비시를 상대로 유골의 국내 봉환을 위한 법적 절차를 밟기 위한 것이었다. 또한 선조들이 비극적으로 죽어간 하지마를 둘러보고 추도식을 한다는 계획도 가지고 있었다.

한번 들어가면 살아 나올 수 없는 '죽음의섬'

공항 밖에는 '나가사키 조선인의 인권을 지키는 회'(이하 인권회) 대표인 오카 마사하루 목사와 사무국장인 나가사키종합대 다카사네 교수가 마중 나와 있었다. 73세인 오카 목사는 1974년 하지마 탄광이 폐광된 뒤 아무렇게나 버려진 사망자 명부를 발굴해 미쓰비시뿐 아니라 일본 제국주의의 비인도적 만행을 폭로한 인물이다. 그는 하지마 문제에 대해 여론을 환기시켜 최근 유엔평화유지활동(PKO) 법안 통과를 계기로 활발히 진행되는 일본의 군사대국화 분위기에 일침을 가하겠다는 생각을 가지고 있는 것 같았다.

그 덕분인지 몰라도 약 20여명의 일본 기자들이 첫날의 기자회견을 비롯해 유족회 대표 들과 계속 같이 움직였다. 그 중 <나가사키 신문>의 다카하시 기자는 "지난해 10월 이복렬 교수가 이곳을 방문하기 전까지만 해도 하지마에서 어떤 일이 있었는지 전혀 몰랐다. 그러나 지금 하지마 문제는 이곳에서 매우 큰 문제로 떠오르고 있다"고 말했다.

다음 날인 6월18일 오전 9시경. 노노구시(野母崎) 항구. 나가사키 시내에서 하지마가 눈앞에 보이는 이곳까지는 자동차로 1시간 남짓 거리이다. 옅은 안개 사이로 하지마의 기괴한 모습이 희미하게 보인다. 저곳이 바로 "한번 발을 들여놓으면 살아나올 수 없다"는 바로 그 섬이다. 일본 사람들은 섬의 모습이 마치 일본의 군함 '도사(土佐)'를 닮았다 하여 '군함도'로 부른다지만 당시 조선 청년들이 부른 그 섬의 이름은 '지옥도' 또는 '감옥도'였다.

일본 기자들을 포함해 일행은 30여명으로 늘어났다. 폐광이 되면서 버려진 때문인지 가까이 갈수록 하지마는 유령섬을 연상시킨다. 시커멓게 솟은 고층건물의 깨어진 창문들이 음산한 느낌을 자아낸다.

섬을 좀 더 자세히 들여다보기 위해 모터보트는 섬을 왼쪽부터 한 바퀴 빙 돌았다. 반 바퀴 정도 돌았을 무렵 곁에 있던 다카사네 교수가 손을 들어 저곳이 바로 조선인 '함바'라 고 가리켰다. 조선인 함바는 2층과 4층으로 된 두개의 건물로 미쓰비시 현장사무소 바로 뒤에 붙어 있었다. 그 뒤로는 한반도로 이어지는 태평양이다. 서정우씨가 조선쪽을 바라보며 자살을 생각했다고 하는 곳이 바로 조선인 함바 뒤 콘크리트 장벽일 것이라는 생각이 들었다.

섬을 한 바퀴 돈 뒤 배는 이 섬의 유일한 입구인 '지옥문'에 도달했다. 표천교라는 원래 이름이 있지만 이곳이 지옥도의 입구이기 때문에 지옥문이라는 이름이 더 어울려 보인다. 지옥문 안쪽의 경비초소를 지나면 비로소 섬의 내부에 도달한다. 하지마는 면적이 0.1㎢, 섬 둘레가 1.2㎞. 남북이 4백80m, 동서가 1백40m밖에 안되는 작은 섬이다. 지금의 섬은 매립에 의해 원래 크기의 2.8배로 늘어났다. 이 섬이 각광 받기 시작한 것은 1810년 이 곳에서 양질의 석탄이 발견되면서부터이다. 이어 1890년 미쓰비시측이 단돈 10만엔을 주고 이 섬을 인수하면서부터 본격적인 개발이 시작됐다. 미쓰비시는 먼저 풍랑을 막기 위해 섬 주위에 10m 높이의 콘크리트 장벽을 쌓았다. 또 작은 섬에 많은 수의 광부와 그 가족을 수용하기 위해 7, 9, 12층의 현대적인 고층아파트를 짓기 시작했다. 그 덕분에 섬 안은 빌딩의 숲을 연상시킨다. 일제가 패망한 45년 당시 이 섬에 조선인 5백여명을 포함해 5천3백여 명이 살았다.

조선 사람들이 언제부터 이 섬에 들어오기 시작했는지는 분명치 않다. 경상남도 고성군 개천면 金圭澤씨(73)의 부친 金太秀씨가 1920년대에 이 섬에서 광부로 일한 것으로 보아 그때 이미 조선 사람들이 들어 와 있었다는 것을 알 수 있다. 그러다 5백여 명으로 조선인 수가 늘어난 것은 1939년경부터라고 한다.

지옥문을 늘어선 조선 청년들이 제일 먼저 가는 곳이 섬 북쪽에 있는 미쓰비시 현장 사무소이다. 이곳에서 일단 신고를 마치면 사무실 뒤에 붙어 있는 병원에서 간단한 신체검사를 받는다. 다카사네 교수의 안내로 일행은 깨어진 벽돌 조각과 건물 틈바구니를 지나 현장사무소로 향했다.

미쓰비시 현장사무소. 당시 이곳은 조선 사람들의 분노의 대상이었다고 다카사네 교수는 말한다. 린치와 학대가 주로 이곳에서 가해졌기 때문이다. 린치는 몸이 아프든지 해서 일을 나가지 못할 경우 주로 행해졌다. 특히 먹는 것이 형편없어 배탈이 나는 경우가 허다했는데, 그런 이유로 일을 못나가게 되면 '도리시마'라는 근로감독관이 사무실로 호출 한다. 그리고 사무실 바닥에 엎드려뻗친 상태에서 일을 나가겠다고 할 때까지 몽둥이로 등을 마구 때린다. 서정우씨는 그때 하도 많이 맞아 등뼈가 모두 안으로 들어갔다. 지금도 그 자리가 아프다고 한다. 린치는 단지 일을 시키기 위한 수단으로만 가해진 것은 아니었다. 오카 목사가 조사한 바에 따르면 일본인 근로감독들은 전화기의 전기줄을 조선인 광부의 양 미간에 대 전류를 통하게 한 후 광부가 고통스러워하는 모습을 보며 즐거워하기도 했다고 한다.

사무실 안에서 가하는 린치보다 더욱 악랄한 것은 사무실 밖의 광장에서 행해지는 폭행이었다고 다카사네 교수는 말했다. 주변에 있는 아파트의 일본인 주부와 아이들이 보는 앞에서 인간 이하의 취급을 받는 수모를 겪어야 하기 때문이다.

사무실 뒤는 병원이다. 고성군 개천면에 사는 김규택씨는 매우 특이한 삶을 산 사람이다. 그는 네살 때인 1923년 광원으로 일하던 아버지를 찾아 하지마에 들어와 24년동안 이 섬에서 살았다. 이곳에서 유치원부터 고등학교까지 다녔고 학교를 졸업한 뒤에는 병원에서 의사보조로 일했다. 의사보조 생활은 분명 광부들에 비해 나은 것이었지만 그에게도 하지마는 뼈아픈 기억을 안겨준 곳이다. 19세 때인 1938년 부친 김태수씨가 탄광 사고로 사망했는데, 당시의 살벌한 분위기 때문에 부친이 어디서 어떻게 죽었는지 알아볼 엄두조차 내지 못했다는 것이다.

가스 질식사는 일상적인 사고

당시 이 병원에는 약 50여개의 병상이 있었는데 환자가 많을 때는 2백50여명까지 몰리기도 했다. 대부분 갱 내에서 사고를 당한 사람들, 그리고 소화불량 폐결핵 급성폐렴 등 열악한 생활조건 때문에 질병에 시달린 사람들이다.

신체검사를 받고 나면 숙소를 배정받는다. 당시 이 섬에는 조선인 함바가 두개 있었지만 방이 부족해 일본인들이 주로 사는 고층 아파트의 맨 아래층, 습기가 많이 차 살기가 고약한 곳이 조선 사람들의 숙소로 이용되기도 했다.

숙소를 배정받으면 곧장 작업조에 편성된다. 작업조는 사키야마라는 작업반장 밑에 '숯'(석탄)을 파내는 사람 2명, 실어 나르는 사람 1명, 파낸 곳에 기둥을 세우는 사람 1명 등 보통 4인 1조로 구성됐다. 갱도로 들어가는 입구는 섬 왼쪽에 보이는 흰 건물에 있다. 함바로부터 갱도 입구까지 섬 뒤쪽으로 나 있는 길이 조선인들에게 허용된 유일한 통행공간이다. 섬 앞쪽으로는 통행이 금지됐기 때문이다. 서정우씨가 "하지마의 길은 이것 하나밖에 없다"고 한 이유가 여기에 있다. 갱도 입구에서 지하갱도까지는 엘리베이터를 타고 내려간다. 적게는 몇백m에서 많게는 2천m 이상 들어간다. 깊은 곳은 바닷물의 밑바닥보다 더 깊이 들어간다. 지하 갱도에서 채탄 작업을 하는 것은 사실상 목숨을 내건 일이다. 서정우씨는 "누구나 언제 죽을지 모른다는 두려움에 떨며 일했다"고 말했다. 갱도에 들어가면 맨 처음 닥치는 문제가 더위였다. 땅 속에서 올라오는 지열로 갱도 내부 온도는 50~60도까지 올라갔다. 한참 일을 하면 땀이 흘러 장화 속이 질펀해진다.

갱도 안은 탄산가스로 가득 차 있다. 파이프를 통해 외부에서 공기가 주입되지 않으면 단 몇 분도 견딜 수 없다. 공기 공급이 중단돼 가스에 질식해 죽는 것은 일상적인 위협이었다. 1937년 이 섬에 들어와 2년6개월 동안 일 했다는 부산의 崔宗模씨(73)도 하마터면 가스에 질식해 사망할 뻔했다고 한다. 그는 석탄을 캐러 들어갔다가 가스에 질식됐는데 "다른 광부들이 끌고 나와 물을 뿌리고 두들겨 깨워도 정신을 차릴 수 없었다"고 했다. 또 갱도가 무너져 압사한다든가 엘리베이터나 석탄운반 차량에 치여 사망하는 경우 등 죽음의 위협은 도처에 깔려 있었다.

고성군 개천면의 金炳賢씨는 1936년 23세 때 돈을 벌고자 이곳에 왔다. 당시 그와 같이 있던 동료들에 따르면 김병현씨는 갱도 안으로 들어가는 것을 매우 무서워했다고 한다. 그 마음 약한 청년은 이곳에 온 지 4개월 만에 갱이 무너져 압사했다.

일단 사고가 나도 사고 소식이 제대로 알려지는 경우는 거의 없었다. 일본인 감독들이 사고 소식을 철저히 은폐했기 때문이다. 하지마 탄광에서 1년6개월 정도 일하다 어머니가 아프다는 핑계를 대고 요행히 빠져나온 고성군 영호면의 金点導 씨(72)는 "질식 사고가 발생하면 대부분 일본인 감독들이 감쪽같이 처리해버렸다. 갱이 무너져 내린 사고는 완전하게 숨기기 어렵기 때문에 소문이 돌았다. 갱이 무너져 밑에 깔렸다고 하면 곧 사람이 죽었다는 것을 의미했고, 병원에 실려 갔다면 죽지는 않고 부상을 입었다는 것을 의미했다"고 말한다. 최종모씨는 "갱도 안에서 죽은 사람들은 주로 조선 사람들이었다"고 주장한다. 즉 가장 위험한 일인 석탄을 캐는 일은 대체로 조선 사람들의 몫이었고 일본인 광부들은 있다고 해도 한두 명 끼여 있는 정도였다는 것이다. "일본인들은 대개 청소 등 쉽고 안전한 일을 했기 때문에 갱도 안에서는 그렇게 많이 죽지 않았다"고 최씨는 말했다. 최씨의 말은 작업현장에서도 조선인에 대한 차별이 엄존했음을 시사하는 것이다. 진주시 상대1동의 김갑임 할머니(82)는 당시 섬 뒤에 있는 고층 아파트 8층 살림집에 살았다. 1943년 어느 날 그는 수많은 관을 실은 배가 화장터가 있는 이웃의 나카노시마로 가는 것을 목격했다. 그날 갱 속에서 대화재가 일어나 수많은 사상자가 발생한 것이다. 김 할머니는 당시 같은 고향 청년 한명이 끔찍한 화상을 입고 고통스러워하던 모습을 아직도 생생하게 기억한다.

"늙으나 젊으나 무조건 끌고왔다"

이런 죽음의 이야기 중 가장 문제가 되는 것은 서정우씨처럼 자신의 의사와는 관계없이 강제로 끌려온 징용자들의 경우이다. 징용은 공식적으로는 1944년 총동원령에 의한 것으로 돼 있지만 실제로는 그보다 훨씬 전부터 있었던 것으로 추정된다. 1940년 이 섬에 들어온 김점도씨는 자신이 들어온 후 6개월 뒤부터 징용자들이 들어왔다고 했다. 부산의 최종모씨는 "1937년 당시에도 징용이 많았다"면서 그 시기를 훨씬 앞당겨 잡는다. 특히 하지마에서는 "인부가 모자라면 보통 두 달이나 세 달에 한 번씩 늙으나 젊으나 할 것 없이 무조건 끌고왔다"고 한다. "보통 한번에 1백 명에서 2백명씩 끌려왔다"고 그는 말했는데, 1943년에 들어온 서정우씨 경우 "경상남도에서만 5백명이 같이 들어왔다"고 말했다. 즉 미쓰비시측의 인력수급계획에 따라 그때그때 무작위로, 광범위하게 강제징집이 행해졌음을 알 수 있다. 졸지에 가족과 생이별을 하고 이 섬에 끌려온 징용자들은 자원해서 들어온 사람들에 비해 더욱 혹독한 통제와 감시를 받는 등 이중 삼중의 고통 속에서 상당히 많은 수가 죽은 것으로 보인다. 이들은 사망 후에도 회사측으로부터 거의 아무런 보상도 받지 못하고 소모품처럼 버려졌다.

여기저기서 드러나는 만행 은폐 흔적

하지마에서 사망한 사람들은 이웃 나카노시마에 있는 화장터로 옮겨져 한줌 재로 변해버렸다. 다행히 섬 안에 연고자가 있는 경우에는 가족이 유골을 찾아가기도 했지만 섬 안에 연고자가 없는 사람은 화장터 옆에 있는 납골당에 방치됐다 그 뒤 1974년 하지마 탄광이 폐쇄된 뒤에는 다시 그 옆에 있는 큰 섬인 다카시마의 천인총으로 옮겨져 땅 속에 매장됐다. 이 유골단지들에서 조금씩 덜어낸 가루가 천인총에서 약 3백m 정도 떨어진 금송사라는 절에 보관돼 있다.

유족회 이복렬 교수가 조사하는 과정에서 알게 된 사실이지만, 사람이 죽으면 일단 미쓰비시측에서는 그 사실을 조선총독부에 공문으로 통보했고, 총독부에서는 다시 사망자의 본적지 면사무소 제적등본 상에 이 사실이 기재되도록 조처를 취했다. 그러나 이런 사실이 가족에게까지 전달된 경우는 거의 없다. 이와 같은 사실이 알려지면 징용 기피 등 부작용이 일어날 것을 우려했기 때문이다. 따라서 정작 유가족들은 지난 50여 년 동안 이런 사실을 까맣게 모른 채 살아 온 것이다

그들이 죽음에 이르게 된 과정이 명확하게 밝혀지지 않기는 그때나 지금이나 마찬가지이다. 우연히 발견된 1백22명의 조선인 사망자 명부가 유일한 근거이지만 미쓰비시측은 이에 대해 아직 명확한 해명을 하지 않고 있다. 이복렬 교수가 지난해 그의 삼촌 이완옥씨의 죽음에 대해 미쓰비시에 확인을 요청했을 때 미쓰비시에서 온 답변은 "이완옥의 죽음과 미쓰비시는 아무런 관계가 없다"는 것이었다. 또 오카 목사 등 인권회 관계자들이 지난해 12월 미쓰비시 담당자를 만났을 때 그는 "당시는 지금과 역사관이 달랐기 때문에 그때대로 정당했다. 지금의 미쓰비시와는 상관없는 일이다"라고 강변했다고 한다.

오히려 도처에서 은폐한 흔적이 발견된다. 지난해 10월 이교수는 다카시마에 파견나온 미쓰비시 주재사원을 만나 사망자 명부를 보여줄 것을 요구한 적이 있

었다 그때 그는 "옛날의 사망자 명부는 불에 타 없어졌다"며 최근에 작성한 사망자 명부를 보여줬는데, 거기에는 일본인 사망자 몇 사람의 이름만 적혀 있을 뿐 조선 사람에 해당되는 부분은 하얗게 비어 있었다.

은폐 흔적은 지난 6월28일 다카시마에서 열린 추도식에서도 폭로됐다. 이날 추도식에 앞서 이 섬에 사는 한 주민의 증언이 있었다 그는 천인총에 서있는 공양탑을 가리키며 "원래 하지마를 바라보고 있던 이 공양탑이 언제부터인가 다른 쪽을 바라보도록 누군가 손을 댔다"고 말했다.

하지마에 끌려온 조선인 사망 원인을 보면 당시 강제 노동의 실태가 분명하게 드러난다. 특히 외상 및 두부 타박증에 의한 사망 21명은 일본인 노동자 및 감독을 피해 탈출하다 익사하거나 감독이 행한 린치 폭행 등에 의해 살해 된 것으로 추정된다.

맞아 죽고 깔려 죽은 조선인
하지마의 조선인 사망 원인

(1992.7.23)

하지마에서 조선인이 강제 노동한 진상이 세상에 알려지게 된 것은 1925년부터 1945년까지 당시 미쓰비시측에서 작성한 '사망진단서'와 '화장인허증 교부 신청서'가 발견되면서부터이다. 이 문서들은 74년 이 섬의 탄광이 폐광된 후 '고빈촌 하지마 출장사무소'에 아무렇게나 버려져 있었다. 지난 84년 섬을 조사하던 한 일본인이 발견해 '나가사키 조선인의 인권을 지키는 회'에 넘기면서 세상에 알려졌다. 자료에는 당시 일본인 1천1백56명, 조선인 1백22명, 중국인 15명 등 사망자들의 이름 본적 사망 날짜, 사망 원인 등이 기재 돼 있어 조선인 사망자 실태를 비교적 상세히 알 수 있게 됐다.

특징적인 것은 1942년까지는 일본인 사망비율이 조선인 사망비율에 비해 높았으나, 43년 같아졌다가 44년부터 45년까지 2년 동안은 조선인 사망 비율이 훨씬 높아졌다는 사실이다. 이는 태평양전쟁이 치열해진 그 무렵 일본 정부의 증산 명령을 수행하기 위해 미쓰비시측이 탄광노동에 미숙한 조선인 노동자들을 거의 무방비 상태에서 갱도 속으로 마구 몰아넣었기 때문인 것으로 인권회 측은 추측한다. 사망 조선인은 나가사키에서 가까운 경상남도 출신이 가장 많고 군별로는 고성군이 23명, 진주군이 17명이었다.

식사, 의료문제 삼각…소화불량 사망 5명
사망 원인을 보면 당시 조선인 강제 노동의 실태가 분명하게 드러난다. 사망 원인 중 가장 많은 것은 사고사(63명)로, 그 대략적 내역은 질식(23명) 압사(9명) 기타 외상 등에 의한 사고(15명) 변사(3명) 추락사와 두부 타박증 각 1명, 폭상사 2명 등이다 뒷부분의 외상 및 두부 타박증에 의한 사망 21명은 일본인 노동자 및 감독을 피해 탈출하다 익사한 4명과 감독이 행한 린치 폭행 등에 의해 살해 된 사람들이라는 게 인권회측 견해이다.

그 다음을 차지하는 것은 병사(59명)인데 급성 소화불량과 급성 심장마비에 의한 사망 자가 각각 5명으로 가장 많은 비율을 차지한다. 소화불량으로 사망한 사람이 5명이나 됐다는 것은 식사문제가 얼마나 심각했는지를 반증하는 것이다. 그리고 나머지 병사의 원인도 대체로 페니실린 등 간단한 구급약만 있어도 치유가 가능한 질병이었다. 즉 일본인 환자들에 비해 조선인 환자들은 발병 초기 단계에서 적절한 치료를 받지 못해 사망 하는 경우가 많았음을 보여주는 것이다.

사고사 중 4명의 익사자가 포함돼 있다는 것도 눈에 띈다. 이들은 하지마에서의 강제 노동을 견디다 못해 탈출을 감행하다 익사한 것으로 보인다. 또 공습에 의한 사망자도 한 사람 있는데 같은 날 일본인 사망자가 없었다는 점에 미루어볼 때, 미군 폭격이 있던 그 날 옥외작업에 조선인들만 동원됐음이 분명하다고 인권회측은 지적한다.

조선인의 사망 원인을 조사하고 그에 대한 책임을 규명하기 위해 인권회측에서는 유족회와 연계해 지난해 연말 후쿠오카에 있는 미쓰비시 지사와 접촉했다. 이때 미쓰비시측 담당자는 금년 6월 말까지 입장을 밝히겠다고 약속했다. 6월 말이 되자 오카 목사에게 이 기간을 7월I5일까지 연장해줄 것을 요구해왔다고 한다.

> 하지마는 탈출이 불가능한 섬이었다. 많은 조선인 강제징용자들이 탈출을 시도하다 물에 빠져 죽고 일본인 감독에게 맞아죽었다. 그런데 하지마에서 탈출에 성공한 사람이 있었다. 그가 바로 당시 오사카에 살고 있던 유희긍 씨였다.

탈출… 추격…몽둥이 세례…그리고 익사
하지마에서 탈출한 유희긍 씨 이야기

(1992.7.23)

나가사키시 野母崎町 南越名. 하지마에서 최단거리인 40㎞ 지점에 위치한 이 마을 입구에는 하지마의 비극을 좀더 극명하게 보여주는 비석이 하나 있다. '南越名海難者無緣佛之碑'가 그것이다. 이 비석이 세워지기 전 마을 앞 도로변을 둘러싸고 마을 사람들 사이에서 이상한 소문이 나돌았다고 한다. 1943년경 하지마 쪽에서 조선인 광부 4명의 익사체가 떠밀려왔는데 마을 사람들이 시신을 도로 파묻었다는 것이다.

이런 소문을 들은 인권회 오카 목사가 지난 85년 사비 46만엔을 들여 이 일대를 발굴한 결과 소문이 사실임을 확인했다. 지금의 '해난자비'는 그때 나온 4구의 유골을 화장해 이곳에 모시면서 세운 것이다.

"매일 3~4명씩 탈출 시도했다"

이들 4명의 조선인 광부는 당시 하지마에서 탈출을 시도하다 익사한 것으로 추정된다. 목숨을 건 탈출. 마치 영화 <빠삐용>을 연상시키는 이러한 탈출은 당시 하지마에서는 비일비재한 일이었다고 한다. 서정우씨는 "하루에도 3~4명씩 탈출을 시도했다"고 말한다. 그러나 그것은 성공률이 희박한 모험이었다. 당시 일본인 감독들 사이에 '갑바다다키'라는 말이 유행했다. 탈출을 시도 하는 사람은 현장에서 즉사시켜도 좋다는 말이었다. 실제로 탈출 도중 뒤쫓아온 일본인 감독들에게 몽둥이로 맞아 반죽음된 상태에서 익사한 경우가 많았다고 한다. 탈출 감행 → 일본인 감독의 추격 → 구타에 의한 반죽음 상태 → 익사라는 처절한 과정을 해난자

묘에 묻힌 4명의 조선인 광부는 증언하고 있는 듯했다.

하지마에 대한 취재가 거의 끝날 즈음 작가 하야시 에이다이씨를 후쿠오카에서 만났다. 그는 오랫동안 조선인 강제연행 문제를 추적해 이미 여러 권의 책을 낸 사람이다. 그로부터 하지마에서 탈출에 성공한 사람이 현재 오사카에 산다는 얘기를 들었다. 劉喜표 씨 (73)가 그 주인공이다.

6월21일 오후 오사카로 유씨를 찾아갔다. 73세인데도 젊었을 때의 기백이 아직도 넘쳐흘렀다. 유씨가 하지마에 들어간 동기는 약간 색다르다. 민족의식에 불타는 20대의 혈기왕성한 청년이던 그는 당시 오사카에서 동포 청년들을 '조직'하다 일본 경찰에 쫓기는 몸이 되었다. 그러다 하지마에 동포들이 많이 산다는 소문을 듣고 그 실정을 알기 위해 22세 때인 1940년 자청해서 들어갔다. 약 3개월 정도 머무르는 동안 이 섬에서 평생을 보내기는 너무 억울하다는 생각이 들어 탈출을 감행했다.

탈출 결행…성공…그러나 또 비극이

탈출 모의는 그를 포함한 조선 청년 3명과 일본인 2명 둥 5명이 했다. 탈출 시점은 1940 년 8월15일로 잡았다. 추석날이기 때문에 경비가 허술할 것이라는 점을 고려했다. 1차 목 표는 화장터로 사용되는 나카노시마까지 가는 것이다. 나카노시마 화장터에 조금만 힘을 가하면 쓰러뜨릴 수 있는 나무 기둥이 몇 개 세워져 있는 것을 눈여겨 봐뒀던 것이다. 그 기둥을 끈으로 묶어 뗏목을 만들어 해안 마을까지 가는 것이 최종 목표다.

그러나 1차적으로 중요한 문제는 하지마를 무사히 빠져나가는 것이다. 섬에서 빠져나가기 위한 유일한 통로는 섬 앞쪽에 있는 작은 출구밖에 없다. 그곳은 주로 석탄을 실어 나르거나 부식 등을 들여오는 창구로 쓰이는 곳인데. 평상시 조선 사람들은 얼씬도 못하게 했고 밤에도 1백m 간격으로 고기잡이를 가장한 경비원들이 지키고 있다. 하지만 이쪽은 5명이므로 2명씩 나뉘어 힘을 합하면 양쪽 경비원 한명쯤 꼼짝 못 하게 하는 것은 어렵지 않은 일이다. 하지마에서 나카노시마로 가는 것은 이 출구 밑바닥에 배를 대기 위해 이어놓은 널 빤지 조각을 이용하면 된다.

그의 주도로 세워진 탈출계획은 사소한 일 하나까지도 염두에 둔 치밀한 것이었다. 그것은 그의 주도면밀한 성격에서 비롯되기도 했지만 그 정도로 철저히 준비하지 않으면 하지마에서 탈출하는 것은 불가능하기 때문이기도 했다.

탈출은 계획대로 실행됐다. 그러나 마지막 고비가 하나 남아 있었다. 조류의 움직임이었다 특히 해안마을에서 2백m 정도 떨어진 지점은 물살이 가장 쎈데, 여기서부터는 밀물이 면 살고 썰물이면 죽는 것이다. 다행히 1940년 8월15일의 조류는 밀물이었다. 밀려들어 가는 물살을 타고 마을에 상륙하는 데 드디어 성공했다. 무사히 탈출에 성공하면 만세를 부르기로 약속했지만 해안에 도착했을 때는 모두 기진맥진한 상태였다.

거기서부터는 마을 뒤쪽으로 나 있는 산길을 따라 각자의 목적지로 도망쳤다. 헤어지기 전 각자 무사히 목적지에 도착하면 암호로 유 씨에게 도착 사실을 알리기로 했다고 하는데 연락을 해온 사람은 없었다고 한다. 그는 지금도 그때 헤어진 4명의 소식을 궁금해 한다.

하지마에서 탈출한 뒤에도 그의 삶은 평탄치 못했다. 특히 일제 말기에는 마셜 군도에 있는 타라와섬에 군속으로 징용되기도 했다. 이 섬에는 조선인이 1천5백 명 정도 있었는데, 미군 공습으로 부상을 입어 그가 후송되고 난 후 미군의 대공격으로 일본군뿐 아니라 우리 동포 전부가 몰살되는 비극이 일어났다. 그는 당시 몰살당한 동포들의 유가족 찾기 및 일본 정부에 대한 소송 제기 등으로 여념이 없는 나날을 보내고 있다.

일제 강점기 강제징용이나 조선인 학살 사건 등을 발굴하고 진상을 규명하는 데에 일본인 활동가나 작가, 연구자들이 큰 역할을 했다. 하지마의 조선인 강제징용 실상은 평생을 두고 이를 추적해온 오카 마사하루 목사 같은 이가 있어서 알려지게 되었다. 아래의 사할린 학살 사건은 작가인 하야시 에이다이 씨의 추적에 의해 빛을 보게 되었다. 2017년 사망한 하야시 씨는 하지마에서 사할린까지 조선인 강제징용의 한이 서린 현장을 찾아 무려 57권의 저서를 남겼다.

'사할린 조선인 학살' 진상 밝혔다

(1992.8.6)

여기 한 장의 사진이 있다. 형체를 알아보기 힘들 정도로 빛 바랜 사진이다. 그러나 자세히 들여다보면 이 사진이 안고 있는 비극성을 충분히 감지 할 수 있다. 누군가에 의해 처참히 살해돼 함부로 버려진 사람들의 유골이라는 점을 알 수 있다.

일본의 작가 하야시 에이다이씨로부터 이 사진을 입수한 것은 지난 6월20일이었다. 후쿠오카의 한 호텔 로비에서 만난 그는 지난해 8월 사할린의 KGB 비밀문서철에서, 45년 일제 패망 직후 일본인들이 자행한 조선인 학살사건 사진과 당시 KGB 조사자료를 찾아내는 데 성공했다고 말했다. 그는 "일본인들이 남경대학살 등 무수히 많은 학살을 자행했지만 확실한 근거 자료가 발견된 것은 이 KGB 조사자료가 거의 유일하다"며 사진의 복사를 흔쾌히 허락했다.

하야시 씨가 '제2의 관동 대 지진 사건'이라고 말한 사할린 조선인 학살 사건의 개요는 이렇다. 일제의 항복 선언 며칠 전인 8월9일 대일전에 나선 소련군은 사할린 국경선을 넘어 파죽지세로 남하해 왔다. 한편으로는 남쪽의 호르무스크 항에 대한 상륙작전을 감행해 일본군을 위와 아래에서 협공하는 태세를 취했다. 패색이 짙어진 사할린의 일본군과 일본인 사회는 갑자기 커다란 혼란에 빠져들었다. 패전에 따른 좌절감과 공포감을 극복하기 위해서는 관동 대지진 때와 마찬가지로 책임을 뒤집어씌울 속죄양이 필요했다. 조선과 일본에서 강제로 끌려와 노역에 시달리던 조선인들이 또다시 일본인들의 빗나간 울분의 대상이 된 것이다.

당시 사할린에 있던 일본군과 일본인 사회에는 "조선인은 모두 소련군의 스파이다"라는 근거없는 소문이 난무했고 곧이어 "조선인은 모두 죽여야 한다"는 광적인 흥분 상태가 급속히 퍼져나갔다.

사건이 발생한 바쟈르스키(일본 명칭은 미즈오)는 호르무스크에서 동쪽으로 약 40km쯤 떨어진 조그만 마을이다. 8월20일 호르무스크 항으로 소련군이 상륙하면서 이 지역의 함락이 시간 문제로 다가오자, 이 마을 일본인들 사이에서도 이런 광적인 심리상태가 삽시간에 전파됐다. 학살사건의 주역은 재향군인과 일본인 청장년 20여명으로 결성된 의용전투대라는 민간인 조직이었다. 특히 이 조직의 리더 격인 모리시타 야스오라는 자가 학살 과정을 처음부터 끝까지 진두지휘했다.

당시 이 마을에는 조선인 가족 셋이 농사를 짓고 있었고, 야마모토라는 조선 사람이 운영하는 함바에 조선인 노무자 16명이 있었다. 이들은 살인귀로 변한 일본인들의 손에 하나 둘씩 무참히 살해됐다.

47년, KGB 조사로 세상에 알려져

학살은 8월20일부터 25일까지 6일간 마치 군사작전을 전개하듯 철저하게 이루어졌다. 일본인들과 이웃해 살고 있던 조선인 농부 3명이 맨 처음 살해됐다. 그 다음에는 함바에서 생활하던 조선인 노무자들과 함바 주인가족이 무참히 살해됐다. 일본의 패망으로 조국에 돌아갈 희망에 들떠 있던 이들은 거의 무방비 상태에서 일본인들의 습격을 받아 변변한 대항 한번 못하고 고스란히 살해됐다. 당시 조선인 중에는 아낙네와 젖먹이 그리고 아이들도 있었는데 누구도 학살자의 칼끝을 피할 수 없었다. 일본인들은 학살극을 한차례 벌인 뒤 다시 돌아와 채 숨이 끊어지지 않은 사람들을 다시 살해하는 잔혹함을 보였다. 아버지와 아들이 학살극에 함께 가담한 경우도 있었다. 학살 사실을 숨기기 위해 아버지가 아들에게 시체를 빨리 파묻으라고 명령을 내리기도 했다. 이들이 인면수심의 상태에 빠져있었음을 드러내는 대목이다. 6일 동안의 학살극으로 이 마을의 조선인 27명 전원이 살해됐다.

이 잔인한 학살극은 소문으로만 떠돌다 소련군이 진주하고 1년 뒤인 46년 7월 소련군 정치부 고급장교였던 조선인 許鳳得씨의 건의로 KGB에서 조사해 세상에 알려지기 시작했다. 그 뒤 이 사건 관련자들은 소련 극동재판에 회부돼 7명이 처형됐고 나머지는 모두 시베리아 유형에 처해졌다.

바쟈르스크에서만 학살이 있었던 것은 아니다. 그보다 3일 전인 8월17일 바쟈르스크 북쪽의 레오니도보(일본 지명으로는 가미시스카)에서도 일본인 경찰과 헌병들이 40여명의 무고한 조선인을 학살하는 참극이 벌어졌다. 부친과 오빠가 일본인들의 광기의 제물이 될 당시 16세였던 유가족 金景順씨(63)가 현재 서울 신길동에 살고 있다. 그는 그 사건이후 "인생이 완전히 망가졌다"고 말한다. 사건 당시 그의 집에는 시집 간 언니 외에 모친과 남동생 둘, 그리고 여동생 하나가 같이 있었다. 남동생 둘은 "밤마다 술을 마시지 않고는 살 수가 없다"며 괴로워하다 둘다 젊은 나이에 세상을 떠났다. 지금도 온 가족이 그때의 악몽에 시달리고 있다고 한다.

사건의 발단은 일본의 항복 소식에 흥분한 조선인 노무자 20여명이 당시 그 마을의 유지이기도 했던 김씨의 아버지 金慶得씨(당시 54세) 집으로 몰려와 "독립만세"를 부른데 있었다. 이 소식이 "조선인은 모두 스파이다"라며 가뜩이나 살기 등등해 있던 일본인 순사들과 헌병들 귀에 들어갔다. 다음날인 8월17일 아침 일찍 김씨와 장남 金貞大씨(당시 19세)는 스파이 혐의로 연행돼 갔고 그날 오후 함께 끌려온 조선인 노무자 20여명과 함께 무참히 살해됐다.

유가족 김경순씨 단독으로 손해배상 청구

당시 학살 현장을 지켜본 목격자에 따르면 일본인 경찰들은 술에 취해 흥분한 상태에서 "일본은 5년만 있으면 다시 일어난다. 조선인은 전부 죽여야 한다"고 부르짖으며 한사람씩 불러내 권총으로 쏘아 죽였다. 또 거리를 지나던 조선 사람들을 무조건 끌어다 살해했기 때문에 피해자가 40여명으로 늘어났다.

레오니도보 경찰서에서 자행된 이 학살사건은 참극의 현장에서 요행히 도망쳐 나온 李小用(현재 북한 거주)이라는 사람에 의해 조선인들 사이에 널리 알려지게 되었다. 그러나 학살사건의 주범인 일본인 경찰들은 그 후 아무런 처벌도 받지 않았다. 당시 일본인들 사이에 "조선인을 살해하는 것은 당연한 일이자 일본인으로서의 책무이기도 하다"(바쟈르스크 사건으로 붙잡힌 한 피의자의 진술)는 생각이 보편적으로 깔려 있었기 때문이다. 좀더 시간이 있었다면 관동 대지진 때 그랬던 것처럼 사할린의 조선 사람 전체를 상대로 대살육극을 벌였을지도 모를 일이다.

레오니도보 북쪽의 솔레고르스키(일본 지명 나요시)에서 일어난 제3의 사건은 조선인 살해의 광기가 당시 사할린 전역에 퍼져 있었음을 보여준다. 이곳에서는 레오니도보로 피난을 내려왔다가 원래의 연고지를 찾아 북쪽으로 올라가던 조선인 6~7명이 스파이로 몰려 일본인들에게 죽창과 일본도로 난자당하는 사건이 발생했다.

일제 침략기에 무수히 많은 조선 사람들이 인간 이하의 대접을 받으며 일본인들을 위한 강제노역에 시달리다 죽어갔지만 사할린에서 벌어졌던 조선인 학살사건은 해방이 돼 조국을 되찾게 된 시점에서 일어났다는 점에서 사건의 비극성이 두드러진다. 다른 사건들은 국내의 유가족들에 의해 사건의 진상이 알려지고 일본 정부에게 손해배상을 청구하기도 하지만 사할린 학살사건은 제대로 알려지지도 않았다.

유가족으로 거의 유일하게 국내에 살고 있는 김경순씨 혼자 일본 정부를 상대로 손해배상 청구소송을 벌이고 있는데, 그는 8월초 사할린에 건너가 당시의 학살현장에 위령비를 세울 계획을 가지고 있다.

일본 내에서 강제 징용자를 탈출시키는 지하활동을 하다가 일본 경찰에 끌려 간 선배들이 의과대에서 생체실험을 당했다는 의혹을 갖고 이를 추적해온 정정 모씨의 이야기를 단서로 일본 국내에서 벌어진 생체실험에 대해 취재했다.

일본 醫大에서도 조선인 생체실험
일본 의학계의 조직적 전쟁범죄 추적

(1992.8.13)

일제 때 만주의 731부대에서만 행해진 것으로 알려진 생체실험이 일본 국내 의 과대들에서도 광범위하게 자행되었다는 주장이 있어 관심을 끈다. 이런 주장을 하는 사람은 현재 일본 지바현 카시와시에 사는 鄭正摸씨(74). 그는 "만주의 731 부대가 주로 중국인을 상대로 생체실험을 한데 비해, 일본 국내에서는 제국대들 의 의학부가 중심이 돼 조선인들을 실험대상으로 썼다"라고 주장한다. 이와 함께 가나가와대의 쓰네이시 게이이치 교수는 "당시 일본 의학계를 주도하던 동경(도 쿄)제국대와 경도(교토)제국대 의학부 교수들이 731부대 배후에서 중심적인 역할 을 했으며, 이들은 전후에도 생체실험에서 얻은 연구결과를 토대로 일본 의학계 에서 존경받는 인물로 행세 해왔다"고 주장한다. 이시이 시로 중장 등 몇몇 광기 어린 군부세력에 의해 자행된 것으로만 알려진 생체실험이 일본 국내 의과대에서 도 광범위하게 행해졌고, 의학계의 중심적인 인물들이 이 실험에 깊이 관계돼 있 었다는 것은 매우 충격적인 일이다. 2차 세계대전 당시 최대의 엽기적인 사건으로 알려진 이 문제는 당시 일본 의학계의 구조적인 메커니즘의 관점에서 새롭게 조명 돼야 할 것이다. <편집자>

정정모씨가 일본 국내에서도 생체실험이 행해졌다는 사실에 대해 확신을 갖게 된 것은 일제 때 지하운동을 하다 일본 경찰에 의해 의문의 죽음을 당한 동지들의 유골을 추적하면서부터였다.

1940년 23세의 나이에 고향인 경상남도 고성에서 강제징용돼 일본에 끌려온 그는 끌려온 지 한달만에 탈출하여 조선 청년들로 결성된 지하 운동조직에 가담했다. 41년 지하공작 차 동경을 출발해 북해도까지 올라갔던 정씨와 그의 동지들(성씨만 기억나는 이씨와 그의 형 李原吉·蘇在運씨등)은 동경 본부로부터 연락이 끊기자 불안을 느껴 동경을 향해 내려오다 모리오카에서 경찰에 붙잡혔다. 이때가 1944년이었다.

당시 정씨 등이 주로 했던 공작은 일본의 군수산업체나 탄광 등에 들어가 강제로 끌려온 조선 청년들을 구출해내고, 파업을 조직하는 일 등이었다.

"당신 선배들이 생체실험을 당한 것 같다"

약 1주일 동안 모리오카경찰서에서 모진 고문을 받은 후에 정씨와 그의 동료인 이씨는 풀려나왔지만 선배 두 사람은 풀려나오지 못했다. 선배들이 사망했다는 소식을 들은 것은 풀려난 지 이틀이 지난 어느 날 "경찰서에서 소식을 전해주라고 해서 찾아왔다"는 두 사람의 일본인으로부터였다.

이들은 선배들의 사망소식과 함께 충격적인 이야기를 전했다. "두 사람이 의과대에 끌려가 생체실험을 당한 듯하다"는 것이었다. 사실 생체실험에 대한 이야기는 당시 일본 내에서 지하운동을 하던 조선 사람들 사이에서는 파다하게 소문이 나 있었다고 한다. "조선 사람들이 체포돼 형무소에 끌려가면 실험대상이 된다"는 것이었다. 그때까지만 해도 정씨는 이런 얘기를 듣고 긴가민가했었는데, 두 일본인의 말은 그의 가슴 속에 이 문제에 대한 의혹을 깊게 심어놓는 계기가 됐다.

선배들이 생체실험의 희생자가 됐을 거라는 생각이 좀 더 뚜렷해진 것은 일본 패망 후인 1948년 요코하마에서 열린 전범재판 현장에서였다. 당시 조선 사람들이 운영한 해방신문사 직원이던 그는 틈만 나면 재판정에 나가 방청을 했다. 그때 마침 구주(규슈)대 생체해부사건에 대한 공판이 열렸다. 구주대사건이란 1945년 5월 구주지방에 불시착한 미국인 B29 전투기 조종사 8명을 구주대에서 생체 해부해 살해한 사건이다. 당시 이 사건은 미군이 진주한 후 본격적인 수사가 이루어져 관계자 전원이 교수형과 종신형 등 중형을 선고받았다.

그 재판정에는 소련인 검사가 배석했는데 그가 미국인 검사에게 한 진술이 인상에 깊이 남았다. "일본 국내에서 미국인뿐 아니라 조선 사람들도 생체해부의 대상이 되어 많은 사람이 죽었다는 얘기가 있다. 이 문제도 같이 조사하자"는 제의였다. 그러나 이 제의는 받아들여지지 않았다.

　"당시 미국인들은 조선 사람의 인권문제에는 전혀 관심이 없었다. 구주대사건도 미국인이 해부대상이 됐기 때문이지 조선 사람이 당했다면 세상에 알려지지도 않았을 것이다"라고 정씨는 말한다.

"여기에 鮮人과 동물의 뼈가 묻혀 있다"

　정씨가 선배들의 죽음을 본격적으로 조사하게 된 것은 1988년경 구주 아사히 방송국에서 정씨의 삶을 다큐멘터리로 제작할 때였다. 그때 그는 방송국 기자들과 함께 선배들이 붙잡혀가 사망한 것으로 돼 있는 모리오카검찰청으로 찾아갔다. 선배들의 유골을 내놓으라는 정씨의 거센 항의에 검찰청 당국자들은 일제 때 미군의 공습으로 서류가 다 타버렸다고 발뺌을 하다 결국 보은사라는 절을 가르쳐줬다. 보은사 주지가 알고 있을 거라는 얘기였다.

　정씨로부터 자초지종을 들은 주지는 "자세한 서류는 화재사건으로 타버려 알 수 없으나 절 뒤에 조선 사람들의 碑가 있는 것은 분명하다"고 확인해주었다. 그의 말대로 절 뒤 숲속 한 구석에 언뜻 보아도 버려진 것으로 보이는 비석들이 쭉 늘어서 있었다. 주지의 설명에 따르면 원래는 약 6백여기 정도 있었는데 절 뒤쪽으로 도로를 내면서 반 정도는 땅에 묻혀 지금은 3백여기 정도밖에 없다고 한다. 그는 일본인들의 것은 없고 전부 조선 사람들의 것이라고 덧붙였다.

　이 연고자 없는 비석들이 의과대에서 실험을 당했던 사람들의 것이라는 사실을 주지의 말에서 확인할 수 있었다. 주지는 무연고자비가 있는 일대의 땅은 모리오카 시내에 있는 이와테(岩手)대학 소유로, 의과대에서 실험 실습한 동물과 사람의 뼈를 묻는 곳이라고 말했다. 이와테 의과대는 1928년 의과전문학교로 출발해 48년 의과대로 승격했다. 보은사에 실험한 뼈를 갖다 묻기 시작한 것은 1932년경부터였다. 정씨가 갔을 당시 그곳에는 나무 팻말이 하나 있었다. "여기에 鮮人(조선인)과 동물의 뼈가 묻혀 있다"라고 씌여져 있었다. 나무 팻말은 나중에 없어졌다.

　결국 그의 선배들이 모리오카경찰서에서 이와테의과대로 보내졌을 개연성이 높았던 것이다. 그들이 산 채로 보내져 실험과정에서 사망했는지, 아니면 고문을 받아 사망한 후 해부용으로 보내졌는지는 확인할 길이 없다. 정씨는 전자의 경우였을 거라고 주장한다. 그의 선배들은 체력이 상당히 좋은 편이었기 때문에 웬만한 고문으로는 쉽게 죽지 않았으리라는 판단에서다. 정씨의 선배들이 이런 경로로 이곳에 와 묻혀 있다면, 그들과 같이 묻혀 있는 조선인들의 운명도 비슷했으리라 짐작할 수 있다.

6월27일 오후 3시경 정씨와 함께 보은사를 찾아가 절 뒤에 있는 무연고자비를 확인했다. 흰 바탕에 검은 글씨로 '이와테 의과대'라고 쓰여진 나무 팻말이 새로 세워져 있었다. 나무 팻말 왼쪽에는 커다란 '동물위령탑'이 있었다. 동물위령탑 뒤쪽 숲속에 한눈에도 무연고자들의 것으로 보이는 비석들이 쭉 늘어서 있었다.

조선인 비석 빼돌려…증거 인멸 의혹

비석을 둘러보던 정씨가 갑자기 "몇 개가 바뀌치기 됐다"고 소리쳤다. 그가 4년 전 왔을 때는 분명히 이모라는 조선여성의 것으로 보이는 비석이 있었는데 그 비석이 없어지고 엉뚱한 비석이 대신 세워져 있다는 것이다. 이모라는 여성의 비에는 오사카형무소에서 모리오카형무소로 이송돼왔다는 내용도 씌어져 있었다고 한다. 만약 그 사람이 형무소에서 사망했다면 일본인들이 여기에 비석까지 세우지는 않았을 것이라고 그는 말했다. 바뀌치기된 것은 그것만이 아니었다. 여기저기 오래된 비석 사이에 새 비석들이 세워져 있는 것이 보였다.

절의 주지에게 어떻게 된 일인지 물었다. 그는 처음에는 "종교가 다르거나 가족이 있는 사람들이 찾아갔다"고 말했다. 그러다 "무연고자 비석을 가족이 찾아갔다는 것은 이상하다"고 되묻자 "그 말이 맞는 것 같다. 잘 모르겠다"고 한발 물러섰다. 이곳의 비석들이 문제가 되자 누군가가 글씨를 알아볼 수 있는 비석들을 빼돌렸음이 분명했다.

"비석이라도 세워준 걸 보면 그래도 이와테대는 양심적인 편이다. 다른 대학의 경우에는 실험을 하고 전부 파묻어버려 증거조차 찾아내기 힘들다"고 정씨는 말했다.

그가 그동안 조사한 바에 따르면 생체실험을 가장 많이 한 곳은 동경제국대이다. 이 대학은 육군과 손을 잡고 실험을 했다고 한다. 다음이 경도제국대, 그 다음이 구주제국대이다. 정씨는 "동경제국대와 경도제국대에서는 주로 조선 사람이 실험대상이었는데, 구주대에서는 조선 사람뿐 아니라 중국·폴란드·미국 사람이 실험대상에 섞여 있었다"고 말했다.

그의 주장은 상당히 구체적이었다. 그가 지목하는 대학 중에는 이미 생체실험을 자행한 것으로 판명된 학교도 있다. 동경대가 학교 부설 전염병연구소에서 생체실험을 했다는 사실은 전후 몇몇 젊은 의학자들이 양심에 가책을 느껴 자살한 사건을 추적하는 과정에서 드러난 바 있다. 위에서 언급한 구주대의 생체실험에 관여했던 자들은 미군 조종사에 대한 실험이 문제돼 전범재판에 회부됐다.

이런 사례들에서 주목할 것은 생체실험을 둘러싼 군과 대학의 협력관계이다. 동경대 전염병연구소는 동경의 육군군의학교와 연계돼 있었고, 구주대는 구주지역의 서부방위군과 연계돼 있었다는 점이 나중에 열린 재판에서 분명해졌다.

식염수와 말의 피로 수혈 가능한가 실험

생체실험에 대한 군의 요구는 당시 구주대의 실험내용에서도 분명히 드러난다. 실험에서 가장 주안점은 위급 상황에서의 수혈에 대한 연구였다. 혈액 대신 식염수나 기타 동물의 피(구체적으로는 말의 피)등을 이용해 수혈이 가능한가를 연구하는 것이었다. 수혈 문제는 전쟁을 치러야 하는 일본군으로서는 무엇보다 중요한 과제였다. 이 밖에도 설사병 예방을 위한 백신 개발, 페스트균이나 임질균을 사용한 세균전에 대한 연구, 그리고 말 그대로의 생체해부 등 여러 가지가 관심의 대상이었다.

의과대측에서도 전시의 악화된 의학연구 환경에서 탈출 방편이 생체실험이었다. 실험실습 기자재의 부족은 말할 것도 없고 실험용 모르모트의 공급마저 중단된 상황에서 살아 있는 사람을 모르모트 대용으로 사용한다는 발상이 나온 것이다.

또 한가지 주목해야 할 것은 당시 전쟁포로나 정치범들이 일본사회에서 처한 처지이다. 포로나 정치범 모두 일본 제국주의 체제에 정면으로 도전하는 눈엣가시 같은 존재지만 정상적인 재판절차를 밟을 경우 범죄 입증이 매우 어렵다는 공통점이 있었다. 이런 이유로 당시 일본 대본영에서는 "전쟁포로 중 정보가치가 있는 자만 동경으로 올려보내고 나머지는 적당히 처리하라"는 지침을 일선 사령부에 시달한 바 있다(가미사카 후유코《생체해부》1982년판). 또 일본 문부성에서는 "모르모트가 부족할 경우 포로를 그 대용품으로 써도 좋다"는 내용의 지침을 각 의과대에 내려보냈다는 소문도 있었다(<마이니치신문> 서부본사《격동 20년》).

의과대·군·경찰 공조체제 이뤄 실험

이런 상황이 포로들에게만 국한됐을 리 없다. 포로들 만큼이나 귀찮은 존재가 각 형무소에 수감돼 있던 정치범들이다. 이런 의미에서 구주대와 밀접한 관계를 가졌던 후쿠오카 형무소를 눈여겨봐야 한다. 이곳에는 당시 조선인 중국인 미국인 폴란드인 등이 수용돼 있었다. 민족시인 윤동주가 수감돼 있던 곳도 바로 이 후쿠오카 형무소인데, 그가 사망한 직접적인 원인도 생체실험을 당했기 때문이라는 의혹이 뒤따르고 있다.

후쿠오카형무소가 문제되는 까닭은 그곳이 구주대와 서부방위군을 연결하는 삼각형의 한 꼭지점이기 때문이다. 체포된 포로들이 서부 방위군에서 구주대에 보내져 생체실험된 것과 마찬가지로, 후쿠오카 형무소에 수감돼 있던 정치범들도 구주대나 서부방위군의 실험대상이 됐을 것이라는 의혹이 줄곧 있어왔다.

정씨가 주장하듯 구주대로 상징되는 의과대와 서부방위군으로 상징되는 군, 그리고 후쿠오카형무소로 상징되는 경찰의 관계는 하나의 공조체제를 이뤄 일본 내에서 행해진 생체실험의 메커니즘을 구축했다. 정씨의 주장에 대해 당시 일본의 사정을 어느 정도 이해하는 이들은 상당히 수긍하는 모습을 보인다. '군의학교 터에서 발견된 인골의 진상규명을 위한 회' 사무국장 와타나베 노부오씨는 "당시 일본에는 인권 감각이 전혀 없었기 때문에 충분히 그럴 가능성이 있다. 무엇보다 강제징용으로 끌려온 사람들 중 행방불명자가 많다는 것이 그 증거이다"라고 말했다. 윤동주 시인의 죽음을 추적해온 재일동포 작가 김찬정씨는 "특히 형무소에 수감된 조선 사람들처럼 연고자들과 격리된 사람이 생체실험 대상이 되는 경우가 많았다"고 했다.

생체실험의 마수는 후쿠오카 형무소에 수감 중이던 윤동주 시인에게도 뻗쳤다. 그의 죽음이 생체실험과 관련이 있다는 당시의 증언들을 기록했다.

윤동주 시인 생체실험 의혹

(1992.8.13)

일본 동지사대에 유학중이던 시인 윤동주가 고종사촌 송몽규와 함께 "독립운동을 했다"는 이유로 체포된 것은 1943년 7월14일. 이후 그는 후쿠오카 형무소에 이송돼 1945년 2월16일 27세의 젊은 나이에 숨을 거뒀다.

윤동주가 생체실험에 희생됐을지도 모른다는 의혹은 그의 시신을 인수하러 갔던 삼촌 윤영춘에게 송몽규가 했다는 증언에서 비롯된다. 피골이 상접한 모습의 송몽규는 "저놈들이 주사를 맞으라고 해서 맞았더니 이렇게 됐다. 윤동주도 이 주사 때문에"라며 말을 잇지 못했다고 한다. 또 삼촌 윤영춘씨는 "당시 형무소 내의 시약실 앞에 푸른 죄수복을 입은 약 50여명의 조선 청년들이 주사를 맞기 위해 줄을 서 있는 모습을 봤다"고 증언하기도 했다.

윤동주의 죽음을 구주대 생체해부사건과 관련지어 문제를 제기한 사람은 일본인 고노에 에이지씨였다. 그는 지난 80년 《현대문학》에 기고한 글에서 개인적인 추론임을 전제한 뒤 "윤시인의 죽음과 그 3개월 뒤에 일어난 구주대 해부사건과는 밀접한 관련이 있을 것"이라고 주장했다. 그는 이러한 추론의 근거로 사망전보가 도착한 지 10일쯤 뒤에 윤시인 집에 도착한 또 하나의 통지서를 들고 있다. 그 내용은 "동주 위독하니 보석할 수 있음. 만일 사망 때에는 시신을 가져가거나, 불연이면 구주제대에 해부용으로 제공"한다는 것이었다.

"구주대에서 생체실험과 같은 엄청난 짓을 저지르기 위해서는 기초자료가 필요했을 것이다. 이를 위해 윤시인 등에게 먼저 실험했을 가능성이 있다. 이런 가정이 사실이라면 윤시인이 맞았다는 '이름 모를 주사'는 구주대에서 사용된 것과 똑같은 생리적 식염수였을 것이다"라고 고노에 에이지씨는 추론한다.

그의 문제제기 이후에도 많은 사람들이 윤시인의 죽음에 얽힌 의혹을 풀기 위해 여러가지 노력을 기울여 왔다. 그중 송몽규의 먼 친척뻘되는 작가 송우혜씨(《윤동주 평전》 저자)와 《저항시인 윤동주의 죽음》이라는 책을 내기도 한 재일교포 언론인 金贊汀씨, 윤동주의 재판 판결문을 발굴해내는 등 집요한 추적을 벌여온 일본인 이부키 고씨 등의 노력이 돋보인다.

이들의 연구결과 여러 가지 새로운 사실이 발견됐다. 그중에서도 윤동주와 거의 같은 시기에 후쿠오카형무소에 수감되어 생체실험을 당한 경험이 있다는 金憲述씨의 증언은 진실 규명에 제일 가깝게 다가간 것으로 보인다.

1942년 '경도 유학생사건'으로 체포돼 후쿠오카형무소에 수감됐던 김씨는 "5명의 동지와 함께 약 1주일 동안 정체 모를 주사를 맞은 적이 있는데 그후 암산능력이 현저히 떨어졌다"고 회고한 바 있다(송우혜 《윤동주 평전》).

문제는 형무소에서 자행된 이러한 실험과 윤동주의 죽음 사이의 관계를 직접적으로 밝혀줄 자료가 나오지 않고 있다는 점이다. 이 두터운 벽 앞에서 대부분의 조사가 멈춰져 있어 자칫하면 윤동주의 죽음에 얽힌 의혹도 일제시대 수많은 죽음들과 마찬가지로 영원한 수수께끼로 남게 될 가능성이 높다.

가나가와대의 쓰네이시 게이이치 교수로부터 당시 일본 의학계의 핵심세력이었던 동경(도쿄)제국내 의학부와 경도(교토)제국대 의학부 교수들이 731부대의 생체실험에 조직적으로 관여했다는 증언을 들었다.

731부대는 帝國大 인체실험장

(1992.8.13)

가나가와대의 쓰네이시 게이이치 교수(常石敬一)는 731부대 이시이 시로 중장 주도로 저질러진 생체실험은 당시 일본 의학계 핵심세력에 의해 고무되었고 또 이들의 적극적인 참여 아래 진행된 것이라고 밝혔다. 특히 당시 의학계를 주도하던 동경(도쿄)제국대 의학부와 경도(교토)제국대 의학부 교수들이 이 과정에 조직적으로 참여했음이 드러나기도 했다.

과학사를 전공한 쓰네이시 교수는 "전쟁이 일어났을 때 과학자들이 어떤 역할을 담당했는지 관심을 가지고 연구하던 중 이같은 사실을 발견하게 됐다"고 말했다.

이시이부대에서 촉탁교수로 통한 이 교수들은 동경 시내 육군군의학교 안의 방역연구실을 중심으로 활동했다. 교수들과 이시이부대의 관계는, 이시이가 연구비와 생체실험한 자료를 넘겨주면 교수들은 이것을 바탕으로 백신을 개발해 이시이에 넘겨주는 것이었다.

교수들이 한 역할 중 또 한가지 중요한 것은 동경대와 경도대의 제자들을 이시이부대 부대원으로 공급하는 일이었다. 결국 이시이부대는 "동경제국대와 경도제국대 의학부 교수들의 인체실험 실습장이었다"고 쓰네이시 교수는 말했다.

당시 이런 식의 촉탁교수로 활동했던 사람은 동경제국대에 10명, 경도제국대에 5명, 기타 대학에 5명 정도 있었다. 그중 중요한 인물의 면면을 살펴보면 일왕의 스키 선생이기도 했던 동경대 고지마 사부로(세균학·설사연구)를 비롯해서 야나기사와 켄(BCG연구) 호소야 쇼고(세균학·설사연구) 경도대 요시무라 히사토(동상연구) 등이다.

교수들 중 일부는 인체실험을 바탕으로 한 연구결과를 원숭이나 다른 동물을 대상으로 한 것인양 속여 의학지에 발표하기도 했다. 이들이 이처럼 공공연히 자신들의 연구결과를 밝힐 수 있었던 것은 "의학발전을 위해서"라는 미명 아래 이와 같은 비윤리적 행위를 용인한 당시 일본 의학계의 풍토 덕분이었다. 일본 의학계 내에서는 이시이의 인체실험이 더 이상 비밀도 아니었고 은근히 이를 고무하는 분위기였다는 것이다. 평화 시기라면 상상도 못할 인체실험을 전쟁 기간 자유자재로 할 수 있었기 때문에 일본 의학계는 몇 가지 주목할 만한 연구업적을 남길 수 있었다. 이 가운데 페니실린·건조 BCG· 티푸스 백신 등의 개발은 전후 일본 국민의 건강 증진에 상당히 기여했다. 문제는 이런 연구업적들이 조선인과 중국인의 목숨을 희생하여 이루어진 것이라는 점이다. 결국 조선인과 중국인이 일본인의 건강 증진을 위한 제물이 된 것이다.

촉탁교수들은 전후 이시이부대에 파견됐던 제자들이 일반 대중의 지탄을 받았던 데 비해 "직접 인체실험을 한 것은 아니다"라는 이유로 사회적 지탄도 받지 않았다. 오히려 연구업적을 인정받아 일본 의학계의 지도적 인물로 존경받았다.

일본 지바 현의 카시와시 육군 비행장터 안의 '카마이타치숲'은 예전부터 주민들 사이에 "이곳에 조선 사람들이 산 채로 매장됐다"는 소문이 줄곧 있어온 곳이다. 육군 비행장에 끌려온 조선인 강제 징용자이거나 위안부가 매장돼 있을 것이라는 의혹이 끊이지 않았다.

"일본에도 조선인위안부 집단 매장지 있다"

(1992.9.3)

조선인 위안부들의 시체가 집단으로 매장돼 있을 것으로 추정되는 장소가 일본 국내에도 존재하는 것으로 밝혀지고 있다. 일본 지바 현의 카시와시에 있는 육군 비행장터 안의 '카마이타치숲'이 그 장소이다.

일본 패망 직후부터 이 숲 주변의 주민들 사이에는 "이곳에 조선 사람들이 산 채로 매장됐다"는 소문이 줄곧 있어왔다. 그러나 이곳에 매장된 사람들이 구체적으로 조선인 위안부들일 가능성이 높다는 사실은 지난 8월12일, 카시와 시에 살고 있는 鄭正模씨가 알려옴으로써 새롭게 부각되고 있다.

정씨는 "최근 그 숲에 조선인 여성들이 묻혀 있다는 한 일본인의 전화제보를 받았다"고 알려왔다. 그 일본인은 "그 숲에 묻힌 사람들 가운데 남자는 하나도 없고 전부 여자들뿐이다"라고 재삼 강조해 그곳에 조선인 위안부들이 집단으로 매장돼 있을 가능성을 알려주었다는 것이다. 그 일본인은 이름과 연락처를 알려달라는 정씨의 요청에 "전화로는 자세한 이야기를 할 수 없으니 다음에 만나서 얘기하자"며 전화를 일방적으로 끊었다고 한다. "그의 말이 사실이라면 그동안 이 숲을 둘러싸고 있던 의혹의 실마리가 풀릴 가능성이 있다"고 정씨는 말했다.

카마이타치 숲을 품고 있는 카시와 시의 육군비행장은 일제 때 일본 육군 85·104·105 부대 등의 병력 7천여명이 주둔하던 대규모 비행장이었다. 또 이곳에서는 일본 군부가 극비리에 개발하고 있던 제트연료 보관용 방공호가 건설되기도 해 전략적으로 상당히 중요한 곳이었다.

일본 국내의 다른 비행장 건설현장과 마찬가지로 당시 카시와 비행장 건설에도 조선인 노동자들이 활주로 건설에 3백여명, 제트연료 보관용 방공호 건설에 1백여명 정도 강제 동원됐던 것으로 알려지고 있다. 또 비행장 안에는 세 곳의 위안소가 설치돼, 상당수의 조선인 여성들이 이곳에서 일본 군인들의 성적 노리개가 돼야 했다. 지금도 세 곳의 위안소 건물 중 한 곳이 그대로 남아 있는데 이곳에는 현재 일본인 노부부가 살고 있다.

"숲속 웅덩이에서 시체 썩는 냄새 났었다"

문제의 카마이타치 숲은 이 위안소 건물에서 테니스 코트를 사이에 두고 약 3백미터 떨어진 지점에 위치하고 있는 직경 20미터 정도의 조그만 숲이다. 지난 6월 29일 방문했을 때 50여년 동안 사람들의 손길이 전혀 닿지 않아 나무가 자못 울창하게 우거진 상태였다.

원래 이 숲이 있던 자리에는 카시와 비행장의 군 의료시설이 들어서 있었고, 그 안에 커다란 웅덩이가 있었는데 전후에 주민이 그곳을 메우고 방치해둬 숲이 되었다고 한다.

이곳을 둘러싼 의혹이 세상에 알려지기 시작한 것은 카시와 시내에 살면서 이 문제를 집요하게 추적해온 정정모씨의 개인적인 노력 덕분이었다. 종전 직후 조선인 동포들을 중심으로 결성된 '조선인연맹'이란 조직의 지바현 본부에서 교육관계 일을 한 그는 업무차 비행장 근처에 있던 조선인학교를 자주 방문하면서, 이 비행장에도 조선인들이 상당수 끌려와 있었다는 사실을 알게 됐다. 정씨는 틈이 나는 대로 이곳에서의 조선인 강제 노동의 실태와 조선인 위안부문제에 대해 조사하기 시작했다.

이 조사 과정에서 그는 몇가지 성과를 거뒀는데, 제트 연료 보관용 방공호 건설에 투입됐던 조선인 노동자 1백여명이 군사비밀 누출을 우려한 일본군에 의해 집단 학살되었다는 충격적인 사실을 알게 된 것도 그중 하나이다. 조사 결과 이 집단 학살은 1945년 1월에서 2월 사이의 어느 추운 겨울날 저녁에 집행된 것으로 확인되었다. 이 사실은 당시 조선인 노동자들이 일본군 트럭에 실려 끌려가는 것을 목격한 한 일본인 여성의 증언에 의해 밝혀졌다. 그는 조선인 노동자들이 끌려간 곳은 도네가라는 곳에 있는 사격연습장이었고 이곳에서 총소리가 울리는 것을 들었다고 말했다. 그리고 다음날 아침에는 직접 그곳에 가 노동자들의 의복이 이곳저곳에 흩어져 이는 것을 목격했다고 한다.

정씨의 조사로 드러난 또 하나의 사실은 당시 위안소에 있던 조선인 위안부 중 한사람이 현재 오오미야라고 하는 곳에 살고 있다는 것이다. 그는 자신의 신분이 노출되는 것을 몹시 꺼려 정씨와이 만남을 계속 거절했다.

현재 정씨가 조사과정에서 진상규명을 위해 가장 집중적으로 힘을 쏟고 있는 것이 바로 이 카마이타치 숲에 대한 것이다. 이 숲에 조선인들이 매장돼 있다는 사실이 밝혀지기만 하면 당시 카시와 비행장에 있던 조선인들의 운명을 밝혀낼 결정적인 증거가 될 것이다.

정씨의 조사에 의하면 카시와 비행장 안에는 이 숲에 있던 웅덩이와 같은 곳이 더 있었다고 한다. 이곳들은 현재 주택가로 변해 더 이상 조사가 불가능하다. 카마이타치 숲만이 현재 조선인 집단매장의 유일한 증거로 남아 있는 셈이다.

이 숲이 사람을 매장한 곳이라는 데 대해서는 이미 한 일본인 여성의 증언을 확보해둔 바 있다. 인근의 일본인 대부분이 이 사상에 대해 함구하고 있는 데 반해, 카시와에서 현재 이바라키라는 곳에 이사와 살고 있는 그는 정씨에게 비교적 자유로운 입장에서 자신의 목격담을 털어놓았다. 와까오라는 이름의 이 여성은 종전 당시 고등학교에 재학 중이었다. 아버지가 비행기 조종사였기 때문에 그는 비행장 안의 숙소에 살고 있었다. 종전 후 어느날 그는 마을 사람들이 의료시설 안의 커다란 웅덩이를 메우는 광경을 목격했다. 이 웅덩이는 종전후 군인들이 뿔뿔이 흩어져 떠나간 뒤 방치되었는데, 거기서 시체 썩는 냄새가 진동하고 파리떼가 들끓는 것을 보다 못해 마을 사람들이 이를 메워버렸다는 것이다. 이 웅덩이가 시체를 버리는 곳이었다면 당시의 실정에 비추어보아, 이곳에 버려진 사람들이 비행장에 끌려와 있던 조선인들이었으리라는 사실이 분명해 보인다. 일본인의 경우에는 시체를 대개 연고자가 인수해가기 때문에 아무 데나 함부로 버려지는 사례는 거의 없었다.

정씨, 숲 발굴신청서 카시와 시에 제출

주민이 이 웅덩이를 메워버린 뒤 이곳에 형성된 숲을 둘러싸고, 白蛇가 나온다거나, 낫으로 풀을 베면 낫에 피가 묻어 나온다는 등의 밑도 끝도 없는 소문이 떠돌기도 했다. 현재 이 숲의 한가운데에는 백사의 신을 모신 '弁天祠(변텐사마)'라는 조그만 사당이 세워져 있어, 주민들 사이에 이곳이 아직도 두려움의 대상이 되고 있음을 알려준다.

목격자의 증언과 이 숲을 둘러싼 여러 가지 정황적인 조건에 비추어보아 틀림없이 이곳에 조선인들의 시체가 파묻혀 있을 것이라고 정씨는 확신하고 있다. 다만 이곳에 묻혀 있는 시체가 징용자들의 것인지, 위안부들의 것인지에 대해서는 판단을 내리지 못한 상태이다. 그래서 지난해부터는 이러한 사실을 보다 분명하게 확인하기 위해, 이 숲에 대한 발굴 신청서를 카시와 시청에 제출해놓고 허가만 떨어지기를 이제나 저제나 기다리고 있던 참이었다.

그러던 차에 걸려온 그 일본인의 전화로 이 숲에 묻혀 있는 것이 조선인 위안부들의 시체일 가능성은 더욱 커지게 되었다. 그 일본인은 정씨가 이곳을 발굴하려 한다는 사실을 신문보도를 통해 알게 돼 연락을 취했다고 한다. 그의 신원에 대해서는 아직 밝혀진 바 없지만, 정씨는 그가 혹시 당시 조선인 위안소를 관리하던 일본인 관리자 중 한사람이었을지도 모른다는 희망을 품고 있다.

앞으로 좀더 확인해야 할 과정이 남아 있기는 하지만, 그 일본인의 제보대로 숲에 조선인 위안부들이 묻혔다면 이들은 주변의 위안소에서 이곳의 의료시설에 옮겨진 다음 일본군으로부터 더 이상 효용가치가 없다는 판정을 받고 내버려진 사람들일 가능성이 크다.

이러한 가정에 대해 이미 몇차례 카시와 비행장의 위안소 건물을 현지답사한 바 있는 '한국정신대문제 대책협의회' 공동대표인 尹貞玉씨는 "당시 일본군은 조선인 위안부를 소모품으로밖에 여기지 않았다. 충분히 있을 수 있는 일이다"며 적극적인 관심을 표명했다.

가나가와대의 쓰네이시 교수로부터 중국 하얼빈 '731부대 죄증진열관'의 韓曉 관장이 731 부대 희생자 중 조선 사람에 대한 정보를 가지고 있다는 얘기를 들었다. 韓曉 관장으로부터 조선인 혁명가이자 731부대의 생체실험 희생자인 심득룡에 대한 기고를 받을 수 있었다.

마루타로 희생된 조선인 혁명가 沈得龍

(1992.10.1)

중국 하얼빈시 平房구에 있는 '侵華 日軍 731部隊 罪證陳列館'에서는 10년간의 실증고찰을 통해 일본군 731부대의 생체실험에 대한 새로운 사실들을 잇달아 밝혀냈다. 731부대의 생체실험에 대해서는 이미 50년대에 소련이 하바로프스크에서 있었던 전범재판 자료('전 일본 육군 세균전 관련 재판자료' 이하 '재판자료')를 공개 출판한 적이 있었고, 중국에서도 지난 1989년 길림성 사회과학원이 중국 제1문서관과 제2문서관 자료를 중심으로 '세균전과 독가스전'이라는 역사문서자료를 출판한 바 있다. '731부대 죄증진열관' 연구원들은 일본 전범들의 증언 내용 중 '특별수송'에 대한 내용을 단서로 고증 작업을 거쳐 "731부대의 세균실험 대상에는 중국인뿐 아니라 중국인과 함께 항일운동을 했던 소련인 몽고인 조선인 등도 포함되었다"는 사실을 밝혀냈다. 현재까지의 불완전한 조사결과로 보더라도 세균전부대로 특별수송된 피해자의 숫자는 1천2백3명에 이른다. 그중 중국인은 1천1백73명이고 소련인은 16명, 조선인 7명, 몽고인 7명이다. 소련 극동재판에서 일본군 전범 川島淸은 피해자의 숫자가 약 3천명에 이른다고 밝힌 바 있다. 따라서 현재까지 밝혀진 1천2백3명이라는 숫자는 아마도 최소한의 규모일 것이다. 731부대는 세균실험을 하는 동안 피해자의 명부를 거의 남겨놓지 않았고 패전하여 퇴각하기 직전 대부분의 중요자료마저 없애버렸다. 따라서 피해자 확인작업은 일본군 전범들의 증언이나 일본군 헌병대가 남긴 특별수송자 명단에 의존할 수밖에 없는 실정으로, 이런 어려움 때문에 1천2백3명의 피해자 중 이름이 밝혀진 사람은 50여명에 지나지 않는다.

여기서 '특별수송자'라는 말의 의미를 생각해볼 필요가 있다. 특별수송자란 일본군 헌병들에게 체포된 사람 중 특히 정치범이나 항일 운동가 또는 스파이 혐의자를 지칭하는 말이었다. 정식 재판을 통해서는 이들의 혐의사항을 입증하기가 매우 곤란했기 때문에. 일본군은 이들 대부분을 세균전부대에 보내 생체실험의 재료로 이용하는 만행을 저질렀다. 당시 일본군 헌병대에서 작성한 특별수송자 명단에는 반일통일전선에 참여한 조선인에 대한 기록이 남아있다.

李淸泉등 조선인 생체실험 희생자 7명

1939년 6월 하얼빈 헌병대 '新市街분대'는 중국공산당 阿城지구 위원회가 아성과 하얼빈 사이의 어느 마을에서 집회를 계획하고 있다는 사실을 알아냈다. 분대장 赤城茂三少 소좌가 이끄는 일본군 헌병대는 이 마을을 급습해 중국인과 조선인 약 25명을 체포했다. 체포된 사람들은 731부대에 특별수송돼 야외사격장에서 독극물로 살해됐다.

조선인 李靑泉은 중국인들과 손을 잡고 항일투쟁을 전개했던 인물이다. 海拉爾시에 잠입해 지하공작 활동을 하던 그는 1944년 7월 海拉爾의 일본군 헌병대원 志村行雄에게 체포됐고 731부대에 넘겨져 희생됐다.1945년 봄쯤에 한 조선인 청년(그의 이름은 알려지지 않았다)이 731부대가 있는 平房의 특별군사 구역으로 뛰어 들어왔다. 이 부대 외곽에서 방공호를 쌓고 있던 중국인 노동자들은 그에게 이곳은 출입금지 구역이니 빨리 도망치라고 충고했다. 조선인 청년은 731부대에 관한 사항을 대략 파악한 후 재빨리 그곳을 빠져나가려고 했으나, 초소 근무중이던 헌병에게 발각돼 체포되고 말았다. 그는 곧장 이 부대에 설치된 특별감옥으로 끌려갔는데, 당시 이 장면을 목격한 중국인 노동자들은 "그는 아마 살아나오기 어려웠을 것이다"라고 증언했다.

조선인 희생자 중 현재까지 가장 상세하게 조사가 이루어진 사람은 大連에서 반일 지하 첩보활동을 하다 붙잡힌 조선인 沈得龍에 대한 내용이다. 그에 대해서는 일본군 헌병대 자료와 함께 먼 친척뻘 되는 유가족의 증언도 얻을 수 있었다. 필자는 그 유가족으로부터 그가 조선 사람이라는 사실과 함께 그의 결혼사진을 입수했다.

동북지구에 있던 일본군 제86부대의 무선전신 분대는 관동군 헌병대의 특수부대로서, 중국 동북지구의 반일 지하첩보 활동을 색출해내는 게 주된 임무였다. 1943년 6월 이후 86부대의 무선전신 분대는 대련시에 있는 黑石礁 지역 일대에서 의심스러운 전파가 출몰하고 있음을 발견했다. 이 전파는 무선전신 분대 소속 헌병들이 출동하면 사라지곤 했다. 세차례 정찰을 통해 그들은 이 전파가 반일 지하첩보활동과 관련된 것이라고 판단하기에 이르렀다.

그러나 이 전파는 지하조직이 활동을 정지함에 따라 곧 중단됐고, 관동군 헌병대도 이들 지하조직의 활동이 마비된 것으로 판단해 제373호 작전명령을 통해 정찰활동을 당분간 중단했었다.

일본군 무선전신 분대에 수상스런 전파(XAA3 전파)가 다시 잡힌 것은 같은 해 10월 1일 새벽 2시쯤이었다. 활동을 정지하고 있던 지하조직에 긴박한 임무가 떨어져 다시 전파를 발신한 것이다. 발신지는 흑석초에 있는 한 사진관. 2시30분쯤 대련 헌병대와 86부대 무선전신 분대가 그 사진관을 급습했다. 그들은 그곳에서 방송장비 일부와 사진관 주인인 沈得龍 부부, 그리고 그들을 돕고 있던 중국인 사진사 4명을 체포했다. 그후 며칠간 일본군 헌병대는 천진 심양 등지까지 추적하여 王耀軒 王學年 李忠善 劉萬會 등 심득룡과 함께 활동하던 중국인 12명을 체포했다.

731부대 있던 하얼빈에도 '위안소' 설치

그들은 중국공산당 '국제반제정보부(國際反帝情報部)'소속 요원들이었다. 그들이 체포되기 12년 전 중국공산당 지하조직은 조선 청년 심득룡(가명 陳述, 李成華)을 소련 모스크바에 파견해 공부시켰다. 1940년 3월 그는 소련군 참모부의 파견 명령을 받아 天津으로 돌아왔다. 얼마 후 중국공산당 중앙 사회조사부는 사람을 보내 李慶春이라는 가명을 쓰고 있던 심득룡을 호위하여 대련시 흑석초에 잠입케 했다. 그는 중국인 왕요헌(가명 王中山)과 함께 흑석초에 '興亞사진관'을 열어 신분을 위장한 후 이곳을 거점으로 반일 지하정보부를 비밀리에 조직했다. 심득룡이 부장 및 첩보원을 겸했고, 왕요헌은 나중에 들어온 이충선 吳寶珍 왕학년 유만회 등과 정보요원으로 활동했다. 그들은 대련을 중심으로 南滿과 천진 등지의 반일 지하정보 공작을 담당했다.

지하공작의 편의를 위해 왕요헌과 劉萬百(유만회의 형)의 둘째 딸 劉桂蘭이 결혼했고, 왕요헌의 소개로 심득룡은 유만백의 세째 딸 劉桂琴과 결혼했다. 유계란과 유계금은 중국인이어서 신분 위장에 큰 구실을 했다.

일본 헌병대에 체포된 대련의 국제반제정보부 조직원들은 심한 고문을 받고 대부분 하얼빈 평방에 있던 731부대에 특별수송돼 세균실험 재료로 쓰여진 후 살해됐다. 중국 중앙문서관과 대련시 문서관에 보관되어 있는 일본헌병대 관련 기록문서에는, 그 피해자 명단에 심득룡(조선인) 왕요헌 이충선 왕학년 등이 들어 있다.

중국 공산당의 비밀지하 정보조직이었던 국제반제정보부의 조직원들은 대련사건이 일어나기 2년 전인 1941년 목단강시에서도 지하활동을 수행하던 중 일본군 헌병대에 체포돼 전원이 세균전부대의 생체실험 재료로 희생되는 비극을 당하기도 했다. 이것이 유명한 '목단강 사건'이다. 소련에서 발행된 재판자료에는 생체실험으로 희생된 피해자의 이름에 孫朝山 吳定興 朱志猛 등이 들어있는데 이들은 목단강시에 잠복했던 국제반제정보부의 요원들이었다. 1941년 7월16일 새벽 '목단강 국제반제정보부'는 일본 헌병대의 습격을 받았다. 정보 송신을 막 끝낸 張慧忠(실제로는 張文善으로 불림)과 그의 처 龍桂活이 그 자리에서 체포됐고, 이날 오전 외곽지역에서 주지맹(실제로는 朱之盈으로 불림)과 손조산이 체포됐다. 하얼빈으로 도망쳤던 吳定興(吳殿興)은 그 다음날 목단강 헌병대로 잡혀왔다.

당시 敬恩瑞(敬子和)라는 조직원은 목단강시에서 빠져 나왔지만 결국 그 다음해 五河라는 지역에서 체포되고 말았다. 이들은 모두 일본군의 세균전부대에 보내져 실험재료로 사용됐다.

1987년 필자는 국제반제정보부의 책임자로서 현재까지 생존해있는 莊克仁씨의 증언을 근거로 목단강사건의 피해자 유가족들을 찾아내 이들로부터 당시의 상황을 들을 수 있었다.

필자는 3년 동안의 조사 끝에 조선인 심득룡이 연루됐던 '대련사건'의 증인과 피해자 가족을 찾아낼 수 있었다. 심득룡 열사의 고종조카(부인 유계금의 조카)인 劉興家씨로부터 심씨와 부인 유계금의 결혼 사진을 입수할 수 있었던 것은 큰 수확이다. 이 사건의 피해자 유가족으로는 유만회의 아들이 현재 살아있고, 또 심득룡의 부인 유계금과 그의 언니 유계란이 20년 전까지 살았던 주소를 알아내기도 했지만 아직 연결은 되지 않았다.

대련사건과 심득룡의 경력 및 혁명 활동에 대해서는 확인작업이 좀더 필요하다. 심득룡의 原籍과 나이도 아직 분명하게 밝혀지지 않았다. 그러나 대련에 보존된 문서와 유흥가의 증언을 통해 볼 때 심득룡은 확실히 조선 사람이다.

이밖에 '阿城사건'과 '海拉爾사건'등 조선인이 관련된 몇개의 사건에 대해서는 아직까지 증인이나 피해자 가족을 찾지 못했다. 그러나 중국의 역사기록문서에는 몇개의 사건에 연루된 사람들 중 조선인이 포함돼 있음이 분명하게 드러나 있다. 현재까지 특별수송에 의해 세균전 부대로 보내진 조선인 중 파악된 숫자는 7명이다. 그중 어떤 사람은 아직 이름조차 밝혀지지 않았다.

필자는 731부대에 대한 현지조사를 통해 또 하나의 새로운 사실을 밝혀냈다. 731부대가 있던 하얼빈의 평방 지역에도 조선인 위안부들이 끌려와 있었다는 사실이다. 당시 평방 지구에는 731부대와 일본공군 8372부대 등 두개의 일본군 부대가 주둔해 있었다. 일본 관동군 사령부는 장병들의 마음을 안정시키기 위해 평방역 부근에 일본인 위안부와 조선인 위안부로 이루어진 두 개의 위안소를 설치했다. 위안소는 고정돼 있었지만 위안부들은 군의 명령에 의해 수시로 교체됐다. 731부대에서 세균전 무기를 개발하는 데 공을 세운 일본군 병사들이 이 위안소들을 이용할 수 있는 최우선의 권리를 부여받았다.

중국 山東省 濟南의 생체실험 부대에서 중국어 통역관으로 근무하며 그 현장을 목격한 최형진 씨를 취재했다. 최씨는 당시 대구에 살고 있었다.

"내가 목격한 생체실험"
일본 세균전부대 통역관 지낸 崔亨振씨 증언

(1992.10.1)

崔亨振씨가 중국 山東省의 성도 濟南에 주둔했던 '日本 北支那파견군 濟南지구 방역급수반'에 중국어 통역관으로 차출된 것은 태평양 전쟁 발발 직후인 42년 2월이었다. 평북 義州가 고향인 최씨는 중국 河北省의 天津시립초급중학교 2학년에 다니다가 중·일전쟁을 맞았다. 16세 때 일본군에 통역관으로 차출돼 약 4년간 일선부대를 전전하다가 이곳의 방역급수부대로 전출온 것이다.

방역급수부대의 외형적 임무는 일선 군부대에 대한 식수 공급이다. 그러나 당시 일본군 방역급수부대는 東京 군의학교 안에 있던 이시이 시로(石井四郎) 중장의 방역연구실 휘하 세균전 부대들의 별칭에 지나지 않았다. 세칭 '이시이 부대'라고 불린 세균전 부대는 만주 하얼빈의 731부대를 필두로 중국내에 북경(1855부대) 남경(多摩1644부대) 광동(8604부대) 등 네 곳과 싱가포르에 한곳(9420부대) 등 모두 다섯 곳에 있었다는 것이 지금까지 알려진 사실이다. 최씨는 이들 지역 외에 제남지역에도 세균전부대가 있었다는 새로운 사실을 증언했다.

장티푸스 균을 음식에 타 먹이기도

최씨가 이 부대의 내막을 소상하게 파악할 수 있었던 것은 그가 이 부대에서 유일한 중국어 통역관이었기 때문이다. 그는 이 부대에 근무한 1년6개월 동안 수많은 생체 실험 과정에 통역관으로 참석해 그 참상을 똑똑히 볼 수 있었다. 일반인들의 통제가 엄금돼 있던 부대의 안쪽에는 1백여명의 중국인 포로를 수용해 놓은 수용소가 있었다. 포로들은 1방에 10명씩 10개방으로 나뉘어 감금돼 있었다. 밖에는 고압선을 설치했고, "접근하는 자는 사살한다"는 푯말을 5m 간격으로 걸어놓았다.

부대에 배속된 지 1주일쯤 지난 어느날 그는 말로만 듣던 생체실험을 처음으로 목격했다. 천연두균을 포로들에게 투입해 병세의 진전 상황을 관찰하고 새로 개발한 백신의 효능을 알아보는 실험이었다. 약 20명의 포로들이 수용소에서 끌려나왔다. 그들은 백신을 미리 맞은 그룹과 그렇지 않은 그룹으로 나뉜 뒤 차례로 천연두균을 맞았다.

실험기간 동안 포로들은 3면과 천장에 반사경을 부착하고 마이크까지 설치한 특수실험실에 감금되었다. 일본인 군의관들은 밖에서 병세의 진전 상황을 체크하고 환자들과 대화도 나눌 수 있었다. 4, 5일쯤 지나면 백신을 투여하지 않은 포로 중 약 85%가 병원균에 감염돼 고통을 받았다. 그중 몇사람은 고통을 견디다 못해 사망하기도 했다. 일본인 군의관들은 시체에서 대뇌 소뇌 심장 등 주요 장기를 떼어내 포르말린에 보관하고 나머지는 소각장에서 불태워 버렸다.

이 부대의 실질적인 임무는 이와 같이 전장에서 사로잡은 포로들을 대상으로 천연두 콜레라 장티푸스 페스트 등 세균들로 생체실험을 해 백신이나 세균무기를 개발하는 것이었다. 일본군은 이 실험을 위해 장티푸스나 콜레라균을 음식물에 섞어 포로들에게 먹이는 등 온갖 악랄한 방법을 동원했다고 최씨는 증언했다.

실험대상은 수용소 내의 포로들에 국한된 것이 아니었다. 가까운 중국인 마을을 대상으로 콜레라나 페스트 등 풍토병에 대한 실험을 하기도 했다. 이 실험은 현지에 파견된 일본인 관공서까지 동원해 대대적이고 치밀하게 이루어졌다. 먼저 일본군 병사 몇명이 인근 마을의 개똥을 수집해 여기서 병원균을 분리해낸다. 이 병원균을 1차적으로 포로들에게 실험해 거기서 콜레라균이나 페스트균이 발견되면 이것을 2차로 음식물에 주입해 동네 개들에게 은밀히 나눠먹인다. 며칠 후 병원균이 퍼지면 관공서를 동원해 이 지역을 전염병 감염구역으로 선포해 외부와 완전 차단한다. 마을 사람 전체가 온전히 생체실험 대상이 되는 것이다.

실험재료를 확보하기 위해 방역급수부대는 다른 일본군 부대의 지원을 받아 주기적으로 토벌작전을 전개하기도 했다. 포로로 끌려온 사람은 대부분 미처 피난하지 못한 인근 농민들이었다. 이들은 서류상으로는 군인이나 유격대원으로 둔갑해 실험용 모르모트로 사라져갔다. 이들 중에는 중국 대륙으로 흘러들어가 살고 있던 한국인 유량민도 상당 수 있었을 것으로 최씨는 판단하고 있다. 그러나 당시 한국인은 신분을 위장하기 위해 중국이름으로 변성명을 했기 때문에 그 숫자는 파악할 수 없었다고 최씨는 말했다.

제2부 김영삼 시대

김영삼 시대는 노태우 시대와 동전의 양면이다. 노태우 시대가 동전의 한쪽 면이라면 김영삼 시대는 그 반대쪽 면이다. 노태우 시대는 국제적인 탈냉전의 흐름 속에서 한소수교와 한중수교를 밀어붙인 한국 외교의 승리의 시기였다. 북한은 소련과 중국, 그리고 기존 사회주의 동맹국들이 한국과 수교하면서 외교적으로 고립됐다. 이들 국가들이 거의 대부분 시장경제로 체제를 전환한 가운데 체제 생존의 전망도 불투명해졌다.

　북한에게 숨 고르기 할 시간을 벌어준 게 한국의 보수 세력이라는 점은 역사의 아이러니다. 노태우 정부 후반기 남북 고위급회담이 성과를 내면서 남북 교류의 물꼬가 터지려 한 것은 북한에게 기회이자 위기였다. 그런데 정권 내 보수 세력들이 국내 정치적 이유로 대북 강경책을 몰아붙이면서 북한에게 숨고르기 할 시간을 벌어준 것이다.

핵·경협 병행전략과 연계전략

　정권 내 강경 세력의 발호는 정권 내부에서 내연했던 핵·경협 병행전략과 연계 전략 간의 갈등에서 비롯한 점도 있다. 대북 정책의 태동기라 할 노태우 정부 시기 청와대를 비롯한 외교·안보 부서 내부에서 대북 정책 방향을 둘러싸고 논쟁이 벌어졌다. 북한이 핵을 포기해야만 남북 관계나 경협이 가능하다는 연계전략(linkage strategy)파와 핵문제가 해결되기 전이라도 남북 관계를 핵문제와 병행해서 발전시켜야 한다는 병행전략(parallel strategy)파 간의 대립이었다.

　노태우 정부 중반기까지는 병행전략파가 주도해 남북 기본합의서와 남북 공동 비핵화선언이 타결되는 성과를 거뒀다. 그러나 92년 9월의 훈령조작사건을 계기로 연계전략파가 실력행사에 들어가고 이들이 92년 대선에서 김영삼 후보 진영과 결합함으로써 연계전략이 김영삼 정부 대북 정책의 골간으로 자리 잡았다.

　김영삼 대통령은 1993년 2월25일의 취임사에서는 "어느 동맹국도 민족보다 더 나을 수는 없다"며 북한에 대해 전향적인 태도를 보였다. 그러나 북한이 3월12일 NPT(핵확산방지체제) 탈퇴를 선언 하면서 1차 핵문제가 불거지자 6월4일의 취임 100일 기자회견에서는 "핵을 가진 자와는 악수할 수 없다"며 돌아섰다. 북한이 핵을 포기하지 않는 한 손을 잡지 않겠다는 이 말은 북한의 핵 포기와 남북관계를 연계하는 연계전략의 가장 극적인 표현이 아닐 수 없다.

핵·경협 병행론이 남북관계와 핵문제의 선 순환적 해결을 강조하는 반면 연계론은 핵을 포기하지 않으면 봉쇄하겠다는 봉쇄정책이다. 북한으로 향하는 모든 수도꼭지를 잠그면 핵을 포기하지 않을 수 없을 것이라는 '수도꼭지론'에 입각하고 있다.

'수도꼭지론'이 성공하려면 주변 국가들의 협조가 절대적이다. 남쪽의 수도꼭지만 잠가서 될 문제가 아니고 미국 일본 중국 러시아의 수도꼭지도 모두 잠가야 한다. 그 대전제는 우리와 마찬가지로 이들에게도 핵문제가 최우선 과제이자 거의 유일한 목표여야 한다. 북한 문제는 곧 북핵문제라는 등식이 성립해야 하는 것이다.

그렇지 않았다는 데에 문제가 있다. 핵 문제를 바라보는 시각에도 온도 차이가 있었다. 미국의 예를 보자. 김영삼 정부가 임기를 시작한 1993년 2월 미국에서는 클린턴 정부가 출범했다. 북한이 NPT탈퇴를 선언하는 등 1차 북핵 위기로 시끄러울 때였으므로 클린턴 정부 역시 핵문제를 통해 북한 문제에 접하기 시작했다.

그런데 같은 시기 북핵 위기를 겪은 김영삼 정부와 클린턴 정부 해법에 미묘한 차이가 존재했다. 94년 제네바 합의 당시 한국과 미국은 북한이 과거 추출한 플루토늄 등 과거핵 처리를 둘러싸고 갈등을 빚었다. 한국은 과거핵을 특별사찰을 통해 밝혀내자는 입장이었던 데 비해 미국은 현재의 핵시설을 동결시킴으로써 미래 핵을 차단하는데 역점을 두었다.

한미의 이런 입장 차이는 제네바 합의가 있기 전부터 이미 존재해왔다는 점이 추후 밝혀졌다. 제네바 합의 직후 민주당 임채정 의원이 외무부 대외비 자료를 통해 밝힌 바에 따르면 94년 4월 중순께 미국은 국무부·국방부·중앙정보국 등 한반도 문제에 관련된 각 부처 고위실무자들이 참석한 '한반도 고위 정책조정회의(SSK)'에서 '동결과 포용 전략(freeze and engagement policy)'을 북한과의 핵협상 기본 전략으로 채택했다(94년 10월27일자 "미국, 중국 견제 위해 남북대화 중시로 방향 전환 움직임" 기사).

바로 전 해인 93년 12월26일자 <뉴욕타임스>는 미국 중앙정보국(CIA)이 북한의 핵개발 능력에 대해 클린턴 대통령에게 보고한 국가 정보 평가보고서를 인용해 북한이 이미 핵폭탄을 보유하고 있을 가능성이 그렇지 않을 가능성보다 크다고 보도했다. 당시 미 중앙정보국은 북한이 이미 플루토늄 추출 단계를 넘어서 핵무기를 소유하고 있을 것으로 파악하고 있었으며, 이런 견해에 대해 국무부 정보조사국을 제외한 미국 내 거의 모든 정보기관이 같은 견해를 보였다. 그런데 이듬해 4월 미국의 주요 기관으로 구성된 '한반도 고위 정책 협의회'는 북한이 이미 보유한 핵에 대해서는 기정사실화하되 그 이상의 핵 개발은 막는다는 동결정책을 결정한 것이다.

제네바 합의는 이미 과거 핵을 보유하고 있는 북한과 미국의 앞으로의 협조 관계를 문서화한 것이다. 이 경우 핵을 가진 자와는 손을 잡을 수 없다는 김영삼 정부의 핵·경협 연계전략은 어떻게 되는가. 주변국 협조를 절대적 조건으로 한 김영삼 정부의 수도꼭지론은 더 이상 존립하기 어려워진 셈이다.

당시 클린턴 정부가 북핵 문제를 미봉책으로 덮고 간 것은 시간에 쫓겨서일 수도 있다. 탈냉전 시기 미국의 세계전략은 WTO(세계무역기구)체제와 NPT(핵확산방지조약)체제를 양대 축으로 했다. 미국은 냉전시대 국제 무역체제를 떠받치던 관세 및 무역에 관한 협정(GATT)체제를 세계무역기구(WTO)체제로 전환한 데 이어, 95년 4월 계약 만료되는 핵확산방지조약 체제를 영구적인 것으로 전환함으로써 신세계 전략의 양대 축을 구축하겠다는 전략적 의지를 가지고 있었다.(94년 10월27일자, '북한 핵 해법은 우크라이나식')

핵확산방지조약 체제를 교란하는 국가에 대해 경제 지원을 통해서라도 이를 무마하겠다는 미국의 전략은 이미 우크라이나의 사례에서 선보인 바 있다. 현재와 미래의 핵개발을 동결하기 위해 경수로를 지원한다는 미국의 대북 협상 전략은 핵과 경협을 맞바꾸는 우크라이나식 모델을 본뜬 것이다. 그리고 그것이 94년 10월의 제네바 합의로 나타난 것이다.

핵문제가 제네바 합의로 일단락 된 이후 미국은 지정학적 전략 차원에서 북한을 바라보기 시작했다. 94년께면 유럽의 냉전을 승리로 이끈 미국의 '냉전전사'들이 아시아 사회주의국인 중국과 북한을 겨냥하고 한국으로 건너올 때였다. 이들의 최종 목표는 중국이었다. 대북한 정책은 대중국 정책이라는 '버스

스테이션(버스 종점)'으로 가기 위한 '버스 스톱(정거장)'이었다. 좀 더 구체적으로는 중국을 고립시키기 위해서는 북한을 중국으로부터 떼어놓을 필요가 있었고 그러기 위해서는 포용정책을 통해 북한의 시장경제 전환을 지원할 필요가 있었다. 북한과의 자존심 싸움과 경쟁 만을 생각하는 한국의 대북정책과 대중국 전략이라는 지정학적 관점에서 북한을 바라보는 미국의 대북 접근 사이에 불화의 요소가 생기기 시작한 것이다.

본문의 기사들을 따라가다 보면 미국의 정책이 어떻게 변화해 갔는지 그 과정을 알 수 있다. 미국이 핵문제 이외의 아젠다를 가지고 북한과 접촉하기 시작한 것은 95년 6월 쿠알라룸푸르 북미 준 고위급회담 이후부터였다. 제네바 회담 합의문에 따르면 합의 후 6개월 안에 북한에 지급하기로 한 경수로 관련 협상을 매듭짓게 돼있다. 쿠알라룸푸르 회담이 바로 그것이었다.

경수로 문제가 타결됐다는 것은 곧 제네바회담의 또 하나의 축인 연락사무소 문제가 타결됐다는 것을 뜻하기도 한다. 경수로가 북한에 제공되는 과정에서 발생할 다양한 영사적인 문제를 해결하려면 연락사무소가 반드시 있어야 하기 때문이다. 따라서 쿠알라룸푸르회담을 통해 제네바회담에서 제기됐던 내용들이 실무적으로 마무리 된 셈이니 이제 다른 문제들로 넘어갈 수 있게 됐다.

쿠알라룸푸르 회담 이후 북미 군부 접촉

그 이후 등장한 것이 한국전 참전 미군 실종자(MIA) 유해 발굴 문제와 미사일 협상 등이다. 쟁점으로 드러난 것은 이렇지만 실제로는 북한 군부와 미국 군부의 관계 정립 문제이다. 북미 양측이 제네바 회담으로 핵문제를 일단락하고 군부 간 접촉부터 시작한 것은 북미관계의 기본 성격 때문이다. 북미관계의 본질은 군사관계다. 한국전쟁이 아직 끝나지 않았기 때문이다. 즉 1953년 휴전협정으로 휴전 내지 정전이 된 것이지 종전이 된 것은 아니다. 따라서 군사적 적대관계가 아직 해소되지 않았다. 양국이 관계를 맺으려면 이 군사관계를 어떻게 처리할 건가부터 짚고 가지 않으면 안 된다.

미국은 베트남과의 관계 개선 때에도 MIA 문제부터 시작했다. 북한에 대해서도 군사문제이자 인도주의적인 문제인 MIA 문제부터 시작해 북한의 미사일 수출 문제로 넓혀갈 계획이었다. 북한 지도부는 개방에 대해 저항세력인 군부를 미국 군부와 직접 접촉하게 함으로써 개방 과정에서 군부의 역할과 이권을 스스로 찾아 나가도록 했다. 양측 군부 접촉이 발전해 95년 11월 말 평양에서 전직 미군 장성과 북한군 장성간에 장성급 접촉이 비밀리에 이루어지기도 했다.

워싱턴에서는 95년 말부터 북한에 대한 압박 일변도 정책을 지양하고 북한을 국제무대에 연착륙시키는 쪽으로 정책방향이 모아졌다. 미국이 베트남과 거둔 성공적인 외교 사례를 북한에 적용하기 시작한 것이다. 미국과 베트남은 91년 11월 국교 정상화 교섭을 시작한 이후 92년 12월 미국의 임시 연락사무소가 베트남에 개설되고 93년 7월 미국의 부분적인 엠바고 해제, 94년 2월 전면적인 경제 제재 해제에 이어 95년 7월 양국 국교가 정상화되기에 이르렀다. 베트남 외교에서의 성공 모델이 이 시기 대북 정책 전환에도 영향을 미쳤다고 할 수 있는 것이다.

한미 공조인가 미일 공조인가.

미국이 북한을 국제사회에 연착륙시킨다는 것은 내용적으로는 북한의 시장경제 전환을 돕는 것이다. 미국은 북한의 시장경제 전환이야말로 북한을 중국으로부터 떼어놓는 가장 확실한 방책이라 여겼다. 그러려면 파트너가 필요했다. 미국이 혼자 다 할 수는 없었기 때문이다. 더군다나 94년 11월의 중간선거에서 공화당이 상하 양원을 모두 장악하면서 클린턴 정부의 대북 포용정책은 미 의회로부터 심한 견제를 받았다. 예산상의 압박도 컸다. 미국은 북한과 교섭해 방향을 주도할 수는 있지만 비용을 내서 뭔가를 할 수는 없었다.

미국은 북한 연착륙 정책에 한국이 파트너로 함께 하길 바랐다. 그런데 그 과정이 쉽지 않았다. 당시 김영삼 정부는 북한이 대화에 응하지 않자 북미관계에 남북대화를 끼어 넣기에만 골몰할 뿐이었다. 김영삼 정부는 한미공조 보다는 중국이나 제3국을 통해 북한과 직접 접촉하는 것을 선호했다.

96년 이후부터 미국 측에서 한국이 그렇게 나오면 일본하고 공조해서 북한에 진출하는 게 낫겠다는 얘기가 흘러나왔다. 실제로 97년 8월21일 북경에서 이뤄진 북일 수교 교섭은 미국이 막후에서 주선해 열렸다는 얘기도 있었다.(97년 10월2일자, "미국은 왜 북일 수교회담을 주선했는가")

북한의 체제전환 시도와 북일관계

미국이 한국을 대북 정책 파트너로 했다 해도 북한이 받아들였을 지는 별개의 문제다. 서독처럼 정치세력 교체에도 불구하고 노태우 정부 말기의 남북 협력관계가 계속 이어졌다면 가능했을 것이다. 유감스럽게도 한국의 정치세력들은 서독과 같은 안목이 없었다. 남북관계는 국내정치에 좌우됐다.

남쪽의 정책이 바뀌면 북도 똑같이 대응했다. 노태우 정부 후반기 대북 강경책으로 돌아서자 당장 그해 말인 92년 12월 최고인민회의를 앞두고, 남북대화를 이끌었던 연형묵 총리를 경질해버렸다. 김영삼 정부 첫해인 93년에도 남북대결 상황이 계속되자 다시 그해 12월 최고인민회의에서 김용순 김달현 윤기복 등 남북 대화파를 다 경질해버렸다. 남쪽에 대화파 정권이 등장하면 북쪽도 대화파가 전진 배치되지만 대북 강경파가 득세하면 북쪽도 대남 강경파가 득세하는 것이다.

김영삼 정부 시절 북쪽의 통미봉남 정책이 그냥 나온 것이 아니다. 대남 대화파들이 권력의 전면에서 사라졌기 때문에 북한 권력 내에 남쪽과 대화하자고 할 인물이 아예 존재하질 않았던 것이다. 남쪽이 아무리 미국의 힘을 빌어 북한을 특사교환이든 4자회담이든 협상 테이블에 끌어내도 국내정치적인 의미 외에는 남북관계 개선으로 이어질 수가 없었던 것이다. 95년 6월의 쌀 회담 경우에는 쌀 주고 뺨 맞고를 반복하기도 했다.

북한도 체제 전환의 필요성을 강력하게 느끼고 있었다. 이를 위한 조사 연구와 이론적인 준비는 이미 상당한 수준에 이르렀다. 89년 소련 동유럽 사태 당시 이미 김정일 비서 주관 하에 김일성대학 김수용 교수를 좌장으로 하는 경제 브레인 팀이 조직됐다. 이들이 전 세계 경제특구 40여 군데를 조사해 나온 결과가 나진선봉 자유경제무역지대였다.

북한이 나진 선봉 특구의 파트너로 삼은 것은 남한이 아니라 일본이었다. 91년 12월28일 '정무원결정 74호'를 통해 함경북도 나진시의 14개 동·리와 선봉군의 10개 리를 포함하는 621㎢의 지역을 '자유경제무역지대'로 선포했지만 94년 제네바 회담까지는 핵문제로 인해 제대로 진행이 안됐다. 제네바 회담이 타결되면서 북한이 본격적으로 접촉하기 시작한 게 바로 일본 종합상사들이었다.

나진 선봉 특구 성공 시한으로 95년부터 3년의 시한을 받아든 북한 개방파들에게는 100억 달러 정도의 북일 수교자금을 들고 있는 일본이야말로 그 상황에서 선택할 수 있는 최선의 선택지였을 것이다.

　노태우 정부 시절 북방정책으로 우리가 소련 중국과 국교정상화를 이뤄 외교적으로 승리했다면 북한과 미국 일본 관계가 본격화됐던 김영삼 정부 시기는 비록 국교정상화까지는 가지 못했지만 북한이 외교적으로 반격한 시기라 할 수 있다. 남북한이 서로 한 번씩 주고받은 셈이다. 한편으로는 냉전 반세기 동안 잠들어 있던 한반도 주변 열강들의 데뷔 무대가 한번씩 돌아가면서 치뤄진 셈이기도 했다.

제1장 1차 핵 위기와 북미 제네바 합의(1993~1994)

김영삼 정부가 출범한 93년 2월 필자는 사회부와 기획특집부를 돌고 있었다. 그러다 김영삼 정부 초기 북한의 NPT(핵확산금지조약) 탈퇴 선언(3월 12일) 등으로 긴장국면을 겪다가 6월 들어 뉴욕에서 북미 고위급 회담이 개최되는 등의 대 반전이 일어나자 일시적으로 한반도 취재에 긴급 투입됐다. 그렇게 해서 쓰게 된 기사가 93년 7월12일자 경수로 관련 기사였다. 갑작스럽게 투입돼 쓴 기사지만 이 기사는 필자의 오랜 기자 생활 중 대표적인 기사의 하나가 되었다. 북한과 미국의 오랜 핵 협상 역사에서 북한이 미국의 경수로 지원과 영변의 핵 시설을 맞바꿀 수 있다는 생각을 처음으로 공식 제시한 순간을 단독으로 보도했고 <로이터 통신> 등 타 매체에서 인용 보도하기까지 했다. 북미 협상의 첫 장면에서 앞으로의 북핵 협상을 좌우할 중요한 특종 보도를 한 셈이니 한반도 기자로서의 필자의 운명이 거기서부터 시작된 것인지도 모른다.

이 기사에는 숨겨진 에피소드가 있다. 지금은 고인이 되신 정부 당국자 중 한 분이 93년 6월 뉴욕에서 열린 북미 고위급 회담 직후 관련 내용을 필자에게 귀띔했다. 그와는 그보다 2년 전인 91년에 북한이 핵 개발 대신 경수로를 협상 카드로 제시할지도 모른다는 얘기를 주고 받은 적이 있다.

91년 10월 북한 김일성 주석이 중국을 방문했을 때 중국의 최고 권력 실세인 등소평이 핵 개발을 말리면서 차라리 미국에게 경수로 발전소를 지어달라고 요구하라고 권유했다는 정보가 입수됐다는 것이었다. 2년 만에 그를 다시 찾았을 때 바로 뉴욕 회담에서 나온 얘기라며 강석주의 얘기를 전해주었다. 2년 전에는 소설처럼 아득해 보였던 얘기가 현실이 되어 나타난 셈이다. 그때 그가 필자에게 전한 말은 "강석주가 갈루치에게 미국이 경수로를 제공하면 영변 핵 재처리 시설을 '멜트 다운'하겠다고 제안했다는 얘기가 있다"는 딱 한마디였다. 그 한 마디를 단서로 해서 쓴 것이 아래의 기사다.

북한, 핵포기 대가로 미 원전 기술 요구

(1993.7.12)

뉴욕에서 열린 북미 고위급회담(북미 제1단계 고위급회담 6.2-6.11 뉴욕에서 개최됐다, 북한의 NPT탈퇴유보. 남북한 비핵화공동선언 지지. 미국의 대미 핵 불사용 및 무력 불위협 보장 등을 내용으로 한 공동성명이 발표됐다) 석상에서 북한의 강석주 외교부 부부장이 미국의 로버트 갈루치 국무부 차관보에게 영변 핵재처리 시설의 존폐와 관련해 획기적 제안을 하였음이 취재 결과 밝혀졌다.

국내외 소식통에 따르면 강석주 대표는 갈루치 미국 대표에게 "만약 미국이 경수로원자로 기술을 북한에 제공할 경우 북한은 영변의 핵재처리 시설을 녹여 없애겠다(melt down)"는 내용의 제안을 했다고 한다. 북한 대표의 이같은 제안에 대해 미국 대표는 "명백하게 답변하지는 않았다"고 소식통들은 전했다. 그러나 대다수 국내외 전문가들은 앞으로 북미 회담이 순조롭게 진행된다면 미국 측이 이 제안을 수용할 가능성이 매우 높은 것으로 내다보고 있다. 이 경우 북한의 핵을 둘러싼 한반도 핵 정세는 전혀 새로운 국면을 맞게 될 것으로 보인다.

경수로원자로 기술과 영변의 핵재처리 시설을 맞바꾸겠다는 취지의 발언은 이미 지난해 초부터 북한 당국자에 의해 간간히 언급된 바 있다. 그러나 북한 대표가 미국 대표를 맞대면해 직접 제기한 것은 이번이 처음이라는 데 큰 의미가 있다. 또한 지난해에는 북한 핵을 둘러싼 내외정세가 상당히 이완된 상황이었던 데 비해 핵확산금지조약(NPT) 탈퇴 이후 북한 핵에 대한 긴장감이 어느 때보다 높아진 상황에서 북한 대표가 핵재처리 시설을 녹여 없애겠다는 강력한 표현을 사용했다는 점은 주목할 만한 가치가 있다.

북한 대표로부터 이런 제안이 나왔다는 소식은 그동안 극소수 정부 관계자들 사이에 소문으로만 은밀하게 떠돌았다. 최근 정부 내의 신뢰할 만한 한 소식통으로부터 이런 정보를 입수한 직후 북미 회담 주무 부서인 외무부 관계자와 미국 정부 소식에 밝은 서방측 소식통을 통해 이런 제안이 실제 있었다는 사실을 확인했다. 외무부 담당 실무자는 "북미 회담 내용은 현재로서는 매우 민감한 사항이기 때문에 개인적으로는 확인해줄 수 없다. 그러나 취재 내용은 정확하다"라고 말함으로써 이같은 내용이 사실임을 간접 시인했다.

6월10일 비공개 토론서 밝힌 듯

북한 대표가 이런 제안을 할 당시의 분위기와 미국측의 반응에 대한 더 상세한 내용은 서방 소식통으로부터 확인할 수 있었다. 그는 북한 대표의 제안이 언제 어디에서 이루어졌는지는 분명치 않으나 서로의 속마음을 털어놓는 '비공개 토론 형식(off the record discussion of what each other wants)'으로 이루어졌다고 밝혔다. 6월2일부터 6월11일까지 뉴욕에서 열린 북미 제1단계 고위급 회담 기간 중 네 차례 열린 회담에서 양측 대표가 비로소 흉금을 털어놓고 대화를 시작한 것은 6월10일 3차 회담 때였다. 이 회담은 당시 유엔 주재 미국 대표부 주변의 유엔 플라자 호텔에서 있었던 양측 대표의 단독 오찬 회동 형식으로 이뤄졌다. 이 점을 감안하면 북한 대표의 제안도 바로 이 자리에서 나왔을 가능성이 매우 높다.

소식통에 따르면 당시 북한 대표는 이 문제를 제기는 했으나 강력히 요구하지는 않았다고 한다. 그것은 아직 회담 진척 단계가 이 문제를 본격 거론할 상황이 아니라는 '현명한 고려'에 의한 것이라고 그는 보고 있다. 북한측에서 이 문제를 요구 조건으로 제기하지는 않았기 때문에 미국측도 이에 대해 명백한 답변은 하지 않았다. 그러나 이 소식통은 "만약 핵사찰 문제를 포함한 여러 가지 현안 논의에 진전이 이루어지고, 북한이 이를 남북 핵통제위원회나 경제교류위원회 내의 과학기술 교류협정 등 정상적인 통로를 통해 요구해 올 경우 미국은 도움을 줄 용의가 있는 것 같다"고 말했다.

북미 회담에서 나온 북한측 대표의 이러한 제안은 현재 우리 정부 내에 미묘한 파장을 불러일으키고 있다. 이 문제가 미국이나 북한 양국 대표 사이에 본격 거론되기에 시기상조라는 점에서는 대체로 비슷한 입장이다. 특히 주무 부서인 외무부는 이 문제를 본격 거론할 경우 북한 핵 문제에 대한 접근 시각을 근본적으로 뒤

흔들 수도 있다는 점에서 아직은 논의 자체를 우려하는 입장이다.

외무부 담당 실무자는 "북한 대표의 발언은 북한이 진정으로 발전용 원자로를 원하고 있다고 볼 수도 있고, 영변의 핵재처리 시설에 대한 국제사회의 압력을 회피하기 위한 연막용으로 볼 수도 있다. 어쨌든 지금 단계로서는 실현하기 어려운 대단히 비현실적인 제안이다"라고 말했다.

반면 통일원이나 다수의 핵 공학자들은 앞으로 북미 회담이 건설적인 방향으로 진행될 경우 결국에는 경수로원자로 기술 이전 문제가 실질적인 논의의 핵심이 될 수 있다고 보고, 정부도 이에 대한 대비책을 세워두어야 한다고 지적한다. 잠시 서울을 방문한 미국 이스턴켄터키 대학 곽태환 교수(국제정치학)는 "북미 회담이 진전될수록 북한의 핵 카드는 효력을 상실하게 된다. 따라서 막바지에 북한은 핵 카드를 포기하는 대신 전력난을 극복하기 위해 절박하게 필요로 하고 있는 경수로원자로 기술 이전을 강력하게 요구하게 될 것이다"라고 말했다. 통일원의 한 관계자도 "북한 대표가 이 문제를 거론함으로써 북한이 이번 회담에서 궁극적으로 얻고자 하는 것이 무엇인지 명백해졌다. 북한 핵 카드의 궁극적 목표는 경수로원자로이다"라고 지적했다.

심각한 전력난에 빠져 있는 북한은 난국을 타개하는 가장 손쉬운 방법으로 원자력 발전소 건설을 추진해왔다. 그러나 소련의 지원 아래 추진되던 신포 원자력발전소 건설 계획이 지난 89년 소련의 지원중단으로 무산되면서 북한의 원전 건설 계획은 심각한 차질을 빚어왔다. 당시 북한의 계획으로는 함경북도 신포 해변가에 440MW급 경수로원자로 4기를 지어 북한 전체 전력 공급의 약 15% 정도를 담당하게 하는 것이었다. 그러나 고르바초프가 등장한 후 소련이 내부 사정을 이유로 들어 기술지원을 중단함에 따라 이같은 계획은 큰 타격을 받았다. 한 소식통은 평화의 댐 건설의 빌미가 되었던 북한의 금강산댐 건설계획이 갑자기 강행된 것도 신포 원전 계획이 무산된 것과 깊은 관계가 있다고 말했다.

원자로 개발했으나 안전성 문제 심각

원자력발전소는 한번 지어 놓으면 운영 비용이 싸게 먹힌다는 이점이 있으나, 초기 투자 비용이 1기당 약 10억달러 정도 소요되기 때문에 북한이 자력으로 짓기는 어렵다. 세계적으로도 이 정도의 엄청난 비용을 한꺼번에 투자할 수 있는 나라는 미국과 일본밖에 없는 실정이다. 핵확산금지조약 탈퇴 문제로 상황이 악화되기 이전인 지난해 북한은 특히 미국을 겨냥해 경수로원자로 기술을 제공하면 재처리 시설을 포기하겠다는 발언을 수차례 했다. 한국, 미국, 일본 등 관계국도 이에 대해 긍정적인 반응을 보이기도 했다.

몇몇 국내 전문가들은 지난해와 달리 미국과 북한만으로 협상 테이블이 좁혀진 상황에서 남한을 배제한 채 양국 사이에 이런 거래가 이루어질지 모른다며 우려를 표시하고 있기도 하다. 북미 간 대화가 성공적으로 진행될 경우 미국으로서도 북한의 제의를 거부할 이유가 전혀 없다는 것이 이들의 공통된 지적이다.

경수로원자로는 플루토늄을 생산하기 쉬운 중수로원자로와는 달리 발전용으로만 사용되는 상업용원자로이다. 따라서 냉전시대에도 동서 양측은 몇몇 핵심 기술을 제외하고는 상대방진영에 이 원자로를 판매하는 데 대해 별다른 제한을 두지 않았었다. 따라서 현재 원자력 산업이 사양산업화하다시피 한 미국 입장에서 볼 때 북한이 이런 제안을 구체적으로 제기할 경우 끝까지 마다할 까닭이 없다는 것이다.

북미 대화에서 경수로원자로에 대한 협상이 진행될 것에 대비해 현재 정부 일각에서는 아직은 구상 단계이나 대비책을 강구하려는 움직임도 나타나고 있다. 즉 앞날을 대비해 한발 걸쳐둘 필요가 있다는 생각이다. "한국 기업들이 토목기술을 제공하고 일본이 발전용 설비를, 그리고 미국이 자금을 지원하는 국제적인 컨소시엄을 구축하는 것이 바람직하다"라는 견해도 제시되고 있다.

북한에 대한 원전기술 지원 문제를 한국정부가 주도해야 한다는 이들의 주장은 단기적인 실리 추구에만 근거한 것은 아니다. 원전기술 지원이 북한으로 하여금 핵개발 의도를 포기하게 하는 가장 최선의 방법이고, 궁극적으로는 남북간 핵에너지의 평화적 이용을 위한 발판을 구축하는 계기가 될 수도 있기 때문이다. 현재 북한이 소유하고 있는 몇 기의 연구용 원자로들은 우선 안전성 측면에서 커다란 위험 요인을 갖고 있는 것으로 밝혀졌다. 프랑스의 구식 원자로와 체르노빌 사태를 불러온 소련형 원자로를 자체 개발한 기술로 조금씩 개조하는 과정에서 안전성 문제가 심각하게 대두되고 있는 것이다. 핵 공학자들 사이에서 시급하게 개선해야 할 사항으로 지적되는 것이 바로 북한 원자로의 안전성을 보완하기 위한 기술 제공이다. 기술 교류가 이루어지면 북한의 핵 관련 기술 수준이 거의 파악돼 핵의 투명성이 보장되기 때문에 구태여 핵사찰을 따로 할 필요도 없게 된다.

또 남북간 핵에너지의 평화적 교류는 분단 상황에서 왜곡된 남북한의 에너지 수급 구조를 보완하는 가장 현실적인 방안으로 지적되고 있다. 북한에 비해 석탄이나 수력이 부족한 남한은 에너지의 대부분을 석유와 원자력 발전에 의존함으로써 극심한 대외 의존형 수급 구조를 보이고 있다. 자력갱생 원칙 아래 수력과 화력에 의존하고 있는 북한은 공업화의 진전으로 에너지 공급에 한계를 느끼고 있다. 이러한 양측의 기형적인 에너지 구조를 보완하기 위한 방안으로, 그동안 핵공학자들 사이에서는 비무장지대에 원자력발전소를 건설해 남북한이 공동으로 이용하는 방안, 또는 여름에는 수량이 풍부해 전력이 남는 북한에서 전력을 빌려오고 겨울에는 다시 되갚는 방안 등이 제시되기도 했다. 서울대 원자핵공학과의 이은철 교수는 "남북한간 에너지 구조를 상호보완하기 위한 토대를 마련하기 위해서라도 북한에 원자력발전소 기술을 제공하는 것은 필요한 일이다"라고 주장한다.

정부 소식통에 따르면, 북한이 경수로원자로에 관한 서방측 기술 도입에 관심을 갖기 시작한 것은 신포 원자력발전소 건설계획이 무산된 뒤 중국 정부의 강력한 권유에 의한 것으로 알려지고 있다. 91년 10월4일부터 13일까지 김일성 주석이 중국을 방문했을 당시 중국이 핵무기를 포기하는 대가로 서방측의 원전기술 지원을 주선하겠다고 제의했다는 것이다. 당시 이같은 소식은 미국의 세계적 원전 회사를 통해 미국 정부에 알려졌고, 국내 모 재벌 총수를 통해 우리 정부에도 알려졌다.

91년 말에서 92년 초에 걸친 이 시기는 남북한 핵문제에 있어 중대한 국면 전환이 일어난 시기이기도 하다. 91년 9월 부시 대통령의 남한 핵무기 철거 선언, 91년 12월31일 남북비핵화공동선언, 92년 2월25일 비핵화공동선언 발효 등 획기적인 조처들이 잇달아 이루어졌다. 이 시기에 국내외 전문가들 사이에는 북한이 핵무기 개발을 포기했다는 견해가 유력하게 제기되기도 했다. 6공화국 당시 정부의 통일정책 수립에 깊이 관여했던 북한 전직 고위 관료는 "91년 말까지는 북한이 핵무기 개발을 시도해왔으나 이때를 지나면서 핵무기 개발 의지를 포기한 것으로 당시 분석했다"라고 말했다.

정부, 한때 기술제공 긍정검토

92년 들어 북한은 전례가 없을 정도로 대대적인 핵 평화 공세를 펼쳤다. 92년 4월 북한은 그동안 질질 끌어오던 핵확산금지조약 가입을 선언했고 뒤이어 국제원자력기구(IAEA) 사찰단을 받아들이는 등 그동안 의혹의 대상이 됐던 핵시설을 서방측에 공개하기 시작했다.

미국이나 일본 등 서방측이 북한에 경수로원자로 기술을 제공하면 영변의 핵재처리 시설을 포기하겠다는 북한 당국자의 발언이 쏟아지기 시작한 것도 바로 이 무렵이다. 지난해 4월 김일성 주석은 <워싱턴 타임스>와의 회견에서 "미국이 경수로원자로 기술을 제공하면 북한은 미국의 핵 의혹을 말끔히 씻어주겠다"라고 발언했고, 같은 달 통일교 문선명 교주가 이끄는 세계평화정상회의 대표단과 만난 자리에서는 신포 원자력발전소를 백지화했다고 설명하면서 "앞으로 신포 원전을 포함한 5~7개의 원전을 서방의 기술 지원을 얻어 건설하겠다"라고 밝혔다.

김주석의 발언을 필두로 5월에는 북한을 공식 방문한 한스 블릭스 국제원자력기구 사무총장에게 북한 당국자가 이 문제를 다시 공식 제의했고, 6월10일 리 철 제네바 국제기구 대사의 발언, 7월에 남한을 방문한 김달현 정무원 부총리의 비공식적인 제안 등 비슷한 제안이 쏟아졌다.

당시 북한의 일관된 제안에 대해 한국 정부나 미국 정부에서도 이를 긍정적으로 검토한 흔적이 엿보인다. 92년 6월11일 공로명 핵통제위원회 위원장이 주재하고 외무.국방.통일원 관계자가 참석한 정부대책회의에서는 "북한의 핵재처리 시설 포기 의사가 명백하다면 우리측이 원자력 기술을 제공하지 못할 이유가 없다"고 화답하기도 했다. 또 비슷한 시기에 리처드 솔로몬 미 국무부 동아시아.태평양 담당차관보는 "북한이 핵무기 개발에 대한 서방측의 우려를 해소하기위해 원자력발전 연료를 플루토늄에서 우라늄으로 대체해도 좋다"며 "미국은 북한의 이런 전향적인 자세에 만족하고 있다"라고 밝혔다.

경수로원자로 기술을 둘러싼 남북, 북미 간의 교감은 국제원자력기구의 특별사찰 강행과 북한의 핵확산금지조약 탈퇴라는 초강수 맞대응으로 한 순간에 사라지고 말았다. 그러나 지금 되살아나고 있다.

※1차 북핵 위기와 경수로 문제

93년 6월의 북미 1단계 고위급 회담에 대해 이해하려면 그 이전에 간략하게라도 1차 북핵 위기에 대해 짚고 넘어가지 않으면 안된다. 북한이 소련의 종용에 의해 1985년 NPT(핵확산방지조약)에 가입한 사실은 많이 알려졌다. 어느 나라든 NPT 회원국이 되면 180일 이내에 국제원자력기구(IAEA)와 핵안전조치협정(Safeguard Agreement)을 체결해야 한다. 이 과정은 IAEA와 협상을 통해서 이루어지는데 IAEA 규정에 따르면 18개월 이내 협상이 끝나고 협정이 발효까지 돼야 한다. 또 이렇게 IAEA와 핵안전조치협정을 체결한 나라는 자국의 모든 핵 관련 시설 현황에 대한 최종 보고서를 작성해 제출하여야 한다.

북한은 85년 NPT 가입 이후로도 8년간 IAEA와의 핵안전조치협정 체결에 응하지 않았다. 그러다 미국의 부시 정부가 91년 9월 전 세계 배치된 미국 전술핵을 철거한다고 선언한 것을 계기로 남한에 배치된 주한미군 핵도 철거되자 남북간에 비핵화 협상에 응하기 시작했다. 92년 1월20일 남북 비핵화공동선언에 서명하고 같은 달인 92년 1월 드디어 IAEA와 핵안전조치협정에 서명하기에 이르렀다. 그리고 IAEA의 규정에 따라 92년 4월 북한이 보유한 핵 시설 목록에 대한 보고서를 IAEA에 제출했다.

회원국이 자국의 핵 시설 목록을 제출하면 IAEA는 사찰을 통해 신고 내용의 진위 여부를 확인한다. 북한에 대해서는 92년 5월부터 93년 1월까지 모두 6차례에 걸쳐 사찰을 실시했다. 이 과정에서 크게 두 가지 문제가 불거졌다. 첫번째는 북한이 신고한 내용과 IAEA가 사찰한 내용 사이에 불일치한 점이 발견되면서 의혹이 제기된 것이다. 이로부터 북한이 90년 3월부터 5월 사이에 플루토늄 재처리 시설을 시험 가동해 핵 물질을 추출했다는 의혹이 제기됐다. 두번째는 IAEA가 사찰 활동을 벌이는 동안 북한이 영변 핵 단지에 지하 핵폐기물 저장소를 비밀리에 건설하고 가동하는 장면이 미국 인공위성을 통해 포착됐다는 것이다. IAEA는 이 두개의 의심 시설에 대해 특별사찰을 요구했으나 북한은 이를 '부당한 주권 침해'라고 주장하며 거부했다.

북한과 IAEA 사이에 특별사찰 문제를 둘러싸고 갈등이 불거지고 있는 와중에 남북 간에도 문제가 발생했다. 92년 9월 8차 남북 고위급 회담이 훈령 조작 사건으로 인해 결렬된 것이다. 그리고는 10월에 안기부에 의해 간첩단 사건이 대대적으로 발표됐고 동시에 워싱턴에서 열린 제24차 한미연례안보 협의회에서 93년 봄에 팀스피리트 훈련을 재개한다는 방침이 결정됐다.

북한으로서는 소련 동유럽 붕괴 이후 국제 사회에 평화롭게 진입하기 위한 첫 번째 노력이 좌절을 맞은 셈이었다. 북한은 거세게 반발했다. 이듬해인 93년 1월29일 남북대화 중단을 선언했고 3월12일에는 팀스피리트 훈련 재개와 IAEA의 특별사찰 결의를 비난하면서 핵확산금지조약(NPT) 탈퇴를 선언했다. NPT를 최종 탈퇴하기 까지는 탈퇴 선언 이후 90일이라는 시간적 여유가 있었다.

북한이 NPT 탈퇴 선언을 철회토록 하기 위해 한미 양국이 설득 작업에 들어갔다. 그 와중에 열린 것이 93년 6월 미·북 고위급 1단계 회담인 것이다. 로버트 갈루치 미 국무부 정치군사 담당 차관보와 강석주 북한 외교부(현재의 외무성) 제1부부장을 대표로 한 이 회담에서 강석주 부부장이 북한의 영변 핵시설과 미국의 경수로 발전소 제공을 맞바꾸자는 문제의 제안을 한 것이다.

당시 국내 언론은 제네바에서 열린 북미 제2단계 고위급 회담에서 북한이 경수로원자로 공급을 요구하고 미국이 이에 화답하는 동안에도 이 상황을 제대로 이해하지 못했다. 북한이 회담 막판에 이 문제를 들고 나와 미국에 생떼를 써 미국 대표가 크게 당황하고 있는 것처럼 보도하는 매체도 있었다. 그러나 당시 미국 측은 북한이 핵안전협정의 요건을 충족하면 경수로 기술을 획득할 수 있는 방법을 기꺼이 찾아보겠다라고 동의를 표했다. 그리고 실제로 북한의 핵동결과 미국의 경수로 제공을 맞바꾸는 빅딜이 1년 후인 94년 10월 제네바에서 이뤄졌다. 즉 역사적인 제네바 회담으로 이어지는 교두보가 바로 이때 마련된 것이다. 아래 기사는 경수로 협상 관련 후속 기사다.

경수로는 미국 성문 부수는 '쇠망치'이자 북한 변화 이끄는 '트로이 목마'
(1993.8.12)

제네바에서 열린 북미 제2단계 고위급 회담(7.14-7.19 합의내용: 북한의 IAEA사찰협의 수용. 남북회담의 조속한 재개. 북한 흑연감속로를 경수로로 전환하는 데 미국이 지원할 용의 표명)에서 북한 대표가 경수로 원자로 문제를 거론했다는 소식이 전해지자 국내 일부 언론은 매우 신경질적인 반응을 보였다. 어떤 매체는 회담의 마무리 단계에 북한이 이 문제를 들고 나와 미국에 생떼를 쓰고 있는 양 표현하기도 했다. 정도의 차이는 있으나 대부분의 국내 언론은 이 문제가 회담 막바지에 돌출해 미국 대표가 크게 당황하고 있는 것처럼 보도하기도 했다.

그러나 북미 간의 회담에서 경수로 기술에 대한 문제는 국내 언론이 보도한 바와 같이 제네바 회담에서 돌출한 사안은 아니다. 지난 7월15일자에서 보도한 대로 이 문제는 이미 지난 6월12일 뉴욕에서 열린 북미 제1단계 3차 회담에서 북한 대표가 제기한 사안이다. 따라서 제네바 회담에서 이 문제가 갑자기 나와 회담이 난관에 봉착한 듯이 묘사한 국내 언론의 보도는 정확하다고 볼 수 없다.

또한 당시 이 문제를 둘러싼 제네바 회담의 분위기도 국내 언론이 보도한 것과는 상당히 차이가 있었던 것으로 보인다. 이같은 사실은 최근 한반도 핵 문제에 관한 세계적 권위자인 오스트레일리아의 피터 헤이즈씨가 보내온 양측 대표의 대화 내용에서도 확인할 수 있다.

그에 따르면 북한 대표가 이 문제를 제기한 것은 7월16일로, 14일부터 시작된 제네바 회담의 현안 토론이 거의 마무리 단계에 들어가던 시점이었다. 북한 대표는 미국 대표에게 "매우 새롭고 대담한 제안(a brand new bold idea)을 하겠다"라며 다음과 같은 요지의 발언을 했다(다음은 피터 헤이즈가 미국 정부 소식통을 통해 입수한 당시 회담 내용을 양측 대표의 발언 형식으로 재구성한 것이다).

북한 대표 : 북한 핵 문제의 근원은 북한이 외부 세계의 지원을 받을 수 없는 상황에서 낮은 기술 수준으로도 가능한 흑연감속로형 원자로 방식을 채택했던 데서 비롯한 것이다. 따라서 이 문제에 대한 유일한 해결 방법은 북한이 기존의 흑연감속로형 원자로 대신 경수로형 원자로를 채택하도록 하는 것이다.

미국 대표 : (즉각적으로)동의한다. 북한이 핵안전협정과 관련한 시급한 현안을 해결한다면 미국은 북한이 경수로 기술을 획득할 수 있는 방법을 기꺼이 찾아보겠다. 그러나 북한측이 명심해야 할 일이 있다. 원자로는 미국 정부가 아니라 민간 기업들이 판매한다는 사실이다. 북한은 이 기업들에 대한 자금 지급 방법을 미리 마련해 두어야 할 것이다.

북한 대표 : 경수로 기술을 지원받기 위해서는 궁극적으로 미신고 시설에 대한 접근 문제를 포함해 핵안전협정을 점진적으로 준수하는 것이 최선의 길임을 우리도 알고 있다.

미국 대표 : 이 문제와 관련한 실질적인 토론은 북한이 핵안전협정에 동의한 후에 이루어질 수 있다.

미국측이 제시한 조건 충족 가능할 듯

이같은 대화 내용으로 미루어 볼 때 당시 미국은 경수로 기술에 대한 북한의 지원 요구에 대해서는 적극 찬성하는 입장을 보였으나, 단지 이러한 문제가 실질적으로 토의되기 위해서는 조건의 성숙이 필요하다는 점, 그리고 갈루치 차관보가 7월19일 기자회견에서 말한 바와 같이 미국 정부 내에서 기술지원과 관련한 법적·

재정적 문제가 수반될 수 있다는 점을 강조한 것으로 보인다. 즉 일부 언론이 지적한 것처럼 경수로 기술 이진 자체가 북미 회담의 걸림돌은 아니었던 것이다.

물론 미국이 북한의 요구 사항에 원칙적으로 동의했다 해서 경수로 기술 이전이 단시일 내에 이루어질 것으로 보이지는 않는다. 미국이 북한과의 대화 과정에서 제기했던 문제들이 여전히 남아 있기 때문이다. 첫 번째 조건의 성숙과 관련해 미국은 이 문제를 본격적으로 다루기 위해서는 북한이 그동안 중단됐던 국제원자력기구와의 국제사찰 문제, 그리고 남북한 간의 상호핵사찰 문제 등에 대해 앞으로 2개월 내에 성의있는 자세를 표명해야 한다는 점을 분명히 못박고 있다.

그런데 지난 7월20일자 <연합통신> 보도에 따르면 미국측이 요구하고 있는 이러한 조건이 충족되는 것은 그리 어렵지 않을 것으로 보인다. <연합통신>은 정부 고위당국자의 말을 인용 '미국과 북한 간에는 북한이 어떠한 형태로든 핵사찰을 받아들이겠다는 막후 합의가 있었으며, 한국과 미국 두 나라 정부는 북한의 체면을 고려해 이 합의 내용을 공동성명에는 싣지 않기로 한 바 있다'고 지적했다. 만약 이 보도 내용이 사실이라면 미국이 제시한 조건은 어렵지 않게 충족될 수 있을 것으로 예상된다.

그 이후에는 결국 미국이 국교가 수립돼 있지 않은 북한과 이 문제를 논의하는 과정에서 제기되는 법적 절차와 재정 문제가 남게 된다. 법적인 문제와 관련해 미국은 '대공산권 수출통제위원회(코콤)'의 규정 및 적성국가와의 교역을 제한하고 있는 국내법 규정 등으로 인해 북한과의 직접 교섭에 어려움을 느끼고 있는 것으로 보인다.

이런 사정 때문에 미국은 현재 남북한 간의 대화 통로나 북한·러시아 간의 통로를 이용해 북한이 이 문제를 제기해 오면 미국이 뒤에서 지원하는 방식을 고려하고 있는 것으로 알려졌다. 피터 헤이즈씨는 미국 정부 소식통을 인용해 "미국 정부는 북한이 이 문제를 남한과의 통로나 러시아와의 통로를 통해 제기해 오는 것이 더 적절한 방식이 될 것으로 보고 있다"라고 말했다. 현재 남북한 간에는 남북기본합의서에 따라 핵통제위원회 및 경제교류위원회 내의 과학기술교류 협정 등이 있기 때문에 북한이 이런 통로를 이용해 이 문제를 제기하는 데 큰 어려움이 없을 것이라는 지적이다. 또한 러시아와의 관계에서도 북한은 85년 옛 소련과 '북한의 원자력 건설과 관련한 각서'를 체결한 바 있다. 무산되기는 했지만 옛 소련이 경수로 원자력 발전소 4기를 신포에 건설해 주기로 합의한 바도 있다.

헤이즈씨는 "미국 정부는 북한이 두 개의 통로 중 어떤 것을 택하든 결국에는 미국의 지원이 필수적이라는 점을 잘 알고 있다"라고 말했다. 즉 남북한 간에 경수로 기술지원 문제가 합의된다 해도, 한국이 소유하고 있는 기술의 대부분은 미국이 특허권을 가지고 있다. 따라서 한국은 미국의 동의나 지지가 있어야 북한에 기술을 제공할 수 있다. 또 러시아와 북한은 양국 모두 재정적인 능력이 없어 미국이나 한국 정부가 자금지원에 대한 보증을 해 주어야 한다. 어떤 경로를 취하든 미국의 지지나 동의가 필수적인 상황이다. 통일원의 한 관계자는 "미국이 직접하든 그렇지 않든 북한이 미국을 상대로 이 문제를 제기한 것은 매우 현명한 선택이었다"라고 지적했다.

"경수로는 미국 성문 부수는 쇠망치"

국내 전문가들은 절차 문제 외에도 북한이 필요로 하는 원자로 규모에 맞는 기술을 지원하기 위해서는 한국 기술진의 참여가 반드시 필요한 것으로 보고 있다. 한국전력공사 원자력발전처 이주상 부장은 "현재 북한이 필요로 하는 원자력 발전소 규모는 대개 30~60만kW급이다. 미국 기업들의 입장에서는 이 정도 규모는 이미 낙후한 기술이다. 원자로 크기가 비슷한 한국 기업들이 기술지원에 훨씬 유리할 수밖에 없다"라고 말했다.

전문가들은 법적·기술적·재정적 문제 등을 고려할 때 북한에 대한 경수로 원자로 지원은 "미국·북한·한국·일본이 참여하는 4자 컨소시엄이나 일본이 제외된 3자 컨소시엄의 형식을 취하는 것이 가장 바람직하다"라고 주장한다. 이 경우 재원은 미국 정부나 한국 정부가 보증을 서고, 세계은행(IBRD)이나 아시아개발은행(ADB)이 차관을 제공하는 방식이면 마련할 수 있을 것으로 보인다. 특히 이런 과정에서 북한의 체제 변화를 유도하고 통일 이후에 대비한다는 차원에서 정부가 적극적인 자세를 보일 필요가 있다는 것이 전문가들의 지적이다.

원자로 건설은 국제적인 컨소시엄이 결성된다 해도 짧은 시일에 가능한 문제는 아니다. 대개 원자로 1기를 건설하는데 설계 단계에서부터 10~15년 정도를 잡는

게 일반적인 관례이다. 이런 내용을 잘 알고 있을 북한 당국자들이 이 문제를 본격적으로 제기하고 나선 데에는 원자로 자체에 못지않게 그것을 짓기 위한 국제적인 협의 과정에서 북한이 얻을 수 있는 이익이 많다는 점도 고려했을 것으로 보인다. 마치 북한이 그동안 건설을 추진해왔던 흑연감속로형 원자로가 핵무기 개발용과 발전용이라는 이중적인 성격을 가지고 있었듯이, 북한의 경수로 기술 이전 제안도 다목적 성격을 지니고 있다.

산업적 필요성 외에 경수로 제안이 현재 북한에 가지는 의미는 그것이 곧 북한과 미국, 북한과 국제 사회를 이어주는 연결고리가 될 것이라는 점이다. 헤이즈씨는 "경수로 원자로는 미국이라는 닫혀 있는 성문을 깨부수는 쇠망치(battering ram)이다"라고 말했다. 경수로 원자로 기술 이전을 둘러싼 협의 과정에서 미국의 문호가 개방되면 남북 간의 경제 협력 및 북일 간의 국교정상화 문제에도 가속도가 붙을 수밖에 없게 된다.

한국이나 미국 등 서방세계의 입장에서 보면 북한 체제 변화를 이끌어 낼 '트로이의 목마' 같은 역할을 할 수도 있을 것이다. 천연 우라늄을 핵연료로 사용해 자급자족이 가능했던 흑연감속로형과 달리 경수로 원자로는 북한에서 자급할 수 없는 농축 우라늄을 사용한다. 경수로 원자로가 북한의 핵 투명성을 보장하는 최선의 길이라는 전문가들의 주장은 바로 이 농축 우라늄의 국제적 이동 과정이 철저히 노출될 수밖에 없다는 점에 근거한다. 북한은 앞으로 에너지 수급정책의 핵심이 될 원자로의 핵연료를 외부 세계에 의존하게 된다. 서방 세계는 북한의 닫혀진 빗장을 열 열쇠를 손에 쥐게 되는 것이다.

93년 북미 고위급 회담 시기 긴급하게 한반도 취재에 투입됐던 필자는 다시 기획특집부로 돌아갔다가 이듬해인 94년 3월 국제부 한반도 담당 기자로 복귀했다. 93년 8월 북미 2단계 고위급 회담 관련 기사를 쓴 뒤 약 8개월 만의 복귀인 셈이다. 그 8개월 사이에 또 많은 변화가 있었다. 7월19일의 북미 2단계 고위급 회담 합의는 곧바로 벽에 부딪혔다. 한국이 배제된 채 진행된 북미 간 합의에 대해 김영삼 정부가 반발한 것이다. 김영삼 정부는 남북관계 개선 없이 북미관계의 개선만 이뤄지는 상황은 수용할 수 없다고 강조했다. 그와 동시에 북한의 의심 시설에 대한 완전한 접근을 요구하는 IAEA와 이를 거부하는 북한의 갈등도 심화되었다. 이 문제는 결국 유엔으로 넘어가 1993년 11월 유엔총회는 140 대 1이라는 표차로 북한에 IAEA와 협력할 것을 요구하는 결정을 채택했다.

93년 12월29일 북미 접촉에서 극적인 돌파구가 열렸다. 팀스피리트 훈련 중단, 북한의 기 신고 핵시설에 대한 사찰, 그리고 북미 3단계 고위급 회담 개최 등에 대해 일괄타결이 이뤄졌다. 정부 내에서도 기존의 강경 일변도 정책에서 벗어나야 한다는 목소리가 커지기 시작했다. 이런 분위기 속에서 필자가 국제부 한반도 담당으로 복귀해 쓴 첫 기사가 바로 이 기사다.

정부 대북정책 부드러워진다

(1994.3.3)

작년말 획기적 관계개선 담은 유화책 마련… 상황 따라 단계적 추진

남북관계를 획기적으로 개선하는 것을 주내용으로 하는 대북 유화책이 지난해 연말 정부 당국자들에 의해 마련되었던 것으로 알려졌다. 특히 당시 정부의 유화책은 북한 핵 문제가 발생한 후 강경 일변도로 치달아왔던 데 대한 전면적인 재검토 성격을 띠고 있는 것으로 알려져, 북한과 국제원자력기구 간의 협상 타결 이후 이 방안의 가시화 여부와 관련해 주목된다. 정부의 한 관계자는 이에 대해 "정부는 올해 더 이상 북한 핵 문제로 인해 남북관계가 악화해서는 안된다는 판단 아래 그동안의 대북정책 기조에 대한 전면적인 방향 전환을 시도한 바 있다"라고 밝혔다. 이 관계자는 "그동안 이러한 정부의 대북 관계개선 구상이 북한과 국제 원자력기구 간의 뜻하지 않은 마찰로 잠시 수면 아래 잠복돼 있긴 했지만, 이제 이런 마찰이 해소됨에 따라 앞으로 핵문제 해결 과정을 지켜보면서 점차 표면으로 떠오르게 될 것이다"라고 말했다.

대북정책 전환 내용과 관련해 이 관계자는 "핵문제 이후 정부의 대북정책 기조가 되었던 연계 정책의 고리를 풀겠다는 것과 동시에 그동안 중단됐던 대북 경제 교류를 재개하겠다는 것이 주요 내용"이라고 설명했다. 남북관계 개선의 실질적인 내용들은 지난 92년 2월 발효한 남북기본합의서와 부속합의서에 대부분 들어 있는 만큼, 내용 자체가 새롭다기보다는, 핵문제에 의미있는 진전이 이루어질 경우 단계적으로 대북 유화책을 발표하겠다는 발상의 전환이 이루어졌다는 점이 중요하다는 지적이다. 이 관계자는 또 "문민 정부가 출범한 후 대북정책을 둘러싸고 온건론과 강경론이 있었던 것이 사실이나 올해 들어서는 더 이상 남북관계에 긴장이 지속돼서는 안된다는 데 합의가 이루어지고 있다"라고 밝히기도 했다.

정부 내의 새로운 유화 분위기는 미국과 북한 간의 핵협상 과정에 투영돼 있는 남북간 협상 과정에서 일단 유연한 형태로 가시화할 것으로 보인다. 현재 북한 핵을 둘러싼 핵 담판은 미국과 북한 간의 협상을 주축으로 하되, 당사자주의라는 원칙으로 남북 특사 교환과 남북 상호 핵사찰 문제가 각 단계별 진전의 전제 조건으로 되어 있다. 특사교환과 관련해서는 그동안 세차례 실무회담을 통해 합의서 초안까지 마련한 만큼 몇 군데 자구 수정만 하면 큰 문제가 없을 것으로 정부는 보고 있다. 다만 의제와 관련해 상호 핵사찰과 핵통제위원회 재개를 조건으로 내걸고 있는 우리측 안을 완화하는 문제가 정부 내에서 검토되고 있는 것으로 알려지고 있다.

핵확산금지조약 복귀 확인되면 표면화 할 듯

또한 북미 3단계 회담 이후 실시하게 되어 있는 상호 핵사찰 문제에 대해서도 상당히 유연한 접근 방법이 검토되고 있다고 한다. 지난해 9월 미국측 협상대표인 갈루치 차관보가 한국을 방문했을 때, 상호 핵사찰 형식은 유지하되 실질적인 내용은 북한측 주장을 받아들이는 방안을 비공식 경로로 정부에 제안했다는 사실이 새롭게 밝혀졌다. 이런 방식은 현재 정부가 고려할 수 있는 가장 완만한 수준의 접근 방법이 될 것으로 보인다.

정부의 대북 유화책이 표면으로 떠오르는 시점은 북미 3단계 회담이 이루어지고, 북한의 핵확산금지조약 복귀가 확인되는 순간이 될 것으로 보인다. 이는 빠르면 3월 중에도 가능할 것으로 정부는 보고 있다. 또한 미국과 북한이 4단계 회담을 통해 국교수립을 논의하고, 특사 교환 정례화가 이루어지는 6월께가 되면, 남북정상회담 문제를 포함해 전면적인 대북관계 개선책이 공표될 수 있을 것으로 판단하고 있기도 한다.

지난해 연말 정부 당국자들 사이에 획기적인 대북관계 개선책이 마련됐다는 사실은 다른 경로로도 확인되고 있다. 북한이 국제원자력기구 핵사찰을 수락한 뒤인 지난 2월17일 상공자원부는 기자회견을 통해 "정부는 핵문제가 해결되기 전이라도 의미있는 돌파구가 마련되면 한국 기업인의 방북을 허용하고 소규모 시범사업에 대한 대북투자를 추진할 방침"이라고 밝히면서 이는 이미 지난해 확정 해놓은 것이라고 설명해 이같은 사실을 뒷받침했다. 또 민족통일연구원의 한 관계자도 이같은 내용을 확인하면서 "문민 정부 출범 당시 정부는 남북관계에 대해 상당히 의욕적이었다. 그동안 핵문제로 인해 안보 논리가 우세했었는데, 지난해 연말을 계기로 출범 당시의 기조로 복귀한 것이다"라고 지적했다.

국내 정치 상황·북한 동향과 밀접

정부가 대북 유화책을 마련하게 된 배경에는 몇 가지 주·객관적인 요인이 있었던 것으로 분석되고 있다. 객관적인 요인으로 가장 중요한 것은 지난해 12월29일 북미 간에 있었던 '일괄타결안'(12월30일 북한 외교부는 미·북접촉 관련 기자회견을 통해 아래와 같이 그 내용을 밝혔다. "이번 접촉에서 미국측은 우리에 대한 핵위협제거 조치의 일환으로 T/S훈련 중지의사를 공식 표명하였다. 우리는 이미 신고한 핵시설들을 법적요구에 의한 정기 및 비정기 사찰이 아니라 담보의 연속성 보장에 필요한 사찰을 허용키로 하였다. 이런 진전에 토대하여 제3단계 회담을 열고 미국의 핵위협과 적대시 정책 종식, 조·미 관계 개선, 우리의 핵시설에 대한 IAEA의 정기 및 비정기 사찰의 재개 등을 일괄타결키로 하였다") 형태의 핵문제 타결이었다. 또한 지난해 연말 북한 최고인민위원회의 경제정책 실패 인정, 나진·

선봉 등 경제특구 확대와 경제개방 관련 20여 법안에 대한 재정비 등으로 미루어 보아 북한이 핵무장보다는 경제건설 쪽으로 방향을 틀었다고 판단하게 된 점 등이 꼽히고 있다.

이런 객관적 요인 못지않게 중요한 것은 국내 정치적인 요인이었다. 특히 올해 국정운영의 최대 목표가 경제 회생 및 국제 경쟁력 확보라는 점이 중요한 요인으로 작용한 것으로 알려졌다. 즉 핵문제로 인해 남북관계가 더 이상 악화하면, 우루과이 라운드 협상 이후 가뜩이나 어려워진 경제사정이 악화돼 정부의 국제 경쟁력 확보 노력이 무산될지 모른다는 우려가 강하게 작용했다는 것이다. 이밖에도 몇차례 위기 국면을 겪으면서 그동안의 강경책이 아무런 효과도 거두지 못하고 위기만 심화시켰던 데 대한 자체 반성도 제기된 것으로 알려지고 있다. 정부의 통일정책에 깊이 관여하는 한 관계자는 "최근 정부가 주최하는 각종 대책회의에 참여해 보면 그동안 강경했던 인사들의 입장이 상당히 완화된 것을 피부로 느낄 수 있었다"라고 말하기도 했다.

정부 관계자는 "북한이 국제원자력기구 사찰을 수락한 이후 낙관론 75%, 비관론 25%로 상황이 반전됐다. 그러나 앞으로 중요한 것은 25%의 비관론이다"라고 말했다. 그가 말한 25%의 비관론이란 북한의 예측 불가능한 태도로 인한 상황 돌변 가능성과 이에 따른 정부 안팎의 보수적 흐름의 재등장이다. 그러나 북한 핵문제 및 남북관계는 앞으로 다소 우여곡절을 겪을 수는 있어도 "이전의 위기 상황으로 다시 돌아간다는 것은 상상하기 어렵다"라고 이 관계자는 말했다.

북한은 93년 12월29일 미국과 합의한 대로 94년 2월15일 IAEA와의 실무 접촉에서 기 신고된 7개 핵시설에 대한 IAEA 사찰 요구를 수용하겠다고 통보했다. 2월22~25일 미국과 북한은 뉴욕에서 실무접촉을 갖고 ① 안전조치의 계속성 유지를 위한 IAEA 사찰 개시 ② 특사교환을 위한 남북 실무대표 접촉 재개 ③ 1994년 팀스피리트 훈련 조건부 중단 ④ 미·북 제3단계회담을 1994년 3월21일 제네바에서 개최할 것 등 4개항에 대해 합의했다. 잠깐 동안 한반도 정세에 숨통이 열리는 것 같았다. 당시 한국 외무장관은 한승주 씨였다. 93년 2월26일 김영삼 정부 출범과 함께 초대 외무장관에 임명된 그의 온건 현실주의가 효과를 보기 시작했다. 한 장관이 지난 1년간 미국과 중국 사이에서 어떻게 북핵문제를 조율했는지 다룬 당시 <시사저널> 커버스토리 기사다. 당시 필자는 외무부 기자실에 적을 두지는 않았기에 장관을 직접 접촉할 기회가 거의 없었다. 대신 그가 그동안 발표한 모든 자료를 섭렵해 기사를 썼다. 이 기사를 보고 한 장관이 직접 전화해 외무부에 출입하지도 않으면서 어떻게 이렇게 정확하게 기사를 썼느냐며 놀랍다고 했던 기억이 난다.

미국 달랜 뒤 중국과 담판해 북한 끌어냈다
한승주 장관 온건 현실 외교로 핵 사찰 조율

(1994.3.10)

한승주 외무부 장관의 성공적인 방미 외교 이후 벼랑 끝을 향해 치닫던 북한 핵문제는 다시 정상궤도로 돌아섰다. 2월16일 북한이 국제원자력 기구의 사찰을 수락하기로 결정한데 이어 2월25일에는 북한과 미국이 3단계 고위급 회담 일정에 합의하는 등 해빙 분위기가 조성되고 있는 것이다. 한 장관의 방미 외교와 북한이 사찰을 수용한 것 사이에는 직접적인 상관관계가 없을 수도 있다. 그러나 북한 핵문제가 발발한 뒤로 그가 그동안 축적해온 대미 영향력을 발휘해 미국 조야의 강경 여론을 잠재움으로써 북한이 국제원자력 기구 사찰을 수용할 명분을 준 점은 높이 사야한다는 평가가 나오고 있다.

당근 먼저 채칙은 나중

북한 핵문제에 대한 한승주 장관의 해결 전략을 보통 현실주의 노선으로 특징지어 진다. 그 현실주의는 대화와 협상에 바탕을 둔 온건론이지만 만약의 경우를 대비해 국제적인 제재조치를 동시에 추구하는 성격을 띠고 있다. 그가 추구해온 대북 핵전략의 높은 설득력으로 인해 한 장관은 그동안 겉으로 드러나지는 않았지만 한미양국을 통틀어 가장 권위있는 핵전략가의 위상을 굳혀왔다는 것이 주변 관계자들의 설명이다. 따라서 그의 방미 외교 이후 가닥을 잡기 시작한 미북한 대화가 눈에 보이는 성과를 나타낼 경우 그것은 지난 1년간 그가 끈질기게 추구해온 온건 현실주의가 승리한 것이라고 보아도 될 것 같다.

전문가들은 한승주 장관의 취임과 함께 이루어진 주도면밀한 대북 핵전략에 의해 우리 정부가 뚜렷한 목표와 함께 수단과 방법이 일관되게 연결돼 있는 하나의 전략 틀을 갖추게 되었다고 평가한다. 한 장관 스스로는 이러한 자신의 대북 핵전략을 '로드맵(road map)전략'이라고 불러왔다. 로드맵을 우리말로 풀면 '도로 지도'이다. 이 말은 도달해야 할 목표는 뚜렷하게 정하되 목표에 도달하기 위한 방법은 탄력적으로 사용한다는 뜻을 담고 있다. 한 장관은 지난해 7월 한국정치학회가 주관한 '한국 정치 세계학술대회' 오찬 연설에서 북한 핵의혹의 본질은 성격의 불분명성에 있기 때문에 처음부터 몇가지 경우를 상정한 청사진 식의 접근방식은 비현실적이라고 판단하게 됐다고 밝힌 바 있다.

지난 1년간 한 장관이 보여준 행보는 자신의 로드맵 전략에 따라 스스로 하나하나 이정표를 세워가는 과정이었다. 취임 이후 그의 첫 번째 행보는 미국 방문으로 나타났다. 그는 앞의 학술대회 연설에서 자기의 미국 방문은 북한 핵에 대한 당근을 준비하는 과정이었다고 설명했다. 즉 북한 핵문제는 기본적으로 남북 적대 관계에서 비롯한 것인 만큼 우리 정부가 주도해 풀어야겠지만 북한이 이를 원하지 않고 또 우리 정부가 북한에게 줄 당근이 마땅치 않다는 현실적인 판단을 내리게 되었다는 것이다. 한 장관의 표현에 따르면 당시 미국은 클린턴 취임 초기였기 때문에 핵 관련 담당자들을 채 임명하지 못하고 어수선한 분위기였다고 한다. 이런 상황에서 자칫 강경론으로 치달을 뻔했던 미국 조야의 분위기를 일단 온건론으로 묶어 세우는 것이 한 장관의 1차 포석이었다.

한 장관이 세운 두 번째 전략적 포석은 북한의 예측 못할 행동 양식에 대비해 채찍을 준비하는 과정이었다. 당근과 채찍이란 일반적인 정책 과정에서 흔히 동원되는 개념이지만 이에 대한 한 장관의 해석은 매우 독특하다. 그는 우선 당근에서 출발한다. 당근으로 문제가 해결되면 더 이상 바랄 게 없고 문제가 해결되지 않는다 해도 대화와 설득 등 동원할 수 있는 모든 외교 노력을 다했다는 점을 국제사회에 명백히 보여줄 수 있어 그 다음에 있을 강경론의 명분을 축적할 수 있다는 것이다.

채찍과 관련해 한 장관이 가장 유효한 수단으로 파악했던 것이 유엔 안보리의 제재 결의안이었다. 그러나 유엔안보리 결의를 유도하기 위해서는 무엇보다 중국의 동의가 필요했다.

현실주의 전략가로서 한 장관의 면모는 중국과의 접촉에서 여실히 드러난다. 중국과의 접촉은 지난해 4월 싱가포르에서 있었던 전기침 중국 외교부장과의 한중 외무장관 회담으로 나타났다. 이 회담에서 대북 핵전략을 결정할 중요한 거래가 이루어졌다. 당시 중국과 이루어진 합의는 한국이 미국과 북한 간의 직접 대화를 주선하는 대신 중국이 유엔안보리에서 거부권을 행사하지 않는다는 것이었다.

전략목표는 북한 핵 의혹 해소

이름을 밝히지 말라고 한 한 전문가는 당시 한 장관이 미북한 대화 카드를 받아들인 것은 매우 현실적인 판단이었다고 평가한다. 핵문제를 미국과 직접대화를 통해 풀겠다는 북한의 주장에 대해 기존 정권에서는 상당히 부정적이었던 데 비해 한 장관 외교팀에서 이를 받아들인 것은 상당히 성숙한 태도였다는 지적이다. 이런 의미에서 그는 미북한 간의 직접 협상에 의한 핵협상 전략을 '한국식 해결 방안'이라고 불러도 좋을 것이라고 말하기도 했다.

중국과의 협상을 통해 한 장관은 한편으로는 유엔 안보리의 대북 결의안이라는 채찍을 손에 넣었고 또 한편으로는 북한에게 미국과 직접 대화할 창구를 마련해 줌으로써 북한이 핵문제를 스스로 풀 명분을 제공해 주었다고 할 수 있다.

지난해 5월11일 있었던 유엔 안보리 결의안 제 825호는 한편으로는 북한에 대해 핵확산금지조약(NPT) 체제로 복귀할 것을 촉구함으로써 압력을 가하고 또 한편으로는 국제사회가 북한 핵문제 해결에 나서야 한다는 점을 촉구함으로써 미국이 북한과의 대화에 나설 근거를 마련해준 것이었다.

한 장관은 로드맵 전략의 목표를 북한 핵의혹을 해소하는 데 두고 있다. 그러나 핵의혹에 대한 완전해소는 북한 체제에 변화와 개방이 이루어지지 않으면 안 된다는 점을 누구보다 잘 인식하고 있는 것 같다. 이는 북한 지도부 스스로 풀어야 할 문제이므로 강요하기 어려운 것이기도 하다. 따라서 한 장관은 완전 해소에 이르기 전이라도 객관적으로 봤을 때 북한 핵문제가 해결되었다고 판단할 수 있는 시점을 목표로 삼고 있다. 그것이 바로 일반적으로 언급되는 국제원자력 기구(IAEA) 사찰 수용과 핵확산 금지조약(NPT) 체제 복귀, 남북 상호 핵사찰이 이루어지는 시점이다.

이런 점에서 지난해 6월11일 이루어진 미국과 북한 간의 1단계 회담은 북한으로 하여금 핵확산금지 조약 잔류를 인정케 함으로써 그의 전략구도가 유효함을 입증했다. 이어 7월에 열린 2단계 회담에서는 북한이 국제원자력 기구 사찰을 받아들임으로써 한걸음 더 나아가는데 성공했다.

한때 궁지에 몰리기도

그러나 자신의 전략구도에 따라 미국과 북한간의 회담이 일정한 성과를 보이면 보일수록 한 장관은 스스로 궁지에 몰리는 형국에 처하게 됐다. 이같은 뜻밖의 사태 발전은 핵협상에 당사자인 한국 정부가 제외된 채 미국과 북한이 협상을 주도하고 있는 듯한 인상을 주었기 때문이었다. 한마디로 '당사자인 한국은 어디 있는가'라는 비판이 야당은 물론 정부 여당에서도 줄기차게 제기되었다. 이러한 비판 여론 때문에 특사교환을 위한 실무접촉이나 남북 상호 핵사찰 문제가 미북한 대화의 사이사이에 끼어들게 되었다.

그러나 한 장관은 공식 입장에서는 특사 교환이나 상호 핵사찰 문제에 대해 정부의 입장을 견지하고 있지만 실제로는 남북대화에 대해 그렇게 조급해할 필요가 없다는 생각을 가지고 있는 것으로 알려졌다. 그의 로드맵 전략에 따르면 남북관계는 어떤 면에서 미국과 북한간의 관계가 진전된 이후 즉 핵문제 해결의 막바지에 이르면 무엇보다 중요한 문제로 대두될 것이기 때문이다.

외무부의 한 관계자는 이렇게 판단하는 근거에 대해 "미국과 북한 간에 쟁점이 해소되고 나면 팀스피리트 문제 등 남북간에 해결해야할 문제에 대해 북한이 관심을 돌리게 될 것이다"라고 밝혔다. 이런 기술적인 면 외에도 통일 시대에 대비하는 외교라는 보다 큰 틀에서 핵문제를 바라보는 한 장관은 미국과 북한 간에 쟁점이 해소돼 양국 관계가 발전할 경우 이는 자연히 북한의 변화와 개방으로 이어질 것이라는 점, 이렇게 되면 자연히 남북간의 냉전적인 대치 상황은 끝나고 남북 관계에 질적인 변화가 온다는 점 등을 자신의 낙관론의 근거로 삼고 있다. 북한 핵 문제가 북한의 고립을 심화하고 남북관계를 어렵게 한 요인이 되기도 했으나 이 문제가 해소된다는 것은 곧 50여년간 누적돼온 남북 대치 상태를 일거에 해소할 열쇠로 작용할 수도 있다는 역설적 논리인 셈이다.

"북한 없으면 한국도 없다"

북한을 설득할 당근을 우리가 가지고 있지 못하기 때문에 미국이라는 동맹국을 매개로 북한 핵 문제 해결을 추구해오긴 했지만 그는 민족 생존 차원에서 이 문제에 접근하는 우리의 처지와 세계적인 핵 비확산체제 문제라는 관점에서 이 문제에 접근하는 미국의 처지가 반드시 일치하는 것은 아니라는 점을 깊이 인식하고 있다고 한다. 이런 점에서 그가 가장 경계하는 것이 바로 미국내 강경 여론에 의해 북한 핵문제가 우리의 손을 벗어나게 되는 상황이다. 주변 관계자들은 그의 이런 관점을 가장 극명하게 보여주는 사례로 지난해 7월 한국을 방문한 클린턴 대통령이 "북한이 핵무장을 할 경우 북한이라는 나라는 지구상에서 영원히 없어질 것이다"라는 위협성 발언을 한 데 대한 그의 촌평을 들고 있다. 그는 당시 이렇게 말했다고 한다. "그렇게 되면 한국이라는 나라도 마찬가지로 지구상에서 없어지게 된다."

따라서 지난번 그의 미국 방문은 미국 내 강경 세력에 의해 북한 핵문제가 우리의 손아귀를 벗어나 걷잡을 수 없는 위기 상황으로 번지는 것을 막기 위한 기민한 대응의 의미를 띠고 있다고 할 수 있다. 또한 그의 방미외교 이후 다시 도래한 해빙 분위기는 그동안 대북 핵전략을 둘러싸고 정부 안팎에서 강경론과 온건론이 대립하는 과정에서 온건 현실론을 추구해온 그의 노선이 승리를 거두었다는 것을 뜻하기도 한다.

북한이 94년 2월15일 IAEA의 사찰을 수용한 것은 그 전해인 93년 12월29일 미국과의 합의에 따른 조처이다. 그런데 북한의 2.15 사찰 수용에 미국 뿐 아니라 중국의 막후 역할도 매우 크게 작용했다는 내용의 기사다. 94년 3월말 김영삼 대통령이 중국을 방문해 장쩌민 주석과 회담한 것도 중국의 막후 영향력에 대한 나름의 판단에 따른 것임을 알 수 있다.

YS, 북핵·남북관계에 중국 대북 영향력 활용 시도
북한의 2.15 사찰 수용에 중국의 막후 역할

(1994.3.24)

지난해 연말과 올해 2월초 중국 정부로부터 북한 핵의 실상과 관련한 중요한 메시지가 한국 정부에 전해졌다. 중국 정부의 판단으로는 '북한이 앞으로 2~3년 안에 핵무기를 개발할 능력도 상황도 되지 못한다'는 내용과 '한국과 미국이 북한의 체면을 세워주는 조처를 취할 경우, 북한과 국제원자력기구(IAEA)간 사찰을 둘러싼 위기 국면은 해결이 가능하다'는 것이 주 내용이었다. 연말께 주중 한국대사관을 통해 전달된 이 메시지는, 2월초 잠시 귀국한 황병태 주중대사를 통해 다시 한국 정부에 전달된 것으로 알려졌다.

중국 정부의 메시지는 북한 핵에 대해 강경론으로 기울어져 있던 한국 정부를 온건론으로 전환시키는 중요한 계기가 되었다. 또한 한국 정부가 미국 정부내 강경 여론을 무마하는 과정에서 설득하는 근거로 삼은 것으로 알려졌다.

중국 내부 소식에 정통한 한 소식통에 따르면, 중국 정부는 당시 이 메시지를 통해 한국 정부와 미국 정부의 입장을 온건론으로 전환시키고 북한과 막후 접촉을 통해 국제원자력기구 사찰을 수용하도록 설득했다고 한다. 이 소식통은 "지난 2월15일 북한이 국제원자력기구 사찰을 수락하기까지는 한국·미국·북한 간의 교섭 이외에도 중국의 막후 역할이 매우 중요했다"라고 강조했다.

'4강 균형 외교' 첫 무대 될 듯

올해 초 김영삼 대통령이 일본 방문에 이어 중국 방문을 결심하게 된 가장 큰 이유 중의 하나도 중국의 대북 영향력을 이용해 1년 동안 답보를 거듭하고 있는 핵 문제와 남북관계에서 돌파구를 마련하기 위한 포석이었다는 해석이 지배적이다. 정부 내 소식에 밝은 한 소식통은 "올해 국정 최고 목표를 국제경쟁력 회복에 두고 있는 김영삼 대통령으로서는 핵문제로 인한 남북관계의 답보 상태가 더 이상 계속될 경우, 경제 희생이라는 목표 달성이 어려울 것이라는 판단을 하지 않을 수 없었다"라고 그 배경을 설명했다.

북한이 핵사찰을 수용하겠다고 결단한 이후 북한 핵 문제가 어쨌건 해결을 위한 과정에 접어들게 되면서, 김대통령의 방일·방중 외교의 목표도 더 거시적인 방향으로 조정되고 있는 분위기이다. 즉 취임 초기 대통령이 새 정부의 외교정책 기조라고 밝힌 '4강 균형 외교'와 '통일 시대에 대비한 외교'의 첫 무대로 이번 한·중, 한·일 정상 회담을 활용할 가능성이 높아진 것이다.

정상 회담의 의제가 좀더 폭넓은 방향으로 조정되고 있다는 점은 정부 관계자의 발언에서도 확인된다. 최근 외무부 고위 당국자는 "이번 정상 회담의 주된 목표는 그동안 동북아 정세의 흐름에 대해 관망하는 태도를 보였던 김영삼 대통령이 이 지역의 질서 재편성 과정에 뛰어들어 주도권을 행사하겠다는 점에 초점이 맞추어져 있다"라고 설명했다. 그는 "동북아 질서 재편성 과정에서 남북관계의 진전 및 궁극적으로는 한반도의 통일방향 등에 대해 중국 및 일본 정상과 교감해두는 일이 현재 우리에게 닥친 가장 긴박한 현안이다"라고 덧붙였다. 현안으로 대두됐던 북한 핵 문제는 "어차피 해결 과정에 접어든 만큼 외무장관급 실무 회담으로도 충분하다"는 것이다.

김영삼 대통령이 지난해 5월 새 정부의 신외교정책 중 동북아 정책의 핵심으로 제시한 '4강 균형 외교'라는 개념은 그동안 냉전체제에서 이루어졌던 미·일 편중 외교에서 벗어나, 중국과 러시아 등 주변 4강과의 균형 관계를 확보함으로써 궁극적으로는 4강간의 이해관계를 조정하고 매개하는 역할까지 담당하겠다는 적극적인 의지를 바탕에 깔고 있다. 민족통일연구원 신상진 박사는 "현재 동북아에서 한국은 질서 형성 과정을 주도할 수 있는 매우 유리한 위치이다"라고 지적했다.

탈냉전 이후 한반도 주변정세는 세력 균형의 축이었던 미국과 소련의 영향력 퇴조로 상징된다. 이미 러시아는 국내 문제로 인해 4강 대열에서 탈락했고, 미국도 일방적인 주도력을 상실한 상황이다. 이런 가운데 지역 강대국으로 떠오른 중국과 일본이 가세해 미·중·일 3강 체제라는 새로운 세력 균형 체제가 형성돼 있으나, 서로에 대한 견제 때문에 어느 한쪽도 신질서 형성의 주도권을 행사하지 못하는 상황이다.

따라서 상대적으로 패권을 추구한다는 의심을 덜 받고 있는 한국이 새로운 질서 형성의 매개자 및 주도자로 떠오를 가능성이 전혀 없지 않다는 지적이다.

'분단 상황 관리'에도 큰 의의

4강 균형 외교라는 관점에서 특히 이번 김영삼 대통령의 순방외교 중 단연 무게가 실리는 것이 방중(3월26~30일) 외교이다. 일본 방문(3월24~26일)의 경우 지난해 호소카와 총리의 방한에 대한 답방이라는 형식이 강한 데 비해, 중국 방문은 그동안 정치·군사적으로 북한에 편향돼 있던 중국의 한반도 정책을 한국 쪽으로 돌리기 위한 포석이 될 것이기 때문이다. 따라서 이번 방중 외교의 최대 초점은 그동안 경제 관계에 국한돼 있던 한·중 관계를 정치·군사적 관계로 끌어올리는 것이라고 할 수 있다. 이미 중국과의 군사 안보 관계는 지난해 10월 한승주 외무부장관이 중국 방문 당시 양국 대사관에 무관부를 설치하기로 합의함으로써 첫걸음을 내디딘 상황이다. 따라서 이번 정상회담을 통해 양국 간의 군사 안보 협력이 어느 수준까지 끌어올려질지에 대해 관심이 모아지고 있다.

이밖에 중국·일본 정상과의 대화에서 김영삼 대통령이 현재 각각 긴장의 불씨를 안고 있는 중·미 관계, 미·일 관계, 중·일 관계의 쟁점들을 중재하는 역할도 가능할 것으로 점쳐진다. 또한 현재 동북아 질서 재편성 방안으로 제시되고 있는 '다자안보기구' 태동을 위한 논의 수준을 한단계 끌어올리는 계기가 될 것으로도 기대된다.

신외교정책 중 남북한의 미래와 관련해 중요한 개념이 '통일 시대를 준비하는 외교'이다. 지난해 5월30일 한승주 외무부장관은, 통일 외교는 '분단 상황을 관리하는 외교' '통일을 준비하는 외교' '통일 이후를 대비하는 외교'라고 단계적으로 구분해 설명한 바 있다. 이 중 남북 간의 적대 관계를 협조 관계로 전환하는 문제는 분단 상황을 평화적으로 관리하기 위한 요체가 된다. 그러나 이를 위해서는 남북의 관계 개선뿐 아니라, 중국·일본·미국과 협력해 북한 체제의 변화와 개방을 끌어내는 것이 전제 조건이 되고 있다.

따라서 이번 일본·중국 방문은 분단 상황 관리라는 측면에서도 그 의의를 찾아 볼 수 있다. 일본과는 핵문제 해결 이후 점쳐지는 북한과 일본 간의 수교 협상에 대해 우리 정부의 입장을 전달할 필요성이 제기되고 있다. 또 현재 주변 4강 중 북한에 대해 유일하게 영향력을 확보하고 있는 중국에 대해서는 남북관계 진전 및 북한 체제의 변화와 개방, 한반도 통일의 방향에 대해 중국 지도부와 교감을 이뤄둘 필요가 있다는 지적이다. 민주당의 조순승 의원은 "강대국 간의 역학 관계가 세력 균형 체제로 정립될 경우 강대국은 현상 유지를 선호한다는 것이 국제 정치의 일반 법칙이다. 주변 강대국이 한반도의 미래에 대해 현상 유지 세력으로 고착되기 전에 우리 정부가 남북관계의 미래 및 한반도 통일 문제에 대해 주도권을 확보하는 것이 현안으로 다가오고 있다"라고 지적했다.

경제협력 획기적 변화 계기 마련

정치·외교적 현안 외에도 김대통령의 일본·중국 방문은 우루과이 라운드 체제라는 새로운 무한경쟁 시대를 맞아 양국간 경제관계를 기존의 통상 및 무역 관계 차원에서 산업간 협력 체제 구축이라는 높은 차원으로 발전시키는 계기가 될 것으로 보인다. 일본과는 지난해 호소카와 총리가 방한했을 때 양국간 경제협력을 총괄시키기 위해 창설키로 합의한 '한·일 신경제협력대화기구'의 공식 출범이 가능할 것으로 보인다. 이 신경제협력대화기구를 통해 양국은 무역관계·기술협력·산업간 협력·환경문제 등 한·일 간의 경제 현안을 포괄하여 다루게 된다.

한국과 중국은 이번 정상 회담을 계기로 국가간 경제협력 과정에서 일찍이 보기 어려웠던 획기적인 실험을 하게 될 것이다. 양국이 공통으로 관심을 가지고 있는 산업 부문에서, 제품의 공동생산·공동판매를 위한 방안이 논의되기 때문이다. 한·중 양국은 이를 위해 이번 정상 회담 때 '산업협력회의'라는 기구를 띄우게 될 예정인데, 이 기구는 앞으로 자동차·전자교환기(TDX)·중형항공기의 공동생산 문제와 고화질 텔레비전(HDTV)·원자력 분야 등에서의 협력 문제를 논의하게 된다. 정부 관계자에 따르면, 적어도 반 이상은 이번 회담에서 합의에 이를 전망인데, 만약 이런 방식의 협력이 가능해질 경우 이는 "몇 대에 걸쳐 먹고 사는 것이 가능한 획기적인 협력 방안이 될 것"이라고 한다.

이밖에 양국 간의 현안으로 떠오르고 있는 문제들로 한·일 간에는 사할린 한국인, 군대 위안부, 문화재 반환, 무역불균형 시정 문제가 있고, 한·중 간에는 이중과세 방지협정, 문화교류 문제 등이 있다.

핵문제 등으로 남북관계가 소원해지면 가장 먼저 북한 내 대남파가 타격을 입는다. 93년 말 무역 경공업 농업 제일주의라는 새로운 경제정책 방향을 결정한 북한 최고인민회의에서 정작 노태우 정부 시절 남북협력을 이끌었던 김용순 윤기복 김달현은 모두 한직으로 밀려나거나 해임되는 등 철퇴를 맞았다. 김영삼 정부는 핵·경협 연계전략에 따라 남북경협을 핵문제에 대한 카드로 사용했지만 현실은 정반대였다. 남쪽의 보수정권이 핵 문제를 빌미로 남북대화와 경협을 차단하면 북한은 대화파 숙청으로 응하면서 핵문제는 더욱 악화되는 악순환이 일어났다.

핵·경협 연계전략이 북한의 대남파에 미친 충격

(1994.3.31)

중국·러시아 선두, 미·일·독 2순위 … 평양, 남북 경협에 연연 않아

지난 3월11일 대한무역진흥공사 브뤼셀 무역관으로부터 서울 본부로 전문 한통이 날아왔다. 2월21일 유럽연합(EU) 집행위원회 회의에서 북한 등 국영 무역 국가들의 상품 수입에 관한 쿼터 규제를 철폐하기로 결정했다는 내용이었다. 중국산 7개 제품과 북한산 섬유 제품은 이 조처에서 예외로 남게 됐지만, 이들 국가의 유럽시장 진출에 서광이 비친 셈이다. 특히 북한과의 교역에 대단한 관심을 보이는 독일시장이 무제한 열리게 된 점은 북한 상품의 유럽시장 진출과 관련해 주목할 만하다.

이 소식을 접한 서울 본부 관계자들의 마음은 착잡했다. 높은 임금 때문에 섬유·봉제·신발 등 국산 제품의 국제 경쟁력이 날로 떨어져 북한과 보완적 관계가 절실한 우리 기업들은 핵문제로 발이 꽁꽁 묶여 있는 상황인데, 값 싸고 질 좋은 북한 노동력을 노린 유럽 자본의 발 빠른 움직임이 눈앞에 선하게 들어오기 때문이다.

관계자들의 마음을 더욱 무겁게 하는 것은 이 소식이 한국과의 경협에 대한 북한 당국의 태도가 냉각되고 있다는 최근의 조짐과 중첩되었기 때문이기도 하다. 지난해 연말 열린 북한 최고인민위원회 상설회의 결과는 한국과의 경협에 대한 북한의 자세가 근본적으로 변하고 있는 것이 아닌가 하는 의구심을 갖게 했다. 당시 이 회의는 그동안의 경제 정책 실패를 자인하고, 북한이 앞으로 농업 · 경공업 · 무역 제일주의를 경제정책의 주축으로 삼겠다는 획기적인 내용을 담고 있었다. 그런데 이 회의에서 있은 인사 개편에서 김영남 등 기존 대미 · 대서방 인맥과 대일 인맥은, 주체사상 이론가인 황장엽과 조총련계인 김병석의 부상으로 오히려 한층 강화됐다. 반면에 김용순 윤기복 김달현 등 그동안 대남 정책과 한국 기업과의 경협 사업을 주도해온 인사들은 현직에서 해임되고 권력 순위에서 밀리는 대조적인 모습을 보였다. 또한 이들의 해임으로 공석이 된 대남 정책 창구에 대한 후속 인사도 이루어지지 않았다.

　김달현 등에 대한 인사 조처의 의미에 대해 그동안 국내 북한 문제 전문가들 사이에는 여러 가지 해석이 엇갈렸다. 그러나 최근 국내 기업의 북방팀 실무자들 사이에는 북한이 앞으로 한국과의 경협에 연연하지 않겠다는 뜻으로 받아들여야 한다는 시각이 설득력을 얻고 있는 형편이다. 즉 앞으로 북한이 경공업과 무역을 주축으로 한 대외 개방 정책을 펼쳐 나가겠지만, 그 파트너는 한국이 아니고 미국과 일본이 될 것이라는 메시지로 받아들여지는 것이다.

"신의주 · 남포를 제2 특구로 발표할 것"

　그래서인지 북한이 올해 안에 중국식 경제 특구형의 개발 전략에 대한 중대 선언을 할 것이라는 예측이 끊임없이 나도는데도, 기업 관계자들은 별로 기대할 것이 없다는 반응이다. 기업 북방팀의 한 관계자는 "핵문제가 가로막혀 있기는 하다. 그러나 핵문제는 언젠가는 풀린다. 문제는 그 이후에도 한국 기업은 북한의 특구 진출에서 마지막 티켓밖에 얻지 못할 것이라는 예감이 든다"라고 심경을 토로했다. 또 다른 관계자는 "앞으로 진출 순서는 중국 · 러시아가 1순위이고, 그 다음이 일본 미국 대만 독일이 될 것이다"라며 착잡한 표정을 지었다.

　북한이 올해 안에 중국식 개방과 관련한 중대 선언을 하게 될 것이라는 이야기는 기업 관계자들 사이에 추측 차원을 넘어 거의 사실로 받아들여지고 있다. 무역진흥공사의 한 관계자는 이러한 판단의 근거로 △북한권력 내에서 독특한 위치를 차지한 황장엽이 1월17일 강택민 중국 총서기와 회담하면서 "중국의 개혁·개방 정책에 감명을 받았다. 북한도 앞으로 그런 방향으로 나가게 될 것이다"라는 요지의 발언을 한 점 △황장엽의 중국 방문에 이어 과장·부장급 등 북한 경제 실무자들의 중국 특구 방문이 줄을 잇는 점 △중국 언론이 보도한 중국 고위층 내부의 비밀 문건에 북한이 앞으로의 경제 정책 방향을 대외 개방 쪽으로 결정했다는 내용이 보이는 점을 근거로 들고 있다. 일부에서는 중국이 핵문제 해결 이전에라도 특구 개방을 선언하는 것이 유리하다고 북한측에 종용했다는 설이 제기되고 있고, 그동안 측근들 위주로 진행해온 대외 개방 정책이 별다른 성과를 올리지 못하자 최근 김정일이 직접 챙기는 형태로 전환하고 있다는 소식도 들려온다. 이런 가운데 북한이 올해 안에 나진·선봉 특구 지역 외에도, 공업 기반이 비교적 갖추어진 남포와 신의주를 제2 경제 특구로 발표할 것이라는 소식이 전해지기도 했다.

북한은 외자 유치를 통한 경제개방 정책을 추구하면서도, 한국 자본의 진출에 대해 다소 냉담한 듯한 태도를 보이고 있다. 그 이유는 핵문제가 가로막혀 있는 한 한국 자본의 진출이 현실적으로 불가능하다는 점뿐 아니라 한국 정부나 기업에 대한 배신감도 깊이 작용하는 것으로 분석된다. 기업 북방팀 관계자는 "2년 전만 해도 북한은 남포공단 개발 등 한국 기업과의 협력에 열성적이었다. 그러나 그동안 성과가 거의 없자 깊은 배신감을 느낀 것으로 보인다"라고 지적했다.

이러한 감정적인 측면 이외에도 핵문제가 해결되면 미국이나 일본과의 국교 수립 문제가 논의되면서 자연스럽게 서방의 자본 유입이 이루질 것이기 때문에 북한의 처지에서 굳이 한국 자본 유입에 목을 맬 이유가 없다는 지적도 있다. 무역진흥공사의 한 관계자는 "북한은 현재 양질의 저임금 노동력을 갖춘 세계에서 몇 안 되는 국가이다. 최근 중국 노동자의 임금이 상승 기미를 보이면서 위탁가공 생산 기지로서 북한의 주가가 올라가게 될 것이다"라고 말했다. 서방 자본이 북한에 투자 매력을 느끼지 못한다는 일반의 시각은 한쪽만을 본 것이라는 지적이다.

북한 경제 환경 점점 좋아져

핵문제로 인한 국제적 고립이 계속돼가고 있는 중에도 최근 몇 년 사이 북한을 둘러싼 경제 환경은 그전에 비해 훨씬 유리한 방향으로 형성돼가고 있다는 지적도 있다. 한국의 경협 중단으로 남쪽으로의 통로가 봉쇄된 반면 최근 몇 년 사이 중국과 북한, 러시아와 북한 간의 경제 관계가 호전되는 등 북쪽으로의 통로는 다시 넓어지고 있다. 특히 북한과 중국 사이에 최근 급신장 추세를 보이는 변경무역은 북한의 생필품 곤란을 메워주는 젖줄 구실을 한다. 또 주로 조총련계 상공인들과 추진해온 섬유산업에서의 위탁가공형 무역이 뚜렷한 성과를 보이기 시작하면서, 북한 당국이 경제 희생의 열쇠를 포착하기 시작했다는 분석도 있다. 지난해 최고인민회의가 경공업과 무역제일주의를 선언하고 나선 것도 섬유산업의 성과로부터 얻은 자신감에서 비롯한 것이라는 지적이다.

기업 북방팀의 한 관계자는 "핵문제가 제기된 이후 우리 정부는 북한에 대한 경협 중단이 유효한 카드가 될 것으로 판단해왔다. 그러나 최근 상황을 분석해 보면 정부의 이런 판단은 착각일지도 모른다"라고 말했다. 국내 고임금에 대한 대안으로 북한 노동력과의 결합을 갈망하는 기업 관계자들은 핵문제로 우리의 발이 묶여 있는 동안 경제 논리로 무장한 일본·미국·유럽 자본이 북한으로 쇄도해 들어가는 악몽을 꾸고 있다.

순조롭게 진행될 것 같던 한반도 정세가 다시 난관에 봉착했다. 이번에도 IAEA 사찰이 문제였다. IAEA 사찰단은 북한과의 2.15 합의에 따라 3월3~14일 영변의 7개 신고 시설에 대한 사찰을 종료했다. 이틀 후인 3월16일 IAEA는 영변 방사화학실험실과 관련해 북한과 합의됐던 중요한 조치들이 북측에 의해 거부돼 핵물질의 전용이 있었는지 없었는지 검증할 수 없었다고 밝혔다. 반면 3월18일 북한 원자력총국 대변인은 북한이 "IAEA에 필요한 범위의 사찰활동을 전부 허용해주고 사찰단 사업을 적극 협조해 주었다"며 "IAEA가 우리를 걸고 들면서 또 다시 우리에게 부당한 압력소동을 벌이려 시도한다면 우리는 단호한 조치로 그에 대응할 것"이라고 밝혔다.

2월25일 북미간 이뤄진 4개항 합의에 따라 3월19일 남북한 특사교환을 위한 제8차 실무대표 접촉이 판문점에서 열렸다. 이 자리에서 북측 실무대표였던 박영수 조평통 서기국 부국장(차관급)이 '전쟁이 일어나면 서울은 불바다가 될 것'이라는 문제의 '서울 불바다' 발언을 함으로써 상황은 더욱 악화되고 말았다.

남북대화는 중단되고, 미국도 북한과의 3단계 고위급 회담을 취소했다. 외교 대신 제재를 모색하기 시작했다. 3월21일 IAEA 특별이사회는 북한 핵문제를 유엔안보리에 회부하는 대북결의안을 채택했다. 3월31일 유엔안보리는 IAEA 사찰 결과 핵물질의 전용, 재처리 또는 다른 작업이 있었는지 결론을 내릴 수 없었음에 우려를 표명하는 '의장성명'을 채택했다.

그러나 물 밑의 흐름은 달랐다. 물 밑에서는 오히려 북미 관계의 급진전 가능성에 대비해야 한다는 목소리가 많았다.

한중 수교 당시 중국의 대북 밀약과 김영삼 방중 내막
긴장 국면 불구 이견 거의 없어 … 중국 적극 개입하면 해결 빨라질 수도

(1994.4.7)

최근 현안이 되고 있는 북한 핵 문제는 표면상으로 긴장 국면으로 흐르고 있으나, 내면으로는 북미 관계가 급진전할 다양한 요인을 내포하고 있다. 그런데도 정부의 대응은 눈앞의 현상에만 급급하고 있어 외교적 고립을 자초할지도 모른다는 지적이 제기되고 있다.

지금처럼 정부가 실체가 불분명한 북한 핵 의혹에 사로잡혀 남북관계 개선을 위한 노력을 기울이지 못할 경우 급변하는 동북아 질서 재편 과정에서 처지게 될지도 모른다는 우려도 있다. 미국과 북한 관계가 최근의 긴장 국면에도 불구하고 일정 시간이 지나면 급진전할 가능성이 높다는 지적은 최근 김대중 아·태 평화재단 이사장이 《시사저널》과의 인터뷰에서 밝힌바 있다. 김이사장은 이 인터뷰에서 "최근의 핵 위기에도 불구하고 미국과 북한 간에는 물밑에서 많은 접촉이 이루어지고 있고, 올해 안에 무역대표부나 연락사무소 개설 등 뚜렷한 관계 개선이 이루어질 징후가 상당히 많다"라고 주장했다. 특히 무역대표부 개설과 관련해 김이사장은 "미국측이 이미 북한에 주재할 실무자를 사전 지명해 공부시키고 있는 것으로 알고 있다"라고 말해 상당히 구체적인 정보를 가지고 있다는 인상을 풍겼다.

그가 지적한 무역대표부 개설 문제는 그 자체만 떼어놓고 보면 새로운 뉴스는 아니다. 이미 지난해 연말께 일부 언론이 보도했다. 그러나 그의 이 발언은 최근 북핵 문제를 둘러싸고 미국과 북한의 갈등이 다시 고조되고 있는 시점에 제시되었다는 점에서 주목할 필요가 있다. 다시 말해 현재 상황을 규정하는 주요 변수는 표면에 나타나고 있는 긴장국면보다는 이면에 흐르고 있는 막후 접촉의 향방이라는 점이 강조되고 있는 것이다. 그는 현재의 상황을 "표면상으로는 파도가 치고 있지만 밑으로는 큰 흐름이 진행되고 있다"라고 규정했다. 이 흐름을 놓칠 경우 오히려 우리가 처질 가능성이 높다는 것이 그의 상황인식이다.

"국제 사회도 북한이 원하는 것 줘야"

미국과 북한 관계가 급진전할 가능성이 높다는 점은 그의 발언이 아니더라도 핵 위기의 본질을 살펴볼 때 분명하게 드러난다. 최근 조성되고 있는 위기 국면은 미국과 북한 사이의 의견 대립에서 빚어진 것이라기보다는, 그 하위 변수인 남북한, 그리고 국제원자력기구(IAEA)와 북한 사이의 대립에서 빚어진 것이다. 현재까지는 미국이 전통적인 우방인 한국정부의 처지를 존중해 특사 교환을 북미회담의 전제조건으로 삼고 있지만, 이런 상황이 언제까지나 계속되리라는 보장은 없다.

특사 교환을 둘러싼 남북한의 마찰이 북한의 핵 의혹을 해소해 핵확산 방지조약 (NPT) 체제의 걸림돌을 제거하려는 미국의 본질적 이해 관계를 위협한다는 판단이 내려질 경우 미국은 언제든지 입장을 바꿀 수 있다는 지적이다. 이와 관련해 한 외교 소식통은 "핵이 없을 때의 한미 관계와 핵이 있을 때의 한미 관계는 근본적으로 다를 수 있다는 점을 직시해야 한다. 북한 핵은 한미 관계를 균열시킬 요소를 내포하고 있다"라고 지적했다.

국제원자력기구의 사찰 문제도 어떤 면에서는 북미 관계 개선을 결정적으로 가로막을 장애물이라고는 볼 수 없다. 문제가 된 영변의 방사화학실험실에 대한 북한의 태도를 보면 분명해진다. 즉 북한은 방사화학실험실에 대한 사찰을 받아들이지 않겠다는 것 보다는 미국과의 추후 협상 카드로 활용하겠다는 의도가 더욱 짙다. 따라서 이 문제는 북한의 주장대로 북미간 일괄 타결 내용에 포함해 버리면 쉽게 해소될 것으로 보인다. 즉 "미국과 북한 간에는 현재 핵문제를 둘러싼 이견이 거의 해소 돼 있는 상태"인 것이다.

물론 현재의 국면은 북한이 지난 2월25일 북미간 뉴욕회담에서 합의한 전제조건을 성실하게 이행하지 않은 데 대한 응분의 대가를 치러야 할 상황인 것은 분명하다. 그러나 유엔 안보리를 동원해 국제적 제재를 가하겠다는 미국의 의도는 중국의 미온적이 태도 때문에 별다른 실효를 거두지 못할 것으로 보인다. 오히려 중국이 그동안의 소극적인 태도를 벗어던지고 적극적인 개입 의사를 분명히함에 따라 대화를 통한 해결 국면이 예상보다 앞당겨질 가능성도 높아가고 있다.

중국의 전면 부상은 이번에 조성된 위기 국면의 성격을 지난해 3월과는 전혀 다른 방향으로 끌고 갈 가능성이 매우 높다는 점에서 특히 주목된다. 외교 소식통들에 따르면, 중국의 독자적 움직임은 지난 3월초 크리스토퍼 미 국무장관의 방중 때 이미 엿보이기 시작했다고 한다. 당시 일본을 경유해 중국을 방문한 크리스토퍼의 방중 목적은 표면상으로 알려진 6월의 최혜국대우 연장 문제 및 중국의 인권 문제 협의 외에 내면적으로는 북한 핵과 관련한 입장 조율이 커다란 목적의 하나였다고 한다. 외교 소식통에 따르면 "당시 미국은 이미 북한이 전제조건을 충족시키지 않을 경우 3월21일을 시한으로 강경 제재에 들어간다는 내부 방침을 정해 두고 있었다. 따라서 일본 및 중국과 이 문제에 대한 사전 입장 조율이 필요한 상황이었다"는 것이다. 그러나 크리스토퍼의 방중 목적은 중국의 거부로 달성되지 못한 것으로 알려졌다.

중국이 독자적인 메시지를 분명하게 밝히고 나선 것은, 크리스토퍼 방중에 이은 호소카와 일본 총리의 중국 방문 당시 이붕 총리의 발언을 통해서이다. 호소카와 총리가 중국에 협조를 요청하자 이붕 총리는 원론적인 입장 천명에 이어 "국제 사회도 북한이 원하는 것을 주어야 한다"는 전례 없는 발언으로 여운을 남겼다. 이붕 총리의 발언 배경에 대해서는 현재까지 분명하게 드러난 것이 없다.

한중 수교 때 북한 돕기로 약속

그런데 최근 한 믿을 만한 외교 소식통이 이붕 총리 발언의 배경을 이해하는 데 결정적인 단서가 될만한 정보를 제공했다. 그의 주장에 따르면 이붕 총리 발언 배경은 지난 92년 8월 한국과 중국의 국교 수립 당시로 거슬러 올라간다는 것이다. 당시 한국과 중국의 국교 수립은 일반적인 예상을 뒤엎고 상당히 급속하게 이루어졌는데, 이것이 가능했던 것은 한국과 중국, 그리고 중국과 북한 사이에 이면 약속이 성립됐기 때문이었다고 한다. 그 이면 약속은 바로 한국과 국교를 수립하는 대신, 중국은 북한이 미국과 수교를 맺고 경제지원을 받을 수 있도록 도와준다는 내용이었다고 한다. 또 중국은 북한에게 한 이 약속을 한국 정부에 국교 수립 전제 조건으로 제시했고, 한국 정부도 이를 수락했다는 것이다. 이 외교 소식통은 "그동안 북한 핵 해결 과정을 살펴보면 한국 정부는 중국 정부의 입장을 최대한 존중한다는 태도를 보여왔다. 이는 중국의 협조를 끌어내기 위한 것이기도 하지만 이면 약속을 지키지 않을 수 없었던 점도 하나의 요인이 되었을 것이다"라고 말했다.

특히 중국측의 독자적인 입장 표명이 북중 관계가 회복기에 접어들고 있는 시점에 두드러지게 나타나고 있는 사실을 주목 할 필요가 있다. 북중 관계는 작년 7월 중국 공산당 상무위원 호금도의 평양 방문과 올해 1월 북한 최고인민위원회 외교위원장 황장엽의 중국 방문을 통해 완전 회복 국면에 접어든 것으로 평가되는데, 이런 관계 회복 과정에서 북한측이 중국에 대해 과거의 약속을 이행하라고 강력하게 촉구했을 것이라는 추측이 가능하다.

북한이 중국에 대해 약속 이행을 촉구하고 나섰다면, 중국은 똑같이 한국에 대해 약속이행을 촉구했을 가능성이 매우 높다. 이와 관련해 김영삼 대통령의 중국 방문 내용이 주목된다. 우리측도 중국에게 협조를 요청하겠지만 중국도 우리에게 과거의 약속을 이행하는 데 장애가 되는 요인들을 제거해달라고 요청했을 것으로 보이기 때문이다. 중국은 이와 관련해 팀 스피리트 훈련, 패트리어트 미사일 배치에 신중을 기해줄 것과 아울러 특사 교환에 대한 한국 정부의 입장을 완화해 달라고 요구했을 가능성이 매우 높다.

중국이 이처럼 핵문제 해결에 있어 북한의 후견인 역활을 떠맡고 나설 경우 미국과 중국은 한반도에 대한 영향력 증대를 둘러싸고 치열한 내부경쟁 체제에 돌입할 가능성도 제기되고 있다. 이미 최근 북한의 과감한 태도를 놓고 중국이 인권 문제와 최혜국 대우연장 문제를 둘러싸고 불편한 관계를 빚고 있는 미국을 겨냥해 북한 카드를 쓴 것이라는 추측도 나오고 있다.

전문가들에 따르면 현재 중국이 북한 핵 문제를 중시하고 있는 가장 핵심적인 이유는, 일반적으로 거론되듯 한국과 일본의 핵무장을 촉발하는 요인이라는 점보다는, 미국이 북한 핵을 빌미로 삼아 주한미군 주둔을 연장하고 한국에 영향력을 확대할 것을 우려하고 있기 때문이라는 것이다. 핵문제가 위기 국면을 겪으면서 중국의 이러한 우려는 이미 현실로 나타나고 있기도 하다. 따라서 중국은 북한 핵 문제의 조기 해결을 통해 한국에 대한 미국 영향력의 약화를 지향하고 있다고 볼 수 있다.

반면 미국은 북한에 대한 중국의 영향력을 견제하기 위해 북한과의 조속한 관계 개선을 서두르고 있기도 하다. 정부의 한 관계자는 "미국이 북한과 관계 개선을 서두르려고 하는 진짜 이유는 핵확산방지조약 체제 때문만은 아니다. 이미 북한이 핵확산방지조약 체제 연장 협상에 참여하고 있음을 미국도 알고 있기 때문에 이 부분에 대해서는 크게 걱정하고 있는 것 같지 않다. 진짜 이유는 북한을 그대로 방치할 경우 결국에는 한국에 흡수 통일될 가능성이 높고, 이 경우 한반도 정세가 불안정해질 것을 우려하고 있기 때문이다. 또 한가지는 앞으로 통일된 한반도가 중국의 영향권에 들어가는 것을 막겠다는 의도도 강하게 작용하고 있는 것으로 보인다"라고 지적했다.

결국 미국과 중국 두 강대국은 한반도에 대한 영향력 확대라는 점에서는 서로 경쟁하고 있으나 서로 각기 다른 이유에서 북한 핵 문제의 조속한 해결을 바라고 있는 상황이다. 그리고 이처럼 새롭게 조성되고 있는 한반도 주변 정세의 흐름이 우리 정부의 대북 정책에 미치고 있는 의미는 여태까지에 비해 정부의 운신 폭을 상당히 제한하는 형태로 작용할 가능성이 매우 높다는 것이다. 특히 북미 회담의 전제조건으로 남북한 특사 교환을 요구해온 정부의 강경 입장은 상당한 압력을 받게 될 가능성이 매우 높다. 정부가 이번 사태를 겪으면서 특사 교환에 대한 요구 수준을 상당히 완화할 가능성이 있다는 점은, 정부내 기류로 확인되고 있다. 한 정부 관계자는 "앞으로 미국측이 특사 교환에 대한 합리적 대안을 제시하면 긍정적으로 검토 한다는 게 정부 내 분위기다"라고 말했다.

어쨌든 특사 교환에 대한 정부의 기존 입장이 타격을 받게 될 경우, 정부의 대북 정책은 상당한 혼선을 빚을 가능성이 매우 높다. 북한의 핵확산방지조약 탈퇴 이후 조성된 핵 국면에서 특사 교환은 정부가 북한과 관계를 개선하는 데 거의 유일한 수단이 되어왔기 때문이다.

북한이 계속 거부 반응을 보여왔음에도 불구하고 정부가 북미 회담의 전제조건으로 남북한 특사 교환을 고집한 데에는 정부 나름의 속사정이 있었던 것 같다. 정부는 현재 남북대화 및 남쪽과의 경협에 대한 북한의 태도가 차게 식어버렸다는 점을 우려하고 있는 것이다. 북한의 이러한 태도는 최근 경제붐을 일으키고 있는 중국과의 관계가 확대되면 될 수록 더욱 심화할 것으로 관측되고 있기도 하다. 즉 북한은 정치 관계는 미국과의 수교를 통해 확대해나가고 경제 관계는 중국과의 경협을 통해 돌파구를 열어나간다는 쪽으로 방향을 정립할 가능성이 매우 높다.

잘못 대처하면 한국이 고립될 수도

일단 미국과 수교가 성립되면 곧바로 북한과 일본의 수교 문제가 거론될 것이고, 또한 유럽과 북한과의 관계도 정상화할 가능성이 매우 높다. 남북 관계가 거의 두절되다시피 한 상태에서 이런 상황이 도래하면 정부 처지에서 결코 유쾌한 것은 아니다. 따라서 정부로서는 북한이 절실하게 필요로 하고 있는 북미 관계 개선을 지렛대로 삼아 남북관계를 일정한 수준으로 끌어올린다는 전략을 추진해온 셈이다.

그러나 북한이 북미 회담에 차질을 빚으면서까지 특사 교환에 대해 강한 거부감을 표명하고 나섬에 따라 정부의 이런 전략은 차질을 빚게 되었다. 북한이 강경한 태도로 나오는데 대해, 한 외교 소식통은 북한 지도부의 정서 밑바탕에 짙게 깔려 있는 한국에 대한 복수심이 작용하고 있는 것으로 설명했다. 즉 과거 6공화국 당시 북방 외교에 의해 '총 한방 못 쏴보고' 한국에 패배한 데 대한 보복 심리라는 것이다. 또 다른 전문가는 같은 맥락에서 "한국에 대한 북한의 고립화 전략이 시작됐다"라고 지적했다. 문제는 최근의 주변 정세 흐름을 살펴볼 때 정부가 현명하게 대처하지 못할 경우 북한의 의도가 적중할 가능성을 배제하지 못한다는 점이다.

이미 일부 전문가들은 현재 한국과 미국관계, 그리고 미국과 북한 관계 사이에 '관계의 역전'이 일어나고 있는 것은 아닌가라는 의문을 표시하고 있기도 하다. 이는 3자 간의 정보 통로가 이미 기존 관계와 역으로 형성돼 있다는 점을 보면 추론이 가능하다. 북한과의 접촉 통로가 없을 당시 미국은 북한 정보를 한국으로부터 들어야 했다. 그러나 지금은 북미 간의 직접 통로가 열려 있으므로, 한국으로부터 정보를 들을 필요가 없어졌다. 오히려 한국이 미국과 북한 간의 정보 공유로부터 소외돼 있는 형국이다. 이러한 사정 때문에 일부 전문가들은 이번의 핵 소동이 한국을 협상 국면에서 배제하기 위한 미국과 북한 간의 막후 합의에 의한 것이 아닌가 하는 의문도 제기하고 있는 실정이다.

한국의 외교적 입지가 이처럼 내용 면에서 궁지에 몰리게 된 가장 근본적인 원인은 북한이 핵확산방지조약 탈퇴를 선언했을 때 한국이 너무 성급하게 기존의 남북대화나 경협 노력을 동결해버린 데 있다는 지적이 많다. 당시 정부는 북한의 핵개발이 한국의 안보에 대한 위협요인이라는 판단하에 대북 압력 수단으로 핵연계 정책을 편 것이지만, 사실 북한의 핵카드가 노린 대상은 한국보다는 미국이었다는 점을 감안할 때 정부의 당시 결정이 과연 바른 것이었는지에 대한 의문이 끊임없이 제기되고 있다. 결국 정부가 핵연계 정책을 폄으로써 얻은 것이라고는 북한에 대한 영향력 상실이고, 북한에 대한 영향력 상실은 다시 미국에 대한 발언권 상실로 이어지게 되었다는 지적이다.

따라서 이번의 핵 위기를 계기로 정부는 기존의 대북 핵 정책을 근본적으로 재검토해야 한다는 주장이 강력하게 제기되고 있다. 민족통일연구원 관계자의 다음과 같은 주장은 귀 기울일 만하다. "정치적 결단이 필요한 시점이다. 그 결단은 여론에서 떠들고 있듯이 대북정책을 보다 강경한 톤으로 조율하는 방향이 아니라,

오히려 정부가 할 수 있는 것과 할 수 없는 것을 국민에게 솔직하게 털어놓고 동의를 구하는 데서 시작해야 한다. 지금이야말로 핵문제는 미국과 국제원자력기구 등 국제 사회에 맡기고, 정부는 허심탄회한 처지에서 남북 관계 개선을 위해 진지하게 노력해야 할 시점이다. 이런 입장 정리는 빠르면 빠를수록 좋다."

90년 대 이후 북한의 체제 전환 시도 과정에서 빼놓을 수 없는 지역이 바로 신의주이다. 원산 남포 등과 더불어 지역 개발의 거점 도시로 끊임없이 거론됐고 2002년 9월에는 특별행정구역으로 지정돼 7.1 경제 조치와 함께 북한 체제 전환 노력의 상징 도시가 됐다. 또한 2000년대 중반 이후 북한과 중국 최고 지도자간의 은밀한 내부 관계에서 신의주는 늘 화두였다. 1994년이라는 비교적 이른 시기에 이미 경제 특구 후보지로 거론됐다는 점에서도 신의주가 북한에서 차지하는 위상을 짐작할 수 있을 것이다.

신의주 개발 '돌격' 경제특구 지정 임박?

(1994.4.21)

북한이 최근 신의주를 개발하는 데 박차를 가하고 있다. 북한은 현재 신의주 개발에 평양시 소속 '속도전 청년돌격대' 1개 여단과 '105돌격대' 평북여단, 상하수도 시설담당인 '시설돌격대'를 비롯해 평북도에서 차출한 자체 돌격대 및 각 공장 기업소 돌격대를 집중 투입하고 있다고 내외 통신 최근호가 전했다.

신의주시 개발이 관심을 모으는 이유는, 북한이 올해 안에 새로운 경제개방 정책으로 중국식 특구형 전략을 채택할 것이며, 이 경우 남포와 신의주가 새로운 경제특구로 지정될 것이라는 소문이 끊임없이 나왔기 때문이다. 특히 신의주시는 중국 접경 지역의 최대 공업도시라는 점에서 새로운 경제특구로 유망하다는 지적이 있어 왔다. 따라서 북한이 최근 신의주시에 현대적 도시 기반시설을 갖추기 위한 개발사업을 본격화하고 있다는 소식은, 소문으로만 나돌던 '중국식 경제개발전략 채택 정책'에 근거를 부여하는 것이라고 할 수 있다.

북한이 신의주시 개발 사업에 착수한 것은 78년께 김정일이 "신의주를 중국의 단동시에 비해 손색 없는 도시로 건설하라"고 한 지시에 따른 것으로 전해진다. 그러나 그동안 경제난과 자재부족으로 사업이 답보 상태였는데, 지난해 12월 당6기 21차 전원회의와 올해 김일성 주석 신년사 등에서 '무역 제일주의'를 표방하면서부터 신의주 개발이 새롭게 힘을 얻은 것으로 알려졌다.

북한과 IAEA간 핵사찰을 둘러싼 갈등이 증폭되는 가운데 3월말 있었던 김영삼 대통령의 방중 때 중국이 중재하는 남북 정상회담을 추진하려 했다는 사실에 대해 보도했다. 정상회담 추진 형식은 분명치는 않았지만 중국 측이 94년 1월의 황장엽 비서 방중 그리고 2월의 이숙정 중국 대외연락부장의 방북 등을 통해 김일성 주석을 베이징으로 초청해 김영삼 대통령과의 정상회담을 추진하려 한 것 아니냐는 얘기도 나왔다.

"남북 정상회담 극비 추진중"
94년 3월 김영삼 방중 때 김일성 초청 정상회담 추진

(1994.4.28)

청와대를 비롯한 정부 최고위층 차원에서 남북 정상회담을 실현시키기 위한 막후 접촉이 극비리에 진행되고 있음이 확인됐다. 정부는 남북한 모두에 영향력을 행사하는 중국을 중재자로 내세워 이를 상당히 오랫동안 준비해 왔으며, 지난번 한·중 정상회담을 계기로 성사 일보 직전까지 갔던 것으로 밝혀졌다. 그러나 예기치 못한 황병태 주중대사의 발언 파문으로 한동안 주춤하기도 했는데, 최근 중국 측 '밀사'의 한국 방문을 통해 새롭게 재개되고 있는 것으로 관측된다.

남북 정상회담을 위한 정부 최고위층 막후 접촉의 실체는, 정권 핵심부 동향에 정통한 전직 고위 관계자에 의해 최근 알려졌다. 이름을 밝히지 말라고 한 이 관계자는 "3월 하순 김영삼 대통령이 중국을 방문한 최대 목적은 중국을 중재자로 내세워 남북 정상회담을 실현하는 것 이었다"라고 말했다. 이 관계자는 "당시 중국 측은 이 문제와 관련해 이미 북한측의 승낙을 받아둔 상태였기 때문에 대통령의 방중 목적은 실현 일보 직전까지 갔었다"라고 밝혔다. 당시까지만 해도 남북 정상회담 문제는 대통령을 수행한 비서들 사이에서도 극비 사항에 속했다고 한다. 그런데 황병태 주중대사가 '중국 역할론'을 크게 부각해 발언함으로써 정상회담 문제가 찬물을 뒤집어썼다는 것이다.(94년 3월29일 밤10시경 베이징(北京)의 상그리라호텔. 몇몇 방송기자들로부터 한중 정상회담의 성과에 대한 코멘트를 요청받은 황대사가 호텔에 모습을 드러내 "이제부터는 한국과 미국, 그리고 중국이 처음부터 함께 북한 핵문제를 논의하게 됐습니다. 북한 핵문제에 관한 한중간의 논의는 과거 한미간에 구체적인 협의를 끝낸 뒤 중국측에 이를 통보하고 협조를 구하던 방식에서 벗어나 이제는 중국과도 처음부터 같이 논의하고 같이 행동해 나가기로 했습니다. 우리 외교도 대미, 대일 일변도에서 탈피해야 합니다. 중국이 (북한 핵문제 해결을 위해)적극적인 역할을 하기로 했습니다"라는 내용의 발언을 했다.)

중국, 미국의 반발 우려해 '운신 폭' 좁혀

물론 당시 황대사의 발언 내용 중에 정상회담에 대한 언급은 없었다. 그러나 그의 발언 중 '우리 외교가 이제 미국·일본 일변도에서 벗어나 중국을 중시하는 방향으로 수정돼야 한다'는 내용은 중국의 향후 역할을 지나치게 암시함으로써 중국측을 오히려 당황하게 했다는 지적이다. 중극측이 우려했던 것은 미국의 반발이었다. 즉 미국이 중국의 적극적인 중재 역할을 한반도에 대한 중국의 영향력 확대로 인식하여 저지하고 나설까 걱정했다는 것이다.

수면 아래로 가라앉을 뻔한 정부 최고위층의 막후 노력이 되살아나고 있다는 조짐이 새롭게 포착된 것은, 오학겸 중국 인민정치협상회의 부주석의 한국 방문에서였다. 한승주 외무부장관 초청으로 4월10일부터 8일간 한국을 방문한 오학겸 부주석의 표면적인 방문 목적은 '북한 핵 문제 해결을 위한 한·중간의 협력방안 모색'으로 알려졌다. 그러나 이 전직 고위 관계자에 따르면 "오학겸 부주석이야말로 그동안 극비리에 남북 정상회담을 추진해온 중국측 막후 실력자"라는 것이다.

이 관계자는 "오부주석이 중국 정부 현직에 있는 인물이 아니라는 점이 중요하다"라고 말했다. 현직 인물이 아니기 때문에 중국 정부가 직접 개입하고 있다는 인상을 주지 않으면서 중재역을 수행할 최적의 인물이라는 것이다. 따라서 그의 한국 방문은 남북 정상회담을 다시 추진하기 위한 정부 최고위층의 의지의 산물임과 동시에, 이와 관련한 중국 정부의 메시지 전달이 주목적인 것으로 봐야 한다는 지적이다.

정부가 중국을 중재자로 한 남북 정상회담 실현을 위한 노력을 언제부터, 어떠한 방식으로 추진해 왔는지에 대해서는 자세하게 알려지지 않았다. 관계 전문가들은 적어도 이러한 노력을 상당히 오랜 기간 비밀리에 추진해 왔을 것으로 본다. 한 전문가는 "지난해 한승주 장관이 네 차례에 걸쳐 중국을 방문한 진짜 이유가 무엇이었는지 주목할 필요가 있다"라고 말하기도 했다.

이처럼 자세한 경위는 밝혀지지 않았지만, 북한 핵 문제가 국제 사회의 논쟁점으로 떠오른 이래 중국측이 한국과 북한 사이에서 막후 중재 노력을 해왔다는 점은 분명하게 확인된다. 중국의 막후 노력과 관련해 전문가들에게 깊은 인상으로 남아 있는 것은 북한 핵의 실체와 관련해 지난해 연말과 올해 2월 두 차례에 걸쳐 이루어진 중국측의 메시지 전달이었다.

비슷한 시기에 중국은 북한에 대해서도 막후 접촉을 시도했음이 밝혀졌다. 주요 내용은 김일성 주석을 중국으로 초청하는 형식이었는데, 지난 1월 중국을 방문한 황장엽 북한 최고인민위원회 외교 위원장과 2월 24일 평양을 방문한 중국공산당 대외연락부 이숙정 부장을 통해 방중 초청이 이루어졌다. 이런 일이 있고 난 뒤 북경 외교가에는 김대통령의 중국 방문 때 김주석도 중국을 방문해 북경에서 남북 정상회담이 이루어질 것이라는 소문이 퍼지기 시작했다. 일부에서는 정부의 최고위 차원에서 극비로 추진해온 남북 정상회담 관련 내용의 일부가 언론에 흘러나간 것으로 관측한다.

"3월말 이루어진 김대통령의 중국 방문은 핵 문제나 경협 문제보다도 남북 정상회담 실현이 최대 목적이었다"라고 전직 고위관계자는 말했다. 실제로 강택민 주석과 가진 정상회담 내용을 살펴보면 김대통령이 강주석과 합의한 내용의 핵심이 남북 관계 개선에 대한 중국측의 중재 역할에 모아지고 있다는 점이 쉽게 확인된다.

즉 3월28일 오전 이루어진 단독 정상회담에서 강택민 주석은 김영삼 대통령에게 "남북 관계 개선의 최대 장애 요인은 한국이 미국 일변도로 기울어져 북한을 고립시키고, 북한의 체제 붕괴를 통한 흡수 통일을 노린다고 북한이 오해하는 점"이라고 지적하면서 이러한 최대 장애요인을 해결하는 것이 필요하다고 강조한 것으로 알려졌다. 이에 대해 김대통령은 "북한이 우리에 대해 가진 불신을 해소하는데 필요하다면 본인이 직접 북한과 미국간의 관계 개선을 적극 도울 수 있다"라고 화답하고, 북한의 오해를 해소하기 위해 중국측이 중재에 적극 나서 달라고 요청했다. 강주석은 이를 '흔쾌히 수락'했다. 즉 우리가 중국에 남북관계의 중재자로 적극 나서줄 것을 요청하자, 중국은 우리에게 북한과 미국·서방과의 관계 개선을 도와달라고 요청한 것이다.

김대통령은 중국측 입장의 핵심에 대해 3월30일 기자간담회에서 다음과 같이 우회적으로 표현한 바 있다. "많은 사람이 중국의 입장을 설명할 때 대화라는 문구에만 관심을 기울이는데, 오히려 안정이라는 문구에 관심을 기울여야 한다.… (한반도의) 안정을 위해 우선적으로 당사자간의 대화가 필요하다는 것이다." 중국의 최고위층이 언급한 '당사자 간의 대화'는 결국 남북 정상회담을 암시하는 것이다.

전문가들은 우리측이 남북 정상회담 실현에 대해 가진 의지 못지 않게 중국측의 중재 의지도 어느 때보다 높은 것으로 본다. 한반도에 대한 영향력 확대를 둘러싸고 미국과 내면적으로 경쟁을 벌이는 중국으로서는 당연한 선택이라고 보는 것이다. 그러나 중국은 인권 및 무역 문제로 미국과 불편한 관계이기 때문에 중국의 이러한 역할이 필요 이상으로 부각되는 것은 바람직하지 않다고 본다. 황대사가 강조한 중국 역할론이 정상회담의 내용적 핵심을 정확히 드러냈는데도 역으로 중국의 운신 폭을 제약하게 된 이유도 거기에 있다고 할 수 있다.

"6월 말~7월초에 수면 위로 솟구칠 것"

그러나 그가 제기한 중국 역할론이 완전히 사라진 것은 아니다. 오히려 최근의 상황은 중국 역할론이 더욱 절실해진 상태라고 볼 수 있다. 특히 4월15일 정부가 북미 회담의 전제 조건으로 고집해온 특사 교환을 철회한 이후, 이러한 상황이 가속화하고 있다고 할 수 있다. 정부의 특사 교환 주장이 미국식 해법에 의존한 정상회담 구도였다면, 이것이 좌절된 지금은 중국식 해법에 의존하지 않을 수 없는 상황이 된 것이다. 바로 황대사가 말한 외교 축의 변화이다.

정부가 남북 정상회담에 집착하는 이유 중 쉽게 상정할 수 있는 것은 국내 정치의 국면 돌파용이라는 관점이다. 이에 못지않게 중요한 것이 남북 정상회담은 앞으로 이루어질 한반도 주변 질서 재편성의 출발점이 될 것이라는 점이다. 북한이 정상회담에 응할 경우 이는 곧 북한과 미국 및 서방과의 관계 개선으로 이어질 것이고, 이는 교차승인으로 가는 출발점이 될 것이다. 정상회담 실현에 낙관적인 견해를 가지는 전문가들은 대개 그 시점을 6월4일의 최혜국 대우 갱신에 합의해 미·

중 관계가 지금보다 우호적으로 회복된 이후가 되리라 본다. 6월말~7월초면 남북 정상회담이 수면 위로 솟구칠 것이라는 지적이다.

그러나 비관적인 전망도 없는 것은 아니다. 이는 북미 관계 개선이 한국의 중재가 필요 없을 정도로 급진전할 경우로, 이런 상황에서는 북한이 한국과 정상회담을 할 필요성을 느끼지 못할 것이라는 지적이다. 북한은 오히려 한국을 외교적으로 고립시키기 위한 현재의 전략을 계속 고수할 수도 있다. 6공화국 당시 한국의 북방정책에 당했던 쓰라림을 갚으려 시도할 가능성도 있는 것이다.

한편 중국을 중재자로 한 정부 최고위층의 남북 정상회담 추진과 관련해 외무부 고위 당국자는 이를 부인했다.

앞의 기사가 보도된 4월28일 뉴욕에서 미·북 3단계 고위급회담 실무접촉이 열렸다. 북한은 3단계 고위급회담을 이른 시일 안에 개최해 모든 현안들을 일괄타결하자고 주장한 반면 미국은 핵 사찰과 관련 IAEA와의 현안 타결이 우선이라고 맞섰다. 당일 북한은 군사정전위원회(MAC)에서 일방적으로 철수하겠다고 통보했다. 5월3일 북한 외교부는 5MWe 원자로 핵연료봉 교체를 강행하겠다고 했다. 그러나 한편으로는 남북 정상회담과 관련한 징후들도 다양하게 포착됐다.

남북, 다양한 경로로 막후 접촉 중?
YS, 측근 통해 비밀 접촉설

(1994.5.5)

멀게만 느껴졌던 남북정상 간의 회동이 발등의 불로 다가오고 있다. 특히 '중국을 중재자로 남북 정상회담 극비 추진' 사실을 보도한 것과 거의 같은 시점에 "김일성 주석이 한국 방문을 희망했고, 김영삼 대통령과 언제 어디서든 만날 용의가 있다고 몇 차례에 걸쳐 말했다"라고 윌이엄 테일러 미 전략 문제연구소 부소장이 폭탄 발언을 하면서, 남북 정상회담 문제는 관계 전문가들 사이에 초미의 관심사가 되었다.

테일러의 발언에 대해서는 일부 회의적인 견해도 있지만, 현재의 미묘한 상황에서 김일성 주석이 직접 등장해 전반적인 상황에 대한 자기 견해를 피력했다는 점에서 가볍게 봐서는 안된다는 지적이 우세하다. 또 이미 보도한 대로 김영삼 대통령이 중국을 통해 북한에 정상회담과 관련한 메시지를 전한 것이 사실이라면, 김일성 주석의 발언은 이에 대한 화답 차원으로 보아야 한다는 지적도 제시된다.

북한을 오랫동안 연구해온 전문가들이나, 북한 핵 문제 이후 주변 관계의 미묘한 변화 움직임을 추적해온 전문가들이 남북 정상회담이 극적으로 실현될 가능성에 대해 깊은 관심을 보이는 또 다른 이유는, 북미 협상을 축으로 전개돼온 그동안의 협상 국면이 북미 3단계 고위급 회담을 계기로 마무리 단계에 접어들면, 남북한 간의 직접 협상이 전면에 떠오르게 될 것이라는 상황 판단에 따른 것이기도 하다.

핵 협상의 궁극적 목표는 서울

북한 핵 문제의 변화 추이를 면밀히 추적해온 한 전문가는 "이제 핵 협상의 서막이 끝나가고 있다. 멀지 않아 본무대의 막이 오를 것이다"라는 말로 현재의 국면을 함축적으로 표현했다. 그는 이어 "핵 협상에서 북한의 궁극적인 목표는 워싱턴이 아니라 서울이다. 지난 1년간은 서울에 진입하기 위해 워싱턴을 경유하는 과정이었다. 워싱턴과의 협상이 마무리되면 북한은 곧 서울과의 협상에 본격적으로 나서게 될 것이다"라고 말했다. 워싱턴에서 서울로 협상 무대를 전환하기 위해서도 남북 정상회담은 반드시 거쳐야 할 관문이라는 지적이다.

이미 보도한 '중국을 중재자로 한 남북한 정상회담 극비 추진' 기사에 대해 관계 전문가들은 이를 남북한 극비 접촉의 연장선상에서 이해해야 한다고 지적한다. 남북한 극비 직접 접촉설에 대해서는 이미 지난해 12월초 국내 한 일간지가 워싱턴의 정통한 소식통을 인용해 세차례 보도한 바 있다. 이보도의 골자는 다음과 같다.

미국과 북한 간에 전개되는 뉴욕 실무 접촉과 별도로 남북한이 극비의 막후 접촉을 통해 핵문제 해결을 시도하고 있다는 점, 이를 위해 한국측 밀사가 극비리에 평양을 방문해 북한 고위층과 담판을 벌였을 가능성, 지난해 11월23일 한·미 정상회담에서 한국 정부가 미국측에 북한과의 접촉 사실을 전하고, 북한과의 협상카드로 활용하기 위해 팀스피리트 훈련 중단 결정을 한국 정부에 맡겨줄 것을 요청해 미국측의 동의를 얻어냈다는 점 등이었다.

북한, 회담 장소 평양 원해

남북한 비밀 접촉설은 김영삼 대통령 측근들의 행보와 관련해서도 관측통들의 비상한 관심을 모았다. 특히 민자당 사무총장에서 사퇴한 직후 최형우 현 내무부 장관이 지난해 중국을 방문한 목적이나 일본에 머무르던 서석재 전 의원의 행보 등이 관측통들의 안테나에 잡히기도 했다.

이러한 물밑 접촉 움직임 중에서 가장 관심을 모으는 것이 황병태 주중대사의 역할이다. 오랜 관료생활 경험과 뛰어난 정치 감각을 가진 황병태 주중대사야말로 남북간 막후 접촉의 실무 주역일 것이라는 지적이 끊임없이 제기되는 것이다.

2월25일 김영삼 대통령이 취임 1주년 기자회견에서 남북 정상회담 추진 의사를 갑작스럽게 꺼낸 배경이나, 한중 정상회담 당시 황대사의 기자회견 파동 등도 정상회담 실현에 대한 황대사의 자신감에서 비롯한 것이라는 분석이 대두된다.

"지난해 연말 남북간 직접 접촉설이 나돌다가 최근에 와서 뜸해진 것을 보면, 직접 접촉을 통한 정상회담 실현이 벽에 부딪힌 것은 아닌가." 한 북한 문제 전문가는 정부 최고위층이 중국을 정상회담의 중재자로 내세웠다는 보도와 관련해 그 배경을 이렇게 설명했다. 특히 그는 "회담 장소에 대해 이견이 발생한 것 같다"고 원인을 진단했다. 제3국에서 한다면 어느 모로 보나 북경이 가장 유력한 장소로 거론될 터인데, 자존심 강한 김일성 주석이 민족 문제를 북경으로 끌고 가려 하지 않을 것 같고, 더군다나 김영삼 대통령보다 고령인 그가 먼저 서울에 오려고 하지도 않을 것이라는 지적이다. 김대통령이 먼저 평양을 방문할 수밖에 없을 텐데, 정부 핵심층의 의견 조정이 어떻게 될 것인지가 관건이라는 지적이다.

"회담 장애 요인 거의 사라졌다"

전문가들이 남북 정상회담 실현을 먼 미래가 아닌 발등에 떨어진 불로 인식하는 또 다른 이유는 북미 협상을 주축으로 하는 핵 협상의 현재 국면이 마무리 단계에 접어들면 그 다음은 남북 간의 직접대화라는 외길 수순만이 남게 된다는 상황 인식에서 비롯한다. 핵사찰을 둘러싼 북미 간의 협상 과정을 면밀하게 추적해온 전문가들은, 북한의 핵카드를 양날을 지닌 칼로 인식한다. 한쪽 날은 미국과의 관계 개선을 위한 협상 수단이라는 점이다. 미국이 올해 안에 평양에 무역대표부 또는 연락사무소를 세우기 위해 준비하고 있다는 일부 보도에서 나타난 바와 같이, 북미 3단계 고위급 회담이 끝나가는 시점이 되면 미국의 대북 엠바고(외교·경제 봉쇄)가 해제될 것이라는 관측이 지배적인 상황이다.

미국의 엠바고 해제는 베트남의 사례에서 보듯이 북한에 세계 무대로 진출할 길을 열어줄 것이고, 서방 자본의 활발한 대북 투자로 인해 북한 경제의 재건 가능성이 매우 높아진다는 것을 의미한다. 이 경우 남한과의 50여년에 걸친 비정상적인 관계를 정상화하는 문제만이 북한에게 과제로 남는 것이다.

북한 핵카드의 또 다른 측면이 바로 이 점에 모아지고 있다. 즉 지난 1년간 북미 협상과정에서, 북한의 핵카드는 앞으로 남북 협상에서 제기될 장애 요인을 사전 제거하는 수단으로 작용해 왔다는 점이다. 북한문제 전문가 김남식씨는 "북한이 그동안 한국에 요구해온 조건들을 미국과의 회담을 통해 관철해 왔다는 점에 북미 회담의 또 다른 의미가 있다"라고 지적했다.

예를 들어 지난해 4월 열린 북한 최고인민회의 제9기 5차 회의는 새로 출범한 문민정부에 대해 △ 통일문제에서의 외세 배격 △팀스피리트 등 군사훈련 중지 △주한미군 철수 의지 표명△미국의 핵우산 제거를 요구했다. 이들 요구 조건의 상당 부분이 지난해 6월 북미 1단계 고위급 회담에서 미국측에 의해 대신 수용되었다는 것이다.

또 다른 전문가는 "북한은 그 동안 한국에 대해 △전술핵 철거 △국가보안법 폐지 △팀스피리트 훈련 중지 △주한미군 철수 △대미 관계 개선 등 5대 요구 조건을 내세워 왔다며 현재 이런 요구 조건의 상당 부분이 미국측에 의해 수용된 것은 아닌가라는 의문을 제기한다.

북미 회담 과정에서 남북관계 정상화의 장애 요인이 상당 부분 희석됐다고 북한이 판단하고 있다면, 이제 남은 것은 미국의 간섭이 배제된 상태에서 민족문제 해결을 명분으로 한국과의 통일 협상에 나설 것이라는 지적이다.

우리 정부 처지에서도 진공 상태에 빠진 남북간 핵 협상 통로문제 및 남북관계 돌파구 마련, 더 나아가서는 국내 정국의 위기 탈출이라는 다각적인 포석의 일환으로 남북 정상회담이 절실해진 상황이다. 핵 협상 통로와 관련해 특사교환 철회 이후 정부는 핵통제공동위원회를 그 대안으로 제시하고 있으나, 국제원자력 기구의 추가 핵사찰이 남아 있는 상황에서 핵통제공동위원회는 시기상으로 설득력이 없다는 지적이 우세하다. 또 남북관계는 이미 91년 몇 차례 총리 회담을 통해 남북기본합의서 및 부속합의서를 채택한 상황이므로, 정상회담 이외에 더 이상의 고위급 회담이 필요 없는 상황이다. 여기에 우루과이 라운드 협상, 상무대 자금문제, 이회창 총리 전격 사퇴 등 난조를 보이는 정국 돌파를 위해서도 정상회담은 매력적인 카드로 작용할 것이다.

그러나 정상회담은 지난 50여 년 간의 남북 분단 체제 극복을 위한 첫걸음이 될 것이라는 역사적인 의미만큼이나 남북 양측에 정치적 부담을 수반하는 것 또한 사실이다. 특히 우리 정부로서는 지난 1년간 핵카드를 앞세운 북한의 교묘한 정치 공세로 인해, 통일 방안을 둘러싼 협상이 남북간 내부문제로 좁혀져 있는 상황이라는 점을 심각하게 인식해야 한다. 싫든 좋든 앞으로 있을 북한과의 협상은 우리 스스로의 판단과 결단에 의지할 수밖에 없으니 이에 대한 대비책들 지금부터라도 강구해야 한다는 지적이다.

IAEA와 핵사찰을 둘러싸고 갈등을 빚는 와중에 북한은 정전협정 체제를 흔드는 제안과 조처를 잇달아 내놨다. 4월28일 북한 외교부는 "오늘 조선반도에서 핵문제를 비롯한 일련의 복잡하고 첨예한 문제가 제기되는 것은 정전협정의 실제 당사자들인 우리와 미국을 적대 쌍방으로 규정하고 있는 정전체제가 그대로 지속되고 있기 때문이다. 제반 사태는 조·미 사이의 적대관계를 해소하고 화해를 이룩하며 조선반도의 진정한 평화와 안전을 보장하면서 반드시 정전협정을 평화협정으로 바꾸고 현 정전기구를 대신하는 평화보장체계를 수립할 것을 요구하고 있다"라며 평화보장체계 수립을 위한 대미 협상을 제의했다. 또한 당일인 28일 기존 정전협정 체제의 무력화를 위한 시도의 하나로 군사정전위원회(MAC) 철수 및 중립국감시국인 폴란드 대표단의 철수를 통보했다. 단 군 직통 전화는 유지했다. 5월3일 통일원 대변인은 북한의 군정위 일방 철수와 관련해 이는 정전협정 제61항의 위반이며, 제5조에 위배된다고 주장하고 정상화를 촉구했다. 그러나 북한은 5월24일 유엔군과의 판문점 접촉에서 '조선인민군 판문점 대표부'를 설치했음을 통보(대표: 이찬복 중장, 부대표: 박림수 대좌)했다. 이 기사는 북한이 틈만 나면 주장하는 정전위 해체 평화협정 체결 주장이 가지고 있는 의미를 파헤친 것이다.

북한 평화협정 체결 주장이 던지는 질문
-냉전의 적이 평화시대에도 적인가

(1994.5.19)

북한 핵 협상의 제1막이 끝나고 새로운 제2막이 시작되려 하고 있다. 제1막의 주 내용이 북한의 핵 투명성 보장과 북미 관계개선에 중점을 둔 것이었다면, 제2막은 남북간 분단구조 해체 문제에 초점을 맞춰 진행할 가능성이 높아졌다. 즉 제1막이 북한 핵 문제의 국제적 성격에 초점을 맞추었던 데 비해 제2막은 남북 간의 민족 내부 문제가 논의의 핵심으로 등장할 가능성이 높아진 것이다.

북한이 지난 4월28일 외교부 성명을 필두로 새로운 국면 전환용 카드로 제시하고 있는 미국과의 평화협정 체결 문제는, 북한 핵문제의 국제적 성격과 민족 내부적 성격을 동시에 포함하고 있는 연결고리인 셈이다. 평화협정 문제는 현재 준전시 상태로 규정돼 있는 북미 관계 개선의 전제조건이라는 측면뿐 아니라, 남북 대치 상황을 지탱하는 한 축인 주한미군 및 한미상호방위조약 문제와 연결돼 있고, 또한 북한이 주장하는 고려민주연방제 통일 방안의 전제조건이라는 점에서 남북 내부 문제라는 성격을 포괄하고 있는 것이다.

의문스러운 한미 공조체제

따라서 제1막 전개 과정에서 남북한이 특사교환을 둘러싸고 서로 실랑이를 벌였던 것처럼, 이번에도 남한을 논의의 장에서 배제한 채 미국과 협상을 벌여 유리한 고지를 차지하고자 하는 북한에 대해 남한은 안보 문제로까지 직결될 새로운 상황에 적극 대응하지 않을 수 없어 또 한차례 접전이 불가피해졌다.

지난 4월28일 북한이 외교부 성명을 통해 제시한 대미 평화협정 체결 주장에 대해, 우리 정부는 즉각 단호한 대응 입장을 밝혔다. 북한측의 정전위원회 일방 철수 사실을 뒤늦게 언론에 공개하고, 5월2일 통일원 및 외무부 고위 당국자들이 '선 핵문제 해결 후 남북 당사자간 대화'라는 정부 입장을 내외에 천명한 것이다. 정부의 이런 행동에는 북한의 평화협정 체결 주장이, 한미간 유대를 이간질하려는 그들의 상투적 수법에서 기인한 것이라는 상황 인식이 깔려 있다. 더 나아가 정부 일각에는 북한의 제의에 언제 어떤 방식으로 이 문제를 다루겠다는 구체성과 공식성이 결여되었다는 점을 들어, 한국 정부와 미국 정부의 반응을 떠보기 위한 애드벌룬에 지나지 않는 것이라는 인식도 있다.

정부가 북한이 시도하고 있는 새로운 국면 전환을 막을 수 있다고 판단하는 주된 근거는, 한미 공조체제에 대한 굳건한 신뢰에 기인한다. 핵문제 우선 해결, 그리고 남북한 당사자간 대화라는 입장에 대해서는 한국 정부와 미국 정부의 입장이 일치하고 있다는 것이다. 통일원의 고위 당국자는 "이 문제에 관한한 한미 양국은 완벽한 공조체제를 이루고 있다"라고 잘라 말했다.

정부 고위 당국자는 북한의 북미 평화협정 체결 제안에 대해 처음에는 핵문제 우선 해결과 남북 당사자간 해결을 강조했던 미국무부 논평이 지난 3일 갈루치 미국 핵대사의 발언에 와서는 북미 3단계 회담의 의제에 이 문제도 포함될 수 있다는 쪽으로 선회하고 있는 데 대해 "원칙적인 대화 의지를 밝힌 데 지나지 않는 것이다"라고 의미를 축소 해석했다.

그런데 최근 북한 핵 문제를 추적하고 있는 워싱턴 관측통들의 분석을 보면 미국 측의 입장이 과연 우리 정부의 입장과 완벽하게 일치하는 것인지 의문스러운 대목들도 눈에 띄고 있다. 특히 최근 북한 핵 문제가 영변의 5MW 원자로에 대한 연료봉 교체 문제, 방사화학실험실에 대한 추가사찰 무제, 두 곳의 미신고 시설 문제 등으로 대폭 좁혀진 채 미국·국제원자력기구와 북한이 막바지 절충을 벌이고 있는 상황이라는 점에서 볼 때 이런 의문이 나타나는 것도 매우 자연스러운 것이다.

지난 3일 갈루치 미국 핵 대사가 평화협정 체결 문제를 논의할 수 있다고 한 발언과 페리 국방장관이 북한의 안전보장 문제까지 협상 내용에 포함할 수 있다고 한 발언은 이와 관련한 미국측의 대북 메시지라는 것이다. 미국 고위 관계자들의 대북 유화 발언이 나온 이후 북한은 6일 <로동신문> 사설을 통해 또다시 미국에게 평화협정 체결에 응하라고 촉구하는 한편 그 하루 전인 5일에는 영변 방사화학실험실에 대한 추가사찰 수용 등 일련의 양보 조처를 천명하고 나섰다.

미국의 한반도 정책 변화 가능성

북한의 대미 평화협정 체결 주장과 북미간 막후 절충 전개라는 상황의 동시성 때문에 국내 전문가들 사이에는 이 문제에 대해 이미 북한과 미국이 일련의 물밑 대화를 거쳤던 것이 아닌가 하는 의구심마저 고개를 들고 있다. 이도형 《한국논단》 사장은 "북한과 미국은 핵 투명성 보장과 평화협정 체결을 맞바꿀 가능성이 매우 높다"고 전망했다. 그는 특히 한미 공조체제에 대해 "정부가 특사교환 문제를 제기해 미국측의 다리를 거는 전술적인 오류를 범해온 게 악영향을 미치고 있는 것 같다"고 지적했다.

미국 협상 대표들의 심리적 상태는 둘째치더라도, 북한과 미국 양쪽 모두 시간에 쫓기고 있기 때문에라도 협상이 가속화할 것이라는 분석도 있다. 북한의 핵카드는 현재 영변 5MW 원자로의 연료봉 교체 문제, 방사화학 실험실에 대한 추가사찰 문제, 두 곳의 미신고 시설에 대한 특별사찰 문제 등으로 대폭 좁아진 상황에까지 와 있다. 따라서 이 문제들에 대해 양보하는 대신 그들 스스로 북미 3단계 회담의 실질적인 내용이라고 규정하고 있는 대미 평화협정 체결을 어떻게든 관철해야 하는 상황이다. 미국 역시 대북 제재의 뾰족한 수단이 없는 상황에서, 내년 6월의 핵확산방지조약 체제 연장 협상 이전에 북한 핵 문제를 무리지어야 한다는 부담을 안고 있다.

북한 핵 문제에 대한 미국의 의도에 대해 국내 일각에서는 현재 미국이 핵문제 해결 시한을 의도적으로 늦추고 있는 것이 아닌가라는 의문을 제기하고 있는 것도 사실이다. 민주당의 한 관계자는 지난번 페리 장관이 북한 핵 해결 시한을 6개월로 못 박았던 점을 들어 "미국은 한국에 대한 무기 판매와 북한에 대한 경제 진출 토대 마련을 위해 핵문제 해결을 늦추려 할 것이다"라고 말했다.

그러나 미국이 궁극적으로 협상에 의해 북한 핵 문제를 타결 지으려 할 것이라는 점에 대해서는 전문가들의 견해가 대체로 일치한다. 한 전문가는 북한과 마찬가지로 핵을 무기로 삼아 대미 협상에 나섰던 우크라이나의 사례를 들면서 "역사적으로 핵을 가지고 공갈을 치는 상대에 대해 미국이 정면 승부를 걸었던 사례가 없다"라고 잘라 말했다. 결국에 가서는 경제 지원등을 통해 타협을 해 왔다는 것이다.

전문가들 사이에는 북한 핵 문제가 등장한 이후 미국의 한반도 전략이 변화할지도 모른다는 우려가 나타나고 있기도 하다. 민족통일연구원의 길정우 정책실장은 "한국을 통해 북한을 바라봤던 미국이 독자적인 시각으로 북한을 인식하기 시작했다는 점이 큰 변화"라고 지적했다. 한 전문가는 "동북아에서 미국의 안보에 최대 위협이었던 소련이 사라졌다는 점과, 북한이 핵을 무기로 대미 관계 개선을 요구하고 있다는 점이 미국의 한반도 정책 변화 가능성에 대한 잣대이다"라고 지적했다. 소련이 사라진 대신 중국이라는 버거운 상대가 미국의 전면에 떠오른 현재 한국에 두어졌던 미국의 안보이해가 북한으로 서서히 이동할지도 모른다는 우려가 나타나고 있는 것이다. 바로 '냉전시대의 적이 평화시대에도 적인가, 또 냉전시대의 친구는 평화시대에도 친구인가'라는 화두가 미국과 한국, 미국과 북한 관계의 밑바탕에 깔려 있다는 것이다.

이처럼 장기적인 관점에서 미국의 이해관계에 변화가 예상되기는 하지만, 그렇다고 당장 미국이 한국과의 전통적인 유대를 버리고 북한을 선택한다고 보기는 어려운 것도 사실이다. 특히 한국의 안보이해와 직결되는 평화협정 체결 문제에 대해, 미국이 한국 정부를 배제할 경우, 정부는 물론이고 야당 측으로부터도 거센 반발에 부닥칠 수밖에 없을 것이다. 서진영 교수(고려대·국제정치)는 "평화협정 체결은 일정한 시점에 가서 남한·북한·미국 3자 간에 일괄타결로 매듭지어질 가능성이 매우 높다"라고 전망하기도 했다.

"감정 대응은 금물, 현실주의 필요"

따라서 현재 우리에게 중요한 것은 북의 전략에 대한 단기적·감정적 대응보다는 중·장기적 관점에서 대응 태세를 마련하는 것이 중요하다는 지적이다. 평화협정에 대한 가장 현실적인 대안인 남북기본합의서에 대해 정부가 애매한 상태로 방치해둔 것은 잘못이라는 주장도 설득력을 얻고 있다. 이장희 교수(외국어대·국제법)는 "지금이라도 국회 비준을 통해, 기본합의서에 남북한의 정치질서를 규율할 수 있는 법적 권위를 부여해야 한다"라고 주장했다. 91년 12월 남북 간에 체결된 기본합의서에 대해 정부가 국회 비준절차를 거치지 않은 이유는 북한을 반국가단체로 규정하고 있는 국가보안법과 상충되기 때문이다. 한 전문가는 "북한 핵 문제가 등장한 이후 정부는 우리가 얻을 것에 대해서만 생각해 왔다. 이제는 그것을 얻기 위해 무엇을 버려야 할지에 대해서도 심사숙고하지 않으면 안되는 상황이다"라고 말했다. 그는 "대북 정책에서 감정적인 대응은 금물이다. 냉철한 현실주의가 절실하게 요구되는 시점이다"라고 강조했다.

김영삼 정부가 핵 연계전략에 갇혀 있는 동안 미국과 중국 등 주변국가들이 어떤 생각과 전략으로 북핵 문제에 임하는가를 분석한 기사다. 미국과 관련해서는 국방부 CIA 군산복합체 등 핵 비확산주의자들의 강경한 목소리만 주로 전달되지만 실제 북한과의 협상을 담당하는 것은 국무부를 중심으로 한 지역주의자들이다. 이들의 주요 관심사는 냉전 시절의 대소 포위망에서 냉전 이후 대중 포위망 구축으로 전환하는 것이다. 미국 강경파들의 목소리에 취해 안심하고 있던 국내 보수파들이 극적인 순간에 북한과 협상으로 돌아서는 미국의 모습에 충격을 받곤 하는 이유가 바로 여기에 있다.

소련 붕괴 후 불거진 북핵 문제에 대해 중국은 궁극적으로 자신들이 타켓이라 보고 미국을 향해 목소리를 내기 시작했다. 초기에는 한국을 통해 북미관계를 중재하려 했으나 한국이 보수파들의 발목잡기로 인해 움직이지 못하자 직접 중재에 나섰다. 중국의 전략은 92년의 신냉전 문서에 언급된 西西모순의 활용 전략이다. 한중 수교를 앞당겨 일본을 견제하고 미국의 힘을 약화시키려 한 데에서 나아가 남북 정상회담을 중재해 영향력을 극대화하고자 했다. 북한 핵문제를 계기로 소련 붕괴후 미국과 중국이 상대방을 맞수로 인식하는 과정이 본격화했다. 특히 냉전 이후 중국의 한반도 정책 골격이 어떤 과정을 통해 만들어지기 시작했는지 들여다 볼 수 있는 기사다.

중국은 어떻게 북핵 문제에 개입하기 시작했나
92년 '신냉전문서'-한중수교·북한 교차 승인 추진

(1994.6.9)

북한 핵 문제를 둘러싸고 밀고 당기기를 계속해온 한반도 질서 재편성 과정이 막바지를 향해 치닫고 있다. 그동안 수면 아래서 핵 협상의 숨은 연출자 노릇을 하던 미국과 중국 양국이 막후 대화에서 직접 대화로 협상 방식을 전환해가는 움직임을 보이면서 정세의 긴박감을 더해가고 있다. 북미 3단계 협상 재개 및 수교 협상, 김일성 주석의 중국 방문, 강택민 주석의 한국 방문, 그리고 남북한 정상회담 등 이미 언론을 통해 서서히 흘러나오고 있는 굵직 굵직한 현안들은, 이러한 질서 재편성 과정이 궁극적으로 한소, 한중 수교 이후 중단됐던 주변 4강에 의한 남북한 교차 승인의 완결을 향해 치닫고 있다는 것을 의미한다.

그러나 최근 이에 대한 정부의 대응은 정부가 이런 질서 재편성 과정을 어떻게 받아들이고 있는지조차 가늠하기 어렵게 한다. 정부가 변화 속도를 따라가지 못하고 있는 것이 아닌가 하는 지적도 전문가들 사이에서 강력하게 나오고 있다.

한국, 한반도 정세 흐름 타는 전략 세워야

한 전문가는 "지난 1년간 미국, 중국, 북한 등 각국은 속마음과 겉 표현이 모두 달랐다. 안팎이 모두 일치한 것은 우리 정부밖에 없었다"라고 말했다. 또 다른 전문가는 "핵문제를 둘러싸고 미국·중국·북한·한국의 전략적 입지점에 근본적인 차이가 있는 것 같다. 미국은 핵확산방지조약(NPT) 체제 유지라는 세계 전략과 동북아시아 질서 재편성이라는 지역 전략 차원, 중국은 동북아시아 패권을 둘러싼 미국과의 영향력 경쟁 차원에서 핵문제에 임해 왔다. 또 북한은 미국의 세계 전략을 상대로 협상을 벌임으로써 전략적 지위가 격상되었다. 유독 우리 정부만이 남북 적대 관계라는 좁은 틀 속에서 핵문제에 임해 왔다"라고 지적했다. 다소 신랄한 표현이기는 하지만 이같은 지적은 지난 1년간 안과 밖이 다르게 핵문제에 임해 온 관련 각국이 속마음을 드러내며 협상을 진전시키려 할 때 마다 '한국 정부는 왜 작아지는가' 라는 의문에 대해 적절한 해답을 준다.

최근 한국 정부를 가장 당혹스럽게 하고 있는 것은 '한미 공조체제'의 한 축인 미국인 것 같다. 지난 4월3일 페리 미 국방장관이 "북한이 이미 한두 개의 핵무기를 가지고 있다면 그것에 대해서는 문제 삼지 않겠다"라며 당시 상황에서는 폭탄선언과 같은 발언을 했을 때만 해도 정부의 한 고위 당국자는 "페리 장관의 발언에 대해 큰 의미를 부여할 필요가 없다"라는 느긋한 태도를 보였다. 그러나 최근 미국이 북한의 핵연료봉 교체 문제에 대한 북한과 국제원자력기구 간의 협상이 결렬되었음에도 3단계 고위급회담을 계속하겠다고 하는 등 미묘한 태도 변화를 보이기 시작하면서 정부의 느긋한 태도는 불안감으로 바뀌고 있는 것 같다.

"레일은 한국이 깔고 열차는 중국이 움직여"

　3단계 고위급회담뿐 아니라 미국은 5월25일자 일본의 <니혼 게이자이> 신문을 통해 북한의 두만강개발계획을 지원할 용의가 있다고 발표함으로써 정부를 더욱 난처하게 만들었다. 그렇지 않아도 최근 재계를 중심으로 정부의 핵·경협 연계 전략에 대해 비판하는 소리가 드세지고 있는 상황인데 미국측의 발빠른 움직임은 정부에 대한 기업들의 공세에 기름을 끼얹는 형국이 될 것이기 때문이다.

　정부는 이제야 '북한 핵을 둘러싸고 한국과 미국의 이해관계가 과연 일치할 수 있는가'라는 일부 전문가들의 의문에 관심을 기울이기 시작한 것 같다. 이홍구 통일원장관이 지난 5월23일 국회 외무통일위원회 답변에서 '비핵화공동선언 재검토 고려'라는 대미 경고성 발언을 한 데 이어, 독자적인 대북 정책이 필요하다는 지적도 흘러나오고 있기 때문이다. 그러나 정부의 새로운 입장이 현재 진행되고 있는 한반도 질서 재편성이라는 흐름을 같이 타고 가는 식의 발상 전환이 아니라 특사 교환이나 벌목공 문제, 비핵화공동선언 재검토 같은 기존의 끼워넣기식 전략에 그친다면 국면이 바뀔 때마다 정부의 입지는 더욱 좁아질 수밖에 없다는 지적도 나오고 있다.

　민족통일연구원의 한 전문가는 미국의 대북 핵전략에 대해 "국방부·CIA·군산복합체 등을 중심으로 한 핵비확산주의자들의 강경 입장과, 국무부를 중심으로 한 지역주의자들의 온건 입장으로 나뉘어 있다"라고 지적한 바 있다.

　그동안 국내 언론에 소개된 미국 정부 입장은 강경론을 펴는 핵비확산주의자들의 발언이었던 데 반해, 북한과의 핵협상을 주도하는 세력은 국무부 중심의 지역주의자들이라는 점을 인식하는 것이 중요하다. 이들 지역주의자들의 기본적인 관심사는 냉전 시대에 북경·서울·도쿄를 연결해 모스크바를 포위했던 미국의 전략을 이제 새로운 가상 적으로 떠오른 북경에 대한 포위망 구축으로 전환하는 것이다.

　이런 와중에 북한이 비록 핵이라는 위협수단을 들고 나오기는 했지만, 미국과의 관계 개선을 요구한다는 점은 미국으로서도 거부할 이유가 없는 것이다. 중국에 대한 포위망 구축이라는 관점에서 페리 미 국방장관의 발언을 대담하게 해석하는 전문가도 있다. 한 전문가는 "미국이 기왕 북한을 끌어안기로 작정했다면, 핵이 없는 북한보다 핵이 있는 북한이 미국의 이익에 도움이 된다고 생각하는 게 아닌가"라고 말했다.

<니혼 게이자이> 보도 이전에도 미국이 두만강 유역의 나진·선봉 지구에 대한 경제 진출을 적극 모색하고 있는 것이 아닌가 하는 의구심은 관계 전문가들 사이에 줄곧 있어 왔다.

국내 언론에서는 별로 주목 받지 못했지만, 지난해 9월16일 일본 경단련이 주최한 두만강 개발 세미나에 참석한 유엔개발계획(UNDP) 동아시아태평양국의 베아스틱 과장은 "미국 정부는 정치경제적 이유로 두만강 개발계획에 주목하고 있다. 기업도 이미 두만강으로 가고 있어 참가는 시간 문제다"라고 말해 이러한 국내 시각을 확인해 준 바 있다.

미국이 나진·선봉 지구를 '정치적'으로 주목하고 있는 이유는 이 지역이 동북아시아 지역의 패권을 좌우할 군사 요충지이기 때문이다. 한국이 지난 1년간 북한에 대한 적개심 때문에 스스로 손발을 묶어놓고 있는 동안, 한국의 머리 위로 미국과 북한 간에 막후 대화가 진행되는 것이 아닌가라는 일부 전문가들의 지적이 전혀 근거 없는 의심만은 아닌 것이다.

한국 정부는 그동안 북한 핵 문제에 대해 미국식 해법과 중국식 해법 사이를 왔다갔다 했다. 그런데 최근에는 '미국과 북한 간의 직접 대화'라는 중국식 해법에서도 뒤로 처지는 듯한 모습이 역력하다. 즉 그동안 한국 정부를 통해 미국과 북한 간의 대화, 그리고 수교 문제를 해결하고자 했던 중국이 미국과 북한에 대한 직접 중재라는 형태로 전면에 나서고 있다는 것이다. 한 전문가는 "북미 대화라는 열차의 선로를 깐 것은 분명 한국 정부다. 그러나 지난 1년간 한국 정부는 안팎 보수파들의 저항에 부딪혀 열차를 출발시키지 못했다. 북미 간의 대화 및 수교 열차는 중국 정부에 의해 움직이게 될 것이다"라고 지적했다.

중국이 움직이기 시작했다는 것은 이미 최근의 언론 보도를 통해 분명해지고 있다. 지난 5월12일자 <동아일보>는 북경 특파원 보도를 통해 '최근 북한의 핵심 당국자가 중국을 비밀리에 방문해 교착 상태에 빠진 미국과 북한 간의 대화를 중재해 달라고 요청했고, 중국은 북한의 이러한 입장을 미국 정부와 한국 정부에 전달했다'고 보도했다.

대외전략 지침 '신냉전 문서'

또 최근 미국을 방문했던 김대중 아태평화재단 이사장은 5월24일자 일본 <아사히 신문>과의 인터뷰에서 "북한의 최종 목표는 미국과의 국교 정상화다. 미국은 중국에 정상화할 용의가 있음을 전달하면서 중국의 협력을 요구했고 중국도 당연히 협력하겠다는 입장이다"라는 취지의 발언을 했다. 최근 클린턴 미국 대통령은 중국의 이같은 적극적인 자세를 최혜국대우를 연장하는 이유 중 하나로 거론했을 정도다.

핵문제를 계기로 표면에 나타난 중국 대외 정책의 특징은 중국이 이미 그 이전의 대미·대서방 협조 정책을 집어치우고 강경한 태도로 자신의 목소리를 관철시키려 하고 있다는 점이다. 중국의 이러한 강경 입장은 기본적으로는 91년 소련 해체 이후 중국의 새로운 세계 인식 및 전략을 반영했다는 점에서 주목할 필요가 있다. 지난해 연말부터 최근까지 중국을 방문해 중국 고위층과 면담한 바 있는 다수 전문가들의 공통 인식은 중국이 미국과 국제원자력기구가 주도해온 북한 핵문제를 어떻게 인식하고 있는가를 적나라하게 보여준다.

지난 4월 중순 중국을 방문한 한 중국 전문가는 "중국 정부의 고위 관계자들은 핵문제에 대해 △미국이 북한 핵을 동북아시아에 대한 영향력 강화를 위한 수단으로 활용하고 있고 △핵문제를 빌미로 북한 정권을 견제·붕괴시키려 하며 △나아가서는 북한 정권뿐 아니라 중국에 대한 견제 수단으로 활용하고 있다고 본다"라고 전했다. 지난해 9월 작성된 중국 외교부 소속 국제문제연구소(상해시 소재)의 내부 문건은 '미국이 북한 핵문제를 제기한 근본 이유는 탈냉전 이후 한반도에서 존립 근거를 상실한 주한미군의 주둔을 연장하기 위한 것이다'라고 지적하고 있기도 하다. 탈냉전 이후 주한미군이 소련 견제용에서 중국 견제용으로 바뀌었다는 중국측 시각으로 볼 때 미국의 북한 핵 정책이 겨냥하는 궁극적 목표는 중국이라고 인식하고 있는 것이다.

중국 고위 관계자들의 북한 핵 문제에 대한 근본 인식은 소련이 사라진 이후 중국의 세계 인식과 불가분의 관계를 가지고 있다. 이 중국의 새로운 세계 인식을 보여주는 것이 바로 탈냉전 이후 중국 대외전략의 기본 지침인 '신냉전 문서'이다. 일본 교도통신 전 북경 특파원인 니시구라 가즈요시씨가 북경 체류 기간에 입수해 일본 시사 월간지 《世界》 5월호에 발표한 이 문서는 소련이라는 방파제가 무너진 이후 중국이 미국을 중심으로 한 서구·제국주의의 직접적인 체제 위협에 직면해 있다고 규정한다. 그리고 이러한 위기를 극복하기 위해서는 제국주의 국가들 간의 내부 모순, 즉 '西·西 모순'을 적극 활용해야 한다고 지적하고 있다.

신냉전 문서가 대외전략의 기본 지침으로 채택된 것은 92년 초, 그러니까 소련이 붕괴된 다음해이다. 바로 이 해 한·중 수교가 이루어졌다는 점도 우연은 아니다. 즉 신냉전 문서에 표현된 기본 지침인 '西·西 모순' 활용 전략에 입각해 한국을 끌어들임으로써, 일본을 견제하고 한반도에 대한 미국의 영향력을 약화한다는 전략의 일환이었던 것이다.

한중 수교의 의미는 중국 정부의 '이이제이(以夷制夷)' 전략을 확인하는 데 그치는 것은 아니다. 핵문제 이후 중국이 주장하는 중국식 해법의 본질적인 부분이 여기에 있기 때문이다. 한 외교 소식통은 "한·중 수교 전야에 중국 지도부가 어떤 생각을 하고 있었는가를 이해하는 것은 현재의 중국 입장을 이해하는 지름길이다"라고 말했다. 당시 중국 지도부의 솔직한 생각과 관련해 주미 대사를 지낸 고위 외교소식통은 중국 고위 관계자로부터 "중국이 한국과 수교하면 곧바로 미국·일본이 북한과 수교할 것으로 판단했다. 그러나 이런 예상이 빗나가 중국은 북한에 대한 영향력을 상실했을 뿐 아니라, 중국에 대한 한국의 경협 축소라는 이중 손해를 보았다"라는 얘기를 들었다고 한다.

북한의 고립 상황에 대해 중국 지도부가 안고 있는 부담은 그 바로 전 해에 대외 유화책을 펴다 보수파의 쿠데타로 실각한 소련 고르바초프의 사례를 통해 더욱 증폭됐을 가능성도 있다. 쿠데타 직전 소련 부총리를 지낸 인사를 만났던 국내의 한 인사는 "당시 소련 부총리가 고르바초프가 몰락한 원인으로 △독일 통일 허용 △이라크 사태 때 대미 유화책에 이어 △한국과의 수교를 서둘러 북한을 잃은 점을 거론해 깜짝 놀란 적이 있다"라고 말했다. 마찬가지로 한중 수교를 서둘렀던 중국 지도부는 내부 보수파의 공격을 차단하기 위해서라도 북한의 대미·대서방 수교를 도와주지 않으면 안되는 상황인 것이다.

또 하나의 카드 '남북 정상회담 중재'

핵문제로 조성된 한반도 정세에서 중국 정부가 추진하고 있는 또 하나의 카드는 남북관계, 나아가서 남북 정상회담에 대한 중재역을 자임하고 나서는 일이다. 미국에 맞서 중국의 영향력을 행사할 수 있는 가장 유효한 카드이기 때문이다. 장정연 주한 중국대사는 인터뷰에서 '필요 없는 일'이라고 말했지만 이 카드의 실현성 여부는 좀더 지켜보아야 할 것이다.

이와 관련해 김일성 주석의 중국 방문 시기와 강택민 주석의 한국 방문에 대해 장정연 대사는 같은 인터뷰에서 "금년 초 중국정부로부터 방중 초청이 있었으나 아직 답변을 못받은 상태"라고 밝혔다. 전문가들은 중국 지도부의 북대하 하기 휴양이 끝나는 7월말~8월초 김주석의 중국 방문이 가능할 것으로 예상하고 있다.

또 올해 11월께 성사될 것으로 알려진 강택민 주석의 한국 방문이 실현된다면 최고지도자 등소평의 건강이 안좋은 상태에서 결정된 것이니만큼, 중국이 현재 한반도 정세를 얼마나 중시하고 있는지를 보여주는 잣대가 될 것이다. 김일성 주석의 방중이나 강택민 주석의 방한을 전후해 남북 정상회담 문제가 또다시 수면 위로 솟구칠 가능성도 있다.

핵문제로 조성된 한반도 정세는 4강에 의한 남북한 교차 승인이라는 시나리오를 향해 줄달음치고 있다. 이런 대격변 시나리오에 대한 정부의 대응 전략은 무엇인가.

앞 기사에 이어 신냉전 전략에 대해 좀더 자세하게 설명하고 있다.

'西·西 모순 활용' 신냉전 전략

(1994.6.9)

소련 해체 후 중국공산당의 대외전략 기본 노선인 '신냉전 문서'는 북한을 '중국 동북 방면의 전략적 방벽'이라고 규정하고 있다. 즉 중국 동북 방면을 지키기 위해서는 북한체제 존속이 전략적으로 중요하다는 입장을 견지하고 있는 것이다. 이 문서를 공개한 니시구라 가즈요시씨는 "중국은 체제 유지를 위해 한반도 분단의 고정화를 원하고 있고, 북한 붕괴를 최악의 시나리오로 두려워하고 있다"라고 덧붙여 설명하고 있다.

이처럼 중국공산당 대외 전략의 기본 노선이 북한 체제 고수에 있다는 사실은 최근 국내 보수파들이 주장하는 흡수통일론과 관련해 매우 중요한 대목이다. 북한 벌목공 문제(94년 3월 국내의 한 매체가 시베리아에서 유랑하는 북한 벌목공 실태를 보도해 이슈화가 됐고 그해 11월 그 중 3명이 국내에 들어왔다)로 발화한 흡수통일 논의는 옛 동독 주민이 헝가리를 거쳐서 서독으로 밀려들어간 사례를 염두에 둔 것일 텐데, 중국이 과연 북한 붕괴 시나리오로 이어지는 국경 개방 조치를 수용할 것인지 여부를 판단하는 기준이 되기 때문이다.

중국공산당 중앙선전부가 92년 초 작성했다고 알려진 신냉전문서는 소련 해체 이후의 세계에 대해 '하나의 냉전은 끝났지만 두개의 냉전이 시작되었다'는 등소평의 말을 기본 골격으로 하고 있다. 즉 냉전후 세계 최대 모순의 하나는 '사회주의 제도를 지키는 국가와 제3세계 국가가 제국주의 위협의 최전선에 놓이게 된 것'이라고 지적하면서 '미·소 간의 냉전이 끝났어도 두 개의 사회제도, 두 개의 이데올로기 간의 대립과 투쟁은 의연하게 첨예한 형태로 존재하고 있다'고 한 것이다.

제국주의 국가들의 위협에 대한 대응전략으로 신냉전 문서는 '西·西 모순'의 적극 활용을 들고 있다. 또 세계 최대의 시장을 가지고 있는 중국의 강점을 이용해 '시장 카드'를 구사할 것을 밝혀놓고 있기도 하다. 중국의 '西·西 모순' '시장 카드’ 활용 전략은 이미 동북아시아에서는 일본을 끌어들여 영국과 프랑스를 견제하는 형태로 실현되고 있다. 또 중국 내부에서는 일본의 엔화를 독일의 마르크화로 견제한다는 형태로 나타나고 있기도 하다.

'경제 전쟁의 시대에는 시장이 최대의 무기'라는 말처럼 중국의 시장 카드는 이미 대만에 대한 전투기 판매 문제로 중국과 갈등을 빚어오던 프랑스를 올해 1월 무렵 꿇린 데 이어, 인권과 최혜국대우라는 카드로 중국을 옥죄온 미국에게도 사실상 백기를 들게 하는 위력을 발휘했다.

'경제 전쟁의 시대에는 시장이 최대의 무기'라는 말처럼 중국의 시장 카드는 이미 대만에 대한 전투기 판매 문제로 중국과 갈등을 빚어오던 프랑스를 올해 1월 무렵 꿇린 데 이어, 인권과 최혜국대우라는 카드로 중국을 옥죄온 미국에게도 사실상 백기를 들게 하는 위력을 발휘했다.

94년 6월 카터 방북 전야에 펼쳐진 막판 외교전을 기록한 기사다. 북한은 눈엣 가시인 IAEA를 협상판에서 밀어내고 대신 미국과 일괄타결 하기 위해 IAEA에는 한치 양보없이 맞서고 대신 미국에는 김일성 주석이 직접 여러 매체에 출현해 대화를 요구했다.

카터 방북에서 남북 정상회담으로 이어지는 이 시점은 우리 역사에서 매우 중요한 순간이므로 기록을 위해 당시 상황을 일지 식으로 정리해둔다. 5월25일 북한과 IAEA가 핵연료봉 교체 관련 실무협상을 벌였다(5월25~27일). 5월27일 IAEA 한스 블릭스 사무총장이 유엔사무총장에게 북핵 연료봉 교체가 IAEA의 안전조치 이행능력을 배제하는 방식으로 진행됐다는 내용의 북핵 보고서를 제출했고 5월28일 IAEA는 핵연료봉 교체문제 협상 결렬을 발표했다. 당일 김영남 북한 외교부장은 유엔 사무총장에게 보내는 경고서한에서 "유엔이 제재를 통해 문제를 해결하려 할 경우 한반도는 물론 전 세계의 평화를 위협하는 참혹한 결과를 가져올 것"이라고 주장했다. 5월30일 유엔안보리는 북한 5MW 원자로 연료봉 교체에 대해 우려를 표하며 "북한이 IAEA 요구에 따라 연료 계측의 기술적 가능성을 보존하는 방법으로만 5MW 원자로 연료봉 교체작업을 실시할 것을 강력히 촉구"하는 의장성명을 채택했다. 6월2일 한스 블릭스 IAEA 사무총장은 유엔안보리에 북핵 연료봉 계측이 불가능하다고 보고했다. 당일 미국무부는 특별성명에서 북미 3단계 회담을 취소했다. 유엔안보리는 대북제재를 추진한다고 발표했다. 6월6일 북한은 IAEA가 특별사찰을 결의할 경우 NPT를 탈퇴할 것이라 위협했다. 이에 대해 6월10일 IAEA 이사회는 대북 제재 결의안 채택으로 맞섰다.

지미 카터 전 미국 대통령이 서울에 도착한 6월13일 북한 외교부 대변인은 "① 국제원자력기구(IAEA)로부터 즉시 탈퇴 ② 핵사찰을 더 이상 받지 않겠다 ③ 유엔제재는 곧 우리에 대한 선전 포고로 간주한다"는 입장을 강력히 재확인했다.

이처럼 IAEA에 대해서는 일전을 불사하며 강경하게 맞섰지만 미국에 대해서는 김일성 주석이 직접 나서 대화 메시지를 지속적으로 발신했다. 그것이 결국 카터 전 대통령의 방북을 가능케 했다. 김 주석은 4월16일 CNN방송 회견에서 북한 핵개발 의혹을 부인하며 "우리는 강대국이 되려고도 하지 않으며 가까운 장래에 핵무기를 보유하지도 않을 것이다. 서울 불바다 발언은 적절치 못한 것이었다. 사냥과 낚시 그리고 친구를 사귀기 위해 미국을 방문하고 싶다"는 대미 유화 발언을 내놨다. 또 4월18에는 일본 NHK 방송 회견에서 북미협상의 무조건 재개를 촉구했다. 다음날인 4월19에는 <워싱턴 타임스>지 회견에서 경수로를 지원받는 조건에서 핵재처리 시설을 포기할 용의가 있다고 시사하기도 했다. 즉 "미국이 경수로 원자로를 제공할 경우 미국이 걱정하고 있는 원자로나 방사화학실험설비 등 재처리시설은 아마 필요하지 않게 될 것"이라는 것이다. 카터 대통령이 서울 도착하기 이틀 전인 6월11일에는 셀리그 해리슨 미국 카네기재단 동아시아 안보부장과의 면담에서 "만약 미국과 다른 나라로부터 경수로를 공여하겠다는 확약을 받으면 방사화학연구소와 현재 건설 중인 20만kw 원자로 개발을 동결할 용의가 있다. 한국에서 공산주의 혁명은 불가능하다. 우리는 매우 현실적이다. 한국에는 미국·일본·영국 등 여러 나라가 투자하고 있어서 많은 적을 만드는 것이 되기 때문이다. 우리에게는 이미 하나의 적(미국)이 있기 때문에 더 이상 적을 확대하고 싶지 않다"는 등의 발언을 했다.

궤도이탈 북한 핵 목적지는 미국
양국간 담판 위해 IAEA 밀어내

(1994.6.23)

미국의 핵 특사 지미 카터 전 대통령은 북한이 국제원자력기구로부터 탈퇴를 선언한 험악한 분위기 속에서 북한을 방문했다. 카터 전 대통령이 휴전선을 통해 평양을 방문하기 위해 서울에 온 6월13일 저녁 북한은 그동안 핵협상 구도의 한 축으로 작용해 온 국제원자력기구의 북한 사찰을 무력화하는 결정적 조처를 취했다. '국제원자력기구 사무국은 최근 조선민주주의 인민공화국을 자극하려는 미국의 정책을 추종함으로써 우리 공화국의 위신과 주권을 심각히 침해하는 행동을 자행했다'라는 문구로 시작되는 이 날 북한 외교부 성명은, 그동안 누적된 국제원자력기구와 북한 간의 나쁜 관계를 보여주는 것임과 동시에 북한이 더 이상 득이 될 것이 없는 이 기구와의 관계에 연연하지 않겠다는 의지를 피력한 셈이다.

NPT 탈퇴는 마지막 승부수

국제원자력기구가 6월10일 대북제재 결의안을 채택함으로써, 북한이 이 기구에 가입해 누릴 수 있던 권리를 폐쇄해버린 것도 북한의 대응을 촉발한 측면이 있다. 관계 전문가들은 북한의 탈퇴는 국제원자력기구의 대북제재 결의안이 채택된 직후 충분히 예상된 상황이라고 말한다. 또 유엔 안보리 산하 전문 기구에 불과한 국제원자력기구에서의 탈퇴가 국제협약적 성격을 가진 핵확산방지조약(NPT) 탈퇴로 이어지지 않는 한 심각한 의미를 부여할 필요가 없다는 입장도 나타나고 있다. 북한은 같은 날 발표한 성명에서 '핵확산방지조약에 복귀할 것인지 아니면 이를 전면 탈퇴할 것인지 여부는 아직 결정하지 않았다'고 함으로써, 핵확산방지조약 탈퇴를 유엔의 대북제재 등에 맞대응할 카드로 남겨두겠다는 의도를 내비쳤다.

북한이 '미국의 첩자'로 의심해온 국제원자력기구로부터 탈퇴를 감행한 것은 그동안 미국과 북한 간의 직접 대화에 방해만 돼온 이 기구를 협상 탁자에서 배제함으로써, 대미 협상구도를 단순화하겠다는 전략의 소산으로 보는 전문가가 많다. 특사 교환을 거부함으로써 한국 정부를 협상구도에서 제외한 북한은, 이번에 국제원자력기구조차 협상 테이블 밖으로 밀어냄으로써 미국과의 담판을 통해 일괄 타결을 성사시키려 한다는 것이다. 따라서 북한 외교부 성명이 카터의 방북을 앞둔 시점에 나왔다는 점을 주목할 필요가 있다.

카터 전 대통령의 방북을 앞두고 미 국무부 갈루치 차관보는 "그의 방북이 개인자격이긴 하지만 긍정적인 결과가 나올 경우 이를 적극 수용할 것"이라고 밝힌바 있고, 김일성 주석도 최근 평양을 방문한 셀리그 해리슨 카네기재단 동아시아 안보부장에게 "카터 전 대통령의 방북이 이루어 질 경우 대미 타협안을 제시하겠다"라고 밝혀 이미 미국과 북한 간에 긍정적인 교신이 오간 상태다. 북한이 국제원자력기구 탈퇴를 선언한 상황이 미국측 입장에 어떠한 변화를 일으킬지가 새 변수로 작용하고 있지만, 그의 방북 성과에 대한 기대감은 여전히 유효하다고 보는 것이 타당할 것 같다.

최근의 긴장 국면에서 미국은 대북 제재를 선도하는 강경 입장을 보이면서도 한편으로는 북한과의 대화 통로를 유지하려는 양면 전략을 쓰고 있다. 미국의 이러한 태도는 제재 국면에 돌입한다 해도 중국·일본·러시아가 동참하지 않으면 효과를 거두기가 매우 어렵다는 상황 인식에서 비롯한 것으로 보인다. 일부 관측통은 '미국이 제재 국면에서 자신의 힘의 한계가 드러나게 될 것을 우려하는 것이 아닌가'라고 지적하기도 한다.

대북 제재에 대한 방안이 마땅치 않은 미국이 다면적인 전략을 구사하는 것과 비교하면 현재의 국면을 제재 국면으로 규정하고 단일한 대응 방식만을 추구하는 한국 정부의 태도는 기묘한 대조를 이루고 있다.

정부는 북한의 국제원자력기구 탈퇴 선언이 나온 직후 통일원 대변인 성명을 통해 '핵확산방지조약 탈퇴를 의미하는 것이 아니므로 큰 의미를 부여할 필요가 없다'는 반응을 보였다. 그러나 정작 국면 돌파의 호기가 될지도 모르는 카터의 방북에 대해서는 '김일성 주석에게 악용될 소지가 있다'는 냉소적인 태도로 일관했다. 정부 관계자는 "정부도 카터에게 기대하는 바 없고 카터도 우리 얘기를 들으려고 하지 않는 것 같다"고 정부 내 분위기를 전했다.

현재의 긴장 국면 해소를 위해 적극 움직여야 할 곳은 미국 정부인가 한국 정부인가.

카터 전 대통령이 판문점을 통해 방북한 6월15일 미국은 유엔안보리에 대북제재 결의안 초안을 제시했다. 그 내용은 '1단계: 핵관련 기술·과학협력 중단, 비정기 항공기 이착륙금지, UN 경제원조 중단, 상호원조조약 효력중단, 북한 외교관 인원감축, 강제적 무기금수, 문화·교육 등 분야 교류 금지 2단계: 해외자산 동결, 대북송금 금지' 등을 내용으로 한 것이었다. 방북 다음날인 6월16일 김일성·카터 1차 회담이 열렸다. 이 자리에서 김일성 주석은 핵개발을 동결할 용의가 있다고 표명했다. 6월 17일 열린 2차 회담에서 김 주석은 남북정상회담을 개최할 용의가 있다고 밝혔다. 그 다음날인 6월18일 김영삼 대통령이 김 주석의 제의를 수락해 남북 간에 역사적인 남북 정상회담 논의가 시작됐다. 남북은 6월28일 오전 10시 판문점 평화의 집에서 예비 접촉을 갖기로 했다. 6월27일 북한 외교부는 미·북 3단계 회담을 제네바에서 개최한다고 공식 발표했다. 아래 기사는 한반도 정세가 갑자기 해빙 무드로 전환한 가운데 러시아의 한반도 전문가들이 출간한 한반도 통일 시나리오를 긴급 입수해 보도한 것이다. 여기서 주목할 것은 체제 전환의 경험이 있는 러시아 전문가들이 북한이 체제 전환을 한다면 일어날 수 있는 일들의 로드맵을 그려봤다는 점이다.

"러시아 전문가들이 예측한 남북 통일 시나리오"
러시아 전·현직 외교관의 '4단계 통일 시나리오'/"북한 핵무기, 한국에 위협 안돼"

(1994.6.30)

남북 정상회담 제안과 수락으로 통일에 대한 기대감이 높아지고 있는 시점에 러시아의 한반도 전문가들이 공동 집필한 '한반도 통일 시나리오'가 국내 출판을 앞두고 있다. 도서출판 지산이 ≪러시아인이 본 한반도의 미래≫라는 제목으로 출판을 서두르는 이 책은, 북한 사회주의 체제를 누구보다 잘 이해하는 러시아 전문가들이 작성했다는 점에서 지금까지 나온 어떤 시나리오보다 독특한 것으로 평가된다. 필자인 J. 보그단은 러시아 국제관계 대학에서, A. 안드리에프는 모스크바 대학에서 20여 년간 한반도 문제를 연구해 왔다. 두 사람 다 최근 10여 년간 평양 주재 러시아대사관에서 고위 외교관으로 근무한 전·현직 외교관이다.

이 시나리오에서 이들은 '95년부터 남북관계에 극적인 변화가 일기 시작해 4단계 변화를 거쳐 2003년께 한반도가 연방 형태로 통일을 이룰 것'이라고 낙관한다. 특히 남북 정상회담에 대해서는 '김일성 주석이 통일 한반도의 아버지로 남기 위해 은퇴하기 전에 적극 추진할 것이고, 96년께 가능하다'고 내다보기도 했다. 안드리에프는 전화 인터뷰에서 "구체적인 시기보다 내용이 중요하다. 현재 남북 간에 일어나고 있는 변화는 우리가 예측한 내용의 토대 위에서 다양한 갈래의 발전이 일어나는 것으로 보아야 한다"며 자신감을 나타냈다. 원고를 미리 입수해 소개한다.

북한, 새 통일방안 제시

현대 남북은 통일로 갈 수밖에 없는 객관적 요인을 가지고 있다. 북한이 변화하고 있고 앞으로도 변할 것이라는 사실은 가장 중요한 요인이다. 멀지 않아 북한은 '고려연방제'를 대신할 새로운 통일 방안을 제시할 것이다.

남북한은 그동안 정반대 길을 걸어오면서 서로에 대한 장벽을 쌓아 왔다. 이 과정에서 남북한 주민의 가치관이나 생활양식, 경제발전 수준의 심각한 차이 등이 통일의 장애물로 간주돼 왔다. 그러나 남북한이 단일 민족이라는 사실은 앞으로 한반도 통일을 전망하는 데 매우 중요한 요소로 작용할 것이다. 현재 남북한 간에는 통일에 대한 인식의 격차 등 장애 요인이 많은 것이 사실이다. 그러나 더 중요한 것은, 이같은 주관적 요인과는 별도로 통일로 갈 수밖에 없는 중요한 객관적 요인들이 존재한다는 사실이다.

북한 사회가 현재 변화하고 있고 앞으로도 변화할 것이라는 사실이 가장 중요한 요소이다. 북한 체제가 2~3년 안에 붕괴될 것이라는 예측은 매우 잘못된 것이다. 북한 정권의 두드러진 특징은 매우 안정돼 있다는 것이다. 이는 김일성 부자 주변의 고위 권력층이 그들에게 매우 충실한 사람들로 채워져 있을 뿐 아니라, 북한 당국의 주민 통제 정책이 상당히 성공적으로 유지돼 왔다는 사실에 기인한다. 그러나 이런 내부적인 안정에도 불구하고 주체사상의 최근 발전 양상은 앞으로의 전망을 위해 매우 중요하다. 최근의 가장 좋은 사례는 바로 시장경제 체제에서와 같은 기업가 집단이 북한에 출현하고 있다는 점이다. 이들은 일본 조총련 출신뿐 아니라 북한 본토인으로 구성돼 있다는 점이 중요하다.

주체사상의 특성은 오래되고 전통적인 것에 집착하기 때문에 새로운 사회 체제를 구축하려는 요구에 부응할 능력이 없다는 것이다. 그러나 북한에서도 개혁의 필요성은 절실해졌다. 최근 몇 년 간 북한 경제의 침체는 더 이상 개혁을 회피할 수 없게 하는 가장 중요한 요인이 되고 있다. 두 번째는, 북한 주민들 스스로가 개혁의 필요성을 자극하는 요인으로 작용하고 있다는 점이다. 북한 주민들은 현재 조국이 어려움을 겪고 있고, 그 요인이 객관적인 것에 있음을 잘 안다. 이들은 과거와 같은 수동적인 존재들이 아니다. 앞으로 북한 당국도 주민들의 정치적 요구를 고려하지 않으면 안되는 상황이라는 점을 이해하는 것이 중요하다. 세 번째 요소는 낡은 방법을 가지고는 더 이상 새로운 상황을 대처하기 어렵다는 점을 북한 당국이 스스로 인식하고 있다는 점이다. 이것은 한반도의 미래에 대한 북한 지도부의 인식과 밀접하게 연관돼 있다. 북한 당국은 한반도에서의 국가 발전 상황을 예측하려고 노력해 왔다. 그러나 이러한 사실에 대한 정보는 기밀 상황이기 때문에 그것이 얼마나 성공적이었는지를 판단하기는 어렵다. 그러나 국가의 밝은 미래에 대한 당국의 과장된 표현이 계속되는 것을 보면 슬로건과 실제 의도 사이에 차이가 있다는 사실이 드러나고 있다.

특히 통일 문제와 관련해 중요한 것은, 고려연방제 통일 방안에 대한 새로운 대안이 북한 당국에 의해 고려되고 있다는 점이다. 고려연방제에 대해서는 북한 당국도 아직 구체적인 계획을 마련하지 못한 상태이다. 더구나 최근의 상황 변화는 고려연방제 실현 조건을 더욱 악화시키고 있다. 따라서 현재 북한 당국은 새로운 대안을 모색하고 있고 멀지 않아 이에 대해 발표할 것이다.

북한 당국이 생각하는 대안은 남북한이 서로 동등한 권리를 소유하고 외세의 간섭을 배격하며 상호 공존하는 연방 체제를 건설하자는 것이다. 북한은 연방제라는 틀 안에서 한국으로부터 정치·사회·경제적 도움을 받는 한편 한국 군대의 증강을 견제하고, 국제적 위상을 안정시키려 할 것이다.

북한 지도자들은 이미 현실적으로 변해 있다. 북한의 미래는 김정일에게 달려 있다. 현재 김정일 주변의 신세대 지도자들은 과거의 원로 그룹과는 달리 더 이상 주체사상의 신봉자가 아니다. 그들은 북한 체제가 살아남기 위해서는 개혁이 필수이고, 특히 외부 세계와의 경제 관계 확립이 중요하다고 인식한다. 그들은 북한의 발전 가능성에 대해 강한 신념을 가지고 있다. 즉 북한이 아시아의 새로운 용, 또는 홍콩처럼 발전할 수 있고, 일부에서는 아시아의 로테르담이 될 수도 있다고 장담한다.

앞으로 10~15년 동안 북한 사회의 변화를 간단하게 전망해 보자. 북한은 이 기간에도 독립 국가로 남아 있을 것이다. 또 한반도에서 전쟁이 일어날 가능성은 매우 희박하다. 국제적 상황 변화로 말미암아 북한의 선택폭은 매우 좁혀져 있고, 또 북한 정권이 전쟁 가능성을 관리할 수 있다는 사실을 인정하는 것이 중요하다. 앞으로 몇 년 사이의 변화에서 가장 중요한 것은 김일성의 은퇴이다. 이와 관련해 95년 이후에는 변화가 나타날 것이라고 필자들은 감히 예견한다. 이 시기를 전후해 김정일에게 권력 이양이 끝날 것이다. 김정일은 여러 가지 중요한 문제에 대해 자신만의 생각을 가지고 있고, 이를 실천에 옮기려고 권력을 행사할 것이다. 권력 이양 시기를 전후해 북한은 두 가지 다른 방식으로 발전하게 될 것이다. 하나는 고도의 통제 수단을 유지하는 것이고, 또 하나는 단계적인 민주화 조처를 취하는 것이다. 정당을 제외하고는 노동조합 같은 정치 단체가 부활하거나, 기독교·불교 등 종교 활동의 자유가 보장될 것이다.

앞으로 몇년 동안 김일성 정부의 마지막 개혁은 무역 분야에 집중될 것이다. 이미 대외 무역을 발전시키기 위한 주요 방향은 대부분 결정되었다. 그러나 이러한 노력에 견주어 경제 상황이 급격하게 좋아지지는 않을 것이다. 필자들은 북한에서 진정한 개혁을 시도할 수 있는 사람은 김정일이라고 본다. 이미 일부 전문가는 김정일이 시장 요소를 도입하기 위해 전체주의적인 계획경제를 희생하려 할 것이라고 예측하기도 한다. 김정일의 등장과 함께 대외 정책에서도 긍정적인 변화가 예측된다. 90년대 말쯤 외국인 투자를 위한 더 나은 조건을 제시할 것이다.

이제 북한 사회의 내적인 변화가 가능하다는 진화론적 관점에 입각해 95년부터 2003년까지의 한반도 통일 전망을 4단계로 나누어 고찰해 본다.

1단계:전통적 발전 시기(94년~96년)

남북은 기존의 발전 방식을 고집한다. 한국 경제는 꾸준히 성장하겠지만 북한 경제는 치명적인 상황을 맞게 된다. 남북관계에 대해서는 서로 유보적인 태도를 취하겠지만 제3국의 중재 없이 남북한 직접 교역이 실현된다.

이 기간에 남북한은 기존의 보수적 사회발전 방식에 집착할 것이다. 한국의 문민정부는 개혁 기류를 당분간 지속하는 한편, 군사 정권 시절의 정치 유산에 상당 부분 의존한다는 점에서 양면성을 띠고 있다. 국제 관계에서도 기존의 서울·워싱턴·동경 축을 중시할 것이고, 중국이나 러시아와의 극적인 관계 강화가 빠른 시일에 이뤄질 것으로 보이지는 않는다. 이 기간에 특히 한국의 정치체제에는 의원내각제 형태로 헌법을 수정하려는 움직임이 드러날 것으로 보인다. 또 민족주의의 대두가 한국 사회의 정치 발전에 중요한 요인으로 등장할 것이다.

한국 경제는 앞으로 몇년간 4~5% 성장할 것으로 예측된다. 중화학공업은 러시아와 중국으로 수출하는 데 힘입어 한국 경제의 기관차 구실을 계속할 것이며, 제조업 부문은 한국보다 첨단에 서 있는 일본이 생산을 끝냄에 따라 그 공백을 메우는 형태로 발전하게 될 것이다.

북한 경제는 이 시기에 치명적인 상황을 맞게 될 것이다. 2~3년 내에 모든 어려움을 극복하기는 불가능할 것으로 보인다. 에너지 부족, 생산 시설 노후, 농업 생산 감퇴 등이 북한 경제를 계속 어렵게 할 것이다. 이 시기에 북한은 생존을 위한 방향으로 경제 목표를 수정해야 할 것이다. 2~3년 내에 북한은 외국과의 경제 관계를 강화하는 방향으로 경제 제도를 개혁하려 할 것이나, 노력에도 불구하고 외국 자본의 투자량은 중소기업에 의한 소규모 투자에 불과할 것이다.

북한이 언제 핵무기를 제조하고 이를 보유하게 될 것인가 하는 문제는 남북 관계에서 매우 중요하다. 북한의 핵 의혹은 상황이 평화적으로 해결된다 하더라도 국제 사회로부터 불신과 혐오를 받게 될 것이고, 정치·경제 분야에서의 협력 가능성을 훼손시킬 것이다. 또 핵폭탄을 보유한다 할지라도 국제 사회에서 영향력을 갖지는 못할 것이다.

앞으로 2~3년은 후계자 김정일에게 권력이 승계되는 시기가 될 것이다. 김정일은 조선노동당 중앙위원회 총비서, 제 1부주석 등으로 승진하면서 권력의 정점으로 올라설 것이고, 김일성은 지배력을 완전히 잃어버리지 않는 상태에서 중앙위원회 의장으로 물러날 것이다. 통일 문제와 관련해 한국은 북한의 제안을 비판적으로 보면서 유보적인 태도를 취할 것이다. 그러나 남북한의 경제 협력은 앞으로 양국의 연대 가능성이라는 점에서 중요한 조건이 될 것이다. 남북한은 홍콩이나

제3국 기업의 중재 없이 직접 교역하게 될 것이다.

2단계: 남북 화해 시기(96~99년)

김일성 주석이 남북 정상회담을 전격 제의하고, 남북 관계는 실질 협력 단계로 들어간다. 정상회담에서 남북은 고려연방제가 아닌 새로운 통일 방안에 합의한다. 경제 통합의 필요성도 선언되며 문화 교류도 활발해진다.

통일 문제와 관련해 남북한 각각 국내에서 극적인 사건이 발생하고 남북대화가 진전하는 시기이다. 팀스피리트 훈련 취소는 남북관계에 중대한 의미를 띠게 된다. 이 기간에 북한은 남북대화 증진에 지대한 관심을 기울일 것이다. 그것은 김일성 주석이, 그가 권좌에 있을 동안 민족 통일의 전기를 마련하겠다는 약속을 실현할 필요를 느끼고 있기 때문이다. 따라서 김영삼 대통령과 김일성 주석의 만남이라는 민족적 사건이 발생하게 될 것이다. 정상회담은 남북 관계를 실질적인 단계로 나아가게 할 것이다. 그러나 정책적인 제약으로 말미암아 단지 선전적 단계에 머무를 가능성도 존재한다.

정치·경제·문화 부문에서의 합의 사항이 정상회담의 결과로 제시될 것이다. 정치 영역에서 두 정상은 고려연방제가 아닌 새로운 방식에 의한 국가 통합의 필요성에 대해 인식을 같이할 것이다. 또한 일정한 영역에서는 동맹관계도 설정될 것이다. 한반도 통일에 대한 특별한 관심이 국제 사회에서 대두할 것이고, 남북한 공동대표 기구가 유엔과 기타 국제 조직에 설치될 가능성도 있다. 남북한은 군비 경쟁을 중지하고 단계적 군축 프로그램에 합의하게 될 것이다. 한반도에서 모든 외국 군대가 철수할 필요성에 따라 남북한 간의 상호 군사 통제도 실현될 것이다.

경제 통합의 필요성도 선언할 것이다. 두 정상은 상대방 기업인을 위해 가장 유리한 조건을 제공하는 데 동의할 것이고, 정부 차원에서의 공동사업 계획도 고려할 것이다. 북한은 해안 지방과 비무장 지대의 고립된 지역에 한국 자본과 협력하기 위한 1~2개의 경제특구를 설정할 것이다. 또 남북한은 비무장 지대 양편에 우체국을 설립하는 문제를 포함하여 여러 가지 인도주의적 교류를 활성화할 것이다. 연예인과 음악가가 빈번하게 왕래하고, 미술 전시회와 영화 상영 및 텔레비전 프로그램의 교환 방영이 이루어질 것이다.

경제 영역에서도 중요한 변화가 일어난다. 이 무렵이 되면 한국 기업도 해외 시장에서 후발 국가들의 추격으로 어려움을 겪게 되는 등 경제 상황이 악화할 것이기 때문에, 북한과의 경협을 일방적으로 자비를 베푸는 것이라고는 생각하지 않게 될 것이다. 북한과의 경제 협력 및 무역 확대는 한국 경제를 위한 자극제가 될 것이고, 북한 경제에도 활력을 불어넣는 요소가 될 것이다. 그러나 한국의 북한 투자가 북한 경제의 만성적 문제점을 해결해 주는 수준까지 되지는 못할 것이다. 북한 역시 북한 주민들이 한국 기업과 계약을 체결하는 데 다양한 제약을 가할 것이기 때문에, 북한의 전체 대외 무역 규모에서 한국이 차지하는 비중은 일부에 국한될 수밖에 없다. 북한 경제는 여전히 어렵지만 사회주의 국가들과의 무역관계 축소에 따른 상처를 치유하게 돼 다소 안정을 찾게 된다.

이 기간에 남북 통일의 진전 과정은 일관적이지 못하고 모순된 특성을 보이게 될 것이다. 북한은 북한 정권이 도덕·사상적으로 붕괴되는 것을 막기 위해 노력할 것이며, 민족 합병에 대한 기대를 포기하게 될 것이다. 한국도 2개의 한국이 정치적으로 통일되기 어렵다는 사실 때문에 김일성에게 양보를 많이 하지는 않을 것이다. 통일 과정은 두 국가의 정치·사상적 차이라는 제거할 수 없는 장애에 직면하게 돈다.

3단계: 김일성 이후(1999~2003년)

김정일 체제 아래에서 북한 사회의 진정한 개혁이 시작된다. 시장경제 요소를 도입하며 기업가도 나타난다. 주체사상은 새로운 북한 발전 독트린으로 대체된다. 남북한에서 통일에 대한 국민의 압력이 거세진다.

90세가 된 김일성은 정치 일선에서 물러나 북한 사회의 살아 있는 전설이 된다. 그리고 김정일이 마침내 북한의 진정한 지도자가 된다. 김정일 정권 초기에는 반대 세력을 억누르기 위해 억압적인 조처를 취하는 한편, 국민의 생활수준 향상을 위한 조처도 동시에 취할 것이다. 특히 청·장년층이 관심을 가진 국민 생활의 현대화에 정책의 역점을 둘 것이다. 서구 문명의 유입이 허용돼 댄스홀·비디오 등을 허용할 것이며 주민들의 외국 여행도 가능하게 된다.

만성적 위기를 보이던 경제 여건은 다소 개선되겠지만 북한 당국은 파멸로부터 탈출하기 위해 극약 처방을 내릴 것이다. 개인적 창안, 물질적 자극, 임금 수준 현실화 같은 조처를 취할 것이다. 또 중국과 베트남에서 일어나고 있는 것처럼, 당국의 엄격한 관리 아래 시장경제로 진행하게 될 것이다. 따라서 이 시기에는 사회 구성 및 계급 구조의 변화가 가속화한다. 반(半) 개인 소유 형태의 제조업자가 농촌에 자리를 잡게 된다. 또 당과 국가 요원들 중 기업인으로 변신하는 사람이 나타난다. 새로운 세대의 북한 공무원들은 기업적 관점에 익숙해지며 기업가 정신을 위축시키는 정치·사상적 금기 사항을 폐지하는데 적극 찬성할 것이다. 당과 국가 공무원 및 기업가의 개인적 관심과 이해관계가 연계되기도 하고, 부패가 등장할 개연성도 있다.

외국 공업단지에서는 시장경제가 급속히 신장될 것이다. 시장경제 체제는 북한이 외국과 경제면에서 제휴하는 데 긍정적으로 작용할 것이다. 모든 외국 기업인, 특히 미국과 일본 기업인이 북한과 제휴를 확대하려 할 것이다. 그러나 이 과정을 주도하는 것은 역시 한국 기업인이다. 한국 정부는 북한을 자본주의화 하는 데 관심을 가질 것이므로, 시장 경제 확대를 지원하기 위해 상당량의 신용대출과 재정 지원을 하게 될 것이다.

김정일이 남북관계에서 북한의 위상 문제로 한국 정부와 갈등을 빚을 것이라는 견해는 타당하지 않다. 북한의 민주화가 촉진되고 대외적으로 평화 애호국이 되기를 바라는 한국 정부의 태도에 대해 북한이 지지할 것이라는 점은 명백하다. 그러나 다른 한편으로 김정일과 북한 지도부는 한반도의 절반으로 계속 남아 있으면서 최고 지도층으로서의 특권과 혜택을 누리려 할 것이기 때문에 개인적으로 한국과 일정한 거리를 유지하려 할 것이다. 따라서 남북한 간의 정치적 유대는 벽에 부딪힐 가능성이 높다.

북한의 핵시설에 대해 한국은 계속 두려움을 가질 것이나, 실제로 이 무기는 전쟁 억지용 내지 징계용이지 공격용은 아니다. 오히려 한국이 현대식 무기에서 우위를 차지하게 될 것이다.

남북 대화가 진전됨에 따라 주체사상에도 질적인 변화가 나타난다. 특히 사회주의적 표현이나 전략에 대한 언급이 축소되고, 민족주의적 요소가 강조될 것이며, 국민이나 기업 활동의 자유 등 좀더 민주적인 요소들이 가미될 것이다. 또 북한 당국은 북한 및 한반도에서 새로운 상황에 부합하는 북한 발전 독트린을 선언하게 될 것이다.

김정일이 등장한 이후 남북한 모두 통일에 대한 국민의 압력이 거세진다. 북한에서는 보통 사람들이 당국에 통일 압력을 행사하는 분위기가 형성될 것이고, 한국에서도 좋지 못했던 일들은 과거사로 돌리고 민족 통일을 위해 나아가야 한다는 생각이 보편화할 것이다.

4단계: 그 이후의 전망(2003년 이후)

북한에 사유재산 보유자가 상당수 등장하고, 이들이 당과 국가의 주요 기능을 담당한다. 김정일은 가장 중요한 '재산 소유자'로 남는다. 남북 경제의 상호 의존성은 더욱 높아지고, 이는 통일 촉진의 결정적 요인이 된다. 민주적 평등성을 전제로 남북은 한 국가로 통합된다.

이 기간에 북한에서 발생할 일련의 사건이 통일 과정에 매우 중요한 의미를 갖게 될 것이다. 한국 사회는 그동안 정부와 국민 차원에서 통일에 대해 충분한 준비를 해나갈 것이다. 한국이 제시하는 유일한 조건은 통일과정에서 양측의 민주적 평등성을 달성하는 것이다. 통일 한반도의 출현은, 북한이 인내심을 갖고 한국과 유기적으로 통합하기 위해 내부 개혁을 추진하는 오랜 과정을 겪은 뒤에 가능할 것이다.

무엇보다 중요한 것은 경제 분야에서의 변화이다. 북한 당국은 점진적이고 신중하게 시장경제로의 변화를 추진할 것이다. 일정한 단계에 이르면 북한에는 상당수의 사유재산 보유자가 등장하고, 이들이 당과 국가의 주요 기능을 맡게 될 것이다. 그들은 국가 재산의 상당 부분을 경매로 불하받아 관리할 권한을 얻게 된다. 그러나 국가의 수반이 경제 자본의 상당량을 불하받을 것이기 때문에, 김정일은 여전히 북한에서 가장 중요한 재산 관리자 및 소유자가 될 것이다.

경제에 대한 중앙집중적 관리제도는 점차 약화되다가 종국에는 소멸될 것이다. 김정일과 그의 측근들은 경제정책 결정 과정에서 기업가들의 이익을 고려해야 하고, 그들의 영향을 받게 될 것이기 때문이다.

북한 경제에서 또 다른 주요 측면은 대규모의 경제 개방을 들 수 있다. 여러 가지 면에서 북한은 외국 투자가들에게 매력적이다. 일본을 비롯한 구미 자본이 북한에 투자할 것이다.

남북한 경제의 상호 의존성은 더욱 높아질 것이다. 이러한 경제 조건들은 통일 과정을 촉진시키는 새로운 결정적 요인이 될 것이다. 통일의 초기 단계에 북한 기업들은 한국 기업들과 직접 경쟁할 경우 이들에게 잠식될까봐 두려워할 것이다. 그러나 어느 정도 상거래와 기업 거래를 하고 나면 북한 기업인들도 통일된 한반도 시장에서 더 많은 이득을 보게 된다는 점을 깨닫게 될 것이다. 북한 주민들도 한국 기업에 노동자로 고용됨에 따라 북한에서 받았던 것보다 더 많은 임금을 받게 될 것이다. 공산주의 이데올로기가 이미 심하게 손상되었기 때문에 북한 주민들에게 통일 문제는 더 이상 정치·사상적 문제가 아니라 경제 영역의 문제로 인식되게 될 것이다.

이러한 모든 과정은 김정일 체제가 권력을 상실함을 의미한다. 김정일은 그의 아버지의 지위를 하나씩 포기하도록 강요받을 것이다. 그러나 김정일이 지도자 지위를 연장하기 위해 더 많은 정치·경제적 자유를 보장하겠다는 약속을 은밀하게 할 수도 있다. 이러한 과정은 김정일과 그의 주변 인물들이 수세에 몰리고, 그들의 자리를 재산 보유자인 자본 기업가들이 대체할 것이기 때문에 충분히 가능성이 있다. 이 시기에 남북한은 모든 분야에서 통일의 토대를 공고히 준비하기 위해 사회 조직과 정당 들이 서로 통일체를 형성하는 등 특별한 동맹 관계가 될 것이 분명하다.

이처럼 남북 통일은 북한이 한국에 흡수되는 독일 방식으로 나타나지는 않을 것이다. 오히려 남북한이 서로 동등한 토대 위에서 합병할 것이라는 근거는 여러 군데에서 찾아 볼 수 있다. 통일 국가가 형성되기 전이라도 남북 간에 국가적 화해가 이루어지면 우선 남북한 공동의회 의원을 선출할 수도 있을 것이며, 나아가 통일 한반도의 헌법에 대해 논의할 가능성도 있다.

6월28일 이홍구 통일원장관을 수석대표로 하는 남측 대표단과 김용순 북한 최고인민회의 통일정책위원장을 수석대표로 하는 북측 대표단 간에 정상회담을 위한 예비 접촉이 시작됐다. 양측 협상 끝에 7월2일, 남북정상회담을 1994년 7월25~27일 평양에서 개최하기로 하고 체류일정은 필요에 따라 더 연장할 수 있도록 했다. 다음 회담은 쌍방 정상의 뜻에 따라 정하기로 했다. 예비 접촉 과정을 정리한 기사로 정상회담 전체 패키지의 부속 기사다.

'민족 공동체' 출발점에 서다
남북 정상회담 개최 위한 예비 접촉

(1994.7.7)

분단 반 세기 만에 첫 남북 정상회담 개최를 위한 예비 접촉이 6월28일 오전 10시 판문점 남쪽 지역 '평화의 집'에서 열렸다. 이홍구 통일원장관을 수석대표로 하는 남쪽 대표단과 김용순 최고인민회의 통일정책위원장을 수석대표로 하는 북측 대표단은, 이 날 마라톤협상에서 정상회담 시기와 장소 문제에 대해 집중 협의했다. 양측 수석대표 기조연설에서 남측 수석대표는 상호주의 원칙에 따라 김영삼 대통령과 김일성 주석이 평양과 서울을 교환 방문하되 첫 회담을 7월 중순께 열자고 제안했다. 북측은 8월 중순 평양에서 첫 정상회담을 갖자고 제의했다.

이어 두 차례 정회를 거친 뒤 남측은 1차 정상회담을 7월25일 평양에서 개최하고 2차 회담은 서울에서 갖자고 수정 제의한 데 대해, 북측은 1차 회담에 대해서는 긍정적이 입장을 보였으나, 2차 회담은 1차 회담에서 양측 정상이 시기와 장소를 결정하자고 제안했다.

회담 시작에 앞서 남측 수석대표인 이홍구 통일원장관은 "남북 정상 간의 만남은 그 자체만으로도 엄청난 의미를 가지며 민족 공동체를 회복하는 출발점이다. 오늘 접촉이 상호존중의 원칙에서 원만하게 진행됨으로써 내외의 여망에 부응할 수 있게 되기를 희망한다"라고 말했다. 이에 대해 북측 대표단장인 김용순 위원장은 "이번 접촉에서 성과가 있기를 바란다. 잘될 것으로 생각한다"고 의욕을 보였다.

이 기사는 앞의 기사와 함께 당시 커버스토리 메인으로 작성된 것이다. 아래 94년 7월7일은 잡지 발매일을 표기한 것이다. 기사 마감은 6월28일 정상회담 예비접촉 직후 그리고 김일성 주석이 갑작스럽게 사망한 7월8일 이전에 이뤄졌다. 따라서 김 주석이 아직 살아있던 시절 그의 생존을 전제로 작성된 기사이다. 당시 필자가 가장 주목한 것은 남북 정상회담 이면에 있는 북미 정상회담이라는 큰 그림이었다.

김일성 주석이 이미 4월16일 CNN 인터뷰에서 "사냥과 낚시 그리고 친구를 사귀기 위해 미국을 방문하고 싶다"고 밝힌 바 있다. 미국 전직 대통령이 기껏 남북 정상회담 중재하러 평양에 가지는 않았을 것이다. 워싱턴이 주무대가 되는 모종의 더욱 큰 그림이 있었던 것이다. 남북 정상회담 이후 북미 정상회담이라는 이 구도는 2000년 6.15 정상회담 직후에도 수면 하에서 작동했다. 김정은 위원장 시절에도 역시 몇 차례에 걸쳐 미국 방문과 관련한 얘기가 나왔다. 결국 한반도 문제의 최종 해결은 북한 지도자가 워싱턴에 발을 디딜 때 이루어진다고 볼 수 있다.

남북 정상회담 뒤에 있는 북미 정상회담이라는 큰 그림
(1994.7.7)

김일성 주석이 올해 안에 미국을 방문해 클린턴 대통령과 정상회담을 할 가능성이 높다고 전해진다. 또한 김주석의 미국 방문이 실현될 경우 미국정부 초청으로 김영삼 대통령의 미국 방문도 이뤄져 워싱턴을 무대로 남·북한과 미국 간의 3자 정상회담이 성사될 가능성도 조심스럽게 점쳐지고 있다. 이른바 한반도 문제의 팔레스타인식 해법이라고 불리는 남북한과 미국 간의 3자 정상회담은, 이것이 성사될 경우 북미 관계개선과 남북 정상회담 가능성으로 새로운 국면을 맞고 있는 한반도의 질서가 재편성되는 중요한 전기가 될 수 있을 것이다.

카터, 김주석의 방미 메시지 휴대?

김일성 주석의 미국 방문 가능성에 대해 최근 서울의 한 외교 소식통은 "이미 이 문제에 대해 미국관 북한 사이에 깊숙한 대화가 진행된 것으로 안다. 김일성 주석이 올해 안에 미국을 방문한다는 사실은 거의 확정적이라고 봐야 할 것이다"라고 말했다. 이 소식통은 김주석의 미국 방문 계획을 클린턴 정부 움직임에 정통한 미국측 인사에 들었다고 말했다.

　그에 따르면 클린턴 정부의 김주석 초청 계획은, 지난 5월 미국을 방문한 김대중 아태재단 이사장이 내셔널 프레스 클럽 연설에서 핵문제 해결 방안의 하나로 카터 전 대통령의 북한 방문과 김일성 주석에 대한 방미 초청을 제시한 때로 거슬러 올라간다. 당시 클린턴 정부의 고위 관계자들은 김대중 이사장의 제안을 상당히 긍정적으로 검토했는데, 한국 정부가 난색을 표명해 이를 적극 표면화하지 못했던 것으로 알려졌다. 그러나 이 시기를 전후해 미국 정부 안에서는 카터 전 대통령의 방북과 핵문제에 대한 일괄타결안, 그리고 김일성 주석의 방미 초청이 핵문제 해법을 위한 대세로 자리잡게 됐다고 이 소식통은 전했다.

　대북 제재 국면으로 말미암아 한반도 정세가 위기 상황으로 치닫던 6월15일 전격적으로 북한을 방문한 카터 전 대통령은 클린턴 정부의 이같은 구상에 따라 핵문제 해결을 위한 2단계 해법과 김일석 주석 방미 초청이라는 복안을 가지고 북한에 들어간 것으로 알려졌다. 따라서 김주석과 가진 두 차례 회담 이후 핵문제 해결 방안에 대해 대략적인 합의가 이뤄진 뒤 카터 전 대통령이 김주석의 방미를 적극 권유했을 가능성이 높다는 것이다.

　김주석과 정상회담을 하고 난 이후 카터 전 대통령이 행한 일련의 발언은 이같은 추론을 뒷받침한다. 김주석과 1차 회담이 끝난 직후인 6월17일 카터 전 대통령은 평양에서 미국 CNN 방송과 가진 전화 회견에서 "핵문제를 해결하기 위해서는 미국과 북한 간에 외무장관급 회담이 필요하고, 나아가서는 양국 정상 간의 회담도 필요하다고 본다"라고 말했다. 그는 또 김주석과 클린턴 대통령 간의 정상회담을 위해 자기가 직접 중재자로 나설 수도 있다고 암시했다. 북한에서 돌아온 이후 김주석과 오고간 대화 내용을 공개하는 과정에서도 그는 "아직 못한 말이 있다. 클린턴 대통령과 크리스토퍼 국무장관에게 직접 해야 한다"라고 말해, 방미와 관련한 김주석의 메시지를 휴대한 것이 아닌가 하는 추측을 낳고 있기도 하다.

6월24일 워런 크리스토퍼 미국 국무장관이 CNN 방송과 가진 인터뷰에서 "북한이 북미 정상회담을 정당화할 만한 조처를 취한다면 클린턴 대통령이 이를 마다할 이유가 없을 것"이라고 한 발언은 미국 정부의 고위 인사가 북미 정상회담 가능성을 최초로 인정한 발언이었다는 점에서 중요하다.

전문가들은 김일성 주석의 방미와 이에 따른 북미 정상회담은 카터 전 대통령의 북한 방문 이후 물꼬가 트인 양국간 관계 정상화 흐름에서 대세가 되었다고 지적한다. 카터 전 대통령이 북한 방문 당시 휴대한 미국 정부의 일괄타결안은 대체로 2단계 구조를 가진 것으로 전해진다. 즉 첫 번째 단계에서 북한이 핵확산방지조약(NPT)에 복귀하고, 국제원자력기구(IAEA)의 임시·일반 사찰을 받아들일 경우 미국은 경수로 건설지원을 포함함 경제 지원 외에 양국간 관계 개선의 제1보로 워싱턴과 평양에 대표부를 설치할 것을 약속한다.

한미간 입장 조율이 변수

두 번째 단계에서는, 북한이 미신고 시설 두 군데에 대한 특별사찰을 받아들여 핵 의혹을 완전 해소할 경우 미국은 북한과 국교를 맺을 용의가 있다는 점을 밝힌다는 것이다. 즉 첫 번째 단계에서 현재 및 미래의 핵개발을 동결하는 조건으로 경수로를 지원하고, 두 번째 단계에서 과거의 핵 의혹을 해소하는 조건으로 국교 수립을 제시한다는 내용인 셈이다.

미국 정부의 2단계 해결 방안은 최근 한국 정부에도 공식 통보된 것으로 알려졌다. 여기에는 북한의 미사일 수출 금지와 테러 포기 선언이 국교 수립의 전제조건으로 포함돼 있을 뿐 전체적인 윤곽은 거의 일치한다.

따라서 현재 상황에서 북미 간에는 협상의 진전과 관련한 걸림돌이 거의 해소된 상태인 것으로 보인다. 그러나 아직 한미간의 입장 조율이라는 변수는 남아 있다. 현재 한미 간에 문제가 되는 것은 두 가지, 즉 북미 간에 진행되는 일괄타결 방안과 북한의 과거 핵 활동에 대한 미국식 해법을 한국 정부가 수용할 것인가 하는 점이다. 남북 정상회담까지 추진하는 마당에 정부가 이 두 가지 문제에 대해 기존의 입장을 고수하기는 어려울 것으로 보인다. 궁극적으로 일괄타결 방안은 명칭을 수정하는 형태로, 그리고 북한의 핵 과거에 대해서는 나중에 있을 남북 상호사찰의 과제로 남겨두는 방식으로 타결을 볼 가능성이 높다는 지적이다.

북한과 미국 간의 3단계 및 4단계 회담 그리고 한미 간의 입장 조율이 대략 마무리되는 9~10월께면 북미 간에 국교수립 문제가 현안으로 등장하게 될 것이고, 이를 매듭짓기 위해 김일성 주석의 미국 방문이 추진되리라는 것이 관계 전문가들의 예측이다.

남북한과 미국, 3자회담 거부 이유 없어

특히 김주석의 방미 시기와 관련해 9~10월이 유력시되는 이유 중에는, 아직 미국과 북한이 수교가 안된 상태이므로, 방미 형식이 9월에 열릴 유엔 총회 참석 형태가 될 가능성이 예상되기 때문이다. 유엔 총회 참석 형식이 아니라면 <내셔널프레스 클럽>의 초청을 수락하는 방식도 가능한 것으로 지적된다.

9~10월의 중요성은 이 시기가 11월에 있을 미국 의회 선거 바로 직전이라는 점이다. 즉 그동안의 외교 정책 혼선으로 수세에 몰린 클린턴 행정부가 김일성 주석의 방미라는 외교 호재를 성사시켜 의회 선거의 기선 제압용 카드로 활용하려 할 가능성을 배제할 수 없기 때문이다.

일단 김일성 주석의 방미가 결정되면 클린턴 정부는 그 효과를 극대화하기 위해 김영삼 대통령을 워싱턴으로 초청해 남북한과 미국 간의 3자 정상회담을 열고 한반도 문제를 일정 수준에서 매듭지으려 할 가능성도 있을 것으로 예측된다. 즉 지난해 말 아라파트 팔레스타인해방기구 의장과 라빈 이스라엘 총리를 워싱턴에 불러들여 중동문제를 매듭지은 방식을 한반도 분쟁 해결 방안에도 도입할 수 있으리라는 지적이다.

김일성 주석이나 김영삼 대통령의 처지에서도 워싱턴 3자 정상회담을 기피할 이유는 없을 것으로 관측된다. 우선 김일성 주석의 처지에서는 세계 정치의 한복판인 워싱턴을 방문해 한국전쟁의 전범이라는 자기 이미지를 쇄신하고, 미국·일본과의 국교정상화로 서방 세계와 관계를 갖기 시작한 북한의 국제적 위상을 공고히 해둔다는 점에서 이를 긍정적으로 평가할 가능성이 상당히 높다. 또 김영삼 대통령도 의전상의 문제가 없는 것은 아니나, 남북한의 통일 과정에서 미국의 영향력을 적극 활용할 필요가 있다는 대승적 차원에서 3자 정상회담을 수락할 가능성이 높다고 관측된다.

남북 문제를 매듭짓는다는 차원에서 워싱턴 3자 정상회담이 유력하다면, 그 이전에 이루어질 것으로 보이는 남북 정상 간의 상호교환 방문은, 3자 정상회담에서 논의할 의제의 수준을 결정한다는 점에서 그 향방이 주목된다. 이와 관련해 국내 전문가들의 최대 관심거리는 통일 방안에 대해 남북 정상이 어느 정도 수준에서 논의할 것인가 하는 점이다.

이번 정상회담에서 김일성 주석은 북한 체제의 안전보장이라는 관점에서 통일 방안과 군사력 감축 문제를 거론할 가능성이 매우 높다. 김주석은 일단 고려 연방제 통일 방안을 제안할 것이나, 91년 신년사 이래 고려연방제 통일 방안이 김영삼 정부의 3단계 통일 방안 중 2단계인 국가연합 단계와 유사한 구조를 가지고 있다는 점에서 의외의 타협 가능성도 있다. 김일성 주석이 6월 중순 북한을 방문한 셀리그 해리슨 미국 카네기재단 수석부회장에게 고려연방제가 아닌 "6공화국의 한민족 공동체 통일 방안과 김대중 이사장의 공화국연방제 통일 방안을 토론의 출발점으로 삼을 수 있다"라고 한 발언은 시사하는 바가 크다.

아직은 지나치게 낙관적인 전망이라는 지적이 많지만, 분단 50주년이 되는 95년을 남북통일의 원년으로 삼겠다는 김일성 주석의 그동안 발언이나 김영삼 대통령의 개성으로 볼 때 남북이 두 차례의 정상회담을 통해 이 문제에 대한 물밑 대화를 나눌 가능성도 있다. 워싱턴 3자 정상회담이 열리면 이를 제도적으로 보장하는 형태로 대타협을 이룰 가능성도 배제하기 어려운 상황이다.

이 좌담 기사 역시 발간일이 7월14일이니 마감은 7월 초이다. 따라서 김일성 주석이 사망(7월8일)하기 전이다. 민주당 조순승 의원과 고려대 서진영 교수(국제정치) 외대 이장희 교수(국제법)가 남북 정상회담에 대한 의견을 나눴다.

주변국들이 유동적인 지금이 통일의 마지막 기회
정상회담 의미에 대한 전문가 좌담

(1994.7.14)

서진영 : 지난 1년간 핵문제로 말미암아 일탈되고 왜곡됐던 남북관계가 남북 정상회담 덕분에 다시 정상 궤도로 진입했습니다. 이번 정상회담은 국면 전환의 의미가 매우 크다고 생각합니다. 즉 지난 1년간 남북한과 미국의 세 정상이 핵문제를 가지고 씨름해 왔으나, 최근에 이르러서는 거의 탈출구가 보이지 않는 상태에 이르게 되었던 것이지요. 특히 미국의 처지에서는 핵협상 과정에 끼여들었던 중국과 러시아를 일거에 떨쳐버리고 대화의 도식을 남북한과 미국이라는 형태로 단순화했다는 의미를 가지기도 합니다. 결국 미국은 남북한 간의 대화를 중재함으로써 한반도에 대한 정치 영향력을 높이는 효과를 거두게 된 것이지요.

조순승 : 현재 국면에서 중국이나 러시아가 당분간 개입하기 어려운 상황이 된 것은 확실합니다. 며칠 전 게오르기 쿠나제 주한 러시아대사를 만났더니 남북한이 정상회담을 하는 상황에서는 러시아가 주창한 8자 회담은 끼여들 틈이 없다고 실토하더군요. 그러나 정상회담이 실패할 경우 다시 개입하려 들 것입니다.

남북 기본합의서만 잘 지켜도 충분

이장희 : 정상회담을 계기로 몇 가지 짚어야 할 문제가 있습니다. 먼저 우리 사회의 대북 인식 문제입니다. 나이 드신 분들은 전쟁을 겪은 탓도 있겠지만, 북한에 대한 인식이 지나치게 경직돼 있다고 생각합니다. 또 언론이 이를 부채질하는 측면도 있습니다. 앞으로 북한에 대한 인식을 바꾸는 것이 필요하고, 언론 매체들도 더 조심스럽게 다뤄야 한다고 생각합니다. 동서독 정상회담에서 이런 일이 있었

습니다. 동독 총리가 서독을 방문하기에 앞서 서독의 국내법 중 동독인을 범죄시하고 차별 대우하는 법률을 먼저 고치도록 요구해 서독에서 관련 법률을 폐기한 적이 있습니다. 남북한의 경우도 마찬가지일 것입니다. 관계를 정상화하려면 서로를 적대시하는 법률부터 폐기하는 것이 순서일 것입니다.

조 : 핵문제를 이번 정상회담의 주 의제로 해서는 안된다고 생각합니다. 핵문제는 미국과 북한 간의 3단계 회담에서 다루도록 해야 합니다. 정상회담에서 핵문제를 집중 거론하면 회담 자체가 깨질 우려가 있습니다. 이번 정상회담의 핵심 의제는 70년 초 동서독 정상회담에서 그랬던 것처럼, 한국과 북한이 절대 전쟁을 하지 않겠다는, 일종의 부전선언 같은 것에 합의해야 한다고 생각합니다. 새로운 조약을 맺을 필요도 없습니다. 91년에 남북한이 합의한 기본합의서만 잘 지켜도 되는 것입니다. 기본합의서를 실행에 옮기겠다는 양 정상의 의지가 중요하다고 봅니다.

이 : 저도 동감입니다. 그런데 문제가 하나 있습니다. 기본합의서에 대해 북한은 이미 최고인민회의의 비준을 거친 상태인데 우리는 국회비준을 거치지 않았다는 점입니다. 그래서 현재 법적인 성격이 모호한 상태인데, 하루빨리 국회가 비준해 법적 구속력을 부여할 필요가 있습니다. 그리고 핵문제에 대해서는, 완전 해결은 어렵다는 인식에서 출발하는 것이 옳다고 봅니다. 즉 일거에 해결하겠다기보다는 더 위험해지지 않도록 관리해 나가겠다는 방향으로의 발상 전환이 필요하다고 봅니다.

서 : 이번 정상회담은 구체적인 이슈를 합의하는 것보다 처음으로 두 사람이 제3자를 통하지 않고 대면해 서로의 생각을 솔직하게 확인할 수 있는 자리면 족하다고 생각합니다. 이런 과정을 통해 그동안의 오해가 풀릴 수 있다면 그것만으로도 큰 성과가 될 것입니다.

조 : 저도 동감입니다. 69년 닉슨 대통령과 모택동 주석이 처음으로 미중 정상회담을 했을 때도 서로 뚜렷이 합의본 것은 별로 없었습니다. 둘이 만나서 한 것은 단 한 가지입니다 즉 미국의 입장은 이렇다, 그리고 중국의 입장은 이렇다를 서로 확인한 것입니다. 이것만 가지고도 역사적인 상해 공동선언이 나와 미중은 밀월 관계로 접어들었습니다.

서 : 당시 주은래 총리는 와병 중이었습니다. 목숨이 얼마 남지 않은 상태였지요. 그가 키신저 국무장관에게 이런 얘기를 했다고 합니다. 언제 죽을지 모르는 상

황이니, 죽기 전에 키신저 장관과 미중 관계의 기본 줄기를 잡아놓았으면 한다는 것이지요. 그래서 주은래와 키신저가 한밤중까지 토론을 벌여가며 서로의 속마음을 털어놓았다고 합니다. 다소 낭만적인 생각일지 모르나, 이번 정상회담에서도 이와 비슷한 상황이 재현될 가능성이 전혀 없다고 생각지 않습니다. 김일성 주석 처지에서도 자신의 나이, 후계 문제, 세상 돌아가는 형편 등 어느 것 하나 만만한 것이 없는 상황 아니겠습니까. 그래서 두 정상이 만나 인간적 고뇌뿐 아니라 속 깊은 얘기까지 서로 나눌 수도 있다고 봅니다. 또 김영삼 대통령이나 김일성 주석의 성품으로 보아 전혀 예상하지 못했던 상황 진전도 가능하다고 생각합니다.

이 : 70년 3월19일과 5월22일에 있었던 동서독 간의 1, 2차 정상회담에서도 동서독이 얻은 것은 상대의 진의가 무엇인가를 확실하게 이해하게 됐다는 점입니다. 두번째는 언제든지 두 정상이 필요하다고 판단하면 만날 수 있는 환경을 조성한 것입니다. 이를 바탕으로해 70년 6월15일부터 동서독 기본조약을 위한 실무 협상에 들어간 것도 성과 중의 하나겠지요.

서 : 조의원께 묻고 싶습니다. 지난 1년 간의 핵 사태를 겪으면서 느낀 것은 핵 문제뿐 아니라 한반도와 동아시아에 대한 미국의 정책이 매우 유동적이라는 것입니다. 핵문제의 경우 미국이 아시아에서 어느 정도로 정치 군사적인 영향력을 확보하는 것이 타당한지 합의한 것이 없기 때문에 때로는 온건으로 때로는 강경으로 요동쳐온 게 아닌가 하는 생각이 듭니다.

조 : 핵문제와 관련해 말씀드리자면, 현재와 같은 국면이 나타난 이유를 다음과 같은 몇 가지 점에서 짚어볼 수 있습니다. 첫째 냉전 이후 미국 외교 정책의 최대 목표는 바로 핵확산방지조약(NPT) 체제를 유지하는 것입니다. 내년 4월이면 재 협상에 들어가야 하는데, 그러기 위해서는 6개월 전인 올해 10월까지는 모든 국가가 이 조약에 가입하겠다는 선언을 하게 해야 합니다. 두번째는 11월에 미국에 중간선거가 있다는 점입니다. 이 선거는 클린턴의 재선 여부를 판가름하는 매우 중요한 선거입니다. 현재 하원에서 민주당과 공화당의 의석 차이가 43석 정도인데, 통상 중간선거에서 여당이 야당에게 40여석 정도를 내줬다는 점을 감안하며, 핵 문제로 혼미를 거듭하는 상황에서 선거를 치를 경우 결과는 뻔합니다. 그렇다고 과거 정권이 그레나다나 이라크에 대해 했던 것처럼 북한과 국지전을 벌여 단기

에 승리를 거둘 가능성도 희박합니다. 따라서 미국은 단기적으로 국제 사회의 압력 수위를 높여 북한이 먼저 손들고 나오기를 원했던 것인데, 중국과 러시아가 개입하는 바람에 일이 꼬여버리게 됐던 것이지요.

이 : 핵문제가 해결되면 아시아에서 북한의 위상에도 큰 변화가 있을 것이고, 미국으로서도 북한의 전략적 가치가 커진다는 점을 감안하지 않을 수 없을 것입니다. 따라서 핵확산방지조약 체제 유지라는 목적도 있지만, 북한과의 물밑 대화를 통해 과거에 일본이 했던 것처럼 남북한 등거리 외교를 펼쳐 어떤 식으로든 자기 입지를 세우려고 할 것으로 보입니다.

서 : 탈냉전 시대에도 미국의 아시아 전략 주축은 여전히 미일 안보동맹 체제였습니다. 즉 미일 관계를 주축으로 아시아를 주도해 나간다는 것이었지요. 그런데 최근 2~3년 사이에 미일 관계에 돌출적인 사건들이 계속 발생해왔습니다. 무역 마찰은 늘 있어 왔던 것이지만, 사회당 정권까지 등장한 상태에서 과거처럼 미일 관계를 주축으로 주도권을 추구하기가 상당히 어려워진 셈이지요. 따라서 미국도 아시아 정책을 현실에 맞게끔 조정하는 것이 불가피해진 상황입니다. 중국에 대해 인권 문제를 거론하기보다는 최혜국 대우를 무조건 연장해 준다든가, 북한에 대해서도 일방적인 강경책보다는 북한을 새로운 질서에 끌어들이는 식으로 방향 전환을 하고 있는 게 아닌가 생각합니다. 남북 정상회담을 미국이 중재한 것은 이런 측면에서 국면을 전환함을 상징적으로 보여주는 사건이라고 할 것입니다.

내부의 이념 갈등 극복이 중요한 과제

이 : 지금부터 한반도 정세는 초읽기에 들어갔다고 봐야 합니다. 북한의 급격한 변화도 예상되지만, 더욱 중요한 것은 지금부터 통일 외교라는 차원에서 우리가 주변 4강과의 관계를 어떻게 해나갈 것인가 하는 점입니다. 전 동독 총리인 메지에르가 한국을 방문했을 때, 어떤 기자가 동독이 서독과의 통일 협정에 너무 서둘러 도장을 찍은 것이 아닌가라고 물었습니다. 그러자 메지에르 얘기가 자기들도 단계적으로 하려고 했으나, 셰바르드나제 당시 소련 외무장관의 충고를 듣고 서두르게 됐다는 것입니다. 셰바르드나제의 얘기인즉 소련이 15개 공화국으로 분열되고 나면, 그전에는 도장을 하나만 받으면 될 것을 이제는 15개를 받아야 할 사

태가 올지도 모른다는 것이지요. 우리 문제와 관련해서 적절한 비유일지 모르지만, 지금 전문가들 사이에는 등소평 사후에 중국이 7~8개의 성으로 분열될 것이라는 얘기가 나오고 있습니다. 그렇다면 우리도 등소평이 살아 있을 때 즉 도장을 하나만 받아도 될 때 통일 문제를 마무리짓는 것이 유리하지 않을까하는 생각도 듭니다.

　조 : 저 역시 지금부터 3~4년이 우리 역사에서 가장 중요한 전환기가 될 것이라고 생각합니다. 하나의 국제 정치 시스템이 무너지고 새로운 시스템이 자리를 잡는데 보통 15년이 걸린다고 합니다. 고르바초프의 페레스트로이카로 인해 기존의 국제 체제가 무너진 이후 현재는 매우 유동적인 상황입니다. 동북아에서도 중국·러시아·일본 등이 모두 내부 진통을 겪고 있기 때문에 대외 문제에 크게 힘을 쏟지 못하고 있는 상황입니다. 그러나 이런 상태가 오래 갈 것 같지는 않습니다. 앞으로 3~4년 지나면, 15년 주기를 보여온 유동적인 과정이 끝나고 극동에서 강대국 간에 세력 균형이 다시 굳어지게 될 것입니다. 세력 균형이 이루어지면 강대국은 현상유지 정책을 추구한다는 것이 국제 사회에 있어온 불문율입니다. 따라서 이번 정상회담은 우리 민족이 앞으로 통일할 수 있느냐 없느냐라는 문제와 관련해 어쩌면 우리 세대에서는 마지막 기회가 될지도 모릅니다.

　서 : 또 한 가지 중요한 것은, 미일 관계가 흔들릴수록 미국의 아시아 정책에서 한국의 전략적 중요성이 매우 높아지고 있다는 점입니다. 한미 관계가 예전에 비해 더욱 밀착된다는 것은, 남북관계에서 볼때 긍정적인 면과 부정적인 면 모두가 있을 것입니다. 긍정적인 측면은, 앞으로 남북한 문제에서 우리가 더 자주적이고 주체적으로 문제를 풀어갈 수 있다는 점입니다. 앞으로 북한과 평화 협정을 체결하는 과정에서 군 통수권 이양 문제 등을 더 유리한 처지에서 미국과 협상할 수 있을 것으로 보입니다. 반면, 한국의 전략적 중요성이 커졌기 때문에 미국이 더욱 깊숙이 개입하려 할 것이라는 예상도 가능합니다. 그래서 남북 관계에서 우리의 자율성이 그만큼 줄어들 가능성도 존재하는 것이지요. 또 한 가지 주의해야 할 점이 있습니다. 지난 45~48년에는 주변 국가들이 매우 유동적인 상황이었는데도, 우리 내부가 이데올로기의 갈등으로 인해 혼미한 상황이었기 때문에 분단의 길로 들어서게 되었다는 점이지요. 지금도 마찬가지입니다. 우리 내부의 이념 갈등을 극복하는 것이 매우 중요한 과제로 남아 있습니다.

이 : 이번 정상회담의 핵심 과제는 결국 한반도에 평화 체제를 구축하는 것이라고 할 수 있습니다. 우리는 여태까지 교류 협력이 되면 남북 관계는 잘될 것이라고 주장해 왔습니다. 그러나 정치군사적인 신뢰 구축이 안되면 남북한 정상이 만난다 해도 한계가 있을 수밖에 없습니다. 만약 남북한 양측만으로 이 문제가 잘 안 풀려 국제회의로 간다면, 그러기 전에 한국은 미국을 보증인으로 하고, 북한은 중국을 보증인으로 해서 신사협정 방식으로 문제를 푸는 방법도 생각해 볼 수 있습니다. 이처럼 남북한을 포함해서 주변 국가 간의 느슨한 포럼이 만들어져 남북의 지도자가 자연스럽게 자주 만날 수 있다면 서로가 신뢰를 쌓는 데 도움이 되리라고 생각합니다.

서 : 핵문제가 풀리면 곧 미국과 북한 간에 수교 문제가 대두할 것입니다. 미국과 북한이 수교하게 되면 북한과 일본의 수교가 뒤를 잇게 될 것입니다. 이른바 남북한과 주변 4강 간의 교차승인이 완결되는 상황이 될 텐데, 국내 일부에서는 이에 대해 우려내지는 반발 심리같은 것도 있는 것 같습니다. 그러나 저는 그럴 필요가 없다고 봅니다. 교차승인은 지난 70년대 중반 이래 한미일 3국 정부의 공개적인 정책이었습니다. 즉 70년대 중반 키신저 국무장관이 남북한의 유엔 동시 가입, 남북 대화, 교차승인 등을 한반도 정책으로 제시한 이래 3국 정부가 이를 공식 지지해왔는데, 그동안 부분적으로만 실현돼온 것이지요. 이번에 완결되는 것으로 볼 수 있습니다.

조 : 2년 전 평양에 갔을 때, 북한의 고위 관리들에게 물어봤습니다. 당신들은 왜 우리를 제치고 미국하고만 대화하려고 하는가라고 말입니다. 그러자 그들의 대답이, 우리도 한국이 잘살고 있다는 것을 안다. 그런데 한국이 잘살게 된 이유는 외국 자본과 외국 기술을 끌어들였기 때문이 아닌가. 우리도 외국 자본을 끌어들여야 하는데, 가장 손쉬운 게 일본 자본이다. 일본 자본을 끌어들이려면 먼저 미국과 수교하지 않으면 안된다라고 대답했습니다. 상황을 제대로 본 것이지요. 미국이 북한과 수교하면 일본과도 곧 수교가 이루어질 것입니다. 그렇다면 이런 교차 승인이 우리에게 불리한 것인가. 저는 그렇게 생각하지 않습니다. 김영삼 대통령과 김일성 주석이 정신만 바짝 차린다면 민족에게 다행스러운 결과가 나올 수도 있는 것입니다. 물론 이는 낙관적인 견해이긴 하지만 비관적으로 생각하자면 한이 없습니다.

이 : 북한이 일본과의 수교를 중시하는 이유는 전쟁 배상금도 있지만, 일본 내에

있는 북한 재산에 대한 처분권을 확보하기 위한 것이라는 점이 더욱 중요한 요인이라고 생각합니다. 대개는 재일교포나 조총련의 재산인데, 그 중에는 실질적으로 북한의 재산도 많이 있습니다. 일본은 과거 남북한과 등거리 외교를 하다가 최근에는 명백히 한국 쪽으로 기울어져 있는데, 일본이 재산 처분권을 계속 가로막고 있으면 북한으로서도 낭패가 아닐 수 없습니다.

김일성 주석이 심장병으로 사망한 것은 94년 7월8일 새벽 2시였다고 한다. 대외적으로 그의 사망 사실이 알려진 것은 다음 날인 7월9일 정오 북한의 공식 발표를 통해서였다. 그날은 토요일이었다. 장충동에 있던 민족통일연구원의 모 박사와 점심 약속이 있었다. 길 건너편 국립국악원 안에 있는 식당에 갔다가 식당 주인으로부터 김 주석의 사망 소식을 들었다. 처음에는 믿기지가 않아 농담 하시지 말라고 했다. 그러나 벌써 텔레비전에서 속보가 뜨고 난리였다. 급히 회사로 복귀하니 편집국 간부회의에서 그 주의 커버스토리로 하기로 결정이 난 상태였다. 마감은 월요일 오전이니 주말 사이에 취재에서 기사 작성까지 다 끝내야 했다. 난감했다. 평소 알고 지내던 전문가들은 방송 출연 등으로 모두 연락이 두절 상태. 일요일에 회사에 나와 막막한 심정으로 이것저것 자료를 뒤적이고 있는데 전화가 왔다. 사회주의권을 상대로 사업을 하시던 분인데 그 분 소개로 서울에 주재하는 그쪽 외교관들을 만난 적도 있다. 대개 그들은 기자라고 하면 입을 다물어 버린다. 그 중 한 사람은 평양에서 10년 이상 근무하며 김일성 주석이나 김정일 비서를 여러차례 만나기도 했던 사람인데 평상시는 크레믈린이었다. 그런데 그가 입을 열었다는 것이다. 후계자 김정일에 대한 당시 한국 언론들의 보도가 그를 자극한 것이다. 당시 국내 언론의 김정일에 대한 평가는 극히 부정적이었다. 술 마약 기쁨조 등의 단어를 빼고는 기사가 성립이 안될 정도였다. 냉전 시대 체제 대결 의식이 상대방에 대한 왜곡된 이미지만을 심어준 대표적인 사례다. 아마도 이 기사는 좀 과장을 덧붙이자면, 김정일에 대해 술과 마약과 기쁨조라는 키워드를 쓰지 않고 장문으로 작성한 한국 언론 사상 최초의 기사가 될지도 모르겠다.

김정일 시대 북한은 변한다
"능력 있고 합리적인 인물" 주장도 ··· 핵개발은 지속 가능성

(1994.7.21)

반세기 동안 한반도 분단의 주역이었던 김일성주석의 돌연한 사망은, 오늘 우리에게 북한은 과연 어떤 존재인가라는 물음을 던지고 있다. 북한 새 체제는 우리가 상대를 인정하기에 인색한 동안 한국이 아닌 엉뚱한 곳으로 진로를 잡을 가능성도 있다. 현재까지 진행된 상황을 보면 북한에 대한 중국의 영향력이 현저하게 강화될 것으로 분석된다. 이는 북한이 김주석 사망 사실을 중국에 최초로 통보했고, 중국은 북한 체제 보호를 공식 선언하고 나선 데서 뚜렷하게 드러난다. 김주석 사망 소식이 대외에 공표되기 전인 7월8일 평양 주재 중국대사가 "북한이 외부 세력의 침략을 받을 경우 중국은 즉각 개입할 것이다"라고 선언한 사실은 눈여겨 볼 대목이다.

중국 영향력 더욱 강화될 조짐

미국도 김정일 체제에 대해 조기 승인 움직임을 보이며 예상보다 훨씬 빠른 속도로 북한에 신호를 보내고 있다. 이미 클린턴 대통령이 김주석 사망 사실에 대해 '미국민을 대표해 진심으로 애도를 표명한다'고 했고, 크리스토퍼 국무장관은 김정일과 회동할 뜻도 내비쳤다. 북미 3단계 회담도 김주석 장례식이 끝나면 예정대로 재개할 전망이다. 통일 과정에서 외세의 영향력이 적을수록 좋은 우리의 처지에서 북한이 우리와의 관계에 앞서 주변 강대국과 관계를 굳혀나간다면 첫 출발로는 바람직하지 않은 현상이다.

이와 함께 남북 정상회담은 일단 김정일 비서와 하게 될 가능성이 매우 높은데, 정부가 김주석과 합의한 애초의 회담 원칙을 계속 고수할 것인지가 확실치 않다. 이미 청와대 일부에서는 회담 상대자가 김정일 비서로 바뀌었기 때문에 김영삼 대통령의 선 평양방문을 재고해야 한다는 의견도 나오고 있다. 이처럼 정상회담을 앞두고 정부가 북한의 새 체제와 또다시 주도권 다툼을 벌이려 할 경우 회담이 과연 순탄하게 열릴지 우려하는 시각도 있다.

정부가 6공화국 당시 노태우 대통령이 말했던 맏형다운 태도로 북한을 여유있게 바라보지 못하는 것은 김일성 주석이 없는 오늘의 북한 사회와 새로운 지도자 김정일에 대한 정보 부족이 큰 원인인 것으로 보인다. 냉전 시대를 거치면서 북한에 대한 정보가 주로 서방 언론과 이념적으로 순치된 국내 언론들에 의해 공급돼 온 상황에서, 왜곡되지 않은 북한의 실체를 바라보기는 어려운 것이 사실이다.

최근 북한에 오랫동안 체류했던 동유럽·중국·러시아 쪽의 전문가들과 접촉할 기회가 늘어나면서 북의 실체에 대한 접근 가능성은 조금씩 넓어져 왔다. 그리고 이들이 전하는 북한 사회와 북한의 새 지도가 김정일의 이미지는, 서방측 전문가들의 기존 견해와 상당히 거리가 있는 것 같다. 업무상 필요에 따라 동유럽이나 중국 등의 언론인들과 자주 만나는 재계의 한 관계자는 서방 언론과 국내 언론이 쏟아내고 있는 '북한사회 붕괴론'에 대해 상당한 거부감을 보였다. 그는 "북한에 오래 체류하기도 했고, 수시로 북한을 방문하기도 하는 옛 동독이나 중국의 언론인들로부터, 북한이 루마니아 식으로 무너질 것이라는 얘기는 잘못된 견해라는 얘기를 귀가 따가울 정도로 들었다"라고 전했다. 그들이 제시하는 근거들을 나름대로 정리해보면 다음과 같다.

북한이 경제적으로 어려운 것은 분명하다. 그러나 체제가 무너질 정도로 심각한 것은 아니다. 또 주체사상과 체제에 대한 충성심으로 뭉친 북한 주민들이 현 체제에서 이반한다는 것도 상상하기 어렵다. 설령 김정일 체제가 무너진다 해도 그것이 곧 북한이라는 국가의 소멸을 의미하는 것은 아니다. 그 이유는 한국 사회가 북한 주민들의 대안이 아니기 때문이다. 따라서 김정일 체제가 아니라도 이를 대체하는 다른 체제가 등장하게 될 것이다. 이는 간단하게 비유할 수 있다고 그는 말했다. "5·16이나 5·17 쿠데타가 일어났다고 해서 한국 사람들이 휴전선을 넘어 북한으로 밀려가지 않는 것과 같은 이치"라는 것이다.

능력 발휘할 땐 아버지보다 나을 수도

북한의 새 지도자 김정일은 과연 그동안 국내 언론이나 서방측 전문가들이 그려낸 것처럼 성격 파탄자이고 무능력한 인물인가. 김정일에 대해 비교적 객관적인 평가를 내릴 수 있는 한 서울 주재 동유럽권 외교관이 있다. 그는 지난해 말까지 평양 주재 외교관으로 약 10년 동안 근무하면서 북한의 고위 간부들과 접촉해온 인물이다. 또 남북관계에 대해 양 체제의 장단점을 거리를 두고 연구한 여러 편의 논문과 저서를 발표한 경력도 있다. 김정일에 대한 그의 평은 여태까지 국내에 소개된 그것과는 너무나 판이해서 의아한 느낌마저 주었다.

그는 김정일에 대해 한마디로 '만만치 않은 능력의 소유자'라고 잘라 말했다.

"김정일이 자기 아버지보다 못하다는 평가는 잘못된 견해이며 어떤 면에서는 아버지를 능가하는 점도 있다"는 것이다. 그동안 김정일이 김일성 주석에 비해 북한 주민들에게 인정받지 못했던 이유는 김주석의 그늘에 가려서일 뿐이지 능력과 관계된 것은 아니라는 것이다. 앞으로 김정일이 능력을 발휘할 경우 아버지보다 낫다는 평가를 받게 될 것이라며 '두고 보면 내 말이 옳음을 알게 될 것'이라고 주장했다. 그동안 김정일이 공개석상에 모습을 나타내지 않은 것은 김주석에 대한 배려 때문이지, 일부에서 주장하듯 콤플렉스 때문은 아니라고 말하기도 했다. 이 점에 대해서는 그동안 북한 출신 망명자들도 대체로 비슷한 견해를 보이고 있다. 따라서 김일성 주석이 없는 상황에서는 김정일이 적극 나서게 될 것이라고 한다.

김정일은 그동안 알려져 왔듯 무모하거나 난폭한 성격의 인물이 아니라고 이 외교관은 말했다. 매우 합리적이고 실리를 추구하는 사람이라는 것이다. 그러나 한편으로는 자부심이 무척 강하고 카리스마도 대단한 인물이라고 말했다. 김정일의 자부심과 카리스마는 자신을 북한의 '로열 패밀리'로 여기고 있기 때문이며 이런 점에서 한국의 단임제 대통령과 자기는 위상이 다르다고 생각할 가능성이 매우 높다고 말했다. 따라서 남북 정상회담이 성사될 경우 철저히 자기가 주도권을 쥐려 할 것이며, 한국의 대통령이 평양을 방문하도록 주장할 것이라고 내다봤다.

이 외교관은 또 김정일을 주체사상의 창시자인 김일성 주석보다 더 자주노선과 주체의식이 강한 인물이라고 평가했다. '우리 식대로 살자'는 슬로건을 만든 사람이 바로 김정일인만큼 이런 점에서는 철저히 이론 무장이 돼 있다는 것이다.

김정일의 합리적 실용주의적 성격과 카리스마적 성격을 고려할 때, 김일성 주석 사망이라는 난국을 타개하기 위해 김정일은 다음과 같이 대응할 가능성이 매우 높다고 그는 예측했다. 먼저 국내적으로 권력을 완전 장악하기 위해 당분간 철권통치를 해나갈 것이다. 이를 위해 한동안 모든 선전 매체를 총동원해 김주석 사망에 대한 북한 주민들의 슬픔을 극도로 고조시키고, 이런 분위기를 이용해 잠재적 반대파 및 견해를 달리하는 인물들을 철저히 숙청한다. 권력 장악을 위해 김정일이 군사적 긴장을 고조시킬 수도 있으나, 이는 대내용이지 대외용은 아니다. 대외적 긴장유발은 없을 것이다.

권력 승계 작업을 마무리하면 김정일은 곧 북미 교섭과 남북 정상회담 추진에 적극성을 보일 것이다. 정상회담과 북미 교섭이라는 시나리오는 원래 김정일이 막후에서 진두지휘한 것이므로 예정된 의제나 수순대로 진행될 것이다. 김정일은 이 과정을 통해 국제무대에 평화주의자로 등장하려 하고, 국내적으로는 정상회담과 북미 수교를 자신의 업적으로 선전할 것이다.

김정일은 북한 경제를 회생시키기 위해 적극 노력할 것이다. 국제적으로는 미국과 일본의 협조를 구하기 위해 힘쓰는 한편, 권력 구조 내에서는 그동안 숨겨져 있던 김정일 인맥의 경제 관료들이 대거 전면에 나설 것이다. 현재 북한은 나진·선봉 경제특구라든가 중국식 대외 개방을 위해 경제 실무자들의 충원이 요구되고 있는 상황이니만큼 그동안 대외적으로 드러나지 않았던 새로운 인물들을 충원하는 일이 필요하다.

장기적으로 김정일은 이들 전문관료들에게 경제를 맡기고 자기는 정치외교 문제에만 전념하려 할 것이다. 그러나 한 가지 문제가 있다. 외교 분야에서 그동안 이론적 준비는 상당히 돼있으나 실무 경험이 부족하다는 점이다. 따라서 미국, 일본과의 수교 문제 등 중요한 외교 사안을 어떤 식으로 결정하려 할지는 아직 알 수 없다.

이상이 김정일 체제 등장 이후 긍정적인 측면이라면 경계해야 할 점도 있다. '우리 식대로 살자'는 주체사상의 철저한 신봉자이므로 군사력 증대와 핵무기 개발을 계속하려 할 가능성이 매우 높다. 특히 핵무기 개발은 미국과 일본으로부터 완전한 경제적 대가가 지불될 때까지 계속할 것이다. 또 남북 정상회담을 자신이 주도하여 추진하려 할 것이라는 점도 우리 정부가 염두해 두어야 할 대목이다.

남북 정상회담에도 깊이 관여

김정일의 숨겨진 능력에 대해서는 최근 들어 국내 전문가들도 상당히 인정하는 분위기다. 결정적인 계기는 핵카드를 이용해 세계 제일의 초강대국인 미국을 마음대로 요리해온 점이 강한 인상으로 남아 있다. 그러나 이점에 대해서도 의문은 없지 않다. 핵확산방지조약(NPT) 탈퇴에서부터 최근의 북미교섭 및 남북 정상회담 추진에 이르는 급반전 상황 모두가 과연 김정일의 일관된 시나리오에 의한 것인지, 아니면 북한 권력 내부의 강온 대립에서 비롯한 것인지의 물음이다. 미국의 전문가들 중에는 김정일이 초기에는 군부를 포함한 강경파의 입장을 수용해 핵확산방지조약 탈퇴 등 강경노선을 걸었으나, 그 결과 국제 압력 밖에 돌아온 것이 없다며 지난해 연말부터 강경파를 제압하고 외교부 등 온건파의 입장을 수용하기 시작한 것으로 분석하는 사람도 있다.

남북 정상회담이나 북미 수교 문제에 대해서는 김정일의 실정을 못마땅하게 여긴 김일성 주석이 직접 전면에 나서 주도했다는 주장도 있다. 반면 김정일이 당정군의 권력을 완전 장악해 행사해 왔고, 김일성 주석은 상징적인 존재였다는 반론도 만만치 않다. 정상회담이나 카터 면담 등에서 김일성 주석은 얼굴 마담에 불과했다는 지적이다. 이런 주장을 펴는 북한 전문가들은 몇 가지 근거를 제시했다. 첫째는 카터 면담 당시 김주석이 부인인 김성애의 말을 듣고 미군 유해송환을 수락했다는 대목이다. 전문가들은 북한 권력의 속성상 김성애가 이런 중요한 문제를 김주석에게 직접 얘기할 위치는 아니라고 말한다. 회담 상황을 김정일이 막후에서 지켜보다가 김성애를 통해 김주석에게 카터의 제안을 수락하라는 메시지를 전했을 가능성이 높다는 것이다.

남북 정상회담과 관련해 김정일이 깊이 관여했다는 사실은 예비 접촉 대표로 파견된 김용순 최고인민회의 통일정책위원장, 안병수 조평통 부위원장, 백남준 정무원 참사관 등이 모두 김정일 직계 인물로 대남정책을 실질적으로 결정하는 인물들이라는 점에서 알 수 있다고 한다. 김정일의 직계 인물 세 사람이 함께 파견됐다는 것은 정상회담을 반드시 성사시키라는 김정일의 강력한 의지를 엿보이게 한 대목이라는 지적이다.

북한 변화하면 우리측 인식도 바뀌어야

북한의 경제 정책 변화를 추적해온 재계의 관계자들은 김정일이 중국식 대외개방 정책을 가속화할 것이라는 점에 대해 거의 의심하지 않는다. 지난 91년 나진·선봉 지구를 경제특구로 결정한 주역인 현 정무원 총리 강성산이 김정일의 측근이기 때문이다. 또 대외개방 정책의 중심 기구인 정무원 산하 대외경제위원회 위원장인 이성대는 강성산의 심복으로, 강이 김정일에게 천거해 현직에 오를 수 있게 되었다는 것이다. 이처럼 그동안 북한의 대외개방 정책을 추진해온 인물들이 모두 김정일의 측근 인물들이라는 점은 이 정책이 바로 김정일의 뜻에 따라 추진돼 왔고 앞으로도 더욱 가속화할 가능성이 높다는 것을 의미한다.

평양 주재 전·현직 러시아 외교관들이 작성한 <한반도 통일 시나리오>에서는 북한의 체제를 진정으로 변화시킬 수 있는 인물은 바로 김정일이라고 지적하고 있다. 김정일은 북한의 변화에 체제의 존망이 달려 있다고 생각하고 있고, 이를 위한 자신만의 구상을 가지고 있다고 한다.

이 시나리오는 권력 이양기에 북한은 당분간 철저한 내부통제 체제를 갖출 것이지만 어느 정도 자리가 잡히면 노동조합이나 종교 활동의 자유를 보장하고, 노동자들의 임금 인상이나 서구식 생활양식의 부분 유입 등 이완 정책도 병행할 것으로 예측했다. 남북관계나 대외정책에서도 김정일 체제는 매우 긍정적인 자세로 나올 가능성이 있다고 전망되었다.

북한의 변화가 남북관계의 진전으로 이어지기 위해서는 그 상대자인 한국의 변화도 필수적으로 요구된다. 한국의 대북관과 대북인식이 같이 변해야 한다. 결국 오늘의 북한은 과연 우리에게 무엇인가라는 물음에 대한 보다 명쾌하고 선명한 대답이 촉구되는 상황이다. 어제는 적이었고, 미래에는 민족의 한 구성원이 될 것이 분명하다면, 오늘은 무엇인가. 적인가 동반자인가.

한 시대의 종언을 고한 김일성 주석 장례식 관련 기사이다. 본문에 김정일이 이미 권력승계를 마쳤을 것이라는 해외 언론 보도를 인용했다. 이때만 해도 김정일의 권력 승계 문제가 그토록 오랜 시간이 걸릴지는 아무도 예상을 못했다.

한 시대 마감한 김일성 장례식
추도대회는 김정일 진용 드러나는 계기

(1994.7.28)

전쟁과 분단으로 얼룩진 한 시대가 끝났다. 새로운 세대를 주축으로 한 권력 체제가 북한에 들어섰다. 7월19일 오전 평양 일원을 중심으로 거행된 김일성 주석의 장례식은 그가 담당했던 시대에 종언을 고하는 것이었다.

김주석 장례식은 조문 순서 등을 통해 북한 권력 서열에 변화가 있는지를 판단케 한다는 점에서 북한 전문가들의 이목을 집중시켰다. 특히 김주석 사망 후 발표된 장의위원 순서와 조문 순서의 일치 여부가 관심의 초점이었다. 또한 김정일 체제의 대내외 정책과 관련해 20일의 추도대회는 김주석 사망 후 약 10여 일간 베일에 싸였던 북한 지도부 내부의 논의 내용이 최초로 대내외에 드러나는 자리가 될 것이기 때문에 진작부터 내외 전문가들의 관심을 모았다. 북한 정권이 김일성 주석의 장례식과 추도대회를 이틀에 걸쳐 치르는 이유에 대해서도 여러 가지 해석이 나왔다.

북한의 권력 승계 문제에 대해 김정일이 김주석 사망 후 비밀리에 열린 당중앙위 전원회의에서 이미 당 총비서와 국가주석에 선출되었다는 설이 유력하게 나돌고 있다. 이와 관련해 지난 19일 일본의 방송 수신 전문 통신사인 <라디오프레스>는 러시아의 <이타르타스> 통신보도를 인용해 '김정일이 이미 12일 노동당 총비서와 국가주석에 선출되었다'고 보도하기도 했다.

김정일의 권력 승계에 대해서는, 국내 전문가들 사이에도 김주석 사망 후 10여 일 간의 엎치락뒤치락 하는 논쟁 과정을 통해 이미 그의 권력이 조기 안정 국면에 들어갔다는 판단이 대세로 되고 있다. 문제는 김주석과 달리 전쟁과 분단의 책임으로부터 비교적 자유로운 김정일 체제에서 북한이 앞으로 어떤 방향으로 나아갈 것인가 하는 점이다. 이런 점에서도 장례식 이후 북한 지도부의 움직임에 내외의 시선이 집중되고 있다.

김일성 주석 사망 후 김정일 시대에 북한 핵 정책은 어떤 변화를 밟게 될까. 두 사람의 견해를 소개한다. 한 사람은 미국의 핵 전문가 조셉 버뮤더즈 박사. 《제인즈 인텔리전스 리뷰》94년 2월호에서 북한의 핵정책 결정 과정에 대해 설명했다. 또 한 사람은 전 평양주재 러시아 외교관 만수로프 박사. 94년 8월 11일자 <시사저널>에 그의 특별 기고가 실렸다. 이를 토대로 그의 견해를 요약한다. 만수로프 박사는 북한이 처한 대외 환경에 따라 내부 세력 간의 역학관계가 어떻게 변하는지 매우 중요한 통찰을 남겼다. 지난 30년간 남북관계가 변할 때 마다 북한 내에서 강경파와 온건파, 대화파와 체제 수호파가 교대로 등장하게 되는 메카니즘을 이해할 수 있다.

김정일 시대 핵 정책, 누가 결정하나

(1994.8.11)

■ 조셉 버뮤더즈 박사의 견해

북한의 핵정책은 공식적으로 원자력공업부의 통제 하에 있는 것처럼 보인다. 이 부서는 핵발전 능력의 도입을 용이하게 하기 위해 86년 12월29일 정무원 내에 설립했다.

이 부서가 생기기 전에는 과학원의 한 부서가 북한의 핵 프로그램을 총괄한 것으로 보인다. 원자력공업부가 공식적으로 북한 핵정책을 총괄하고 있긴 하나 이 부서 역시 북한 핵 프로그램의 다양한 측면을 통제하는 수많은 조직 중 하나에 불과하다.

핵 프로그램의 통제는 김일성 주석과 김정일 비서로부터 시작돼 중앙인민위원회와 국방위원회로 내려간다. 중앙인민위원회 산하에는 국가보위부와 정무원이 있다. 정무원은 사회안전부·과학원·원자력공업부·광업부를 통해 핵 프로그램을 통제한다.

또한 주석으로부터 국방위원회로 내려간 통제선은 인민무력부에까지 이어진다. 이 과정에서 각 부서 간에 다음과 같은 역할 분담이 이루어지고 있다. 원자력공업부는 핵 프로그램을 전반적으로 감독·조정하며 국제적인 협력 문제를 다룬다. 그

하부에 알려지지 않는 다수의 연구소와 기구가 있다.

과학원은 교육과 이론, 실제적 연구를 담당하기 때문에 여러 대학의 핵 관련 학과와 공조 체제를 이루고 있다. 광업부는 채광, 우라늄 정련과 지질 분석, 사회안전부는 안전 문제를 총괄하고 동시에 건설 및 자원 취득을 담당하며, 국가보위부는 시설의 물리적 안전을, 인민무력부는 핵시설의 방어를 담당한다.

■ 전 평양주재 러시아 외교관 만수로프 박사의 견해

만수로프씨는 평양 주재 러시아 외교관으로 3년 동안 북한의 핵정책 결정 과정이라는 블랙 박스 속 들여다 본 바 있다. 그가 94년 5월 발표한 한 논문은 미국 고위 정책 결정자들 사이에 화제를 불러일으킨 바 있다. 기고문을 게재 당시 그는 미국 노틸러스 연구소에 재직중이었다. 그의 기고문을 문답식으로 재정리 한다.

김주석 생존시 국제원자력기구(IAEA)나 핵확산금지조약(NPT)에 대한 중요한 정책 결정은?

김주석이 의장으로 돼 있는 중앙인민위원회에서 내려졌다. 일부에서는 북한의 핵정책 결정이 그때 그때의 격정이나 또 다른 숨은 동기에 의해 이루어져 왔다고 지적하기도 하나 이것은 사실과 다르다. 내면적인 전략적 고려와 엄밀한 이해득실 계산이 정책 결정의 준거였던 것이다. 핵문제에 관한 정보를 수집·평가하거나 정책의 수립에서 중요한 역할을 했던 곳은 당중앙위원회 국제부이다. 동시에 행정 관료기구들도 어느 정도 자율성을 가지고 정책 결정 과정에 참여해 왔는데, 이 중에서 특히 중요한 것은 원자력공업부와 정무원 외교부의 역할이었다.

행정 관료기구들이 어느 정도 자율성을 가질 수 있었던 이유는?

다음 두 가지 이유에서였다. 하나는 관료 기구들 사이에 의견 조정과 협조 필요성이 증대돼 왔다는 점이다. 북한의 관료기구는 고도의 보안 통제와 엄격한 위계질서를 특징으로 하고 있다. 그런데도 부서간 협조가 필요하게 된 것은 각각의 부서가 서로 다른 미국측 협상 파트너를 상대하기 있기 때문이다. 부서간 협조가 이루어지게 되면서부터 관료기구들은 핵문제에 관해 더 많은 정보를 접할 수 있게 되었고, 그들이 수행하고 있는 게임의 실상을 파악할 수 있게 되었다. 이런 과정은 당 국제부나 다른 세력들로부터 정치적 도전을 받았을 때 관료기구들끼리 서로 단결해 대처할 수 있게 했고, 최고위층에서 정책대안을 요구할 때 더욱 더 현실적인 정책을 제시하는 것도 가능하게 했다.

관료기구의 자율성이 커질 수 있었던 또다른 이유는 바로 평양에 있는 당의 고위 간부들이 핵문제를 떠맡기를 꺼려해 왔다는 점이다. 당 고위 간부들은 복잡 미묘하고 때로는 위험하기도 한 핵문제에 잘못 관여할 경우 그들의 경력 관리에 이로울 것이 하나도 없다는 판단 때문에 핵문제를 기피해 왔다. 따라서 대외적인 협상이나 대화는 관료기구들의 몫으로 남겨지곤 했다. 행정 관료들이 당 중앙에서 결정된 정책 지침을 수정할 수 있는 권한을 가지고 있는 것은 물론 아니다. 그렇지만 제한된 틀 안에서 조금씩 변화를 시도하는 것은 가능하다. 지난 몇 년 동안 최고위층에서 최초 결정된 정책의 틀 안에서나마 북한의 핵정책이 점진적으로 변화해왔다는 것을 관찰할 수 있다.

북한의 핵정책이 강경과 온건을 사이에 두고 왔다 갔다 하는 이유는?

정책의 변화는 평양 정권의 안정 혹은 위기감과 매우 민감하게 결부돼 있다. 정권 생존에 대한 위기감이 고조될 때마다 자칫 잘못하면 함정에 빠질지 모른다는 두려움이 증대되고, 그때마다 군부나 강경 입장을 지지하는 세력의 동맹이 형성되곤 했다. 결과적으로 평양 정권의 결함이 노출되면 될수록, 협상은 완전 결렬까지 치닫지는 않는다 해도, 그때마다 지연되곤 했다. 반면 위기의식이 약화되고 김부자 체제가 다소 안정되는 느낌을 받을 때마다, 강경 세력은 민간인 지도자나 실용주의적 온건론자들에게 다시 권력이 재분배됨으로써 자신들이 버림받게 될지도 모른다는 두려움을 느끼곤 했다. 따라서 북한 당국과 국제원자력기구와의 협조 관계가 원만하게 이루어질 경우 그들의 태도는 보다 유연하고 예측 가능한 것으로 나타나는 경향을 보여 왔다.

김주석 사망 이후 핵정책 결정 과정은 어떻게 될까?

핵정책 결정 과정도 바뀌게 될 것이다. 그러나 그 결과는 '위대한 수령'의 생존 시기와 큰 차이가 없을 것이다. 김주석 이후 시대 핵정책의 큰 줄기는 중앙인민위원회 구성원들의 의견 일치와 군부에 의한 거부권 행사를 동시에 감안할 집단적 지도력에 의해 결정될 가능성이 매우 높다. 또한 김정일 측근 세력은 김일성 시대의 인물들과는 다른 인물로 채워질 것이며, 친족 세력이 배제될 것이라는 점도 중요한 사항이다.

당의 고위 간부들은 어떤 역할을 할까?

김일성 시대에는 당의 고위 간부들이 핵문제에 개별적으로 관여하는 것은 정치적 자살행위로 간주되곤 했다. 당의 고위 간부들은 김일성 또는 '경애하는 지도자'의 입장을 추종할 뿐이었다. 당의 고위 간부들은 성향에 따라 매파와 비둘기파, 그리고 올빼미파로 구분하는 것이 가능하고, 중국이나 러시아에 경도된 사람들이 대부분이다. 당은 국가기관과 더불어 핵문제에 깊이 개입돼 있다.

김주석 이후 시대 당의 고위 간부들은 고위 권력자 편향에서 벗어나 사안별로 자기의 입장을 결정하게 될 것이다. 이 중 일부는 행정 관료들로부터 지도를 받게 될 것이고, 또다른 사람들은 권력 브로커로 변신하게 될 것이다. 또 일본이나 미국에 경도된 고위 정치가들의 영향력이 증대하게 될 것이다. 또한 당과 국가기관 간의 분화가 심화하면서, 핵정책 결정의 중심도 중앙인민위원회나 행정 관료기구, 최고인민회의 등 국가기관들로 대폭 이양되게 될 것이다.

김정일 시대 관료 기구들의 자율성은 증대될까?

김일성 시대에 관료기구들은 주변적인 역할에 머물러 있었다. 그러나 새로운 정권 하에서는 관료기구들의 자율성이 눈에 띄게 신장돼 고위 정책 결정자들에게 정책의 실마리나 대안, 그리고 전문적 의견 등을 제시하는 등 적극적인 역할이 가능하게 될 것이다. 이런 과정에서 핵의 군사적 이용 문제를 둘러싸고 정무원 외교부와 인민무역부 사이에 세력 다툼이 벌어질 가능성도 매우 높다.

요약하자면 향후 북한의 핵정책 결정 체계는 고위 권력자를 중심으로 한 엘리트 집단으로부터 매일매일의 사안을 중심으로 관료기구들의 역할이 커지는 쪽으로 중심이 이동하게 된다는 것이다.

김주석 사망 후 핵문제에 대한 북한의 태도는 김정일의 권력 장악 속도와 밀접하게 연결될 가능성이 매우 크다. 불확실한 요인들 때문에 권력 승계가 지연될 경우 8월5일로 예정된 미국과 북한 간의 고위급회담은 실질적인 성과 없이 끝날 것이 뻔하다. 그러나 김정일이 권력 장악 과정을 완료하거나, 아니면 북한 지도부가 다른 방식을 통해 이 문제의 해결을 완료할 경우 대화는 실질적인 성과를 얻게 될 것이고, 핵문제 해결을 위한 북한의 대응도 매우 빨라질 것이다.

김 주석 이후 시대 북한이 추구할 핵정책은?

현 시점에서 북한이 추구할 핵정책은 김주석 생존 당시 이미 결정됐던 '패키지 딜'방식이 여전히 유효하다. 또한 버림을 받거나 아니면 함정에 빠질지 모른다는 두려움에 근거한 위기의식이 그때그때 그들의 전술적 태도를 결정하는 데 중요한 영향을 미치게 될 것이다. 정책 결정 과정이 달라질 것임에도 불구하고 그 결과는 큰 차이가 없을 것이라는 판단의 근거는 무엇인가. 결정 과정의 차이는 무시해도 좋다는 것인가.

첫 번째로 고려돼야 할 것은 핵문제는 현실 정치의 문제라는 것이다. 북한의 지도자들은 그들이 살아남기 위해서는 어떤 방식으로든 미국과 타협을 하지 않으면 안된다는 사실을 점차 깨달아 왔다. 일반적으로 한국인은 실용주의자들이고 생존력이 매우 강한 사람들이다. 그들은 생사가 걸린 이익이 위협받게 될 경우 종종 그들이 믿어온 전통적 가치에 대해 매우 유연한 태도를 취하는 경향이 있다. 김일성 주석은 그가 생존했을 당시 아들인 김정일에게 '국제 관계에서 영원한 친구란 없다. 영원한 이해 관계만이 있다'는 철칙을 명심하도록 교육시켜 왔다는 소문도 있다. 두 번째는 북한 내부 사정 때문에라도 김정일은 핵 동결과 국제 사회의 외교적 승인, 경제 지원 및 경수로 지원을 맞바꾸고자 한 그의 아버지의 정책을 계승하지 않으면 안된다는 점이다. 북한 내부 사정 중에는 김정일이 정권의 정통성을 내부적으로 확보해야 될 뿐 아니라, 아버지의 카리스마를 물려받지 않으면 안된다는 점이 포함된다. 그는 북한 주민들의 마음 속에 그가 매우 유능한 지도자라는 이미지를 심어 주어야만 한다. 또한 자식으로서의 본분을 다해야 할 의무도 있다.

아버지의 정책을 계승하는 것이야말로 김정일이 북한 내부의 반대 세력을 분쇄하는 가장 쉬운 방법이기도 하다. 그가 미국과 대화를 계속하는 한 그에 대한 잠재적 반대 세력들은 우선 북한 주민들로부터 김주석의 마지막 유지를 실행에 옮기기를 거부하는 회의분자들로 낙인찍히게 될 것이고, 또한 미국으로부터도 대화할 가치가 없는 강경파 또는 보수세력으로 치부될 것이기 때문이다.

김정일은 그의 아버지로부터 붕괴에 직면한 퇴행적인 경제 체제, 육체적으로 지치고 혼란에 빠진 국민, 정신적 환멸감과 정치적으로 파편화한 엘리트 계층, 핵 문제로 인해 국제적 고립과 잠재적인 군사 위기에 빠진 국가를 유산으로 물려받았다. 살아남기를 원한다면, 이런 난제들을 성공적으로 극복하기 위해서라도 그는 '위대한 수력 2세'가 되지 않으면 안된다. 다행스럽게도 김주석은 90년대 초부터 두 가지 중요한 정책 전환을 시도함으로써 그에게 마지막 축복을 주고 갔다. 하나는 경제 개혁이고, 또 하나는 핵무장 해제를 통한 미국과의 화해이다. 김주석 말년의 정책 전환이야말로 북한 경제 회생과 북한 체제에 대한 국제적 승인을 얻기 위한 열쇠이다. 김정일에게는 다른 선택이 있을 수 없다. 그의 아버지가 말년에 걸었던 길을 따라갈 것인가, 아니면 북한의 정치 무대에서 영원히 사라질 것인가, 둘 중의 하나이다.

김일성 주석 사망 후 한국 사회는 북한에 대해 공세적으로 바뀌었다. 조문 파동을 둘러싸고 때 아닌 사상 논쟁이 벌어졌다. 김영삼 대통령은 8.15 경축사를 통해 '민족공동체 통일방안'을 발표하면서 보수층의 목소리를 수용해 남측의 주사파 등 친북 세력 배제를 강조했다(아래 기사). 남북 정상회담으로 해빙기를 맞을 것 같던 남북관계는 다시 경색되고 반면 북미관계는 탄력을 받아 더욱 앞으로 나아가기 시작했다. 엇갈리기 시작한 이 구도는 김영삼 정부 끝날 때까지 계속됐다. 그리고 북한의 '통미봉남책'(남북관계는 봉쇄한 채 미국과만 대화하는 북한의 책략)에 시달려야 했다. 따라서 이 시기를 어떻게 보냈는가 하는 점은 앞으로의 교훈을 위해서도 중요하다. 주요 일지를 소개하면 다음과 같다.

남북관계

7월9일 김영삼 대통령은 김일성 주석 사망에 따른 정상회담 무산에 대해 유감을 표명했다. 7월11일 김용순 북한 최고인민회의 통일정책위원장은 "우리 측의 유고로 북남 최고위급회담을 연기하지 않을 수 없게 되었음을 위임에 의하여 통지"한다고 했다.

7월18일 이영덕 국무총리는 김일성 주석 조문논쟁 관련 재야 및 운동권 학생과 사회 일각에서 김일성 주석 장례식과 관련해 조전 발송 및 조문단 파견을 논의하는 것은 무분별한 행동으로서 매우 유감스러운 일이라고 정부 입장을 발표했다. 북한은 7월14일 정부의 방북 조문단 불허방침에 대해 상식 이하의 무례한 처사라며 이미 비난한 바 있다. 8월1일 국제사면위가 북한이 구금 중인 정치범 55명의 명단을 공개한 데 대해 김영삼 대통령은 그 다음 날 주례보고에서 납북 억류자 송환문제와 관련 국제기구를 통해 당당히 송환을 요구하고 억류의 부당성을 여론에 호소하라고 지시했다.

북미관계

7월9일 북한 제네바 대표부가 북미 3단계 고위급회담을 연기한다고 발표했다.

7월21일 미국과 북한은 뉴욕에서 3단계 고위급회담 재개 일정에 원칙적으로 합의했다. 미국과 북한은 8월5~12일까지 회담을 갖고 3단계 고위급회담 재개 등 4개항의 합의문을 발표했다. 그 내용은 다음과 같다. ① 북한은 흑연감속로들과 연관시설들을 경수로 발전기술들로 교체할 용의를 표명하였으며 미국은 가능한 이른 시일 안에 2백만KW 발전능력의 경수로발전소들을 북한에 제공하며 그동안 북한에 흑연감속로들을 대신할 대용에너지를 제공하기 위한 조처들을 취하기로 하였음. ② 북한과 미국은 각기 상대방의 수도들에 외교부 대표부들을 설치하고 무역 및 투자 장벽을 완화하기로 하였음. ③ 미국은 북한에 핵무기를 사용하거나 핵무기로 위협하지 않는다는 담보를 제공할 용의를 표명하였으며 북한은 한반도의 비핵화에 관한 남북공동선언을 이행할 일관된 용의를 표명하였음. ④ 북한은 핵확산금지조약의 회원국으로 남았으며 조약에 따르는 안전협정의 이행을 허용할 용의를 표명하였음. 쌍방은 북한의 흑연감속로 원자로 계획을 경수로 기술로 교체하는 사업과 폐연료의 안전한 보관과 처분, 대용에너지의 보장, 연락사무소 개설을 추진키 위한 전문가급 협상들이 필요하다고 합의하였으며, 1994년 9월 23일 스위스 제네바에서 회담을 재개하기로 하였음.

8월13일 북한 강석주 외교부 부부장은 북한의 정책노선은 불변임을 강조했다. '김정일은 혁명위업의 계승자로서 이미 오래전부터 당과 국가, 군대의 전반 사업을 영도해 왔으며 앞으로 그 어떤 변화도 절대로 있을 수 없다. 특별사찰이란 말 자체도 인정하지 않으며 경수로 제공과 절대로 연관될 수 없다. 경수로 제공과 관계정상화로 조·미 사이의 신뢰가 보장되고 IAEA의 불공정성이 완전히 해소되고 IAEA와의 관계가 정상화되면 핵투명성을 보장할 용의가 있다는 것을 다시한번 명백히 한다.'

8월13일 한국 외무부 대변인은 북미 합의 성명과 관련해 북한의 과거, 현재, 미래의 핵 투명성 확보를 위해 바람직한 일로 본다고 언급했다. 8월15일 김영삼 대통령은 광복절 49주년 경축사를 통해 '한민족공동체 건설을 위한 3단계 통일방안' (약칭: 민족공동체 통일방안)을 재 강조했다.

공세적 '신 통일정책'추진
김대통령 8.15경축사 분석/통일방안 재정리…북한 인권 등 거론할 수도

(1994.8.25)

김대통령이 8.15 경축사를 통해 밝힌 '민족공동체 통일방안'은, 국내의 사상논쟁 기류와 북미 대화에 따른 탈냉전 가속화라는 최근 한반도 주변의 상호 모순된 정세에 대한 대통령의 기본 인식과 대응 방안을 내외에 밝혔다는 데 의미가 있다. 또한 명칭과 내용에서 혼선을 빚어온 정부 통일 방안을 재정리했다는 의미도 있다.

김대통령이 이 날 발표한 민족공동체 통일방안은 6공화국 때의 '한민족공동체 통일방안'이나, 문민정부 등장 이후의 '3단계 3기조 통일방안'과 비교할 때 전체적인 윤곽이나 기조에는 큰 차이가 없다. 통일 단계를 '화해협력-남북연합-제도통일'이라는 3단계로 그대로 유지했다는 점에서 기존 통일방안과의 연속성을 확인할 수 있다.

보수층 목소리 수용

그러나 통일을 이루기 위한 기초 철학으로서 '자유민주주의에 기초한 통일'을 재삼 강조했고, 자유민주주의 원칙에 반하는 남측의 주사파 등 친북 세력 배제를 강조한 것은 김일성 사망 이후 표출된 한국 사회 내부 보수층의 목소리를 수용한 것으로 볼 수 있다.

대통령이 북의 고려연방제 통일방안이 권력의 배분이나 계급 및 집단에 초점을 두었음을 지적하면서, 새로운 통일방안은 '우리 민족이 앞으로 어떻게 살아가느냐' 또는 '인간중심주의', '가공적인 국가체제 조립 보다는 더불어 살아가는 민족공동체 건설'에 우선을 두고 있음을 밝힌 것도 이런 맥락에서 볼 수 있다. 즉 북한이 통일전선전략 차원에서 당국간 대화와 제반 사회 세력간 대화라는 이중정책을 구사해온 것처럼 우리도 북한의 인권·이산가족·억류자 문제 등을 동시에 거론하는 정책을 계속 추진하겠다는 것으로 추정할 수 있다. 따라서 새로운 통일방안은 김일성 없는 북한 체제에 대해 그전보다 훨씬 공세적. 적극적 자세로 임하겠다는 의지를 담은 것으로 해석할 수 있다. 청와대 당국자는 "김일성 시대의 대북 자세는 수세적. 수동적이었던 측면이 없지 않다. 그러나 김정일 체제에 대해서는 자신감을 가지고 당당하게 대할 필요가 있다"라고 말했다. 그는 또 "앞으로의 대북 협상은 북한이 수용하느냐 여부에 개의치 않고 우리의 원칙과 입장을 먼저 천명하는 방식이 될 것이다"라고 강조했다.

김대통령이 통일원 등 관련 실무 부처에 새로운 통일 방안을 마련하도록 지시한 이면에는 기존의 통일방안을 좀더 체계적으로 정리할 필요성이 있었기 때문으로 알려졌다. 정부가 이번에 우리 통일방안을 '민족공동체 통일방안(공동체 통일방안)'으로 정리함으로써 북의 '고려연방제 통일방안(연방제 통일방안)'과 명확한 대비가 이루어졌다고 할 수 있다.

김일성 주석 사망 이후 남북관계는 한국 내부의 때 아닌 사상논쟁으로 뒷걸음질쳐 온 반면 주변 정세는 북미 협상을 계기로 탈냉전 상황이 가속화 해가는 상호 대립적인 방향으로 전개돼 왔다. 이런 상황에서 일부 전문가는 남북관계 개선이 배제된 채 북한과 주변국가 관계만이 빠른 속도록 진전될 경우 우리가 국제 조류에서 고립될 가능성이 높다고 지적해왔다. 대통령이 새 통일방안에서 '북한을 흡수통일하지 않겠다'는 기존 입장을 재천명한 것이나, '북한이 핵투명성을 보장할 경우 경수로 지원을 포함해 민족 발전 공동계획을 추진할 의사가 있다'고 발표한 것은 최근 주변 정세의 탈냉전적 분위기를 감안한 것으로 볼 수도 있다.

특사 교환 카드로 북미 대화에 끼어들려 했던 한국정부 시도는 94년 3월 특사 교환 예비접촉에서 북한 대표의 서울 불바다 발언으로 무산된 바 있다. 8월5일 북미 3단계 고위급회담에서 경수로 지원이 합의된 뒤 이번에는 경수로 제공의 전제조건으로 특별 사찰을 요구하는 새로운 끼어들기 전술이 다시 등장했다. 8월18일 김영삼 대통령은 "경수로 건설은 우리가 책임질 문제인 만큼 절대 한국형이어야 한다. 한국 기술진이 가고 한국의 자본이 투입돼야 하기 때문에 결코 양보할 수 없다"라고 말했는데 이처럼 경수로를 우리 돈으로 지어야 하므로 IAEA의 특별사찰을 받는 것이 전제조건이 되어야 한다는 것이다. 과연 이것이 가능할 것인가에 대해 짚어봤다. 이 기사에서는 또 94년 10월의 북미 제네바 회담이 그에 앞서 타결된 우크라이나식 해법을 모델로 한 것이라는 점을 지적하고 있다. 거의 비슷한 시기에 연속해서 이루어진 두 회담의 공통점을 찾아보는 것도 관전 포인트이다. 미국이 제네바 회담을 서두른 이유로 94년 11월의 중간선거와 그 다음해 4월로 시한이 만료되는 NPT 체제 유지라는 문제가 걸려 있었다는 점도 주목할 필요가 있다. NPT 체제는 우루과이라운드 협상을 통해 탄생한 WTO(세계무역기구) 체제와 함께 냉전 후 미국 신세계전략의 양대 축으로 일컬어졌다.

북한 핵 해법은 '우크라이나식'

미국, 과거 불문하고 '현재·미래의 핵'과 경협 맞바꿀 듯

(1994.9.8)

명분을 택할 것인가, 실리를 택할 것인가. 9월 말 재개될 북미 3단계 2차 회담을 앞두고 정부의 대북정책이 또다시 기로에 섰다. 정부는 일단 8월25일 이홍구 통일원장관 주재로 열린 통일안보정책조정회의에서 그동안 논란을 벌인 특별사찰 문제에 대해 '특별사찰을 포함한 실질 조처'를 북미 회담 및 남북 경협 그리고 경수로 지원의 전제 조건으로 제시함으로써, 상황 변화에 따라 신축성 있게 대응할 길을 열어놓았다. 북한 핵의 투명성 보장을 위해서는 특별사찰이라는 명칭에 구애

받을 필요가 없다는 한승주 장관의 주장과, 이를 반드시 전제 조건으로 요구해야 한다는 정종욱 청와대 외교안보수석 사이에 벌어진 논전에 대해 절충적인 입장을 정부안으로 채택한 것이다.

앞으로 남은 문제는 추후 한미 협의 과정에서 정부가 '특별사찰'과 '실질 조처' 중 어느 쪽에 무게를 실어 대응할 것인가 하는 점이지만, 최근의 대북 강경 분위기 대로라면 기존의 명분론으로 복귀할 가능성은 남아 있다. 이 경우 지난해 연말 '특사 교환'을 둘러싸고 한미, 남북 간에 전개됐던 소모적 논쟁이 또 한 차례 재연될 가능성도 있다.

특별사찰, 가능성도 실효성도 없어

특별사찰에 대해서는 우선 당사자인 북한이 강력히 반발하고 있다는 것이 문제이다. 북한은 8월5일의 제네바 3단계 고위급 회담 이후, 우리 정부가 경수로를 지원하는 전제 조건으로 이를 요구한 데 대해, 외교부 성명 등을 통해 '경수로와 특별사찰을 연계하는 것은 결코 용납할 수 없다'고 반발하는 등 예민한 반응을 보이고 있다.

9월에 열릴 3단계 2차 회담에서도 북한이 역시 강한 거부 반응을 보일 것이 명확한 상태에서 관건은 협상 상대자인 미국의 태도이다. 즉 미국이 북한의 반발을 무릅쓰고 한국 정부의 입장을 어느 정도나 고려해 이를 관철하기 위해 노력할 것인가 하는 점이다. 제네바 3단계 회담 이후 미국측은 한국 정부와 협의하는 과정에서 과거 핵 의혹을 규명한다는 입장에 별다른 변화가 없다는 점을 분명히 해왔다. 특히 지난 8월17일에는 클린턴 대통령이 김영삼 대통령에게 전화를 걸어 이 문제에 대한 입장을 재천명하기도 했다.

그러나 미국이 북한의 반발, 그리고 궁극적으로는 북미 회담의 결렬까지 각오하고 북한에 특별사찰 수용을 강요하리라고 보기는 어렵다. 북미 회담의 성공적인 타결은 북한뿐 아니라 11월의 중간선거와 내년 4월의 핵확산방지조약(NPT) 갱신이라는 시간표에 쫓기는 미국으로서도 다급한 숙제이기 때문이다. 또한 미국은 자칫 기회를 잃을 경우 또 다른 재앙을 맞게 될 것을 두려워한다고 전문가들은 지적한다. 즉 현재 공사중인 영변의 50MW 원자로와 2백MW 원자로가 가동될 경우 1년에 핵무기를 10개씩 만들 플루토늄을 생산할 수 있는데, 만약 북한이 이것을 시리아나 이라크로 유출할 경우 걷잡을 수 없는 파국이 올 것이라는 지적이다. 북한이 50MW와 2백MW 원자로를 건설해 가동에 들어가는 시점은 4~5개월 뒤이다. 결국 미국으로서는 이 기간이 북한 핵 문제를 평화롭게 해결해야 하는 시한인 셈이다.

미국은 또한 특별사찰의 실효성에 대해서도 회의적이라고 한 전문가는 지적했다. 북한의 과거 핵 규명을 위해 영변의 미신고 시설 두 곳을 국제원자력기구(IAEA) 요원이 사찰한다는 것이 특별사찰의 요체이지만, 이를 통해 과연 북한의 핵 의혹이 완전히 해소될지 알 수 없다는 것이다. 핵물질이 있었다 하더라도 북한이 이미 이를 다른 곳에 옮겼을 것이 분명하고, 이 경우 국제원자력기구는 또 다른 곳을 사찰 대상으로 지적하지 않을 수 없게 되므로, 핵문제 해결이 미궁에 빠질 가능성이 높다는 것이다.

이런 이유 때문에 지난 8월 제네바 3단계 1차 회담에서 미국은 우선 현재와 미래의 핵개발을 동결하고 과거 핵은 순차적으로 해결하자는 입장을 취했던 것이다. 이런 사정을 모를 리 없는 한국 정부가 그동안 특별사찰을 전제 조건으로 고집해온 이유에 대해서는 해석이 분분하다. 북미 회담의 속도를 늦추기 위한 제동장치라는 해석에서부터 막판에 타협하더라도 일단 원칙을 밝힐 필요가 있다는 전략적 판단이라는 해석 등이다.

정부는 과거 특사 교환과 같은 전철을 밟지는 않을 것이라는 자신감을 가지고 있는지도 모른다. 다시 말해 과거 특사 교환 요구는 한·미 공조체제에 대한 기대 이외에는 우리가 활용할 지렛대가 전혀 없는 상황이었던 데 비해, 이번에는 경수로 지원이라는 명확한 반대급부를 가지고 있기 때문이다. 핵폭탄 제조용 플루토늄 추출이 가능한 영변의 5MW 원자로(현재 핵)와 앞으로 건설할 50MW 및 2백MW짜리 흑연감속로(미래 핵)를 동결·폐기하는 대신 북한에 제공할 경수로 원자로에 대해, 정부는 궁극적으로 자금을 지원할 곳은 우리이므로 급할 것이 없다는 판단을 하는 것으로 보인다. 그러나 이에 대해서는 회의적인 시각도 있다. 정부가 경수로를 지원하는 대가로 특별사찰 등 전제 조건을 지나치게 내세울 경우, 시간에 쫓기는 미국이 새 해법을 찾을 수밖에 없고, 그런 의미에서 갈루치 차관보가 9월초 한국·일본·중국·러시아를 순방하는 이유를 살펴봐야 한다는 지적이다.

핵을 개발하겠다고 위협하는 국가에 대해 정치 협상 및 경제 지원을 통해 이를 무마한다는 미국의 전략은 북한에만 적용되는 것은 아니다. 핵무기 확산을 방지하기 위해 핵확산방지조약 체제를 유지하는 것은 미국의 신세계 전략의 중심 기둥 가운데 하나이다. 미국은 냉전시대 국제 무역체제를 떠받치던 관세 및 무역에 관한 협정(GATT)체제를 세계무역기구(WTO) 체제로 전화한 데 이어, 내년 4월 계약 만료되는 핵확산방지조약 체제를 영구적인 것으로 전환함으로써 신세계 전략의 양대 축을 구축하겠다는 전략적 의지를 가지고 있다.

핵확산방지조약 체제를 교란하는 국가에 대해 경제 지원을 통해서라도 이를 무마하겠다는 미국의 전략은 이미 우크라이나의 사례에서 선보인 바 있다. 옛 소련 해체로 상당수의 핵탄두를 보유하게 된 우크라이나는 이를 이용해 러시아의 석유·식량 공급선을 위협하고, 핵확산방지조약 체제도 교란했다. 우크라이나가 자기네가 보유한 핵탄두를 러시아에 이관하는 조건으로 내세운 것이 바로 경제 지원과 함께 미국이 러시아로부터 안전을 보장하라는 것이었다.

일본 '경수로 건설비 G7분담' 제안 예정

미국은 91년 상원의원인 샘 넌 의원과 리처드 루거 의원이 공동 발의한 넌·루가 법안을 통해 우크라이나를 지원할 법적 근거를 확립한 뒤, 올해 1월에는 미국·러시아·우크라이나 3국 정상회담을 통해 지원 방안을 구체화함으로써 핵문제 해결을 위한 '우크라이나 모델'을 선보였다. 또한 지난 7월8~9일 나폴리에서 열린 G7 정상회담에서는 우크라이나의 체르노빌 핵발전소 폐기와 이를 대체하기 위한 원자로 3기를 건립할 비용으로 13억5천만ECU(EC통화·IECU는 1.17달러)를 지원하기로 결정했는데, 이는 핵확산방지조약 체제를 유지하는 것이 미국뿐 아니라 G7의 공동 책임이라는 미국측의 압력에 의한 것으로 분석된다.

현재와 미래의 핵개발을 동결하기 위해 경수로를 지원한다는 미국의 대북 협상 전략은 핵과 경협을 맞바꾸는 우크라이나식 모델을 본뜬 것이다. 경수로 지원문제와 관련해 최근 주목해야 할 것은, 그동안 지원금 문제로 발뺌을 하던 일본 정부가 우리 정부의 대북 강경 자세의 틈바구니를 교묘하게 헤집고 나올 가능성이 있다는 점이다. 일본 언론이 최근 보도한 바에 따르면 일본 정부는 9월초 갈루치 미 차관보의

한·일·중·러 4국 순방에 때맞춰 우크라이나에 대한 G7의 공동지원 모델을 대북 경수로 지원에도 적용하자고 제안할 예정이다. 또 자국 모델인 VVER형을 북한에 제공함으로써 상업적 이익을 노리는 러시아는, 한국 정부가 전제 조건을 강력하게 내걸고 있기 때문에 8월의 북미 합의는 깨질 가능성이 있으며, 이렇게 되면 자국의 경수로형이 채택될 가능성이 높다고 자신감을 보이기도 했다.

북한에 경수로를 지원하는 것에 대해 우리 정부는 남북 경협의 출발점 또는 통일 과정을 주도하기 위한 비용을 선지급한다는 차원에서 접근하고 있다. 반면 미·일·중·러 4강은 이 문제를 앞으로 10여 년이 소요될 건설 기간에 한반도에 영향력을 행사할 튼튼한 발판으로 보고 있다. 북에 제공될 경수로 2기를 건설하는 데 들어갈 비용을 약 40억달러로 추산할 때, 일본이 주장하는 대로 G7 국가들이 십시일반으로 기금을 마련하는 것이 불가능한 것만은 아니라는 지적도 있다. 따라서 우리 정부가 실효성을 의심받는 특별사찰 전제 조건을 시간에 쫓기는 미국측에 계속 강요한다면 경수로형의 선택이나 앞으로의 협의 과정에서 엉뚱한 방향으로 문제가 꼬일 가능성도 있다는 지적이다.

94년 9월23일부터 제네바에서 속개된 북미 3단계 2차 회담을 앞두고 미국이 갑자기 한국 정부를 배려하는 움직임을 강화했다. 미국의 한국 배려는 대만과의 경제 협력을 강화하는 움직임과 맞닿아 있다. 중국을 중심으로 한 중화 경제권의 대두에 따라 아시아에서 미국을 지지하는 대표적인 국가들인 한국·대만과의 기존 관계를 방치할 수 없게 된 것이다.

북미 간에는 9월10~13일 평양 전문가회담에서 연락사무소 설치 문제가 논의 됐고 9월10~14일 베를린 전문가회담에서 경수로 지원 문제 등이 협의됐다. 9월23~29일 제네바에서 열릴 북미 고위급 제3단계 2차 회담을 앞두고 나타난 미국의 기류 변화를 점검 했다.

미국, 중국 견제 위해 남북대화 중시로 방향 전환 움직임
미, 제네바회담서 한국입장관철 주력…아시아전략변화시사

(1994.10.6)

북한 핵 문제의 최종 해결과 정상회담을 통한 남북 관계 개선을 양대 축으로 하는 한반도 질서 개편 움직임이 다시 빨라지고 있다. 9월23일부터 제네바에서 속개된 북미간 3단계 2차 회담과 카터 전 미국 대통령의 재방북 움직임, 그리고 중단된 남북 정상회담 재추진 같은 굵직한 현안들이 긴밀히 연계돼 한반도 질서 재편이라는 하나의 목표를 향해 나아가고 있는 것이다.

특히 제네바에서 열리고 있는 북미 3단계 2차 회담은 단순히 북한 핵 문제나 북한과 미국과의 관계 개선에만 국한된 것이 아니다. 오히려 난항을 보이고 있는 근본 쟁점들에서 알 수 있듯이 남북 정상회담 실현을 위한 전제조건 마련이 회담 분위기 전체를 지배하고 있는 듯한 느낌을 주기도 한다.

제네바 회담이 북한 핵 문제뿐 아니라 남북관계 개선 문제까지 끌어안고 진행되고 있다는 사실은 이번 회담에 임하는 미국측의 자세 변화에서 두드러지게 나타나고 있다. 미국은 이번 회담에서 그동안 핵심 현안으로 대두됐던 경수로 지원 문제와 북한 핵 투명성 확보 문제, 그리고 북미 연락사무소 개설과 남북관계의 병행

추진 문제 등에 대해 전에 없이 강경한 입장을 보이고 있는 것으로 알려졌다. 김일성 주석 사망 후 한국 사회 내 강경 세력의 대두가 북미 관계 진전을 방해하고 있다고 비난하면서 여차하면 한국의 입장을 무시할 수도 있다는 듯한 태도를 보였던 최근까지와는 두드러지게 다른 모습이다.

여기서 주목되는 것은, 미국측이 이번 회담에서 의욕을 보이고 있는 북한 핵의 과거 투명성이나 경수로 지원에서 한국의 중심적 역할 보장 및 남북관계 개선을 병행하려는 움직임은 그 자체만으로는 미국 정부의 이해관계보다는 한국 정부의 이해관계와 긴밀하게 연결돼 있다는 점이다. 특히 이들 쟁점 사항들은 한국 정부가 북한과 정상회담을 재추진하기 위한 전제조건 성격을 띠고 있다는 점에서 특기할 만하다.

중국 의식해 한국·대만에 치중

그동안 한국 정부는 남북관계의 국면 전환을 위해 정상회담이 반드시 필요하다는 입장을 가지고 있으면서도 이들 쟁점 사항들을 묻어둔 채 추진할 경우 강경 보수 세력의 반격을 부를 가능성이 있음을 우려해 왔다. 따라서 미국이 제네바 회담에서 이들 쟁점에 대해 북한의 양보를 얻어낸다면 한국 정부는 부담을 그만큼 덜 수 있을 것이다. 또한 미국측은 이번 회담에서 북한과의 합의가 미진할 경우에 대비해 카터 전 미국 대통령의 재방북 카드를 준비하고 있기도 하다.

전문가들은 최근 미국이 남북 정상회담 중재에 대해 강한 의욕을 보이는 데 주목하고 있다. 그리고 그 이유에 대해 중간 선거를 앞둔 클린턴 대통령의 선거 전략이라고 여기는 한편, 최근 미묘한 변화를 보이고 있는 미국의 태도로 미루어 새로운 아시아 전략의 일환이라고 해석하고 있다.

최근 미국은 그동안 소원했던 대만과의 관계를 강화함으로써 중국 일변도였던 아시아 전략을 수정할 움직임을 보이고 있다. 대만과 관계를 강화해 '두 개의 중국 정책'으로 전환하려는 미국의 움직임에 대해 <일본 경제 신문> 9월7일자는 '미국의 새로운 아시아 전략의 시동'이라고 분석한 바 있다. 현재 중화경제권이 대두함으로 인해 아시아 전반에서 후퇴를 거듭하고 있는 미국의 처지에서 대만과 한국은 이 지역에서 미국을 지지하는 대표적인 국가이다. 따라서 미국은 중국의 대두와 북한의 국제무대 등장이라는 탈냉전 상황에 대응하는 한편 한국 및 대만과의 기존 관계를 유지하여, 이 지역에 대한 중국의 영향력 강화를 견제하려는 양면 전략을 추진하고 있다는 것이다.

경제 협력 강화가 대만과의 관계 강화를 위한 포석이라면, 남북 정상회담 중재는 북미 관계 급진전에 대비해 한국 정부에 보상하려는 차원일 뿐 아니라, 한반도에서 미국의 영향력을 증대하려는 포석으로 풀이할 수 있다. 우리 정부의 처지에서 보면 북한과의 관계 개선에 앞선 미국정부의 마지막 선물이 될 수도 있는 것이다.

북미 제네바 회담 직후 쓴 기사다. 제네바 회담 직전 미국이 한국 정부에 대한 배려를 강화한 데 대해 썼던 앞의 기사에 이어 그 배경을 좀더 파고 들었다. 의외로 그 뿌리가 깊었다. 93년 말 한국 정부는 미국이 탐탁치 않아 하는 특사 교환 요구를 포기하는데 그로부터 중국을 중재자로 한 남북 직접 접촉으로 선회했다. 94년 3월 김영삼 대통령이 중국 방문을 계기로 정상회담을 추진했던 것이나 그 뒤 대우의 김우중 회장이 카터 전 대통령의 방북 직전 평양을 방문하고 있던 사실 등 비하인드 스토리들이 등장한다. 제네바 합의의 이면에서 살아 움직인 남북한과 미중의 지정학 게임에 대한 얘기다.

미국은 제네바에서 왜 한국에 신경 쓸 수밖에 없었나
(1994.10.27)

또 다시 관심의 초점은 남북 정상회담이다. 지난 주말부터 숨가쁘게 전개된 북미 제네바 회담이 10월17일(현지 시간) 밤늦게 극적으로 타결됨으로써 김일성 북한 주석 사망 이후 중단된 남북 정상회담이 재개될 가능성이 높아지고 있다. 남북 대화 문제로 진통을 겪어왔던 미국과 북한이 한반도 비핵화 공동선언 이행을 위한 남북 대화재개에 극적 합의한 것은 이와 관련해 시사하는 바가 크다.

정부는 지난 주말 제네바 회담 타결이 임박했다는 소식이 전해지자 여태까지의 대북 강경 자세에서 급선회해 '충분히 만족스럽지는 않지만 긍정적으로 수용하겠다'는 입장을 밝혔다. 이홍구 통일원장관은 10월15일 오전 통일원 간부회의에서 '남북 정상회담을 포함해 남북 대화와 관련한 모든 채널을 총 가동하겠다'고 말해 한발짝 더 나가고 있다. 흥미로운 것은 정부의 적극 자세가 제네바 회담이 완전 타결되기도 전에 나타났다는 점이다. 이는 제네바 회담에 임하는 미국측 입장이나 10월16일 평양의 추모대회 등을 고려할 때 정상회담에 대한 필요 조건이 곧 충족될 것이라고 판단했기 때문으로 보인다.

김정일 비서의 권력 승계가 1년 6개월을 끈 워싱턴과의 핵협상을 마무리 짓는 시점에 이루어질 것이라는 점도 평양의 다음 행로와 관련해 관심을 집중시키고 있다. 한 외교 소식통은 "그동안의 북미 회담을 분석해 보면 평양의 다음 목적지가 서울이라는 점이 분명해진다. 그동안은 서울에 도달하기 위해 워싱턴을 돌아온 것이었다"라고 지적했다.

이번 제네바 회담을 분석해 보면 워싱턴·평양 관계가 마무리된 뒤 곧바로 서울·평양 관계가 무대의 전면에 등장하게 될 것이라는 점은 분명하다. 이번 회담의 두드러진 특징은 미국이 전례가 없을 정도로 한국 정부 편에 서서 고군분투했다는 점이다. 한국이 주도하는 경수로 지원이라든가 시기 문제에서 한발짝 물러서기는 했지만 특별 사찰을 나름대로 관철한 것 등이 그 사례들이다. 가장 대표적인 것이 남북대화를 북미 관계 개선과 연계하고 있다는 점이다. 전문가들은 "몇 개월 전만 해도 미국은 남북대화를 건너뛸 수 있다고 생각했다. 그러나 최근 입장이 바뀐 것 같다"라고 지적한다.

미국, 중국 의식해 '중재자' 자임

미국이 그동안 북미 회담을 핵확산방지조약(NPT) 유지라는 세계 전략에만 초점을 두고 진행해 왔다는 사실은 지난 4월 중순께 비밀리에 개최된 '한반도 고위정책조정회의(SSK)'에서 극명하게 드러났다. 최근 민주당 임채정 의원이 외무부 대외비 자료를 통해 밝힌 바에 따르면 당시 미국은 국무부·국방부·중앙정보국 등 한반도 문제에 관련된 각 부처 고위실무자들이 참석한 이 회의에서 '동결과 포용 전략(freeze and engagement policy)'을 북한과의 핵협상 기본 전략으로 채택했다는 것이다. 즉 문제가 되고 있는 북한 핵의 과거 규명을 북미 관계 개선 이후로 미루겠다는 것으로, 특별 사찰을 전제해온 우리 정부 입장과는 배치되는 것이다.

우리 정부가 특사 교환 요구를 철회한 데서 드러났듯이 미국은 북미 대화에 남북관계를 연계하는 것을 거추장스러워했다. "특사 교환 철회 이후 워싱턴을 통해 서울·평양 대화를 이끌어낸다는 정부 전략은 원천 봉쇄됐다. 당시 상황에서 정부는 북한과 직접 교섭하는 길 이외에 다른 방법이 없었을 것이다"라고 최근 한 외교 소식통은 지적했다. 특사 교환 철회 후 정부 주도로 대북 비밀 외교가 이루어졌을 가능성을 언급한 이 소식통은 "서울·평양 직접 교섭은 북경을 경유했을 가능성이 매우 높다"고 분석하기도 했다. 한국 정부는 지난 3월 김대통령이 중국을 방문

했을 당시 중국을 중재자로 한 남북 정상회담 카드를 제시한 바 있다

정부의 독자적인 대북 채널 구축과 관련해 최근 외교가의 관심은 김우중 대우그룹 회장의 방북 시기에 쏠리고 있다. 김회장은 카터씨가 방북한 6월15일보다 하루 이틀 앞선 시점에 평양에 있었다는 사실이 거의 분명하다는 것이다.

이것이 사실이라면 클린턴 행정부가 카터씨의 방북을 갑작스럽게 추진한 배경이나, 이에 대한 청와대측의 불쾌한 듯한 반응, 그리고 카터씨가 가져온 정상회담 보따리를 청와대가 즉각 수락한 사실 등 서로 모순되는 듯이 보이는 상황들을 명쾌하게 이해할 수 있다. 즉 핵문제에 집착해 남북관계를 소홀히 취급하던 워싱턴은, 서울이 북경을 중재자로 내세워 독자 노선을 취하려 하자, 카터씨를 평양에 급파해 자기네가 정상회담을 중재하는 모양새를 취했다는 것이다.

제네바 회담에서 북한이 저항하는데도 미국이 남북대화를 관철하고자 한 것은 카터씨를 통해 선취한 정상회담 중재 기득권을 포기하지 않겠다는 것일 뿐 아니라 최근 미국의 중국 정책과 긴밀하게 연결돼 있다는 지적도 있다. 지난 몇 개월 동안 전개된 미국의 중국 정책을 살펴보면, 인권을 앞세운 고립 정책에서 윈스턴 로드 차관보의 비판 이후 유화정책으로 한번 전환했고, 미국 내의 비판이 강해지자 최근 공세 정책으로 또다시 전환하는 등 미묘한 기복을 보이고 있다.

특히 최근의 공세 정책과 관련해 눈길을 끄는 것은 지난 9월부터 윤곽을 드러낸 대만과의 관계 강화인데, 이는 최근의 한국에 대한 정책과도 일맥상통한다는 것이다. 즉 대만과 더불어 아시아에서 미국의 교두보인 한국과의 관계를 강화해 이 지역에 대한 중국의 영향력 확대를 봉쇄하려 한다는 지적이다. 이것이 남북 정상회담 등 남북 대화의 중재권만은 미국이 확보하겠다는 입장으로 나타나고 있다.

미국이 남북 대화에 강한 집념을 보이는 데 반해 북한은 '당사자 문제'임을 내세워 강력히 반발해 왔으나 이는 다분히 전략적인 것으로 보인다. 즉 북한은 대화 수락 조건으로 경제 지원 확대뿐 아니라 평화협정이나 주한미군 철수, 한국의 국가보안법 문제 등에 대한 양보를 요구했을 가능성이 매우 높은 것으로 관측된다. 앞으로 본격화할 서울과의 협상에서 걸림돌이 될 사항을 미리 제거하겠다는 포석이라는 지적이다.

한 전문가는 "워싱턴과 협상이 마무리되면 평양은 서울에 대한 외교 공세를 시

작할 것이다. 그리고 그것은 순간순간 우리에게 매우 곤혹스러운 선택을 요구하는 형태로 나타나게 될 것이다"라고 지적했다. 이 전문가는 "더 큰 문제가 닥쳐오는 상황인데, 아직도 일부 세력들이 특별 사찰 시기 문제 등 지엽적인 문제를 붙들고 흠집내기에 골몰하는 모습은 보기에도 딱하다"고 신랄하게 지적했다.

※북미 제네바 합의문 전문
1. 쌍방은 조선민주주의 인민공화국의 흑연 감속로와 관련시설들을 경수로 발전소들로 교체하기 위하여 협조함.
① 미합중국은 1994년 10월 20일부 미합중국 대통령의 담보서한에 따라 2003년까지 총 2,000MWe 발전능력의 경수로들을 조선민주주의인민공화국에 제공하기 위한 조치들을 책임지고 취함. ㄱ. 미합중국은 경수로의 재정조달 및 공급을 담당할 국제컨소시엄을 구성함. 이 국제컨소시엄을 대표하는 미합중국은 경수로 제공 사업에서 조선민주주의인민공화국의 기본 상대자로 됨. ㄴ. 미합중국은 국제컨소시엄을 대표하여 이 합의문이 서명된 날부터 6개월 안에 조선민주주의인민공화국에 경수로 공급계약을 체결하기 위하여 최선을 다함. ㄷ. 조선민주주의인민공화국과 미합중국은 필요에 따라 핵에너지의 평화적 이용분야에서의 쌍무적 협조를 위한 협정을 체결함.
② 미합중국은 1994년 10월 20일부 대체에너지 보장에 대한 미합중국 담보서한에 따라 국제컨소시엄을 대표하여 1호 경수로발전소가 완공될 때까지 조선민주주의인민공화국 흑연감속로와 관련 시설들의 동결에 따른 에너지 손실을 보상하기 위한 조치들을 취함. ㄱ. 대체에너지는 난방 및 전력생산을 위해 중유로 제공 ㄴ. 중유 납입은 이 합의문이 서명된 날부터 3개월 안에 시작하며 납입량은 합의된 공급일정에 따라 연간 50만톤 규모까지 공급
③ 경수로 제공 및 대체에너지 보장서한 접수 즉시 조선민주주의 인민공화국은 흑연감속로 관련시설들을 동결하고 궁극적으로 해체함. ㄱ. 조선민주주의인민공화국의 흑연감속로와 연관시설들에 대한 동결은 이 합의문이 서명된 날로부터 1개월안에 완전히 이행됨. 동 1개월간과 그 이후의 동결기간에 조선민주주의인민공화국은 IAEA(국제원자력기구)가 동결상태를 감시하도록 허용하며 이를 위해 IAEA에 전적인 협조를 제공 ㄴ. 경수로 제공이 완전히 실현되는 때에 조선민주주의인민공화국의 흑연감속로와 관련시설들은 완전히 해체 ㄷ. 미합중국과 조선민주주의인민공화국은 경수로 건설기간 동안 5MW 시험원자로에서 나온 폐연료봉을 안전하게 보관하고, 조선민주주의인민공화국에서 재처리를 하지 않고 다른 안전한 방법으로 폐연료봉을 처분하기 위한 방도를 강구하기 위하여 협조
④ 미합중국과 조선민주주의인민공화국은 이 합의문이 서명된 후 될수록 빠른 시일 안에 두 종류의 전문가 협상을 진행 ㄱ. 한 전문가협상에서는 대체에너지와 관련한 연

관문제들과 흑연감속로 계획을 경수로로 교체하는데서 제기되는 관련 문제들을 토의 ㄴ. 다른 전문가협상에서는 페연료봉의 보관 및 최종 처분을 위한 구체적인 조치들을 토의

2. 쌍방은 정치 및 경제관계를 완전히 정상화 하는 데로 나아감.
① 쌍방은 이 합의문이 서명된 후 3개월 안에 통신 및 금융결제에 대한 제한을 포함하여 무역 및 투자제한을 완화시켜 나감.
② 쌍방은 전문가 협상에서 영사 및 기타 실무적 문제들이 해결되는데 따라 서로 상대방의 수도에 연락사무소들을 개설
③ 미합중국과 조선민주주의인민공화국은 상호 관심사로 되는 문제들의 해결에서 진전이 이루어지는데 따라 쌍무관계를 대사급으로 승격시킴.

3. 쌍방은 한반도의 비핵화, 평화와 안전을 위해 공동으로 노력
① 미합중국은 조선민주주의인민공화국에 대해 핵무기를 사용하지 않으며 핵무기로 위협하지도 않는다는 공식 보장을 제공
② 조선민주주의인민공화국은 한반도 비핵화 공동선언을 이행하기 위한 조치들을 일관성 있게 취함. ③ 조선민주주의인민공화국은 이 합의문에 의하여 대화를 도모하는 분위기가 조성되는데 따라 남북대화를 진행할 것임.

4. 쌍방은 국제적인 핵전파 방지체계를 강화하기 위하여 공동으로 노력
① 조선민주주의인민공화국은 NPT(핵확산금지조약)의 당사국으로 남아 동 조약의 안전조치협정 이행을 준수
② 경수로제공계약이 체결되면 동결되지 않은 시설들에 대한 조선민주주의인민공화국과 국제원자력기구 사이의 안전조치협정에 따르는 임시 및 일반사찰이 재개됨. 계약이 체결될 때까지는 동결되지 않은 시설들에 대한 안전조치의 연속성을 위해 국제원자력기구의 사찰이 계속됨.
③ 경수로대상의 상당한 부분이 완료된 다음 그리고 주요 핵관련 부품들이 납입되기 전에 조선민주주의인민공화국은 국제원자력기구와 조선민주주의인민공화국내 핵 물질에 관한 최초보고서의 정확성 및 완전성을 검증하는 것과 관련하여 IAEA와의 협의를 거쳐 IAEA가 필요하다고 판단하는 모든 조치를 취하는 것을 포함하여 IAEA 안전조치협정을 완전히 이행함. * 대외비 각서 별도 합의

제네바 합의 이후 북한이 취할 경제 발전 전략이 초미의 관심사였다. 비록 그 뒤의 상황이 우여곡절을 겪으면서 예측한 대로 진행되지는 못했지만 어느 때든 북한이 경제영토로 떠오르는 순간 참고할만한 논의들이다.

평양사무소 낸 매킨지, 북한에 수출주도형 전략 권유했다
동경 지사장 오마에 겐이치로 권유-북한 발전 전략 초미의 관심

(1994.11.3)

김영삼 대통령은 8·15 경축사에서 "남북 간의 체제 경쟁은 이미 끝났다"고 선언했다. "앞으로 통일은 자유민주주의의 기초 하에 이루어질 것"이라고 자신감을 보이기도 했다. 당시 청와대 관계자는 대통령의 이런 발언이 '김정일 시대의 북한'에 대한 자신감에서 비롯한 것이라고 말했다. "김일성 시대에는 우리가 수세적이었다. 그러나 김정일 시대에는 적극적·공세적인 정책을 펴는 게 가능해졌다"는 설명이었다.

대통령을 비롯한 청와대 관계자들의 이런 자신감이 일련의 대북 강경책의 배경이 되었는지는 분명하지 않다. 그러나 북미 핵협상이 마무리된 지금에 와서 보면 치르지 않아도 될 비용을 앞으로 치러야 될지도 모른다. 김일성 사후 한국 정부나 언론, 그리고 기득권층이 취한 대북 강경 자세는 남북 관계에서 우리가 설 자리를 잃게 만들었다. 앞으로 남북 정상회담이 예정된 순서인데, 미국·일본·유럽 국가들과의 국교 수립을 앞둔 북한은 급할 것이 없다. 김정일 비서는 북미 회담의 여세를 몰아 남북 관계에서 주도권을 쥐기 위한 수단으로 남북 정상회담을 활용하거나, 그동안 섭섭했던 데 대한 보상을 톡톡히 받아낸 다음 회담에 응할 것이라고 북한 전문가들은 보고 있다.

그동안의 대북 강경론은 북한 시장 진출에서 선진국 기업들에 견주어 열세인 한국 기업들의 북한 진출을 더욱 어렵게 만들어 놓았다. 김주석 사후 북한 지도층 내에 쌓인 대남 적대감으로 말미암아 그렇지 않아도 '독이 든 당근'이라고 꺼리는 한국 기업의 북한 진출은 입지가 더욱 좁아졌다는 것이다.

남북 관계 전문가들이 더욱 걱정하는 것은 '이미 체제 경쟁이 끝났다'는 대통령의 시각이다. 북미 회담 이후 닥쳐올 남북 관계 및 동북아 정세의 격변 상황에서도 대통령이나 정책 입안자들이 이런 시각으로 대북 정책을 입안할 경우 그동안의 외교 정책 실패가 이제는 대북 정책 파탄으로 이어질 가능성이 매우 높다는 것이다.

북한식 발전 전략 치밀하게 준비

북미 회담 이후 남북 관계는 질적인 변화를 맞게 된다. 북한 전문가들과 재계 북방 실무자들의 관점을 요약하면 크게 두 가지이다. 첫째는, 한국전쟁 이래 남북 관계를 규정해온 '준 전쟁 상태'가 해소된다는 점이다. 즉 정치·군사·이데올로기적 대립 관계가 완화될 수밖에 없다는 것이다. 두번째는, 당분간 통일 문제보다는 정치·경제·사회·문화 등 모든 분야에서 실질적인 체제 경쟁 단계에 들어가게 된다는 점이다. 적대 관계에서 경쟁 관계로 전환하지만 궁극적으로는 이 경쟁에서 패한 쪽이 다른 쪽에 흡수될 가능성을 배제할 수 없기 때문에 내면적 긴장은 계속 유지된다.

동서독 통일 과정에 정통한 한 전문가는 70년대 초반 유엔 동시 가입 이후의 동서독 관계에 비유해 설명하기도 한다. 당시 유엔 동시 가입의 가장 중요한 의미는 서독이 동독을 국제무대에서 명실상부한 하나의 국가로 인정하게 되었다는 점이다. 남북한은 91년 유엔에 동시 가입했지만 냉전의 잔재가 채 청산되지 않아 서로를 국가로 인정하는 단계까지는 가지 못했다. 그러나 북미 회담 이후 미국·일본·유럽 국가들이 북한과 수교가 이루어질 경우 북한은 한반도 내의 또 다른 국가로 국제무대에 정식 등장하게 된다.

북한의 국제무대 등장으로 그동안 북한을 국가가 아닌 '반국가 단체'로 규정해온 국가보안법 규정이나 '대한민국의 영토는 한반도와 그 부속도서로 한다'는 헌법 제3조 규정은 더 이상 국제 사회에서 통용될 수 없게 된다. 한반도를 둘러싼 국가간 관계에도 일정한 변화가 따르게 된다. 교차 승인 구도가 완결됨에 따라 주변 4강과 남북한 관계를 안정적인 것으로 정립하기 위한 논의가 곧 대두할 것이다. 북한이 주장해온 평화협정 문제나, 주한 미군과 한·미상호방위 조약 성격 조정 문제, 다자간 안보체제 문제 등 일련의 평화보장 체제 구축에 대한 논의가 활발하게 전개될 수밖에 없다.

유엔 가입 이후 동서독이 그랬던 것처럼 남북한은 앞으로 체제 우월성을 높이기 위한 경쟁에 들어가 체제 경쟁에서 패한 동독이 서독에 흡수된 것처럼, 장기적으로는 한쪽이 다른 쪽을 흡수하든지 아니면 새로운 공존의 틀을 개발할 수밖에 없다는 것이다. 남북한의 체제 경쟁은 대통령이 말한 것처럼 이미 끝난 것이 아니라 이제부터 본격적으로 시작되는 것이다.

여기서 주목해야 할 것은 북한은 이미 소련과 동유럽 국가 몰락으로 생존에 위협을 느낀 90년대 초부터 새로운 북한식 발전 전략을 치밀하게 준비해 왔다는 점이다. 베를린 장벽 붕괴 당시 현지에 근무한 경험이 있는 재계의 한 관계자는 "당시 북한 고위 외교관들이 상당수 베를린에 파견돼 동독이 무너진 원인을 면밀히 조사했다. 이들은 북한도 변화하지 않으면 안된다는 보고서를 본국에 제출한 것으로 알고 있다"라고 말했다.

삼성경제연구원 모 선임연구원은 "소련·동유럽 붕괴 이후 북한이 처한 가장 큰 딜레마는 외화 부족이었다"고 지적했다. 그는 북한식 발전 전략을 외화 획득이라는 관점에서 설명한다. 즉 소련·동유럽 붕괴 뒤 북한은 이들 국가로부터 헐값으로 구입해온 식량, 원유, 핵심 기자재, 생필품 등을 국제 시장에서 외화를 주고 사와야 할 처지가 되었다. 외화를 벌기 위해서는 해외에 상품을 수출해야 하고, 그러기 위해서는 노후한 생산 설비를 바꾸고 사회간접자본을 확충해야 하는 문제가 연쇄적으로 나타났다. 또 재원을 조달하기 위해 외자를 유치하거나 예산의 많은 부분을 민수 생산 쪽으로 돌려야 하는 문제도 발생했다.

일본의 배상금이 '종자돈' 될 듯

그는 북한의 핵개발 의도를 이와 같은 경제적 맥락에서 분석한다. 외자 유치가 현실적으로 어려운 북한이 일차적으로 할 수 있는 일은 국가 예산의 30~40% 이상을 차지하는 국방비를 줄이는 것이었다. 즉 군수산업을 민수산업으로 전환하는 일이다. 그러나 무작정 국방비를 삭감하면 한국과의 군사력 격차를 더욱 크게 만들 가능성이 높다. 따라서 국방비 삭감 부분을 재래식 군비보다 값이 덜 드는 핵개발로 대체하려 했다는 것이다.

이처럼 북한에게 핵은 대외적으로는 안전 보장, 대내적으로는 군수산업을 민수

산업으로 전환하기 위한 수단이었다. 미국과의 협상이 타결되었다는 것은 그동안 핵개발이 떠맡던 역할을 미국의 안전 보장으로 대체하게 되었다는 것을 의미한다. 미국으로부터 안전 보장을 획득하게 된 북한은 이제부터 본격적인 경제 개발에 착수할 수 있게 되었다.

북미 회담 이후 북한이 국제 사회에 새로운 '경제 영토'로 떠오르고 있다는 점도 앞으로 북한식 발전 전략에 활력소로 작용할 것이다. 북한이 그동안 갈망해온 대로 외국 자본과 기업의 북한 진출이 본격화할 것이기 때문이다. 그렇다면 앞으로 북한과 국제 사회는 어떤 식으로 관계를 맺을 것인가. 이와 관련해 현재 재계의 북방 전문가들 사이에 유력하게 떠오르고 있는 것이 바로 60, 70년대 한국 경제 발전 모델이다.

우선 발전 전략이라는 측면에서 북한은 과거 우리가 그랬듯이 외자유치형 수출 드라이브 전략을 채택할 것이 거의 확실해 보인다. 이와 관련해 흥미로운 얘기가 있다. 지난 4월 평양에 사무소를 설치한 것으로 알려진 미국의 세계적 경영컨설팅 회사인 매킨지사의 북한 총책임자는 매킨지 동경지사의 오마에 겐이치씨로 알려지고 있는데, 그가 줄곧 북한에 권유해온 방식이 바로 수출주도형 전략이라는 것이다. 과거 한국의 수출 경제에서 미국이라는 세계적인 시장이 있었던 것처럼, 북한에게는 중국이라는 거대 시장이 존재하는 것도 매우 유사한 점이다.

현재 국제 사회와 북한의 관계도 한국이 과거 경제 개발을 했던 유형과 매우 비슷하다. 과거 한국의 경제 개발에서 시드 머니(종자돈)가 됐던 것이 일본의 청구권 자금이었다. 마찬가지로 북한 경제 회생에도 일본의 대북 배상금이 시드 머니로 작용하게 될 것이다. 일본이 그동안 한국에 했던 청구권 자금 지급 방식을 대북 배상금 지급에 적용할 것이라는 입장을 비공식적으로 밝혀 왔다는 점도 흥미롭다. 재계의 한 관계자는 "한국에 대한 청구권 자금 지급 방식을 적용할 때, 우리에게 지불한 3억 달러를 30년간의 인플레율이나 이자 등으로 계산하면 약 90억~백억 달러가 될 것으로 예측된다"고 말했다. 산업연구원 일본센터 김도형 실장은 "일본은 과거 한국의 경제 개발에 관여했던 경험을 바탕으로 북한 경제 개발 모델을 준비하고 있을 것이다"라고 지적하기도 했다. 일본은 북한을 일본에 부족한 중급 기계류나 부품 공급 기지로 활용하려 할 것으로 보인다. 이 경우 이 분야가 취약한 우리로서는 상당히 위협적인 요소가 될 가능성이 있다.

과거 한국이 경제를 개발하는 데 세계은행(IBRD)·국제통화기금(IMF)·아시아 개발은행(ADB) 등 국제 금융기구는 중요한 재원 조달 창구였다. 이 점은 앞으로 북한에게도 마찬가지이다. 현재 세계은행과 국제통화기금의 대주주는 미국이고, 아시아개발은행의 대주주는 일본인데, 그동안 핵문제로 말미암아 차관 공여를 금지해 왔지만 앞으로는 그럴 필요가 없어진다. 북한은 이미 93년께 아시아개발은행에 가입 신청서를 내는 등 실무 절차를 완비해 놓은 것으로 알려졌다. 북한이 매킨지를 평양에 끌어들인 이유도, 국제 금융기구의 차관을 끌어들이는 데 필요한 경영 진단 서류를 작성해 두기 위한 것이라는 지적도 있다.

경수로 지원을 위해 10여 나라로 구성될 국제 컨소시엄이 앞으로 어떤 방식으로 역할을 확대해 나갈지도 관심사 가운데 하나이다. 과거 한국의 경제 개발 과정에서도 선진국들로 구성된 국제 차관공여단이 있었다. 경제 개발 과정에서 중요한 재원 조달 창구였던 이 기구는 4차 경제개발 5개년계획이 끝난 80년대 초반 해체됐다. 경수로 국제 컨소시엄의 경우도 앞으로 이와 비슷한 역할을 할 것으로 보인다. 이 컨소시엄에 참여한 국가들이 대체로 북한에 대한 경제 진출에 관심을 갖고 있으나 독자 진출에는 부담을 느끼는 국가들이라는 점에서도 충분히 예측 가능한 일이다.

우리는 그동안 한반도에는 대한민국만 존재한다고 생각해 왔다. 그러나 앞으로 국제 사회는 그렇게 생각하지 않을 것이다. 또한 북한에 관심을 가진 미국 일본 중국 러시아 독일 프랑스 등은 구한말 열강 각축기에 한반도 진출 경험을 가진 국가들이고, 그 중 서방 국가들은 한국의 경제 개발 과정에 깊이 관여해 왔다. 앞으로 있을 북한 진출에서 이 국가들은 과거의 경험과 기억을 참고 자료로 활용할 것이다.

서방 국가들의 북한 진출 얘기가 나올 때마다, 정부나 재계의 일부 관계자들은 매우 회의적인 반응을 보이곤 했다. 북한은 투자 가치가 없다는 것이다. 그러나 60, 70년대 한국도 현재의 북한처럼 투자 대상으로서의 매력은 대단하지 않았다. 오히려 지정학적인 측면에서 보면 현재 생성되고 있는 동북아 경제권의 요충지에 자리잡은 북한이 훨씬 투자 가치가 높다고 할 수 있다. 또한 서방 기업들은 국제 금융기관들의 대북 차관 공여에 관심을 가지고 있고, 일본 종합상사들은 일본 정부의 대북 배상금을 통해 형성될 '북한 특수'에 촉각을 곤두세우고 있다. 그동안 일본 종합상사 등 일부 외국 기업들은 한국기업의 대북 경협을 견제하기 위해 일부러 북한의 투자 가치를 낮게 평가하는 역정보를 흘려왔다는 점에도 유념해야 한다. 북한의 발전 잠재력을 과대평가할 필요는 없지만 과소평가도 금물이다. 그동안은 자금력이 뒷받침되지 않아 정상 가동할 수 없었지만, 앞으로 외국 자본이 들어갈 경우 양질의 값싼 노동력을 활용해 단기간에 급성장할 가능성도 전혀 배제할 수 없다.

이처럼 북한은 당분간 국가의 모든 힘을 경제발전에 집중할 것으로 예상된다. 이 기간에 한국과의 정부 대 정부 대화는 적절한 선에서만 유지할 것이다. 따라서 국가연합이니 고려연방제니 하는 권력 구조 중심의 통일 논의는 당분간 별 의미를 갖지 못할 것으로 보인다. 또 대북정책에서 정부가 할 수 있는 역할도 크게 제한될 수밖에 없다. 앞으로 대북 정책의 무게 중심은 기업의 북한 진출 쪽으로 맞춰질 수밖에 없는 상황이 올 것이다. 정부는 기업의 북한 진출을 도와주기 위해서라도 북한과 동반자 관계를 맺어 두는 것이 바람직하다.

북한 포용할 '넉넉한 체제' 필요

기업의 북한 진출이 성공적으로 이루어지면 북한 사회의 변화를 촉진할 수도 있을 것으로 보인다. 앞의 삼성경제연구소 연구원은 "현재 북한의 경제 발전 전략을 살펴보면 오히려 중국보다 빠르게 시장경제 요소가 확산될 가능성도 있다"고 지적했다. 북한이 92년 도입한 신무역체계는 생산 공장들이 직접 대외 무역까지 책임지도록 하고 있다. 즉 원자재 수입에서 상품 수출까지 단위 공장이 책임지도록 돼 있는데, 그러다 보면 생산 공장들이 중앙의 통제보다는 국제 시장 동향에 더욱 민감해질 수밖에 없다. 따라서 자연스럽게 공장 단위로부터 시장경제 요소의 확산이 불가피하다. 그 점에 착안해 대북 정책을 근본적으로 조정해야 한다.

과거 동서독이 체제 경쟁을 벌일 때 서독 지도자들이 택했던 동독 정책을 우리도 검토해야 한다. 브란트 서독 총리의 '접근을 통한 변화' 전략이나, 80년대 중반 바이츠제커 서독 대통령이 주장한 '체제 개방적 대화'는 체제 경쟁 시대를 맞는 우리의 대북정책이 지향해야 할 점이다. 특히 바이츠제커 대통령의 체제 개방적 대화는, 진정한 대화를 이루기 위해서는 상대방에게만 변화를 강요할 것이 아니라 자신부터 변해야 한다는 것으로, 아직도 냉전의 망령에 사로잡혀 있는 우리 사회에 시사하는 바가 크다.

북한과의 체제 경쟁에서 승리하기 위해서는 정치 경제 사회 문화 모든 부문에서 북한을 앞지를 수 있도록 발전하지 않으면 안된다. 한편으로는 북한까지 포용할 수 있는 넉넉한 체제로 전환하는 것이 필수이다. 바로 이 점이 북미 회담이 우리 사회에 던지는 가장 중요한 메시지가 될 것이다.

94년 당시 등소평과 진운의 건강 문제는 중국 개혁개방의 향배와 직결되는 문제로 여겨졌었다. 그래서 94년 6월30일자로 이들의 건강 문제를 다룬 짧은 기사를 쓰기도 했다. 제목은 '중국 '장수 쌍벽' 한벽이 위태롭다'

"누가 더 오래 사느냐. 중국 최고 실력자 鄧小平과 이른바 '생명 경쟁'을 벌이고 있는 중국 보수파의 대부 陳雲이 상해에서 위독한 상태에 빠졌다는 보도가 지난 6월17일 홍콩 <星島日報>의 1면을 장식하면서 중국 두 실력자의 '생명력'에 다시한번 관심이 집중되고 있다. 올해 89세인 진운과 90세인 등소평이 비교되는 것은, 두 사람 중 누가 더 오래 사느냐에 따라 중국의 정치 판도가 바뀔 수 있기 때문이다. 통제 위주의 계획경제론인 '새장(鳥籠)'이론의 창시자 진운과, 흑묘백묘(黑猫白猫) 이론으로 개혁노선을 추진중인 등소평 중 끝까지 살아남는 사람의 경제 이론이 중국을 지배한다는 점에서 두 사람의 장수 경쟁은 당연히 관심사일 수밖에 없다.

지난 2월 이들은 약 1년 만에 중국중앙전시대(CCTV)에 모습을 나타낸 적이 있는데, 당시 등소평보다 건강하게 보인 진운이 공개적으로 "중국 경제에 문제가 많다"라고 발언해 파문을 일으켰었다."

결국 진운은 1995년 사망했고 등소평은 그보다 2년 뒤인 97년 2월19일 92세의 나이로 사망했다. 이 기사가 작성된 94년 11월 그의 수명이 다했다는 얘기가 있었으나 실제로는 그로부터 3년을 더 산 셈이다. 이 기사에서 중요한 점은 어떻게 그의 개혁개방 과정이 중국 군부의 발언권 강화로 이어졌는가 하는 점이다. 특히 남순강화 과정에서 그가 보수파를 제압하기 위해 군부를 활용했고 그것이 계기가 되어 군의 정치 개입이 본격화됐다는 것은 중국 개혁개방 과정의 어두운 면이자 등소평의 업보로 남을 일이다.

'부도옹' 쓰러지면 군부가 일어선다
등소평 사후 중국/당 앞세운 '군정'가능성 높아

(1994.12.8)

'등소평(燈小平) 이후는 사실상의 군정이다'. 무관의 제왕 등소평의 수명이 다해

가면서 등소평 이후 중국에서 가장 영향력 있는 집단은 군부가 될 것이라는 분석이 계속 나오고 있다. 등소평이 사망하면 명목상 최고 지도자는 당정군 3권을 장악하고 있는 강택민(江澤民) 주석이 될 것이나, 실제로는 당의 권력을 앞세운 군부의 입김이 중국의 대내외 정책을 좌우할 것이라는 지적이다.

미국·일본·홍콩 등 중국의 향방에 민감한 관심을 가진 주변 국가의 중국 전문가들 사이에 제기되는 이러한 견해는, 멀리는 92년부터 불붙은 등소평의 개혁·개방 노선과 군부 사이의 미묘한 함수 관계에 대한 분석에서부터, 최근 1~2년 사이 중국 대외 강경 정책의 배경에 군부가 있다는 현실 분석에 근거한 것이다. 현재까지 진행돼온 중국내 정치 역학 관계로 미루어볼 때 등소평 이후에는 물밑에서 암약해온 군부의 영향력이 전면에 등장하게 될 것이라는 분석이다.

"민족주의적 독재 정권 등장한다"

지난해 12월 미국 의회 조사국이 발표한 '과도기의 중국'이라는 보고서는, 등소평 사망 후 중국에는 빈부 격차 확대, 중앙과 지방의 대립, 인플레 등 수많은 문제가 분출해 중앙 정부가 통제하기 곤란한 상황이 닥쳐 정치에 대한 군의 개입이 강화될 가능성이 매우 높다고 지적했다. 또 <산케이 신문>이 10월17일자에 인용 보도한 미국 국방부 보고서는 '등소평 사망 후 7년 이내에 중국 공산당은 내부 분열하고, 그 결과 민족주의적 독재 정권이 등장할 가능성이 매우 높다'고 예측한 바 있다. 이 보고서는 '민족주의적 독재 정권'이 등장하는 배경 역시 중국 군부와 공안조직일 것으로 지적했다.

미국을 중심으로 한 서방 국가들이 등소평 사후 군의 움직임에 촉각을 곤두세우는 것은, 최근 1~2년 사이 중국이 보여온 대외 강경 정책의 배후 세력을 군으로 보고 있고, 따라서 군이 권력의 전면에 떠오를 경우에 대비한 대책 마련이 시급하기 때문이기도 하다. 일본에서 발행되는 종합 시사 정보지 <선택> 10월호는 '현재 클린턴 정권 내에는 등소평 이후 시대에 중국군의 영향력 확대가 불가피하고, 중국에 사실상 군정이 실시 될 것이라는 견해가 많다. 미국은 중국이 혼란에 빠지는 것을 원치 않기 때문에 군의 역할 강화를 인정하는 추세다'라고 지적했다. <선택>에 따르면 이미 미국은 등소평 이후를 앞두고 중국군의 반미 성향을 누그러뜨리기 위한 대책 마련에 들어갔다. 지난 8월 중순 중국인민해방군 부참모장 서혜자 상장이 미국 국방부 초청으로 10일간 미국을 방문한 사실이나, 지난 10월 페리 미국 국방장관이 중국을 방문해 89년 천안문 사태 이후 중단된 미중 간의 군사 교류를 재개하기 시작한 것 등이 이를 위한 사전 포석이라고 한다. 또한 미국이 지난 6월 중국에 대해 최혜국 대우를 무조건 갱신해준 것도 더 이상 인권 문제를 거론해 중국 군부를 자극해서는 안된다는 판단에 따른 것이라고 한다.

등소평 이후 중국 군부 동향은 우리에게도 발등의 불이 되고 잇다. 특히 홍콩의 중국 전문지 <鏡報> 10월호가 전한 '중국군, 유사시 한반도 상륙을 상정한 대규모 군사훈련 실시' 소식은 그동안 중국에 대해 아전인수격 인식에 빠져 있던 우리 사회에 경종을 울려주었다. 당시 <鏡報>의 보도 내용은, 8월23일 심양군구 소속 육해공 3군이 한미 양국의 북한 침공에 대비해 전략 요충인 요동반도에서 대규모 합동 군사 훈련을 실시했다는 것이다. 당시 중국군의 군사훈련을 단순히 군사적인 면에서만 분석하는 데에는 문제가 있다. 여기에는 북한 군부를 안심시켜 김정일 정권으로 하여금 북미 핵 협상에 탄력적으로 대응할 수 있도록 지원하기 위한 의도와 김일성 사후 북한 지도부의 안보 우려를 없애주기 위한 정치적 고려가 포함된 것이기 때문이다. 또 다른 측면에서는 중국이 북한의 붕괴를 좌시하지 않겠다는 의지를 드러낸 것임과 동시에, 앞으로 북한과 중국 간의 군사 교류가 확대될 것이라는 메시지가 담겨 있기도 한 것이다.

92년 봄 등소평의 '南巡講話' 이후 중국은 개혁개방 가속화와 고도 경제발전 전략을 채택해 급속히 세계 시장에 문호를 개방해 왔다. 굳게 닫혀 있던 '죽의 장막'이 급격히 해체돼온 것과 거의 동시에 대외 강경노선을 추구하는 군부의 영향력이 강화돼 왔다는 점은 모순이다. 그러나 군부의 영향력 강화가 등소평의 개방 노선과 배치되는 것이 아니라 개방 노선 추진 과정에 필연적으로 따른 것이라는 점에 주목할 필요가 있다. 바로 이 점이야 말로 군부의 영향력 강화가 일시적 움직임이 아니라 중국의 권력 구조 속에 이미 깊숙이 자리잡기 시작했고, 등소평이라는 거물이 사라진 뒤 중국이 사실상 군정 시대에 들어가게 될지 모른다는 우려의 배경이 되는 것이다.

92년 봄 등소평이 과감하게 개혁 노선을 추구한 것은 89년 천안문 사태 후 유지돼온 보수개혁 세력 사이의 권력 분점 상태에 대한 일종의 쿠데타적 성격을 띠는 것이었다. 살 날이 얼마 남지 않은 등소평으로서는 자기가 죽기 전 중국을 개혁·개방 체제로 확고히 전환해야 할 필요성을 느끼게 되었고, 이를 위해서는 저항 세력인 진운(陳雲) 등 보수파 원로들의 영향력을 분쇄할 수단이 필요했다. 등소평의 이같은 현실적 요구에 부응한 것이 인민해방군 수뇌부였다. 등소평의 남순강화 이후 군 수뇌부인 양상곤(楊尙昆) 군사위 제1부주석, 양백빙(楊百氷) 군사위 비서장, 진기위(秦基偉) 국방부장 등은 '군은 개혁·개방의 호송선단이 되어야 한다' '군은 실제 행동으로 개혁·개방을 지지해야 한다'며 등소평 노선을 적극 지지하는 입장을 천명했다. 이후 등소평은 중요 국면마다 반대 세력의 저항을 분쇄하기 위해 군부의 영향력을 적극 활용했고, 이에 대한 반대 급부로 군의 영향력 확대를 묵인하는 '밀월관계'가 이루어지게 되었다.

군부의 영향력 확대는 기본적으로 당 우위 국가인 중국에서 군부가 당의 결정을 좌지우지하는 기현상을 낳기까지 했다. 그 대표적인 사례가 지난해 11월11일 열린 중국 공산당 제14기 3중전회였다. 14기 3중 전회의 주요 의제는, 이보다 앞서 6월에 취해진 경제 과열 방지를 위한 거시조정 정책을 수정할지 여부였다. 그런데 바로 이 3중 전회 직전인 11월 초 북경에서 중앙 군사위원회가 열려 등소평의 개혁 급진전 노선을 채택함으로써, 3중 전회의 정책 결정 방향에 무언의 압력을 가했던 것이다.

당 정치국 회의에 군 수뇌부 참석

문제는 군부가 당의 결정에 깊숙이 관여할 통로가 이미 중국 권력 구조 속에 자리잡기 시작했다는 점이다. 등소평 노선을 지지한 대가로 군은 국방예산 대폭 증강, 군 수뇌부의 대규모 승진 등 반대급부를 톡톡히 누려왔는데, 이 중 앞으로의 권력 구도와 관련해 주목해야 할 점이 바로 당 정치국 확대회의에 군 수뇌부의 참석이 허용되기 시작했다는 점이다. 이같은 결정은 지난해 7월 등소평이 승인하여 이루어졌다. 당시 결정 내용에 따르면, 장진(張震) 군사위 부주석이 정치국 상무위원회 회의에 배석하는 것을 필두로, 지호전(遲浩田) 국방부장을 비롯한 장만년(張万年)·여영파(余永波)등 군수뇌부가 당의 정치국 회의에 참석할 길이 열리게 된 것이다.

서방 전문가들은 특히 군부가 당의 정책 결정 과정에 깊숙이 참여하게 되면서 대내외 정책이 강경으로 선회한 점이 두드러지게 나타나기 시작했다고 분석하다. 미국이 인권문제를 거론하는 것에 대한 강경 대응이나, 대만·홍콩 문제 등에서 나타난 비타협적인 태도, 그리고 민주화 추진 인사들 체포, 언론 통제 강화, 천안문 사태 진압의 정당화 등이 군부 등장과 밀접한 함수 관계가 있다는 것이다.

서방 전문가들은 군 기반이 전혀 없고, 등소평과 같은 카리스마도 부족한 강택민 시대에 가면 대내외 정책에서 군부의 영향력은 더욱 확대·심화할 수 밖에 없다고 본다. 일부 극단적인 표현으로는 당을 앞세운 군부 통치가 시작될 가능성도 있다는 것이다. 북한과 혈맹 의식이 강한 중국 군부의 급격한 대두는 우리의 대북 정책과 관련해서도 눈여겨 보아야 할 대목이다.

꿈같은 귀국, 그리고 '탈냉전'에 건배

망명 생활 20여년 만에 지난 5월 귀국한 러시아의 반체제 작가 알렉산더 솔제니친과 보리스 옐친 러시아 대통령이 11월 16일 모스크바 시내에서 만났다. 간단한 술자리를 겸한 이 만남에서 두 사람은 러시아 서민의 생활고와 솔제니친의 고국 여행담을 둘러싸고 담소를 나눴다. 지난 10월 28일 솔제니친은 러시아 의회인 두마에서 의원들이 서민들의 경제적 고통보다는 자신들의 특권을 유지하는 데 더 많은 노력을 기울이고 있다고 신랄하게 비판했다. 그러나 대다수 의원들은 그의 말에 전혀 귀를 기울이지 않았다. 옐친은 솔제니친의 귀환을 내심 무척 다행스러워하는 눈치다. 미국에 그대로 있었다면 꽤나 시끄러웠을 그의 입이 요즘 잠잠해졌기 때문이다.

코리아 체스판 제1권 上

초판 1쇄 인쇄·발행 2023년 2월 24일

ISBN 979-11-89237-23-3

* 책값은 뒤표지에 있습니다.
* 잘못된 책은 바꾸어 드립니다.
* 저자와 협의하여 인지를 생략합니다.

저 자	남문희
발 행 인	전민형
발 행 처	도서출판 푸블리우스
등 록	2018년 4월 3일 (제25100-2021-000036호)
주 소	[01634] 서울시 노원구 덕릉로127길 25, 상가동 204-92호
전 화	02)927-6392
팩 스	02)929-6392
이 메 일	ceo@publius.co.kr

도서출판 푸블리우스는 헌법, 통일법, 시민교육, 신문방송학, 경찰학, 사회과학 일반에 관한 발간제안을 환영합니다.
기획 취지와 개요, 연락처를 ceo@publius.co.kr로 보내주십시오.
도서출판 푸블리우스와 함께 한국의 법치주의 및 사회학의 수준을 높일 연구자들의 많은 투고를 기다립니다.